粤港澳大湾区与广州发展丛书

广州金融服务创新发展（2021）

RESEARCH ON
INNOVATION AND DEVELOPMENT OF FINANCIAL
SERVICES IN GUANGZHOU (2021)

徐维军　张卫国　于孝建　付志能　著

广东人民出版社
·广州·

图书在版编目（CIP）数据

广州金融服务创新发展：2021 / 徐维军等著 . —广州：广东人民出版社，2022.9
（粤港澳大湾区与广州发展丛书）
ISBN 978-7-218-15650-7

Ⅰ.①广… Ⅱ.①徐… Ⅲ.①金融—商业服务—产业发展—研究—广州—2021 Ⅳ.① F832.765.1

中国版本图书馆 CIP 数据核字（2021）第 274836 号

GUANGZHOU JINRONG FUWU CHUANGXIN FAZHAN
广州金融服务创新发展（2021）
徐维军 张卫国 于孝建 付志能 著　　　　　版权所有 翻印必究

出 版 人：	肖风华
出版统筹：	卢雪华
责任编辑：	廖智聪　伍茗欣
装帧设计：	广州六宇文化传播有限公司 Guangzhou Liuyu Culture Communication Co., Ltd.
责任技编：	吴彦斌　周星奎
出版发行：	广东人民出版社
地　　址：	广州市越秀区大沙头四马路 10 号（邮政编码：510199）
电　　话：	（020）85716809（总编室）
传　　真：	（020）83289585
网　　址：	http://www.gdpph.com
印　　刷：	广州市豪威彩色印务有限公司
开　　本：	889mm×1194mm　1/16
印　　张：	35.5　　　　　　字　　数： 450 千
版　　次：	2022 年 9 月第 1 版
印　　次：	2022 年 9 月第 1 次印刷
定　　价：	98.00 元

如发现印装质量问题，影响阅读，请与出版社（020-85716849）联系调换。

粤港澳大湾区与广州发展丛书

编委会名单

主　　　编：曾伟玉　麦均洪

学术委员会：（按姓氏笔画排序）

　　　　　　王　珺　李善民　张振刚

　　　　　　陈鸿宇　胡　军　顾朝林

　　　　　　倪鹏飞　董小麟　韩冬雪

　　　　　　魏后凯

编　　　委：（按姓氏笔画排序）

　　　　　　李石勇　李秋成　杨　霖

　　　　　　吴　晴　陈伟民　郭德焱

编　　　务：赵　欣　陈名芮　石佳宜

课题组信息

- 组　长 -

徐维军

- 副组长 -

张卫国　于孝建　付志能

- 成　员 -

张晓晴　陈琪琪　金　今　王玉越
陈树坚　黄静龙　高　海　刘建林
梁柏琪　曾文正　张洁文　黄敏宜
廖至楠　詹爱娟　冯小涛　舒尚雯
余斌凯

《粤港澳大湾区与广州发展丛书》总序

发挥新型智库作用，
助力粤港澳大湾区建设

胡军

粤港澳大湾区建设是习近平总书记亲自谋划、亲自部署、亲自推动的国家战略。2018年10月，习近平总书记在视察广东重要讲话中要求，广东要把粤港澳大湾区建设作为广东改革开放的大机遇、大文章，抓紧抓实办好。2019年2月18日，中共中央、国务院印发《粤港澳大湾区发展规划纲要》，粤港澳大湾区建设受到海内外的高度重视和广泛关注。2021年9月5日，中共中央、国务院印发《横琴粤澳深度合作区建设总体方案》《全面深化前海深港现代服务业合作区改革开放方案》，为推动粤港澳大湾区建设取得新的更大进展、支持港澳更好融入国家发展大局作出重要部署，粤港澳大湾区建设迎来新的机遇。在新的时代背景下，推动港澳深度融入国家发展大局，推动大湾区建设取得新的更大进展，必须以习近平新时代中国特色社会主义思想为指导，全面贯彻落实习近平总书记对粤港澳大湾区建设和加强粤港澳合作的系列重要指示和精神，立足新发展阶段，贯彻新发展理念，服务和融入新发展格局，向国际一流湾区和世界级城市群的目标砥砺前行。

作为粤港澳大湾区区域发展的核心引擎之一，广州不断积极作为，深入推进粤港澳大湾区建设，取得了一系列显著的成就，发挥着越来越重要的作用。一直以来，广州社会科学理论界为粤港澳大湾区建设提供了理论支撑和智力支持，成为广州市推进粤港澳大湾区建设的思想库、

智囊团。尤其是中共广州市委宣传部、广州市社会科学界联合会、华南理工大学在2018年3月共同成立了粤港澳大湾区发展广州智库，并以之为依托，通过开放式课题、专项委托、招标立项等多种方式吸纳粤港澳大湾区研究机构、整合研究力量，逐步建设起一支以粤港澳大湾区建设作为主攻方向的研究队伍，围绕粤港澳大湾区与广州发展的前沿理论和实践问题深入开展研究，持续高效产出高质量研究成果，服务于国家战略和省市重大需求，助力大湾区建设。

《粤港澳大湾区与广州发展丛书》是粤港澳大湾区发展广州智库发挥新型智库作用，立足广州高质量发展需求，推进粤港澳大湾区建设的重要研究成果。智库聚焦新形势下粤港澳大湾区建设中的重大主题，积极组织专家团队持续开展跟踪性专项研究，丛书以《粤港澳大湾区发展规划纲要》为轴线，以广州实现老城市新活力、推进"四个出新出彩"为引领，致力于多学科、多领域、全方位挖掘和研究湾区建设过程中的核心问题与热点问题，进行系统分析阐释并提出对策，为实现粤港澳大湾区深度融合发展以及广州发挥湾区核心增长极作用贡献智识力量，对推动粤港澳大湾区建设以及如何发挥广州在粤港澳大湾区建设中的重要作用，提供了较有参考价值的理论分析和具有操作性的对策建议。

《粤港澳大湾区与广州发展丛书》为粤港澳大湾区研究提供了多元视角和深入分析，是智库咨政研究活力和协同研究能力的全面反映，也是智库决策咨询研究水平的集中体现。身处改革开放前沿，粤港澳大湾区发展广州智库将继续坚持服务党和政府决策的宗旨，积极探索新型智库建设模式，进一步增强决策咨询研究能力，通过跨区域、跨部门、跨体制集聚优势研究资源，积极开展前瞻性、战略性研究，打造智库研究品牌和学术精品工程，为大湾区建设和广州高质量发展提供精准、务实、高效的咨政服务与智力支持。

（作者系暨南大学原校长、教授，粤港澳大湾区发展广州智库学术委员会主任）

前　言

2020年新冠肺炎疫情快速席卷全球，对全球社会和经济带来了巨大的影响。根据世界银行6月8日发布的《全球经济展望》报告的预测，2020年全球经济将萎缩5.2%~8%，为第二次世界大战以来最严重的经济衰退。在全球经济一体化发展的今天，全球供应链发展已经紧密结合在一起。新冠肺炎疫情将对全球产业链形成冲击，降低全球贸易增速，全球航空业、旅游业等行业企业面临经营压力，而对于全球价值链融合程度高的行业，如汽车、电子和机械设备等，影响将更为明显。同时，经济停摆导致全球杠杆率进一步升高，居民和企业收入骤降、债务上升，政府部门大力度的疫情应对和救助措施也推升了短期财政赤字和政府债务水平。全球金融市场大幅波动，美股曾在2020年3月9日至18日不到两周的时间内四次熔断。此外，沙特发动国际原油价格战，引发全球资本市场震荡，部分国家间经贸摩擦日益深化，地缘政治紧张局势抬头，外部不稳定不确定因素显著增多。

新冠肺炎疫情作为百年大变局的标志性事件，改变了人们的消费方式和内容，将充当疫情后世界经济秩序变化的催化剂，给全社会各行各业的转型加速带来了机遇。世界主要大国应对疫情的能力以及疫情后经济恢复的表现，将直接决定未来世界格局的走向，由此带动地区和世界地缘经济、地缘政治以及国际安全格局发生新的变化。面对突如其来的疫情，中国政府果断决策、统筹疫情常态化防控工作，民众严格执行防控举措，全社会稳步推进复工复产。目前，我国疫情已进入基本可控阶段，人民生活基本步入正轨。在国际疫情防控合作中，我国体现出大国担当，积极应对疫情全球蔓延对产业链的负面影响，以人类命运共同体的理念应对逆全球化影响，为疫情结束后我国信息科技等行业向国际市场拓展、扩大金融改革开放、加快人民币国际化铺垫。

外部环境不确定性的多重冲击需要金融业提供更加快速、精准、线上化、智能化的金融服务，粤港澳大湾区的国际化及国内外资源整合优势明显，其金融服务创新发展的潜力无穷。粤港澳大湾区是由广州、佛山、肇庆、深圳、东莞、惠州、珠海、中山、江门九个城市和香港、澳门两个特别行政区组成的城市群，涵盖两种体制、三个关税区、四个核心城市建设。粤港澳大湾区建设是习近平总书记亲自谋划、亲自部署、亲自推动的国家战略，是新时代推动形成全面开放新格局的新举措，是推动"一国两制"事业发展的新实践。作为我国开放程度最高、经济活力最强的区域之一，粤港澳大湾区与美国纽约湾区、旧金山湾区、日本东京湾区并称为世界四大湾区。截至2018年，粤港澳大湾区人口规模已突破7000万人，超过东京、旧金山和纽约三大湾区；经济总量约1.6万亿美元，超过韩国和俄罗斯，在国际一流大湾区中，超过旧金山大湾区，接近纽约大湾区，约占东京大湾区的3/4。

广州作为粤港澳大湾区的核心引擎之一，在推进大湾区金融服务创新上势必会产生更大的带动效应。一方面，广州作为千年商都，是我国金融业最早实行对外开放的地区之一，在金融领域的创新始终走在全国前列。1986年，广州成为全国首批金融改革试点城市，在金融服务创新领域进行了一系列的尝试，如1986年中国工商银行广州分行在国内金融业最早引进中型电子计算机、1991年中国人民银行广州市分行在全国率先推出票据自动清分系统等创新举动，奠定了广州区域结算中心的重要枢纽地位。广州市委、市政府于2004年就提出将广州建设成为华南区域金融中心的规划，直至2011年《广州区域金融中心建设规划（2011—2020年）》发布，广州区域金融中心建设取得良好成效，在全球金融中心城市中的金融竞争优势也愈发显著。

另一方面，随着"一带一路"、粤港澳大湾区建设的推进，广州金融业步入新一轮金融创新的活跃期，构建了金融对外开放的新格局。2019年2月，

《粤港澳大湾区发展规划纲要》对广州的金融业提出许多发展目标：建设区域性私募股权交易市场；建设产权、大宗商品区域交易中心；支持广州建设绿色金融改革创新试验区，研究设立以碳排放为首个品种的创新型期货交易所；打造广州南沙粤港澳全面合作示范区，建设金融服务重要平台等。2019年10月，广东省委印发《中共广东省委全面深化改革委员会关于印发广州市推动"四个出新出彩"行动方案的通知》指出要推动广州在综合城市功能、城市文化综合实力、现代服务业、现代化国际营商环境四个方面上出新出彩，实现老城市新活力，充分发挥好粤港澳大湾区和深圳中国特色社会主义先行示范区"双区驱动效应"，强化广深"双核联动"。2020年5月，中国人民银行等四部委联合发布《关于金融支持粤港澳大湾区建设的意见》，对包括广州在内的粤港澳大湾区内地九市的金融开放及与港澳金融创新合作给出了具体的指导意见。2020年9月11日，广州市地方金融监督管理局发布《关于贯彻落实金融支持粤港澳大湾区建设意见的行动方案》，提出加快推进重大项目和平台建设、促进粤港澳大湾区跨境贸易和投融资便利化、扩大金融业对外开放、推进穗港澳资金融通渠道多元化、进一步提升粤港澳大湾区金融服务创新水平、切实防范跨境金融风险六大方面，共66条具体措施，包括广州南沙新区片区设立粤港澳大湾区国际商业银行；支持符合条件的港澳保险机构在南沙区设立经营机构；推动在南沙区设立港澳保险服务中心；支持港澳金融机构参与广州绿色金融改革试验区建设，建设粤港澳大湾区绿色金融合作平台；稳步推进碳排放权抵质押贷款、基于林业碳汇的生态补偿等碳金融业务创新，开展碳排放权交易外汇试点，支持符合条件的境外投资者以外汇或人民币参与粤港澳大湾区碳排放权交易，等等。

目前，广州金融业已形成以银行业、证券业、保险业为主体，融资租赁、小额贷款等其他金融业态并存，结构合理、运行稳健的现代金融体系。在不断巩固银行、保险、证券等传统金融行业比较优势的同时，广州在绿色金融、普惠金融、科技金融、融资租赁、股权投资、财富管理、航运金融、开放银行等领域的金融服务创新成果日益显现，如创建全国首条民间金融街，在南沙实施跨境人民币贷款试点，率先开展融资租赁内外资统一管理试点，设立全国首个地方金融监管试验区，成为全国首批绿色金融改革创新试验区，首个出台金融扩大开放专线政策的一线城市、设立首个国内航运保险要素交易平台等。

在科技金融方面，近年来，广州市科技金融发展成效显著，科技金融与科技创新耦合协同效应也不断提升，呈现出财政政策不断完善、市场化趋势逐渐明显、科技金融衍生产品更为丰富、国际化特色日趋凸显等趋势，在全国已形成独具特色的政府引导与市场参与相结合的"广州模式"。作为我国首批国家级绿色金融改革创新试验区，广州绿色金融体系的构建日趋成熟，先后成立绿色金融资产交易中心、绿色金融园区示范中心、绿色金融结合示范区、环境金融试验区和绿色金融能力建设基地。

在普惠金融领域方面，广州市从多方面深化民营和小微企业金融服务方案，推进金融支持乡村振兴战略，发展形成了具有完善的普惠金融配套政策措施、多层次的普惠金融供给体系、创新多样的普惠金融产品等特点的普惠金融发展道路。

在融资租赁方面，目前，融资租赁在我国还是一种新兴融资方式，而在国际上已经发展成为仅次于银行信贷的第二大间接融资渠道和企业进行设备投资的主要手段。2014年，广州市政府办公厅下发了《关于加快推进融资租赁业发展的实施意见》，旨在推动融资租赁业发展并成为广州重要的金融主导产业，渗透基础设施建设、先进制造业、现代服务业三大领域，此后广州融资租赁业经历了从几乎为零到融资租赁第三极的迅速发展，近年来更是显示出强大的集聚增长势头。

在股权投资方面，股权投资是为参与或控制某一公司的经营活动而投资购买其股权的行为，广州着力打造金融发展平台，大力优化股权投资的发展环境，加快发展包括区域股权交易中心在内的多层次资本市场，金融服务实体经济的功能不断增强，区域金融中心的地位和作用进一步提升。

在财富管理方面，专业的财富管理可以更好地发挥市场配置金融资源的作用，通过对实体经济中不同领域、不同产业、不同规模、不同发展阶段的资本进行优化配置，引导广州地区社会资金流向地区经济发展最需要和最有竞争力的环节，不仅有利于广州财富总量的积累，还能更好地满足地区实体经济的资金需求。

在航运金融方面，航运金融作为现代航运服务业中重要的一环，发展航运金融可以促进以广州港为主体的航运船舶业持续发展，为广州建设国际航运中心和区域金融中心提供有力支撑。

在开放银行方面，构建开放银行对广州发展金融科技、推进普惠金融、鼓励金融创新均具有极为重要的战略意义，是广州银行业加快数字化转型升级、拓展自身业务场景、实现新收入增长点的重要途径。

由此可见，广州作为广东省省会、国务院批复确定的国家中心城市、国际大都市、国家综合性门户城市、国家物流枢纽、国际商贸中心以及"一带一路"重要枢纽城市，在粤港澳大湾区和中国特色社会主义先行示范区的战略背景下，将迎来里程碑式的金融服务创新机遇。本书将从科技金融、绿色金融、普惠金融、融资租赁、股权投资、财富管理、航运金融、开放银行这八个领域展开讨论，简要阐述广州在上述领域的发展现状及存在问题，并结合多种实证分析与优秀创新案例分析，探讨广州与国内其他一线城市金融服务创新发展的优劣之处，进而提出广州在相关领域创新发展的建议。本书各章具体内容如下。

第一章为绪论，基于广州市金融业概况、金融业布局、金融政策环境三个角度阐述广州金融发展现状，并在粤港澳大湾区城市群的框架中探讨广州的金融演化及与其他城市的金融联系，通过构建金融发展质量综合评价指标体系，采用因子分析法、威尔逊模型与引力模型测算粤港澳大湾区11个城市的金融发展质量差异，刻画香港、深圳、广州三市的金融辐射范围及其对大湾区其余城市的金融辐射强度，从而引出广州在科技金融、绿色金融、普惠金融、融资租赁、股权投资、财富管理、航运金融、开放银行这八个领域进行服务创新的未来趋势。

第二章讨论广州科技金融发展现状，深入分析广州市政府财政科技投入、科技贷款、科技风险投资、科技保险、多层次资本市场和知识产权证券化等形式的基本情况，并基于此提出目前广州在发展科技金融方面还存在科技信贷产品创新不足、科技保险对科技企业支持力度有待提高、科技风险政府引导不足、知识产权证券化有待进一步突破等问题。通过构建科技创新—科技金融系统耦合度指标体系，从科技创新子系统、科技金融子系统、系统耦合度和系统耦合协同度四个层面与北京、上海、深圳和杭州四个科技金融发展实力较高的城市进行比较。在定量分析的基础上，对广州市科技金融综合服务中心和中国银行广东省分行两个案例进行分析，挖掘其在科技金融发展中的优势，并提出四个方面的突破路径，以期对广州发展科技金融有所启示。

第三章基于广州绿色金融发展的现状，对广州现行的绿色金融政策进行梳理分析，并在介绍广州绿色基金、绿色保险、碳交易等方面的发展概况后，提出了目前广州绿色金融评价指标体系尚不完善、产业内部结构发展不平衡等问题。构建了绿色金融发展水平评价体系，从绿色信贷、绿色证券、绿色保险、绿色基金以及碳金融五个方面比较分析广州与国内其他主要城市的绿色金融发展水平，从而总结出广州绿色金融创新发展的独特模式。通过分析广州蔬菜种植气象指数保险和广州水资源领域绿色政府专项债券的创新亮点，最终针对广州绿色金融创新发展提出四个方面的对策与建议。

第四章首先基于广州普惠金融发展的现状，梳理分析了广州现行的普惠金融政策与扶持措施，介绍了广州中小微企业和农村金融服务概况以及小额贷款行业的发展概况，并提出了广州普惠金融的服务覆盖率不足、商业可持续性有待发展、征信体系尚待完善等问题。其次，通过构建普惠金融发展水平指标体系，从金融服务可获得性、金融服务使用度、金融服务质量三个维度分析了广州普惠金融发展水平，并与北京、上海、深圳三个一线城市进行比较，总结了广州普惠金融模式的特点。再次，通过对凯得小贷、浙江网商银行和国家普惠金融改革试验区兰考县的普惠金融创新案例进行分析，以期对广州普惠金融发展有所启示。最后，针对广州普惠金融创新发展提出四个方面的对策与建议。

第五章首先分析广州融资租赁业的总体发展现状，分别从融资租赁机构、市场发展等方面对作为"尖兵"的南沙融资租赁发展现状进行分析，指出广州融资租赁行业发展仍处于初级阶段，其金融集聚水平相对不足，社会集资渠道有待拓展，融物功能发挥不充分。然后通过计量经济学方法研究广州融资租赁与货币政策和实体经济之间的相互作用关系，再选取租赁企业 ABS 和飞机跨境转租赁两个产品创新案例进行分析并归纳经验，最后根据以上分析结果提出广州融资租赁发展的对策和建议。

第六章所讲的股权投资基金，为广义的股权投资基金，即覆盖企业首次公开发行前各阶段，即对处于种子期、初创期、发展期、扩展期、成熟期和 Pre-IPO 各个时期企业所进行投资。分别从广州股权投资政策背景、私募股权投资基金现状以及广东股权交易中心现状进行分析，指出广州在发展股权投资基金与股权交易中心的瓶颈。横向对比广州与国内核心城市在股权投资水平上的差异，基于宏观经济数据、政府产业基金以及广东股权交易中心总结广州股权投资发展的特点，并选取广州创投小镇和大学生创业板两个创新案例进行分析并归纳经验，最后根据以上分析结果给出广州股权投资发展的对策和建议。

第七章从金融发展基础、区位优势与政策支持三方面分析广州发展财富管理服务的必要性与可行性，并分行业介绍广州财富管理服务的发展现状，提出广州发展财富管理产品同质化严重、生态体系基础薄弱、缺乏基于大湾区视角的发展定位与顶层设计等问题。通过构建财富管理水平竞争力指标体系，对广州财富管理发展水平进行客观、综合地评价，并与北京、上海与深圳三个一线城市的测算结果比较，从各个分项指标的维度比较分析四个城市在财富管理方面的竞争力差异。在定量比较分析之后，对香港友邦理财类保险产品与易方达跨境理财产品的创新亮点进行案例分析，并结合上文分析针对广州创新发展财富管理提出三条建议。

第八章介绍广州航运金融发展现状、政策背景以及发展优势和存在的问题，以计量经济学方法探究广州航运业与金融业之间的联动发展关系并与国内其他三个港口城市作对比分析。精选了粤港澳大湾区航运保险要素交易平台和广州"互联网＋金融"航运运输交易平台作为典型案例进行探讨分析，进而对加快发展广州航运金融给出了对策与建议。

第九章基于全国及广东省对金融科技的重视与相应的政策规划，对作为金融科技发展当中的重要一环的开放银行展开详细阐述及多方面研究。分析了广州构建开放银行的必要性与可行性，并通过对国际经验的借鉴与分析，提出广州建设开放银行面临的挑战。选择深圳微众银行开放银行"3O"战略和百信银行"智融 inside 系统"作为典型案例，并根据上文结果提出广州开放银行的发展对策与建议。

目前国内外文献资料中尚无围绕广州金融服务创新发展的系统性研究。本书通过借鉴国内外相关实践经验，结合实证研究与案例分析，探讨广州在科技金融、绿色金融、普惠金融、融资租赁、股权投资、财富管理、航运金融、开放银行这八个领域创新发展的优势与路径，为建设与广州作为粤港澳大湾区核心引擎相适应的现代金融服务体系，构建粤港澳大湾区双循环发展格局，促进金融服务支持实体经济发展献言献策。

在本书的编写过程中，17名研究生（张晓晴、陈琪琪、金今、刘建林、陈树坚、高海、曾文正、黄静龙、黄敏宜、冯小涛、廖至楠、梁柏琪、张洁文、詹爱娟、王玉越、余斌凯、舒尚雯）积极参与，主动协助本书作者并承担了部分工作，为本书的编写做出较大贡献。非常感谢张晓晴和王玉越对第一章，陈琪琪和余斌凯对第二章，刘建林与梁柏琪对第三章，陈树坚对第四章，高海对第五章，曾文正与廖至楠对第六章，金今对第七章，黄静龙和舒尚雯对第八章，黄敏宜、詹爱娟与张洁文对第九章的数据收集和资料整理工作。非常感谢张晓晴、陈琪琪、金今和冯小涛在本书校验和修改过程中提供的帮助。有了他们的辛勤付出，本书才得以有丰富的素材。

本书的研究与撰写参阅了大量学者的研究成果，我们在每篇章后面尽可能列出参考文献，在此对这些学者表示感谢。但由于撰写过程时间较长，所涉及资料众多，难免有文献引用遗漏之处。如果有遗漏标注，请及时告知我们，我们将及时在后续再版时订正并再次致谢。在本书的出版过程中，我们得到了广东人民出版社编辑团队的大力支持，是他们的辛勤付出，本书才得以顺利出版。当然，帮助过我们的人远不止列出的这些，虽不能一一列出，但我们对他们的感激之情是一样的。最后，非常感谢国家自然科学基金面上项目(71771091)、国家自然科学基金－广东联合基金(U1901223)、广东省哲学社会科学规划项目(GD20SQ11)、粤港澳大湾区发展广州智库2019年度重点课题(2019GZWTZD03)、广州金融服务创新与风险管理研究基地项目（PTJS202204）等项目对本书研究的支持。

目 录
Contents

第一章·广州金融发展现状

一、广州金融发展概况 …………………………………………… / 004

（一）广州经济发展概况 ………………………………………… / 004

（二）广州金融业概况 …………………………………………… / 010

（三）广州金融业布局 …………………………………………… / 022

（四）广州金融政策环境 ………………………………………… / 027

二、粤港澳大湾区视角下广州金融发展与金融辐射效应测度 / 035

（一）研究范围 …………………………………………………… / 035

（二）模型构建与数据来源 ……………………………………… / 035

（三）金融发展质量测度与分析 ………………………………… / 038

（四）金融辐射效应测度与分析 …………………………… / 050

三、广州金融业未来发展趋势 ………………………………… / 057

第二章·广州科技金融服务创新

一、广州科技金融的发展现状 ……………………………… / 069

（一）科技金融政策背景 …………………………………… / 069

（二）广州市科技创新现状和发展成果 …………………… / 070

（三）广州科技金融发展现状 ……………………………… / 074

（四）广州科技金融业发展存在的问题 …………………… / 097

二、广州科技金融与科技创新耦合协同度分析 ……………… / 102

（一）科技金融与科技创新的耦合作用 …………………… / 102

（二）耦合协同度测算 ……………………………………… / 103

（三）广州与其他城市的对比研究 ………………………… / 114

三、科技金融创新案例 ………………………………………… / 119

（一）广州市科技金融综合服务中心"一站式"科技金融服务
体系 …………………………………………………… / 119

（二）中国银行广东省分行多方联动的科技信贷模式 …… / 125

四、广州科技金融发展对策与建议 …………………………… / 131

（一）丰富科技信贷产品体系，鼓励投贷保多方联动 …… / 131

（二）创新科技保险供给，满足企业多元化需求 ………… / 132

（三）加强政府引导，聚力发展科技风险投资 …………… / 133

（四）发挥已有优势，加速推进知识产权证券化 …………… / 134

第三章·广州绿色金融服务创新

一、广州绿色金融发展现状 …………………………………… / 141

（一）广州绿色金融发展政策背景 ………………………… / 143
（二）发展绿色金融必要性与重要性 ……………………… / 144
（三）广州绿色金融扶持政策 ……………………………… / 145
（四）广州绿色金融业务发展情况 ………………………… / 152
（五）广州绿色金融发展瓶颈 ……………………………… / 153

二、我国地方绿色金融发展水平比较 ………………………… / 154

（一）绿色金融发展水平分析 ……………………………… / 154
（二）绿色金融改革创新试验区绿色金融发展情况 ……… / 172
（三）广州绿色金融发展创新模式 ………………………… / 178

三、绿色金融案例 ……………………………………………… / 181

（一）广州蔬菜种植气象指数保险 ………………………… / 181
（二）广州水资源领域绿色政府专项债券 ………………… / 185

四、广州绿色金融发展建议 …………………………………… / 189

（一）拓展绿色金融新领域产业服务 ……………………… / 189
（二）加强国有企业在绿色金融领域的带头作用 ………… / 190
（三）完善绿色金融信息共享机制体系 …………………… / 191
（四）加强广州与大湾区其他城市的绿色金融产业交流合作 … / 192

（五）与碳达峰碳中和目标联动融合 …………………………… / 192

第四章・广州普惠金融服务创新

一、广州普惠金融的发展现状 …………………………… / 199

（一）广州现行普惠金融政策与扶持措施 …………………… / 199
（二）广州普惠金融发展概况 ………………………………… / 209
（三）广州普惠金融发展存在的问题 ………………………… / 215

二、广州普惠金融发展水平分析与比较 …………………… / 217

（一）广州普惠金融发展水平分析 …………………………… / 217
（二）广州与国内核心城市普惠金融发展水平比较 ………… / 221
（三）广州普惠金融模式的特点 ……………………………… / 229

三、普惠金融创新案例 …………………………………… / 233

（一）凯得小贷"信用 + 创投"的投贷联动模式 …………… / 233
（二）浙江网商银行基于生态场景的普惠金融发展模式 …… / 241
（三）国家普惠金融改革试验区兰考县"一平台四体系"模式
 …………………………………………………………………… / 247

四、广州普惠金融的发展对策与建议 ………………………… / 256

（一）强化配套政策和财政资金引导作用 …………………… / 256
（二）加强金融基础设施建设 ………………………………… / 257
（三）不断完善征信体系，营造良好普惠环境 ……………… / 258
（四）利用金融科技助推普惠金融发展 ……………………… / 259

第五章·广州融资租赁服务创新

一、广州融资租赁业的发展概况 / 264
（一）政策背景 / 264
（二）广州融资租赁行业总体发展情况 / 266
（三）南沙自贸区融资租赁业发展现状 / 269
（四）广州融资租赁业发展存在的问题 / 273

二、广州融资租赁发展与实体经济投资的关系研究 / 279
（一）融资租赁相关研究理论 / 279
（二）研究设计与数据说明 / 284
（三）实证过程与结果分析 / 291
（四）结论和启示 / 298

三、融资租赁产品创新案例 / 300
（一）科学城租赁成功发行首单大湾区制造业 ABS / 300
（二）大湾区首单"香港 + 保税港区" 双 SPV 飞机跨境转租赁 / 310

四、广州融资租赁发展对策与建议 / 315
（一）优化资金扶持，支持企业大而强、小而精 / 315
（二）加快完善融资租赁配套服务体系 / 316
（三）投资与消费相结合，促进融资租赁业高质量发展 / 317
（四）依托南沙粤港澳全面合作示范区，巩固融资租赁行业领先地位 / 318

第六章·广州股权投资服务创新

一、广州股权投资发展现状 / 327
（一）股权投资政策背景 / 327
（二）广州私募股权投资基金的现状 / 335
（三）广东股权交易中心的现状 / 338
（四）广州股权投资发展的瓶颈 / 342

二、广州股权投资水平与特点 / 346
（一）广州与国内核心城市股权投资水平比较 / 346
（二）广州股权投资的特点 / 351

三、广州股权投资创新案例 / 357
（一）广州创投小镇的发展与特色 / 357
（二）国内首个大学生创业板的创设与发展 / 362

四、广州股权投资发展对策及建议 / 366
（一）广州股权投资基金的发展对策及建议 / 366
（二）广东股权交易中心的发展对策及建议 / 368

第七章·广州财富管理服务创新

一、广州财富管理服务发展概况 / 374
（一）发展广州财富管理服务的必要性与可行性 / 374
（二）广州财富管理服务发展现状 / 381
（三）广州财富管理服务发展存在的问题 / 396

二、广州财富管理竞争力分析 / 401

（一）财富管理水平评价指标体系 / 401

（二）广州财富管理服务竞争力水平测算 / 410

（三）广州与其他发达城市的比较分析 / 415

三、财富管理创新案例 / 419

（一）香港友邦理财类保险产品创新 / 419

（二）易方达跨境理财产品创新 / 429

四、广州财富管理服务创新发展的对策及建议 / 438

（一）发挥人才要素潜在优势，创新财富管理产品 / 438

（二）引导财富管理机构聚集，完善财富管理生态链 / 440

（三）紧抓政策红利，探索特色离岸财富管理业务 / 440

第八章·广州航运金融服务创新

一、广州航运金融发展现状 / 447

（一）航运金融政策背景 / 447

（二）广州航运金融发展概述 / 449

（三）广州航运金融发展的优势 / 450

（四）广州航运金融发展存在的问题 / 453

二、航运业与金融业联动发展实证及对比研究 / 456

（一）数据准备与相关性分析 / 456

（二）航运业与金融业协整关系研究 / 464

（三）航运业与金融业格兰杰因果关系检验 / 472

（四）广州与其他国内沿海港口城市对比分析 ……………… / 476

三、广州航运金融创新案例 ……………………………… / 477
（一）粤港澳大湾区航运保险要素交易平台创新案例 …………… / 477
（二）广州"互联网＋金融"航运运输交易平台创新案例 …… / 482

四、加快发展广州航运金融的对策与建议 ………………… / 487
（一）建立航运金融人才培养和人才引进机制 ………………… / 487
（二）加快推进航运金融与航运产业的深度融合 ……………… / 488
（三）提升监管部门数字金融治理水平 ………………………… / 489

第九章·广州开放银行服务创新

一、广州开放银行的必要性和可行性分析 ………………… / 494
（一）开放银行产生的背景及其定义 …………………………… / 494
（二）必要性分析 ………………………………………………… / 496
（三）可行性分析 ………………………………………………… / 498

二、开放银行国际经验借鉴 ………………………………… / 502
（一）各国开放银行发展概况 …………………………………… / 502
（二）全球开放银行生态 ………………………………………… / 510
（三）广州建设开放银行面临的挑战 …………………………… / 518

三、国内开放银行创新案例 ………………………………… / 520
（一）深圳微众银行开放银行"3O"战略 ……………………… / 520
（二）百信银行"智融 inside 系统" …………………………… / 525

四、广州开放银行发展对策及建议 ·················· / 530

（一）转变服务思维，提升用户体验 ·················· / 530

（二）加强合作共享，构建开放生态 ·················· / 531

（三）优化顶层设计，完善风控体系 ·················· / 532

（四）加强政策支持，引导自主开放 ·················· / 533

各章框架图

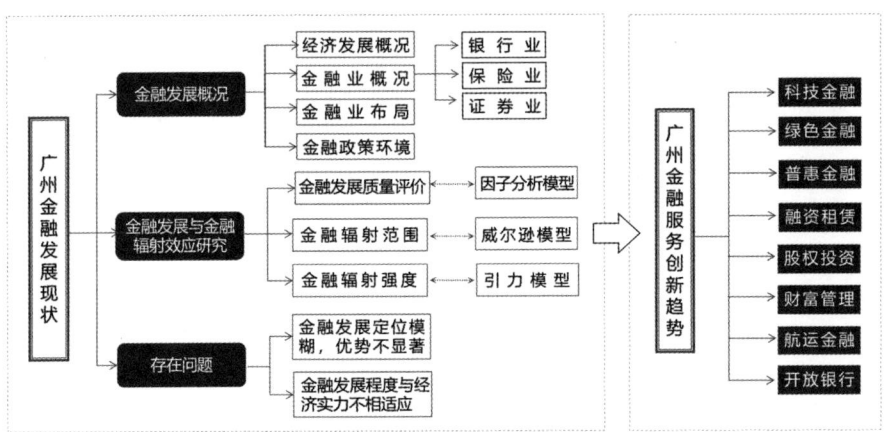

第一章 研究框架图

说明：课题组绘制。

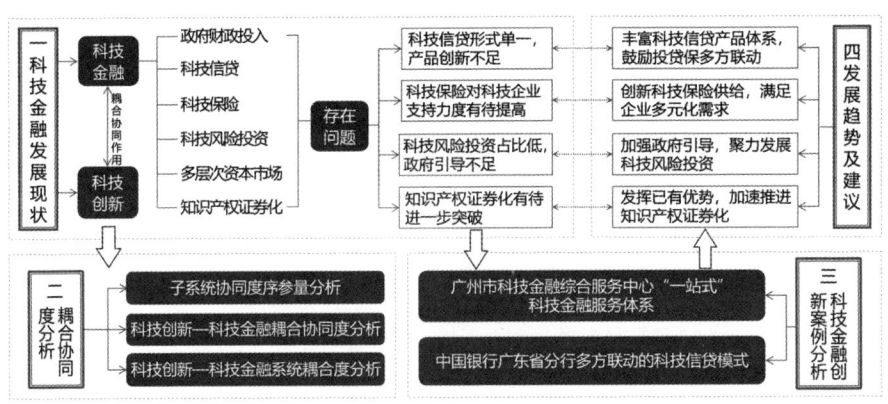

第二章 研究框架图

说明：课题组绘制。

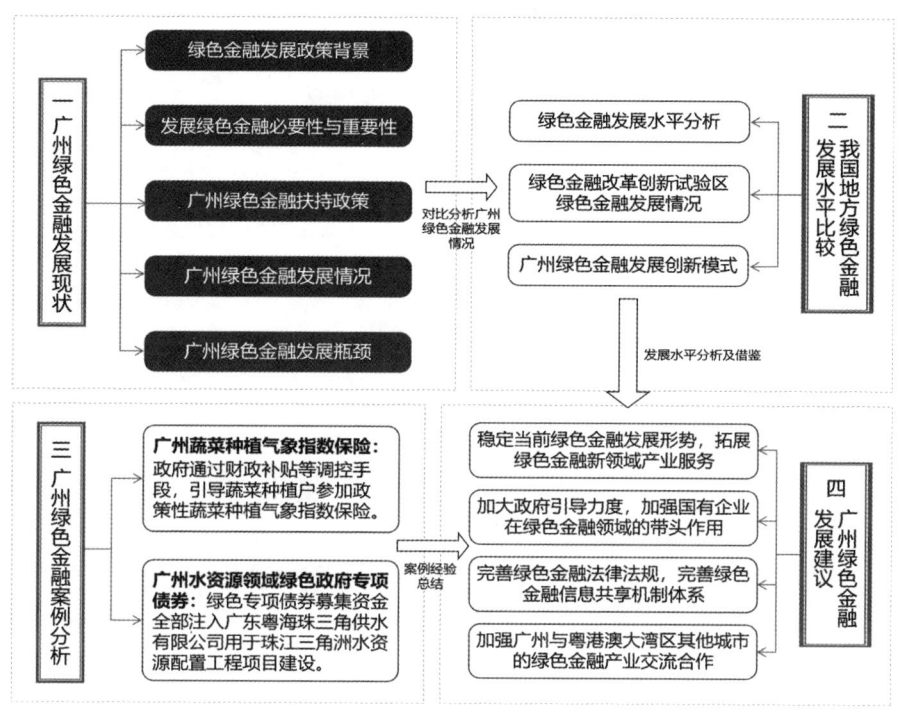

第三章　研究框架图

说明：课题组绘制。

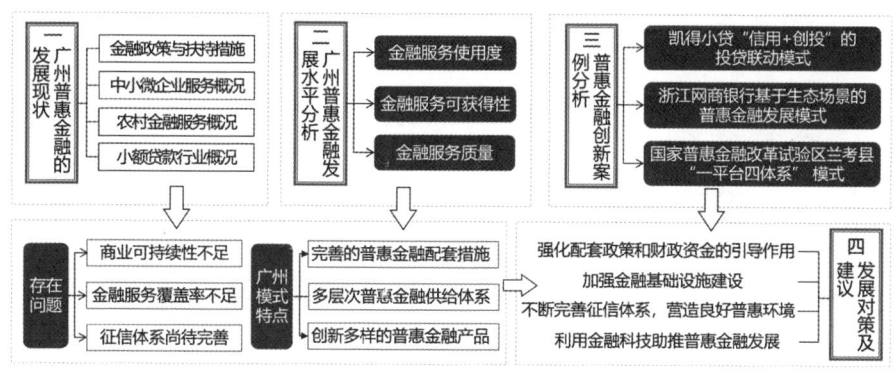

第四章　研究框架图

说明：课题组绘制。

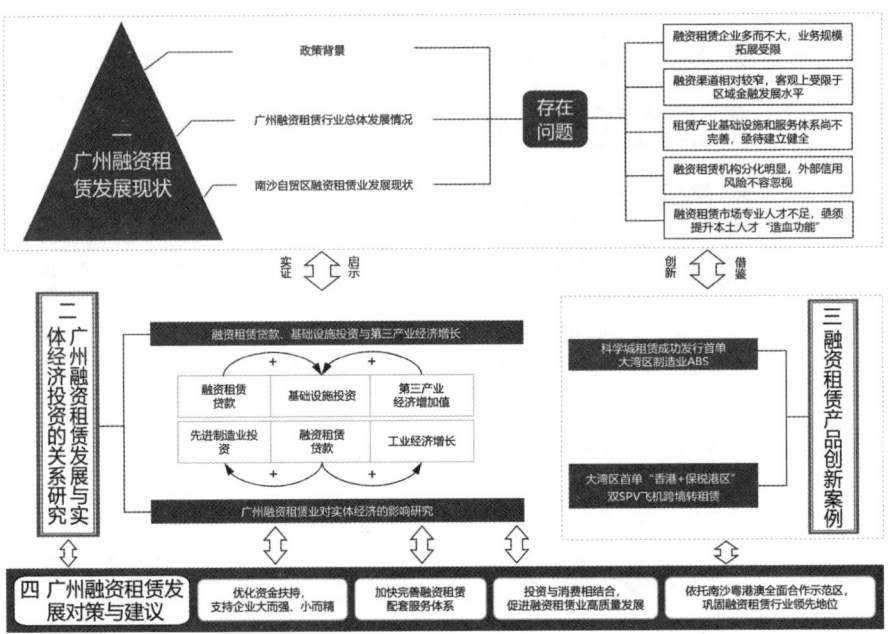

第五章 研究框架图

说明：课题组绘制。

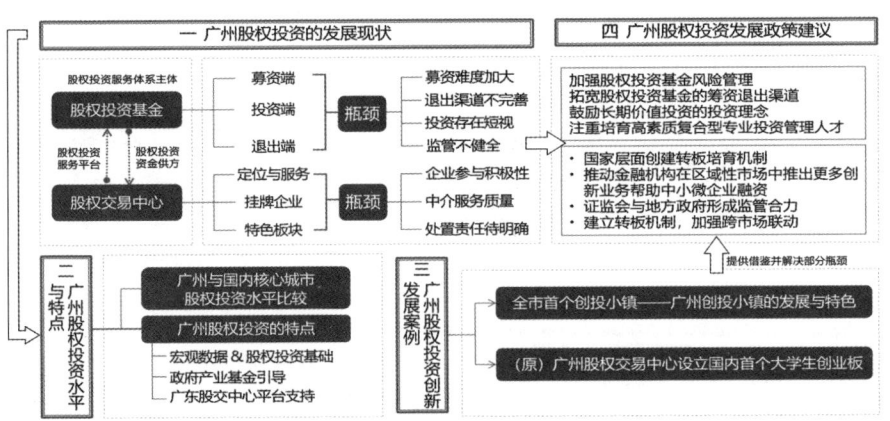

第六章 研究框架图

说明：课题组绘制。

各章框架图 | 013

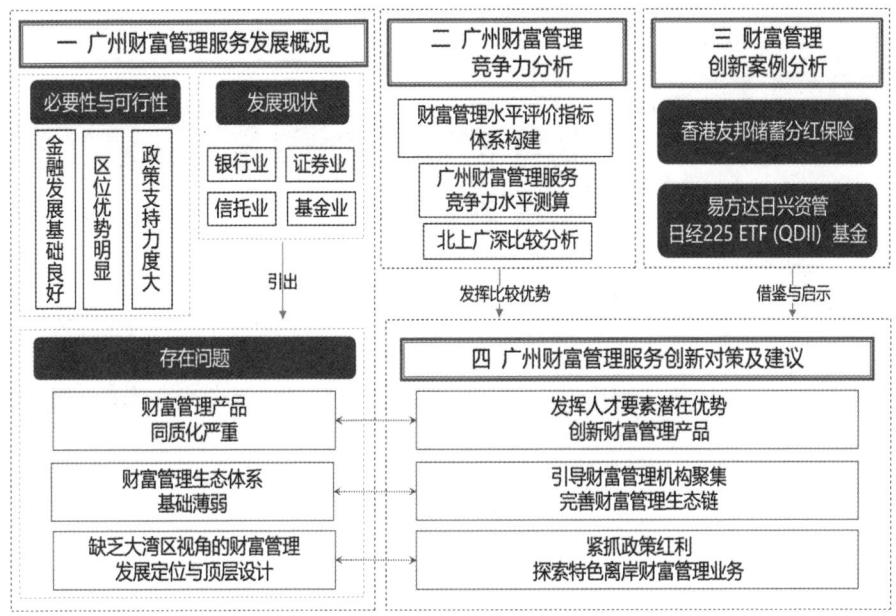

第七章 研究框架图

说明：课题组绘制。

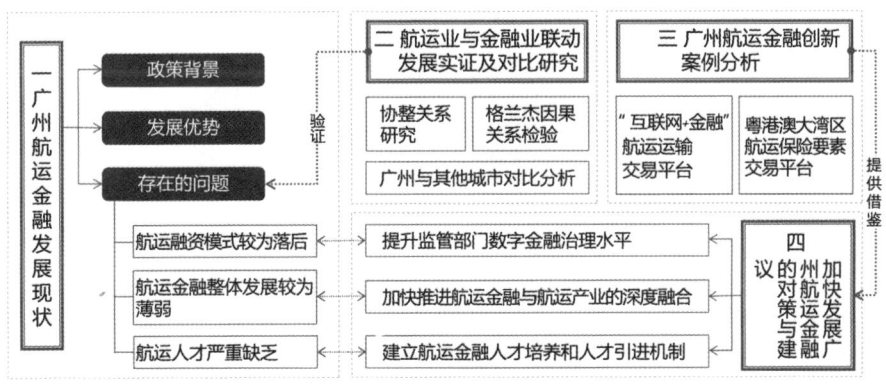

第八章 研究框架图

说明：课题组绘制。

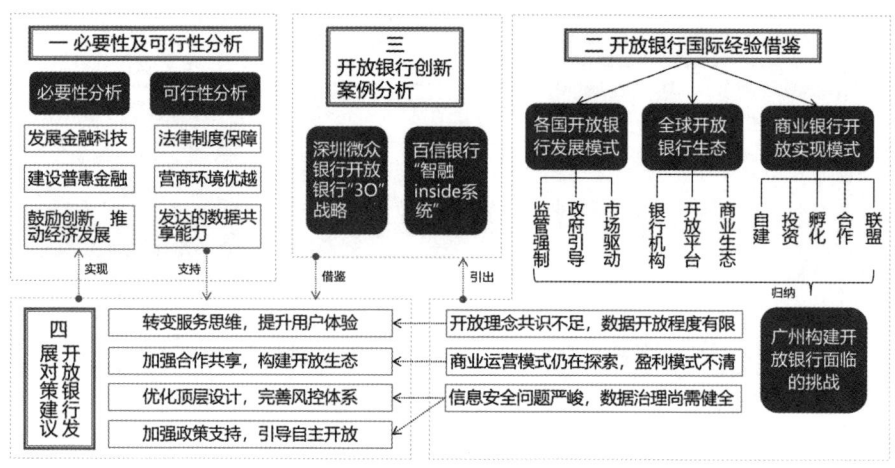

第九章　研究框架图

说明：课题组绘制。

第一章

广州金融发展现状

2020年,国际局势波谲云诡,"黑天鹅"事件频发,先是百年一遇的新冠肺炎疫情在全球范围内暴发,再是沙特发动了国际原油价格战,引发全球资本市场震荡,接着3月12日包括美国、加拿大、巴西在内的11个国家的股市经历了崩塌式暴跌等。进入2021年,自然灾害愈发严重,极端天气频繁出现,实现"碳达峰、碳中和"被提上了日程,在2021年两会上,"碳达峰、碳中和"被首次写入政府工作报告。本次新冠肺炎疫情的暴发以及全球气候的变化让我国经济面临诸多挑战的同时,也带来了加快改革开放和科技创新的新机遇。粤港澳大湾区作为我国改革开放的高地,肩负着建设成为国际一流湾区的使命和打造国际科技创新中心的重任,此外,粤港澳大湾区作为世界经济活力最强的区域之一,率先实现碳中和是应对全球气候异变的必要途径,也是实现高质量发展的重要举措。在外部环境不确定性冲击和供给侧结构性改革的叠加影响下,后疫情时代推进大湾区金融服务创新建设显得更为迫切和重要。作为粤港澳大湾区的核心引擎之一,广州在推进大湾区金融服务创新上势必会发挥更大的辐射和带动作用。

四十多年筚路蓝缕,作为市场化改革的前沿阵地,广州是我国金融业最早实行对外开放的地区之一,广州金融业经过改革开放以来的发展与布局,已形成以银行业、证券业、保险业为主体,融资租赁、小额贷款等其它金融业态并存、结构合理、运行稳健的现代金融体系。自 2011 年发布《广州区域金融中心建设规划（2011—2020 年）》以来，广州区域金融中心建设取得良好成效，金融业规模持续扩大，已发展成为仅次于批发零售业的第二大产业，在全球金融中心城市中的金融竞争优势也愈发显著。在不断巩固银行、保险、证券等传统金融行业比较优势的同时，广州在金融服务领域也进行了一系列的创新尝试，绿色金融、普惠金融、科技金融、融资租赁、股权投资、财富管理、航运金融等领域的金融服务创新成果日益显现。

2019 年 2 月，中共中央、国务院发布了《粤港澳大湾区发展规划纲要》，擘画广州在新一轮改革开放中社会经济发展蓝图，对广州的金融业提出许多发展目标：建设区域性私募股权交易市场；建设产权、大宗商品区域交易中心；建设绿色金融改革创新试验区，研究设立以碳排放为首个品种的创新型期货交易所；打造广州南沙粤港澳全面合作示范区，建设金融服务重要平台等。2019 年 10 月，广东省委印发的《中共广东省委全面深化改革委员会关于印发广州市推动"四个出新出彩"行动方案的通知》指出要推动广州在综合城市功能、城市文化综合实力、现代服务业、现代化国际营商环境四个方面上出新出彩，实现老城市新活力，充分发挥好粤港澳大湾区和深圳中国特色社会主义先行示范区"双区驱动效应"，强化广深"双核联动"。2020 年 5 月，中国人民银行等四部委联合发布《关于金融支持粤港澳大湾区建设的意见》，对包括广州在内的大湾区内地九市的金融开放及与港澳金融创新合作给出了具体的指导意见。2021 年初发布的《广东省国民经济和社会发展第十四个五年规划和 2035 年远景目标纲要》中指出要显著提升广州等中心城市金融发展能级，支持广州完善现代金融服务，加快建设国际金融城等金融高端集聚功能区，形成具有重要影响力的风险管理中心、财富管理中心和金融资源配置中心。2021 年 3 月，广州市推进粤港澳大湾区建设领导小组印发《广州市关于推进共建粤港澳大湾区国际金融枢纽实施意见》和《广州市关于推进共建粤港澳大湾区国际金融枢纽三年行动计划（2021—2023 年）》就发挥大湾区核心引擎作用，携手港澳共建国际金融枢纽，共同打造金融业高质量发展典范，结合广州市金融工作实际，提出三步走发展目标及具体实施细则。至此，作为"一带一路"重要枢纽城市，在粤港澳大湾区和深圳中国特色社会主义先行示范区的战略背景下，广州金融业建设开启了新的篇章，金融服务创新将迎来新的历史发展机遇。

本章共分为三节：第一节分析广州金融发展现状，将先从发展背景、经济指标分析、城市比较等方面分析广州的经济发展概况，在此基础上基于金融业概况、金融业布局、金融政策环境三个角度阐述广州金融发展现状；第二节在粤港澳大湾区城市群的框架中探讨广州的金融演化及与其他城市的金融联系，首先通过构建金融发展质量综合评价指标体系，采用因子分析法测算并分析粤港澳大湾区11个城市的金融发展质量差异，其次根据测算结果采用威尔逊模型定量分析具有金融辐射能力的香港、深圳、广州三市的金融辐射范围，最后采用引力模型刻画三市对大湾区其余城市的金融辐射强度；第三节基于以上现状和实证的分析，提出广州金融发展存在的问题，最后从科技金融、绿色金融、普惠金融、融资租赁、股权投资、财富管理、航运金融、开放银行八个角度分析广州金融服务创新未来发展趋势。

一、广州金融发展概况

（一）广州经济发展概况

广东是我国改革开放的先行者，广州更是其中的佼佼者。2019年2月中共中央、国务院发布的《粤港澳大湾区发展规划纲要》，赋予广州在新一轮改革开放中新的发展目标，指出广州作为粤港澳大湾区的四大核心城市之一，要充分发挥国家中心城市和综合性门户城市引领作用，全面增强国际商贸中心、综合交通枢纽功能，培育提升科技教育文化中心功能，着力建设国际大都市（见图1-1）。2019年10月，中共广东省委印发《中共广东省委全面深化改革委员会关于印发广州市推动"四个出新出彩"行动方案的通知》指出要推动广州在综合城市功能、城市文化综合实力、现代服务业、现代化国际营商环境四个方面上出新出彩，实现老城市新活力，充分发挥好粤港澳大湾区和深圳先行示范区"双区驱动效应"，强化广深"双核联动"。同时，广州也作为"一带一路"的重要枢纽城市，是21世纪海上丝绸之路的起点之一。在"一带一路"和粤港澳大湾区建设的国家战略背景下，广州的经济建设未来将迎来新的发展机遇。

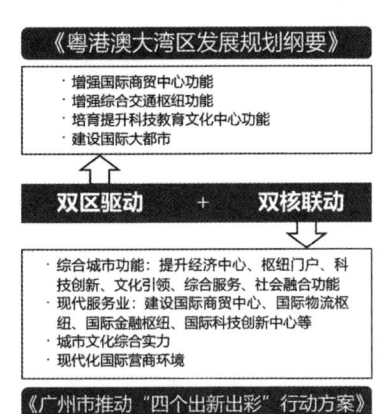

图1-1　广州在《粤港澳大湾区发展规划纲要》中的城市发展定位和《广州市推动"四个出新出彩"行动方案》中的主要任务

说明：课题组绘制。

作为广东省省会、国务院批复确定的国家中心城市、国际大都市、国家综合性门户城市、国家物流枢纽和国际商贸中心，广州在2020年发布的《中国城市竞争力第18次报告》中综合城市竞争力名列第五，居深圳、香港、上海及北京之后。广州地处珠江下游入海口，濒临南海，是世界著名的港口城市之一，拥有华南地区最大的综合性枢纽港——广州港，广州港于2020年累计完成集装箱吞吐量2350.53万标准箱，同比增长1.2%，累计完成货物吞吐量6.36亿吨，同比增长1.5%，两项指标均居全国沿海港口第四位、世界港口第五位。自秦朝以来，广州对外贸易活动活跃，2000多年来经久不衰，为我国历史最悠久的对外通商口岸，享有"千年商都"的美誉，打造了国内一流的营商环境，2019年发布的《中国营商环境与民营企业家评价调查报告》显示，广州2018年的营商环境综合评分位居全国第一。在改革开放40多年的光景中，凭借得天独厚的地理位置、历史悠久的经商文化、政策红利等，广州发展成为我国重要的国际商贸中心，总体经济实力显著增强，2020年进出口货物总值达1381.19亿美元（见图1-2）①，年平均增速达到7%，其中跨境电商进出口业务规模稳居全国第一，2020年实际利用外资总额达55.5亿美元（见图1-3），年平均增速达到6%。

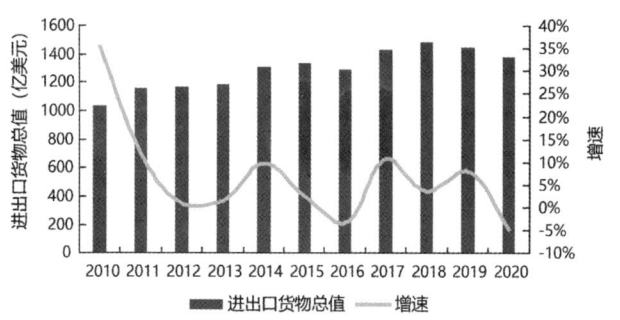

图1-2　2010—2020年广州进出口货物总值情况

资料来源：Wind数据库、2020年广州市国民经济和社会发展统计公报。

① 2020年广州货物进出口总值9530.06亿元，按2020年人民币/美元平均汇率6.8996:1换算为美元。

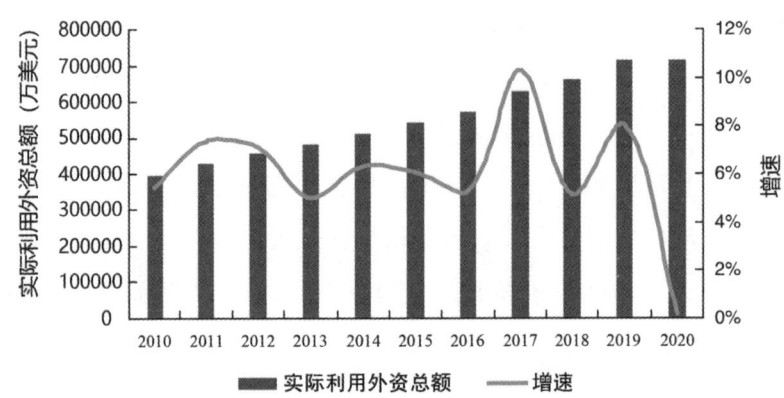

图 1-3 2010—2020 年广州外商直接投资情况

资料来源：Wind 数据库、2019 年广州市国民经济和社会发展统计公报。

2020年是"十三五"规划收官之年，秉持"创新、协调、绿色、开放、共享"理念，广州经济在"十三五"时期（2016—2020年）呈稳健增长的态势，GDP（国内生产总值）总量逐年迈向新台阶，GDP增速虽明显放缓，但产业结构持续优化，服务业的主导地位不断增强，居民生活水平日益提升，城镇化率逐年提高。经济总量持续攀升，2020年广州全市经济总量达25019.11亿元（见表1-1），较2016年增长28%，占广东省GDP比重持续下降，由2016年的24.23%减少至2019年的21.95%，随后2020年有所反弹，达到22.59%。GDP年平均增速达到6.7%，但在此研究期间GDP增速显著降低，由2017年最高增速10%，下降至2019年最低增速3.37%，随后又增加至5.88%，增速减少了4.12%。2019年以前人均GDP继续上扬，2019年人均GDP达15.64万元，较2015年增长15%，随后2020年受到疫情影响，人均GDP降到13.40万元。第三产业对经济增长的贡献日益突出，第二产业占比不断减少，由2016年的29.40%下降至2020年的26.34%，与此同时第三产业结构占比不断提高，由2016年的69.40%增加至2020年的72.51%，第二、第三产业比例差距仍在不断扩大。2020年末常住人口为1867.66万人，较2016年增长了33%，吸纳了1155.39万人就业，居民收入不断提高，2020年城镇居民人均可支配收入达到6.83万元，城镇化水平保持在80%以上，2020年达到了80.49%。

表1-1 2016—2020年广州经济发展指标

指标	2016	2017	2018	2019	2020	折线图
GDP（亿元）	19547.44	21503.15	22859.35	23628.60	25019.11	
占广东省GDP比重（%）	24.23	23.97	23.50	21.95	22.59	
GDP增速（%）	7.99	10.00	6.31	3.37	5.88	
人均GDP(万元)	14.19	15.07	15.55	15.64	13.40	
年末常住人口（万人）	1404.35	1449.84	1490.44	1530.59	1867.66	
城镇居民人均可支配收入（万元）	5.09	5.54	6.00	6.51	6.83	
就业人员（万人）	835.26	862.33	896.54	1125.89	1155.39	
第二产业比重(%)	29.40	28.00	27.27	27.32	26.34	
第三产业比重(%)	69.40	70.90	71.75	71.62	72.51	
城镇化率（%）	86.06	86.14	86.38	86.46	80.49	

资料来源：Wind数据库、2016—2020年广州市国民经济和社会发展统计公报。

从中国内地四大一线城市的角度来说，基于经济总量层面比较（见图1-4），2017年以前，广州经济总量在内地四大城市中一直位居第三，GDP排名第一的是上海，其次是北京，深圳紧随广州之后；2017年深圳以22490亿元的经济总量首次超过广州，成为内地GDP排名第三的城市，打破原先的"铁三角"状态；2017年以后，由于广州经济总量增长相对缓慢，可以明显看到广州与北京、上海、深圳的经济总量差距在逐渐拉大。从GDP增速上看（见图1-5），2017年以前广州GDP增速大多处于中上水平，2017年之后其GDP增速滑落现象较为显著，增长速度逐渐被深圳、上海、北京超越，经济增长较为乏力。除却北上深，广州也面临着被其他城市赶超的局势，如重庆，十年来重庆经济发展紧随广州的步伐，2019年重庆GDP为23605.77亿元，2020年为25002.79亿元，与广州经济总量相差无几，而值得注意的是，重庆GDP增速整体上高于广州。

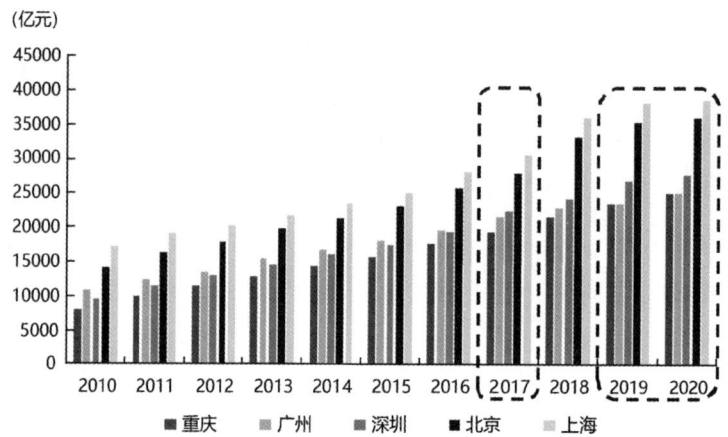

图1-4 2010—2020年广州、深圳、北京、上海、重庆五市的GDP比较
资料来源：Wind数据库。

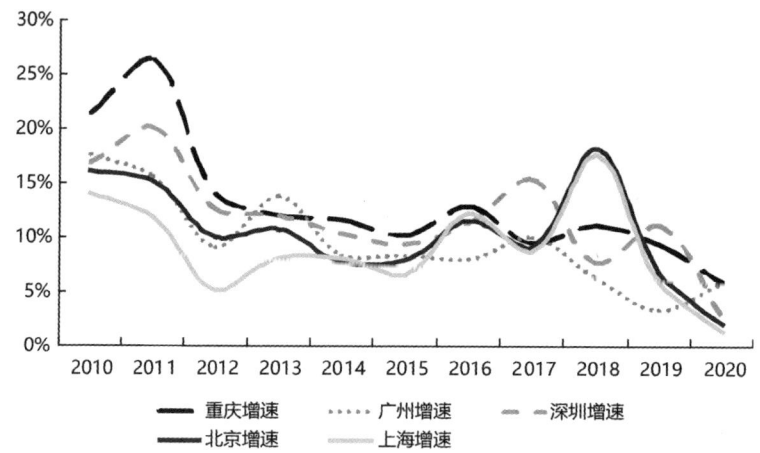

图1-5 2010—2020年广州、深圳、北京、上海、重庆五市的GDP同比增速比较
资料来源：Wind数据库。

从粤港澳大湾区核心城市的角度来说（见图1-6），广州、深圳及香港的经济体量位列粤港澳大湾区前三，构成"三足鼎立"的经济格局，

共同引领整个大湾区经济向前发展。2017年以前,香港一直是大湾区经济总量第一的城市,广州紧随其后,接着是深圳。深圳在2017年超越了广州之后,又在2018年超越了香港,一举成为大湾区经济总量最大的城市,GDP增速保持在高水平状态。2020年深圳、香港、广州的GDP总量分别为27670亿元、23915亿元、25019亿元,三者经济规模旗鼓相当,深圳保持第一的位置,广州超过香港紧随其后,受新冠肺炎疫情较大影响,香港2020年GDP增速为负,深圳和广州保持了正增长,但深圳增长相比于2019年有了大幅降低,从11.17%降至2.76%,广州增速提升到5.88%。

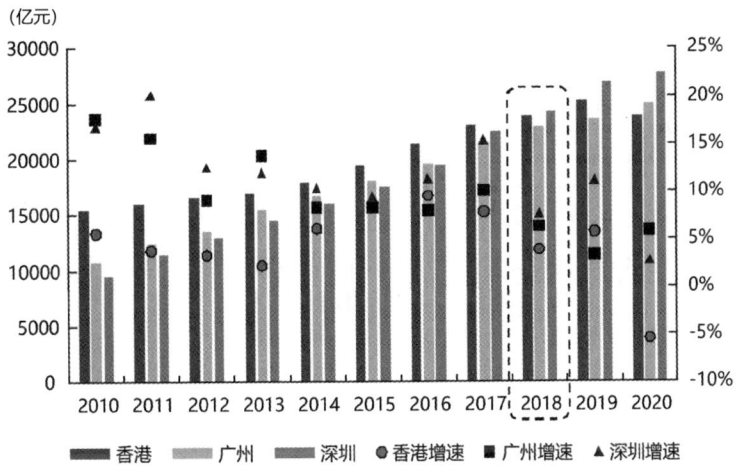

图1-6 2010—2020年广州、香港、深圳三市GDP总量及同比增速比较
说明:港元已根据当年平均汇率换算成人民币。
资料来源:Wind数据库。

从粤港澳大湾区城市群角度来说,广州连同香港、深圳为粤港澳大湾区经济增长的重要引擎(见图1-7),2020年三市GDP总计占大湾区经济总量达60%以上,各自的GDP占比远远高于大湾区9%的平均水平,佛山、东莞占大湾区GDP比重大致在平均水平上下,澳门、珠海、中山、惠州、肇庆、江门的GDP比重远低于大湾区平均水平。从人均GDP的角度来看,香港以一己之力拉高整个大湾区人均GDP的平均水平,广州人均 GDP 则排在香港、澳门、深圳、珠海之后。显然，大湾区城市群内部按照经济实力可划分成 3 个梯队：珠海、江门、惠州、肇庆、中山、澳门构成了第三梯队；佛山、东莞构成了第二梯队；香港、深圳、广州构成了第一梯队。

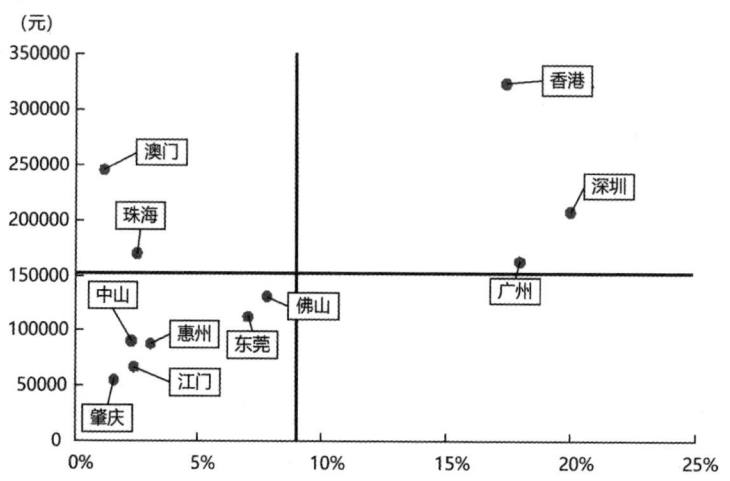

图 1-7　2020 年粤港澳大湾区 11 个城市的人均 GDP 及本地生产总值占大湾区 GDP 比重

资料来源：Wind 数据库。

（二）广州金融业概况

四十多年筚路蓝缕，作为市场化改革的前沿阵地，广州是我国金融业最早实行对外开放的地区之一，广州金融业经过改革开放以来的发展与布局，已形成以银行业、证券业、保险业为主体，融资租赁、小额贷款等其他金融业态并存，结构合理、运行稳健的现代金融体系。自 2011 年发布《广州区域金融中心建设规划（2011—2020 年）》以来，广州区域金融中心建设取得良好的成效。2019 年广州金融业资产规模达到 78960 亿元，较 2018 年同比增长 8%，其中银行业、证券业及保险业的资产规模分别为 69955 亿元、4127 亿元、4447 亿元（见图 1-8）；金融业净利润662亿元,其中银行业、证券业、保险业的净利润分别为591亿元、68亿元、9亿元(见图1-9);金融机构不断集聚,截至2020年末广州持牌金融机构326家(见表1-2),较2011年增长58%;法人金融机构56家,较2011年增长87%。

表1-2 2011—2020年广州金融机构数

单位:家

指标	2011	2012	2013	2014	2015	2016	2017	2018	2019	2020
持牌金融机构	206	215	225	239	259	281	297	314	323	326
法人金融机构	30	31	32	45	47	52	53	53	54	56

资料来源:广州市统计局、《广州金融白皮书2019》、《广州金融白皮书2020》。

图1-8 2019年广州金融业资产规模(亿元)

资料来源:《广州金融白皮书2020》。

图1-9 2019年广州金融业净利润(亿元)

资料来源:《广州金融白皮书2020》。

广州金融业规模持续扩大，已发展成为仅次于批发零售业的第二大产业，2010—2020年金融业增加值占GDP比重维持在8%左右（见图1-10），经历了一骑绝尘的高速增长后，后期回落较快，增速起伏较大，但仍处在高位增长阶段。从金融业增加值和增速来看，2010—2020年广州市金融业增加值由最初的670亿元大幅提升至2020年的2234亿元，金融总量翻了3倍；与之相反，金融业历经前期超高速增长，如2011年金融业同比增速高达28%，自2014年以来增速显著减少，增长步伐明显放缓，2018年金融业增加值增速降至6%，2019年甚至降为-2%，2020年又回升至9%，在整个统计期间增速下降了19%，但平均增速仍达到14%。从金融业对GDP的贡献来看，广州金融业增加值占广州GDP比重由2010年的6%提升至2020年的9%，呈平稳上升态势，对经济的贡献程度有望进一步增强。广州金融业增加值占广东金融业增加值比重稳定在25%左右，2020年广深两市金融增加值合计占广东金融业增加值比重的65%，共同撑起了广东金融业的半壁江山。

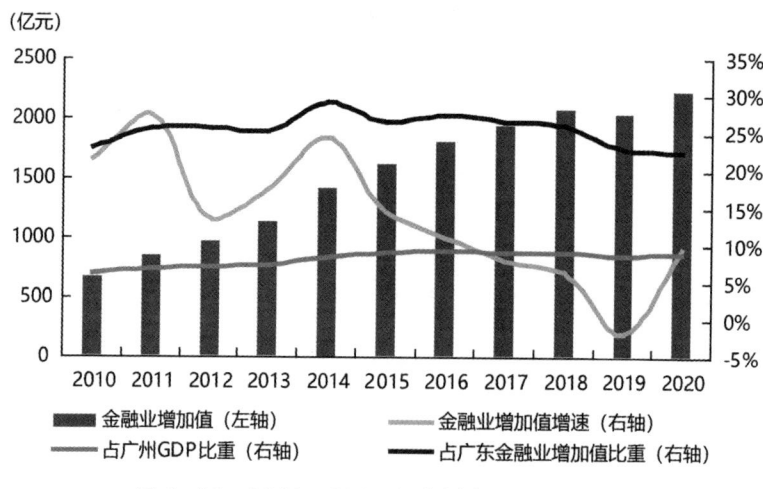

图1-10 2010—2020年广州金融业发展状况

资料来源：Wind 数据库。

银行业是广州金融稳定高质量发展的"压舱石"，近年来呈现稳定健康发展的良好态势，对实体经济的支撑力度越来越大。资产规模平稳增加，2019年末银行业总资产为7万亿元，占金融业总资产比重达到89%；2020年末银行业总资产达到8万亿元，资产规模较2014年增长46.8%，（见图1-12），2014—2020年期间年平均增速达到6.8%。2019年全市银行法人机构达25个（见图1-11），其中企业集团财务公司数量最多，为8个，其次是村镇银行7个；营业网点总数为2747个，其中国有商业银行的营业网点总数最多，为1462个，其次是农村商业银行651个；广州银行业金融机构提供了84534个就业岗位，其中国有商业银行吸纳了一半的金融从业人员，其次是股份制商业银行。

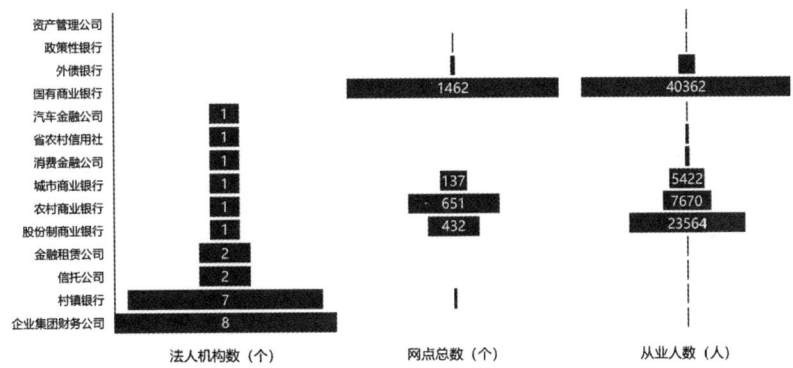

图1-11　2019年广州银行业金融机构类型和数量

资料来源：《广州金融白皮书2020》。

作为社会融资供给的主力军，广州金融机构本外币存贷款余额均呈快速增长趋势。截至2020年末，广州金融机构本外币存贷款余额12.22万亿元（见图1-12），突破10万亿元关口，占广东省金融机构本外币存贷款余额的42%，较2014年增长105%，2014—2019年平均增速达12.71%。其中，2020年金融机构本外币存款余额6.78万亿元，占广东省金融机构本外币存款余额的25%，较2014年增长91%，2014—2010年平均增速达到11.5%；金融机构本外币贷款余额5.44万亿元，占广东省金融机构本外币贷款余额的28%，较2014年增长124%，2014—2020年平均增速达 14.47%。不良贷款率维持在一个较低的水平，截至 2021 年 3 月末，不良贷款率为 1.00%，与广东省（不含深圳）不良贷款率持平，资产质量较优。

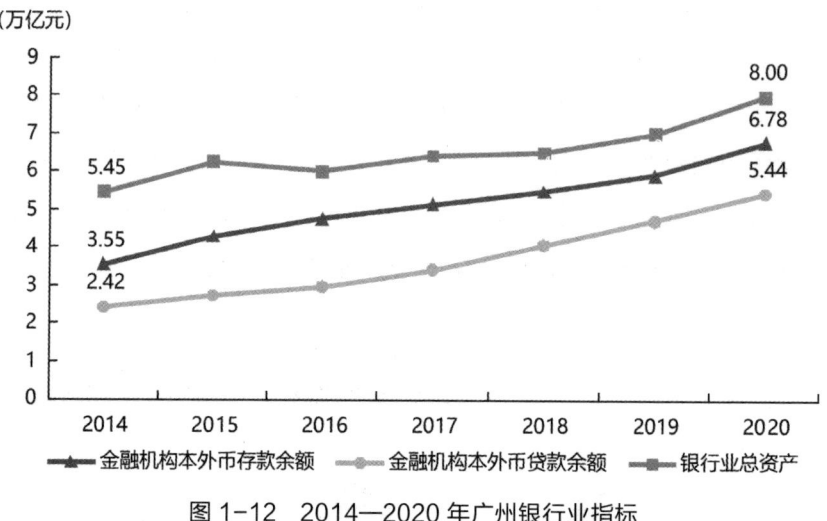

图 1-12　2014—2020 年广州银行业指标

资料来源：广州市统计局、《广州金融白皮书 2020》、《广州金融白皮书 2017》。

随着创新驱动发展战略的深入贯彻与落实，证券市场在支持广州科技创新、促进产业结构优化、推动经济高质量发展上显现出更重大的作用。广州证券业近年来呈现市场规模稳步扩大、资本实力不断增强、盈利能力持续提升的稳定健康、规范运作的发展态势。截至 2019 年末，广州共有 3 家证券法人机构（见图 1-13），355 家证券分支机构，股东账户数 1735 万户，证券交易额达 15.07 万亿元（见表 1-3），较 2011 年增长 283%，2011—2019 年平均增速为 32%，其中股票交易额 7.6 万亿元，较 2011 年增长 142%。证券公司实现营业收入 175 亿元，较 2018 年增长 28.85%，实现净利润 67.73 亿元，较 2018 年增长 40.84%，其中证券法人机构为广发证券股份有限公司、中信华南证券股份有限公司以及万联证券股份有限公司，注册资本为 199.36 亿元，总资产 4127.16 亿元，净资产 1073.45 亿元，净资本 845.27 亿元，2019 年实现营业收入 158 亿元。

随着广州开发区金融控股集团有限公司实现对粤开证券的控股收购、总部搬迁及广州证券成为中信证券的全资子公司正式更名为中信证券华南股份有限公司，截至2021年5月末，广州地区拥有4家证券法人公司，分别为广发证券、万联证券、粤开证券以及中信证券（华南）。

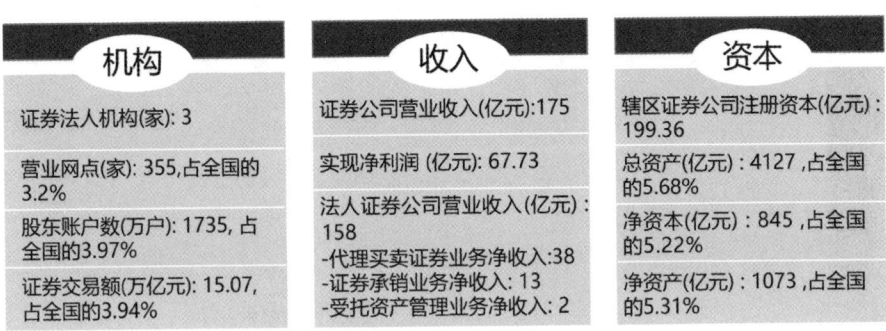

图1-13　2019年广州证券业发展概况

资料来源：《广州金融白皮书2020》。

2019年既是我国资本市场设立科创板、推行注册制改革试点，吹响资本市场全面深化改革号角的一年，也是继2017年中证报价南方总部之后，上海证券交易所南方中心、深圳证券交易所广州服务基地及新三板广州服务基地3家国家级资本市场平台陆续落户广州，广州资本市场战略布局持续优化的一年。2020年末广州境内外上市公司累计达到201家（见表1-3），较2011年增长148%，总市值约3.8万亿元，其中境内上市公司117家，占广东省境内上市公司总数的17%，较2011年增加64家，总市值约2万亿元，主板上市公司42家（见图1-14），中小企业板上市公司38家，创业板上市公司37家，较2011年分别增长16家、18家、30家，创业板上市公司增幅最大；新三板挂牌企业502家；OTC（场外交易市场）挂牌企业20701家。2020年信用债发行规模达到0.58万亿元，较2019年减少0.37万亿元。目前广州地区拥有六大要素交易平台，分别为广州产权交易所、广州碳排放权交易所、广州农村产权交易所、广州商品交易所、广州物流交易所以及广州技术产权交易中心。

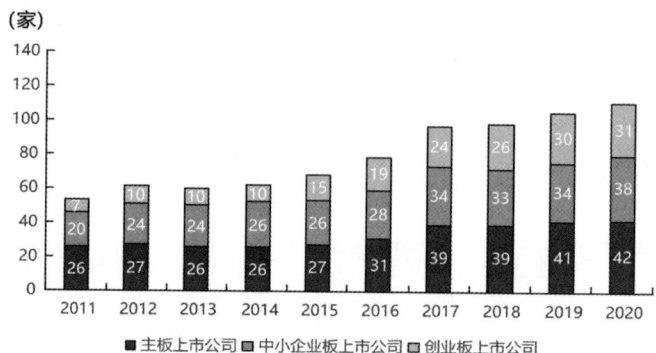

图 1-14　2011—2020 年广州境内上市公司概况

资料来源：《广州统计年鉴 2021》。

表 1-3　2011—2020 年广州证券业相关指标

指标	2011	2012	2013	2014	2015	2016	2017	2018	2019	2020
证券法人机构（家）	3	3	3	3	3	3	3	3	3	3
证券交易额（万亿元）	3.93	3.2	4.83	7.42	21.72	14.18	15.36	13.17	15.07	20.62
股票交易额（万亿元）	3.14	2.19	3.09	4.95	17.11	8.16	7.10	5.32	7.6	11.82
累计培育上市公司（家）	81	91	99	105	115	133	151	161	180	201
境内上市公司（家）	53	61	60	62	68	78	97	98	107	117
境内上市公司总市值（万亿元）	0.4	0.57	0.58	0.89	1.11	2.15	1.61	1.24	1.60	2.00
新三板挂牌企业（家）	0	0	0	36	146	348	464	485	493	502
OTC 挂牌企业（家）	0	135	633	1062	2994	5564	8098	13593	16656	20701
要素交易平台（个）	3	4	4	5	5	5	6	6	6	6
发债规模（万亿元）	—	—	0.11	0.17	0.24	0.94	1.06	0.92	0.95	0.58

资料来源：《广州金融白皮书 2020》、《广州金融白皮书 2017》、广州市统计局。

作为现代金融体系的重要组成部分，保险业是社会经济的"减震器"和"稳定器"，在供给侧结构性改革深入推进、宏观经济环境更复杂多变的现实背景下，保险业发挥经济补偿、社会管理等功能服务于实体经济与人民生活，广州保险业继续保持稳中有进的发展趋势。截至2020年末，广州共有保险法人机构5家（见表1-4），其中财产险公司3家，人身险公司2家；省级及以下分支机构757家，其中财产险公司的分支机构315家，人身险公司的分支机构344家。十年来广州保险业取得了长足的进步，2020年广州保险业总资产5081.15亿元，较2012年资产规模增长了近3.5倍；2020年保费收入1495.62亿元，较2011年增长276%，2011—2020年平均增速达到16%。其中人身保险占主导，2020年人身保险保费收入850.77亿元（见图1-15），在总保费收入中占据较大份额，由2011年的67%提升至2020年72%，财产保险保费收入约339亿元，占保费总收入比重由2011年的33%下降至28%。2019年保险深度达到6%，较2011年翻了一番，保险密度为9309元，较2011年增长了6189元，保险业对国民社会经济的渗透日益增强。

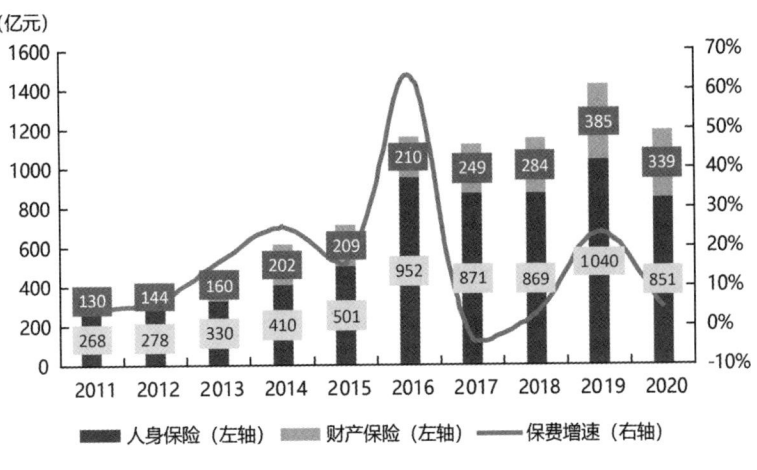

图1-15　2011—2020年广州保费收入情况

资料来源：Wind数据库、《广州金融白皮书2020》、2020年广州市国民经济和社会发展统计公报。

表 1-4　2011—2020 年广州保险行业相关指标

指标	2011	2012	2013	2014	2015	2016	2017	2018	2019	2020
保险法人机构（家）	3	3	3	3	3	5	5	5	5	5
保险业总资产（亿元）	—	1168	—	1849	2648.03	3246.2	3721.06	3830.33	4447.28	5081.15
保费收入（亿元）	397.23	420.77	474.89	601.8	714.36	1166.2	1127.2	1162.86	1424.8	1495.62
保险深度（%）	3.23	3.11	3.17	3.66	3.92	5.92	5.21	5.04	6	—
保险密度（元）	3120	3282	3789	4681	5259	8270	7730	7737	9309	—

说明：2020 年保险深度、保险密度数据未公布。

资料来源：Wind 数据库、《广州金融白皮书 2020》、《广州金融白皮书 2017》、2020 年广州市国民经济和社会发展统计公报。

从全球的宏观视野来看，广州金融竞争优势显著，但还有较大提升空间。由英国智库 Z/Yen 集团与中国（深圳）综合开发研究院共同编制的第 29 期全球金融中心指数（GFCI）报告显示，上海、香港、北京、深圳及广州入围了前 30 强榜单，其中排名最靠前的是第三位的上海，其次是香港排名第四位，北京排名提升一位到第六位，深圳保持在前十强，较上期提升 1 名，位居第 8 位，广州排名第 22 位，较上期下降 1 位，在这些城市中是唯一一个没有入围前 20 位且排名下降的，广州在全球的金融竞争优势相比上海、香港、北京和深圳，还有较大的提升空间（见图 1-16）。

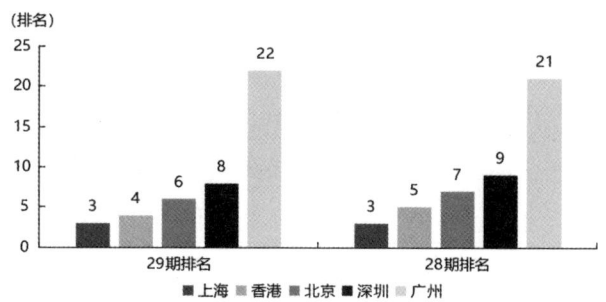

图 1-16　2021 年第 29 期全球金融中心指数榜入围前 30 强的中国城市名单

资料来源：英国智库 Z/Yen 集团与中国（深圳）综合开发研究院：第 29 期全球金融中心指数（GFCI）报告。

基于国内城市比较的角度，广州金融业作为后起之秀，规模在北上广深港中属最小，增长速度却最快。作为内地和国际的"超级联系人"香港是国际金融中心和全球最大离岸人民币业务中心，也是国内外资金双向流动的优质管道和平台，是全球服务业主导程度最高的经济体，汇聚全球众多的跨国金融机构巨头，经济中金融渗透率高，2020 年金融业增加值为 0.60 万亿元，占 GDP 比重在五个城市中最高，高达 25%（见图 1-17），2010—2020 年金融业增加值平均增速为 9.45%，在五个城市中占比最低。上海拥有国内最大的证券交易所——上海证券交易所、最大的期货交易所——上海期货交易所、最大的外汇市场——中国外汇交易中心、最大的银行间同业拆借市场——上海银行间同业拆借市场等，更是众多券商、基金、银行等中外资金融机构总部所在地或重要业务活动开展地，2020年金融业增加值为0.72万亿元，金融业增加值占GDP比重达18.5%，2010—2020年金融业增加值平均增速为13.5%。北京是四大行、一行两会所在地，拥有全国中小企业股份转让系统，更是汇聚了华夏、天弘、中金等金融机构巨头，2020年金融业增加值为0.72万亿元，居五市之首，占GDP比重达20%，2010—2020年金融业增加值平均增速为13.8%。深圳是我国第二大交易所——深圳证券交易所的所在地，同时也聚集了南方、长城、易方达、平安、国信、招商等大型金融机构。2020年深圳金融业增加值为0.42万亿元，占GDP比重达15%，2010—2020年金融业增加值平均增速为13%。广州属于后起之秀，由于前期金融业规模小，经过十几年来的高速增长，在国内金融业第二梯队城市中进步显著，拥有股权交易、碳排放交易、金融资产交易、商品清算、航运交易等五大区域金融交易平台，也是中证机构间报价系统的落户地，2021年更是落地了广州期货交易所，2020年金融业增加值为0.22万亿元，占GDP比重达8.9%，2010—2020年金融业增加值平均增速为13.9%，是五个城市中增速最快的城市。

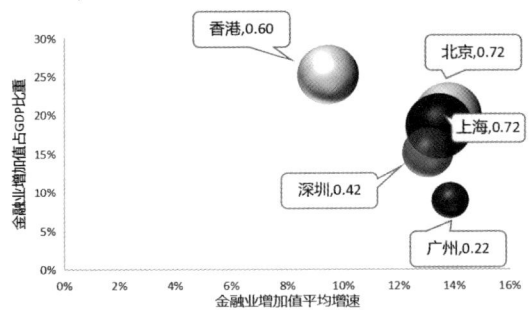

图1-17 2020年北上广深港金融业规模、增速及占GDP比重比较

说明：港元已根据当年平均汇率换算成人民币，金融业增加值平均增速取2010—2020年期间各市金融业增加值同比增速的平均值，金融业增加值和金融业增加值占GDP比重取2020年数据，气泡大小代表金融业规模，数值已在图中标注，单位均为万亿元。

资料来源：2009—2020年各市统计年鉴、2020年各市国民经济和社会发展统计公报。

从粤港澳大湾区城市群各市金融业发展水平的角度来看（见表1-5），广州的金融业增加值、金融机构本外币存贷款余额、上市公司市值等指标的数值均处在香港、深圳之后，可见广州金融实力稍逊港深一筹，三市构成了大湾区城市群金融业的第一梯队。具体来说，广州金融业增加值占大湾区金融业增加值的14.8%，金融机构本外币存款余额占大湾区总额的18%，金融机构本外币贷款余额占大湾区总额的19%，保费收入占大湾区总保费收入的15%，上市公司市值占比达9%，总体而言，广州金融业在大湾区经济金融建设中发挥着重要的引领作用。

表1-5　2020年粤港澳大湾区金融业指标

城市	金融业从业人数（人）	金融业增加值（亿元）	金融机构本外币存款余额（亿元）	金融机构本外币贷款余额（亿元）	保费收入（亿元）	上市公司市值（亿元）
香港	238513	6030	129104	93389	5017	86258
澳门	16500	241	10875	10127	250	—
广州	125669	2234	67800	54388	1496	21285
深圳	180340	4190	101897	68021	1454	104833
珠海	13577	403	9605	7626	153	6628
佛山	43300	532	19161	14508	558	16344
惠州	15756	262	7236	7184	176	3780
东莞	26408	646	18233	12777	560	3213
中山	15474	256	6922	5711	218	2269
江门	13964	244	5475	4391	170	1075
肇庆	9735	96	2893	2486	77	487
合计	699236	15133	379201	280607	10129	246172

说明：以港元、澳门元为单位的数据已根据当年平均汇率换成以人民币为单位的数据，下同。珠三角九市上市公司市值数据只统计了沪深A股上市公司的市值，香港上市公司市值只统计了港股上市且注册地在香港的上市公司市值，澳门上市公司数据由于不便统计，故不纳入表格中。2020年金融业从业人数未公布，表中为2019年公布数据。

资料来源：《中国统计年鉴2020》、2020年各市统计年鉴、2020年各市国民经济和社会发展统计公报、Wind数据库。

（三）广州金融业布局

"一区一金融功能区"建设是增强广州金融集聚辐射能力、优化金融产业空间布局、建设区域金融中心、实现金融创新驱动发展战略的重要举措。当前，广州已基本构建起覆盖11个市辖区、各行业的枢纽型融资服务网络，以国际金融城（天河区）为核心，其余8个金融功能区和3个特色金融小镇为节点（见图1-18），分别为越秀区打造民间金融街，黄埔区打造金融创新服务区，南沙区打造现代金融服务区，花都区打造绿色金融改革创新试验区，增城区打造农村改革创新综合试验区和中小微企业金融服务区，荔湾区打造白鹅潭产业金融服务创新区，白云区打造空港经济区，番禺区建设万博基金小镇，海珠区建设创投小镇，从化区建设温泉财富小镇。12个金融功能区或特色金融小镇彼此错位发展，既增强了市区联动性，又极大促进广州金融服务创新能力，合力提升广州作为区域金融中心的竞争力，为广州建设国家中心城市、国际商贸中心、综合交通枢纽、国际创新枢纽提供强有力的金融支持。

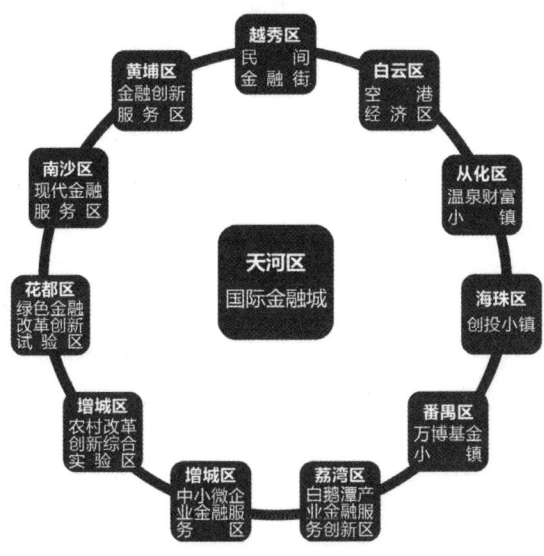

图1-18 广州"一核多点"金融功能区建设

说明：课题组绘制。

广州国际金融城（天河区）建设于2011年首次提出，旨在打造为金融总部聚集区，是广州建设区域金融中心的重要抓手。广州国际金融城总面积达8平方千米①，有四个功能片区，其中起步区重点打造为金融集聚区，西区重点发展现代商贸业、金融服务业及高端专业服务业，东区重点打造为科技创新集聚区，北区重点打造为以商业办公、创意办公、综合生活为主要功能的综合办公配套区。起步区规划44宗块地，2019年已出让29宗商业地块，东区规划47宗地块，2019年已出让1宗商住地块，西区和北区规划仍在编制中。截至2019年末，已有包括广发银行、广州银行、中国人寿在内的14家金融机构入驻国际金融城（见表1-6）。

广州民间金融街（越秀区）于2012年启动建设，旨在打造为民间金融集聚区，是实现"金融强市"的重要战略目标。作为全国首条集资金借贷、财富管理、支付结算、信息发布为一体的民间金融街，广州民间金融街重点突出"聚集、服务、定价"三大功能，即通过聚集一批小额贷款公司、融资担保公司、典当行等民间融资机构，银行、证券、保险等各类金融机构小微业务专营部门，以及律师事务所、会计师事务所等中介服务机构，推动形成多样化的小微金融服务体系，探索形成民间融资"广州价格"，为广东以至全国缓解小微企业"融资难"问题、引导民间金融规范发展创造经验、提供示范。②2019年，广州民间金融街成为全国首个"数字普惠金融监管实验区"，截至当年末已引入309家金融机构（见表1-6）。

广州金融创新服务区（黄埔区）于2007年启动建设，旨在打造为科技金融集聚区，是广州建设区域金融中心的重要支柱。依托广州开发区雄厚的科技产业基础，广州金融服务创新区的科技金融发展迅猛，截至

---

① 本小节数据如无特殊说明，均来自《广州金融白皮书2020》。

② 广东省地方金融监督管理局.广州民间金融街简介[EB/OL].(2018-11-28)[2020-09-01]. http://gdjr.gd.gov.cn/ztlm/gzmjjrj/ztjj/content/post_1114897.html.

2019年末，已有439家金融机构入驻（见表1-6）。2019年7月出台的《广州市黄埔区广州开发区促进金融业发展的政策措施》为目前粤港澳大湾区综合扶持力度最大的区级金融产业扶持政策，叠加"金镶玉""风投10条"等区级政策，极大促进了其金融服务创新水平，如2019年9月该区发行全国首支纯专利证券化产品"兴业圆融—广州开发区专利许可资产支持专项计划"，实现我国知识产权金融产品的创新突破。

广州南沙现代金融服务区（南沙区）建设于2012年提出，旨在打造为特色金融集聚区，是南沙新区建设、"金融强省"建设、广州区域金融中心建设的重要功能区。截至2019年末，已有6520家金融和类金融企业入驻（见表1-6）。南沙现代金融服务区在航运金融、科技金融、飞机船舶租赁、绿色金融等特色金融及跨境金融方面取得一系列创新成果，如启动全国首个线上航运保险要素交易平台、启动国内首个绿色融资租赁线上平台"绿色租赁通"、启动首个国际金融岛、开立广东省首个自由贸易账户等。2019年2月出台的《粤港澳大湾区发展规划纲要》中对南沙金融创新服务发展赋予新的战略定位，指出要打造"广州南沙粤港澳全面合作示范区"，在特色金融、离岸金融、跨境金融、保险、银行等领域持续深化与港澳之间的金融创新合作，为粤港澳大湾区高质量建设贡献南沙力量。

广州增城农村改革创新综合试验区（增城区）于2013年获批启动建设，是农村金融改革的重要试验探索，是贯彻和践行普惠金融理念的重要举措。该试验区通过建设金融服务站完善农村金融服务基础设施、健全覆盖住房、农产品等方面农村保险保障体系、创新农村金融产品、设立资金合作社等搭建起农村金融服务体系。通过构建农村信用共享数据库、普惠金融白名单等多种措施持续推进建设，积极探索广州特色的普惠金融模式。

广州中小微企业金融服务区（增城区）于2015年开始运营，旨在为中小微企业提供资金融通、智力服务、资产管理等全方位的金融服务支持。

截至 2019 年末，已有 339 家企业入驻服务区（见表 1-6），其中银行 5 家，为 1200 家中小微企业提供贷款累计 360 亿元；小额贷款公司 2 家，为 220 名个人客户提供贷款 1.48 亿元；保险公司 5 家，全年新增 600 名客户，投保金额约 900 万元；私募机构 4 家，资产管理规模累计达 1.2 亿元。

广州绿色金融改革创新试验区（花都区）于 2017 年获批，旨在打造为绿色金融集聚区。目前花都区绿色金融改革创新引领全国，在体制机制和业务领域创新发展上均取得显著成效，如出台"1+4"配套政策、试点"蔬菜降雨气象指数保险"、建立绿色机构认证库等。截至 2019 年末，已引入 256 家绿色机构，已有 11 家法人金融机构入驻试验区，有 5 家绿色分行，分别是中国工商银行、中国农业银行、中国人民银行、中国建设银行以及中国交通银行，全年为广州市 2000 多家绿色企业提供超过 120 亿元的信贷支持。

白鹅潭产业金融服务创新区（荔湾区）于 2017 年设立，旨在打造为广州本地科创企业与珠江西岸先进制造业的产融对接平台，增强广州金融对珠江西岸实体经济发展的辐射带动作用。目前新三板广州服务基地已在该区落户，省"三馆合一"、白鹅潭国际金融中心等重点项目、招商工作、金融机构对接等准备工作正在紧锣密鼓地推进中。

广州空港经济区（白云区）于 2016 年获批设立，依托广州白云国际机场，旨在打造为全球综合航空枢纽港，重点发展融资租赁、航空维修与制造、跨境电商、航空总部、航空物流及商贸会展六大产业集群，目前已有绿地集团、渤海租赁、唯品会等多个知名企业入驻。《中国临空经济发展指数报告（2019）》报告显示，广州空港经济区总指数排名位列全国第三，居上海、北京之后。《粤港澳大湾区发展规划纲要》发布后，广州空港经济区融入大湾区现代化综合交通运输体系建设中，成为大湾区经济增长的又一强劲驱动力。

广州创投小镇（海珠区）于 2017 年设立，旨在打造成以产业创投为主的创新创业创投资源集聚区。2019 年创投小镇已规划建成三个功能区，分别是风投集聚区、科技与时尚产业集聚区、综合配套服务区，其中风投集聚区引进了 IDG 等知名投资机构，科技及时尚产业集聚区聚集了智伴科技、今日头条等信息技术、人工智能领域的企业，综合配套服务区引进了广州股权交易中心科创板运营中心、创新资本研究院等专业服务机构。2019 年，海珠区政府出台了《广州市海珠区加快建设创新岛若干措施》，针对创新企业、新兴产业、创新载体、创新平台、创新资本及创新人才给予了重大扶持奖励，极大促进了创投小镇对创投资源产生虹吸效应。

广州万博基金小镇（番禺区）于 2016 年成立，是广东省首家授牌的特色金融小镇，旨在打造为投资基金的集聚区，是建设华南财富管理中心和广州财富城的重要节点。万博基金小镇规划建设四大功能片区，分别为基金产业集聚区、金融机构集聚区、中介服务机构集聚区及外包服务机构集聚区。截至 2019 年末，已有 316 家投资基金落户，实际募集资金 219.26 亿元，其中投资基金管理机构 147 家，股权投资基金 169 家。目前，万博基金小镇从招商选资、政府服务优化等方面持续推进建设。

广州温泉财富小镇（从化区）于 2016 年成立，依托从化温泉镇，以高端金融培训和家族财富管理为特色，旨在打造成财富管理的集聚区，形成以天湖地块为核心，以流溪河景观为滨水活力休闲带，以亿城泉说、明月山溪、望谷温泉为启动东区的规划布局。截至 2019 年，已有 158 家金融机构入驻，资产规模管理 600 亿元，其中投资基金 68 家，资产管理类 74 家，家族财富企业 7 家。目前在推进特色功能发展的同时，也在进行金融产业园的建设。

表 1-6　2011—2019 年金融功能区建设进驻机构数

单位：家

金融功能区	2011	2012	2013	2014	2015	2016	2017	2018	2019
广州民间金融街	0	35	118	149	203	243	277	297	309
广州国际金融城	0	0	4	5	7	7	7	12	14

(续表)

金融功能区	2011	2012	2013	2014	2015	2016	2017	2018	2019
南沙现代金融服务区	—	35	58	105	654	1563	3299	6333	6520
广州金融创新服务区	20	40	50	50	57	151	229	343	439
广州中小微企业金融服务区	0	0	0	186	316	333	337	339	339

资料来源：《广州金融白皮书2020》《广州金融白皮书2019》。

（四）广州金融政策环境

广州金融业的发展离不开政府政策的大力支持。国内目前有27个城市将建设金融中心列为重要发展目标，早在2004年，广东省委、省政府就明确提出要将广州建设成为区域金融中心。2008年，国务院批复《珠江三角洲地区改革发展规划纲要（2008—2020年）》，正式从国家战略层面支持广州建设区域金融中心。2011年5月19日，广州市人民政府印发《广州区域金融中心建设规划（2011—2020年）》。2013年，为贯彻落实《广东省建设珠江三角洲金融改革创新综合试验区总体方案》，中共广州市委、广州市人民政府出台了《关于全面建设广州区域金融中心的决定》，提出要加快金融发展方式，建立健全现代金融体系，充分发挥金融支持广州新型城市化发展的重要作用。2016年，广州市人民政府印发了《广州市金融业发展第十三个五年规划（2016—2020年）》。2019年，广州市人民政府出台了《关于支持广州区域金融中心建设的若干规定》等，经过前期一系列的政策布局，广州已初步建立涵盖金融机构、人才、平台等领域的金融规划与政策体系。2019年《粤港澳大湾区发展规划纲要》的出台标志着广州连同其他10个大湾区城市结为发展共同体，广州正式进入大湾区建设的新发展时代。2021年初发布的《广东省国民经济和社会发展第十四个五年规划和2035年远景目标纲要》中指出要显著提升广州等中心城市金融发展能级，支持广州完善现代金融服务，加快建设国际金融城等金融高端集聚功能区，形成具有重要影响力的风险管理中心、财富管理中心和金融资源配置中心。2021年3月，为深入贯彻落实《粤港澳大湾区发展规划纲要》《关于金融支持粤港澳大湾区建设的意见》，发挥大湾区核心引擎作用，携手港澳共建国际金融枢纽，共同打造金融业高质量发展典范，广州市推进粤港澳大湾区建设领导小组印发《广州市关于推进共建粤港澳大湾区国际金融枢纽的实施意见》和《广州市关于推进共建粤港澳大湾区国际金融枢纽三年行动计划（2021—2023年）》，结合广州市金融工作实际，提出到2035年广州要形成配置高效、便利安全、生态优良、充满活力的现代金融服务体系，成为粤港澳大湾区国际金融枢纽的核心引擎，并提出具体实施意见。

本节将结合《粤港澳大湾区发展规划纲要》《关于金融支持粤港澳大湾区建设的意见》《广东省推进粤港澳大湾区建设三年行动计划（2018—2020年）》《中共广东省委全面深化改革委员会关于印发广州市推动"四个出新出彩"行动方案的通知》《广东省国民经济和社会发展第十四个五年规划和2035年远景目标纲要》五份纲领性与指导性的政策文件，归纳梳理有关广州金融发展的政策支持，如表1-7所示。

表1-7　中央及广东省重要文件中涉及广州金融的内容

政策名称	政策文件中金融相关内容的体现
《粤港澳大湾区发展规划纲要》	1. 建设区域性私募股权交易市场，建设产权、大宗商品区域交易中心 2. 建设绿色金融改革创新试验区，研究设立以碳排放为首个品种的创新型期货交易所 3. 支持符合条件的港澳银行、保险机构在广州南沙设立经营机构 4. 打造广州南沙粤港澳全面合作示范区，建设金融服务重要平台

(续表)

政策名称	政策文件中金融相关内容的体现
《广东省推进粤港澳大湾区建设三年行动计划（2018—2020年）》	1. 加快建设广州国际金融城 2. 建设科技创新金融支持平台。鼓励符合条件的创新创业企业在银行间市场发行超短期融资券、中期票据、项目收益债等进行直接融资。支持港澳在大湾区设立创投风投机构，推动设立粤港澳大湾区科研成果转化联合母基金。依托区域股权市场，建设科技创新金融支持平台

(续表)

政策名称	政策文件中金融相关内容的体现
《关于金融支持粤港澳大湾区建设的意见》	1. 依托广州绿色金融改革创新试验区，建立完善粤港澳大湾区绿色金融合作工作机制。充分发挥广州碳排放交易所的平台功能，搭建粤港澳大湾区环境权益交易与金融服务平台 2. 研究设立广州期货交易所 3. 在粤港澳大湾区内地统一实施资本项目收入支付便利化试点 4. 支持粤港澳大湾区内地居民通过港澳银行购买港澳银行销售的理财产品 5. 在粤港澳大湾区内地开展本外币合一的跨境资金池业务试点 6. 支持粤港澳大湾区内地银行在宏观审慎框架下，向港澳地区的机构或项目发放跨境贷款 7. 支持内地非银行金融机构与港澳地区开展跨境业务 8. 有序推进合格境内有限合伙人（QDLP）和合格境内投资企业（QDIE）试点，支持内地私募股权投资基金境外投资 9. 支持境外银行在粤港澳大湾区内地同时设立分行和子行，鼓励外资在粤港澳大湾区内地投资入股信托公司等金融机构 10. 支持在粤港澳大湾区内地依法有序设立外资控股的证券公司、基金管理公司、期货公司 11. 支持在粤港澳大湾区内地设立外资控股的人身险公司，支持在粤港澳大湾区内地设立外资保险集团、再保险机构、保险代理和保险公估公司 12. 允许粤港澳大湾区内地非投资性企业资本项目收入或结汇所得人民币资金用于符合生产经营目标的境内股权投资 13. 允许通过粤港澳大湾区内地碳排放权交易中心有限公司资格审查的境外投资者（境外机构及个人），以外汇或人民币参与粤港澳大湾区内地碳排放权交易 14. 支持粤港澳大湾区内地银行在依法合规、风险可控的前提下，加强与外部创投机构合作，积极探索多样化的金融支持科技发展业务模式，构建多元化、国际化、跨区域的科技创新投融资体系，建设科技创新金融支持平台

(续表)

政策名称	政策文件中金融相关内容的体现
《中共广东省委全面深化改革委员会关于印发广州市推动"四个出新出彩"行动方案的通知》	1. 探索促进私募股权交易的便利举措，加快建设民间金融街、国际金融城 2. 放宽银行、证券、保险行业外资股比限制，扩大外资金融机构在穗业务范围；争取大湾区飞机租赁业务创新政策试点，携手香港共建全球飞机租赁中心；利用"一带一路"国际金融平台拓宽项目投融资渠道，携手港澳建设中国企业"走出去"综合服务基地；支持保险机构与港澳合作开发跨境机动车保险和跨境医疗保险产品；在CEPA（内地与香港、澳门关于建立更紧密经贸关系的安排）框架下，争取在广州设立港澳保险公司内地保险服务机构和港资独资证券公司、基金公司等金融机构 3. 争取国家支持开展知识产权金融创新及知识产权证券化试点 4. 与深交所合作共建广州科技金融路演中心 5. 建设创投风投集聚地，鼓励与港澳资本联合成立创投基金，建立适应科技成果转化需求的信贷、保险机制
《广东省国民经济和社会发展第十四个五年规划和2035年远景目标纲要》	1. 支持广州完善现代金融服务，加快建设国际金融城、南沙国际金融岛等金融高端集聚功能区，建设区域性私募股权交易市场和产权、大宗商品交易中心，形成具有重要影响力的风险管理中心、财富管理中心和金融资源配置中心 2. 强化广州对全省金融发展的辐射带动作用 3. 健全现代金融市场体系。高标准建设广州期货交易所，打造完整期货产业链，完善期现货联动的期货交易市场体系，建设期货交割库，提升重要大宗商品的价格影响力 4. 支持广州争取纳入数字人民币试点地区 5. 推进广州金融科技创新监管试点工作，推广区块链、大数据、人工智能等技术在客户营销、风险防范和金融监管等方面的应用 6. 携手港澳共建广州南沙金融深度合作平台，加强香港联合交易所与广州期货交易所合作，促进与港澳金融市场互联互通和金融（基金）产品互认

说明：课题组整理。

广州的传统金融的扶持政策覆盖面广，扶持力度大，不仅设有各类落户奖励、经营状况奖励和并购重组奖励，还针对战略性新兴产业、先进制造业和现代服务业等领域推出各种特色政策。如《广州政策性小额贷款保证保险资金管理办法（修订）》规范政策性小额贷款保证保险资金的使用管理，提高财政资金使用效益。《关于加强金融支持广州市民营企业发展的实施意见》促进广州市民营企业，尤其是小微型民营企业持续健康快速发展：增强对民营企业的信贷支持；通过强化股权融资支持、扩大债券融资规模、支持南沙片区开展跨境资金回流业务、推动股权基金融资和支持融资租赁业务发展等方式丰富民营企业融资渠道，并对相关配套金融措施进行优化。《关于促进广州保险业进一步支持实体经济发展工作方案》促进广州保险业进一步支持广州市实体经济发展：新设、引进保险法人机构，支持保险法人机构做大做强，同时与境内外保险机构建立更紧密的合作关系；鼓励支持丰富保险业服务实体经济的手段和产品。

新型金融有关政策主要着重于绿色金融、科技金融、普惠金融、股权投资等领域。如《广州市绿色金融改革创新试验区绿色企业与项目库管理办法》提出切实发挥绿色金融支持服务绿色产业和产业绿色转型目标：对入库企业和项目，市相关单位引导金融机构和类金融机构与入库绿色企业和项目加强对接。《广州市关于促进金融科技创新发展的实施意见》提出要提高广州市各类金融机构研发和创新金融产品的能力，推动金融业转型升级：对金融科技类主体给予一次性落户奖励；对金融科技研发投入给予补助；大力培养引进金融科技人才，给予奖励或补贴等。《广州市风险投资市场规范发展管理办法》提出推进广州市风险投资市场创新发展，打造风险投资之都：对股权投资管理企业、创业投资企业实收资本规模满足条件的给予300万~1500万元的管理能力奖励；对私募证券投资管理企业的私募证券投资基金实际规模满足条件的给予300万~500万元的管理能力奖励。为营造良好的风险投资市场环境，对风险投资企业制定办公房补贴等相关配套政策。《关于推进金融支持广州国际航空枢纽建设的实施意见》提出推进航空金融集聚发展，打造现代航空金融综合服务体系，提升广州国际航空枢纽竞争力：支持符合条件的融资租赁公司在境内保税地区设立项目公司开展融资租赁业务，支持南沙自贸区争取经营性租赁收取外币租金试点，支持政策性银行在风险可控的前提下为通过境外平台完成的飞机离岸租赁业务提供融资支持，拓展航空产业信贷、保险、债券、信托等多种产品提供融资；发挥空港经济区优势和南沙自贸区优惠政策，拓展金融配套服务；优化涉税服务，继续落实融资租赁出口退税试点政策。

课题组整理归纳了近年出台的有关广州银行业、证券业、保险业、科技金融、绿色金融、普惠金融、融资租赁、股权投资、财富管理、航运金融及开放银行的政策文件内容，如表1-8所示。

表1-8 广州传统金融与新型金融政策比较

类型	行业	政策内容	政策文件
传统金融业	银行业	落户奖励、并购重组奖励、建立粤港澳大湾区国际商业银行	《广州市人民政府关于印发支持广州区域金融中心建设若干规定的通知》《广州市人民政府办公厅关于加快推进农产品加工业发展的实施意见》《广州市人民政府关于印发广州市创建国家知识产权强市行动计划（2017—2020年）的通知》
	证券业	推进战略性新兴产业、支柱产业、先进制造业和现代服务业的企业尤其是民营企业上市；支持广州建设区域性私募股权交易市场	
	保险业	落户奖励；经营状况奖励；并购重组奖励；支持保险机构参与知识产权金融服务；支持保险机构推进农产品加工业发展	

(续表)

类型	行业	政策内容	政策文件
新型金融	科技金融	扩大科技成果产业化引导基金和科技信贷风险补偿资金池规模；引导科技企业上市，通过企业重组并购打造科技领军企业	《广州市促进科技金融发展行动方案（2018—2020年）》《关于促进广州绿色金融改革创新发展的实施意见》《广州市推进农村普惠金融发展实施方案》《广州市金融发展专项资金融资租赁产业发展事项实施细则》《广州市人民政府办公厅关于印发广州市鼓励创业投资促进创新创业发展若干政策规定的通知》《广州市人民政府关于印发支持广州区域金融中心建设若干规定的通知》《广州市人民政府办公厅关于印发广州市金融业发展第十三个五年规划（2016—2020年）的通知》《中共广东省委全面深化改革委员会关于印发广州市推动"四个出新出彩"行动方案的通知》
	绿色金融	研究设立碳期货交易所；打造绿色金融街项目；鼓励银行增加绿色贷款	
	普惠金融	构建多层次、广覆盖、可持续、服务完善、风险可控的农村普惠金融服务体系	
	融资租赁	企业落户及增资奖励、人才扶持、放宽企业准入和经营条件	
	股权投资	打造具有国际影响力的风投创投中心	
	财富管理	大力发展财富管理、培育发展财富管理专业机构和平台、加强穗港澳财富管理合作、营造良好的财富管理发展环境、鼓励银行机构发展财富管理业务和私人银行业务	
	航运金融	对航运保险公司实行落户土地优惠，创新航运险种	
	开放银行	建设南沙粤港深度合作园，探索建设国际数据安全流动试验区	

说明：课题组整理。

二、粤港澳大湾区视角下广州金融发展与金融辐射效应测度

（一）研究范围

根据 2019 年 2 月发布的《粤港澳大湾区发展规划纲要》中界定的粤港澳大湾区范围，选取粤港澳大湾区城市群中的香港、澳门、广州、深圳、佛山、东莞、惠州、珠海、中山、江门及肇庆 11 个城市作为研究对象。"一国、两制、三区、四核心"作为粤港澳大湾区的鲜明特色，既是融合发展的优势，也是其难点所在，在交通基础设施建设先行过后，金融服务创新提上日程。2020 年 5 月，中国人民银行、中国银保监会、中国证监会、国家外汇管理局联合发布《关于金融支持粤港澳大湾区建设的意见》，从促进粤港澳大湾区跨境贸易和投融资便利化、扩大金融业对外开放、促进金融市场和金融基础设施互联互通、进一步提升粤港澳大湾区金融服务创新水平、切实防范跨境金融风险等五个方面提出 26 条具体措施，以提升大湾区金融服务创新水平。

广州作为粤港澳大湾区城市群核心城市中的一员，肩负着支持深圳建设中国特色社会主义先行示范区，实现"双核联动"，充分发挥粤港澳大湾区与深圳中国特色社会主义先行示范区的"双区驱动效应"的重要使命。在粤港澳大湾区的整体框架下，研究广州金融发展能力的自身演化、在大湾区城市中金融地位的变化、与大湾区其他城市的金融联系互动等，对广州金融服务创新发展具有十分重要的意义。

（二）模型构建与数据来源

1. 金融发展质量评价指标体系——因子分析模型

城市的金融发展质量评价具有综合性，使用单一指标对此进行考察难免有失偏颇，因此通过参考樊向前（2016）、季菲菲（2014）、栾强

（2016）、刘程军（2020）等相关研究成果构建多维度评价体系。本节借鉴王力（2018）、黄丹荔（2019）、彭芳梅（2019）、覃剑（2020）等学者的做法，同时鉴于数据可获得性和样本数量限制，从金融规模、金融集聚、金融效率及经济基础四个方面，选取共计10个指标，构建了金融发展质量评价体系，如表1-9所示。

表1-9　粤港澳大湾区金融发展质量评价体系

评价对象	一级指标	符号	二级指标	单位
金融发展质量	金融规模	X_1	金融机构年末存贷款余额	亿元
		X_2	保费收入	亿元
		X_3	金融业增加值	亿元
	金融集聚	X_4	金融机构数	家
		X_5	金融从业人员数	人
	金融效率	X_6	金融业人均产出	万元/人
	经济基础	X_7	GDP	亿元
		X_8	固定资产投资额	亿元
		X_9	社会消费品零售总额	万元
		X_{10}	进出口总额	亿美元

其中，金融规模包含了3个二级指标，分别为金融机构年末存贷款余额（X_1）、保费收入（X_2）以及金融业增加值（X_3），金融集聚包含了2个二级指标，分别为金融机构数（X_4）和金融从业人员数（X_5），金融效率采用金融业人均产出（X_6）作为衡量指标，具体衡量方式为金融业增加值与金融业就业人员数的比值；经济基础基于"三驾马车"（投资、消费、出口）的角度考虑，包含了4个二级指标，分别为GDP（X_7）、固定资产投资额（X_8）、社会消费品零售总额（X_9）以及进出口总额（X_{10}）。

数据方面，选取2017—2019年的数据为研究时间段进行动态分析，对2019年的情况进行重点研究分析。大湾区内地九市的评价指标数据来源于 2017—2020 年的《广东统计年鉴》和各城市 2018—2020 年的统计年鉴，澳门的评价指标数据来源于澳门统计暨普查局的时间序列数据库，香港的评价指标数据来源于香港 2018—2020 年统计年刊。香港以港元为单位的数据和澳门以澳门元为单位的数据均根据相应年度的平均汇率换算成以人民币为单位的数据。

纵观国内学者如邓伟根（2014）、龙海明（2014）、茹乐峰（2014）在研究金融竞争力、金融集聚等领域的指标评价问题，大多采用因子分析的方法，因此本文采用因子分析模型来测度粤港澳大湾区金融发展质量。

2. 辐射范围——威尔逊模型

借鉴于溪（2015）、张晓燕（2014）等学者的做法，采纳简化的威尔逊模型测度香港、广州、深圳的金融辐射强度，计算公式如下所示：

$$r_{ij} = \frac{1}{\beta} ln \frac{F_i}{\theta} \tag{1.1}$$

其中，i 为对外进行金融辐射的城市；j 为接受辐射的城市；r_{ij} 为城市的金融辐射半径；β 为衰减因子，取值在 [0,1]；F_i 为 i 城市的金融发展质量，由其综合因子得分表示；θ 由金融发展质量综合因子得分为正值的最小数量级原则确定。

参照王铮、邓悦（2002）在研究中国各城市人口流动与交通吸引强度的关系中关于 β 的计算公式：

$$\beta = \sqrt{\frac{2 \times T}{t_{max} \times D}} \tag{1.2}$$

其中，D 为相互作用的区域范围，用粤港澳大湾区的土地面积表示，取值为 56500 平方公里；t_{max} 为具有金融辐射能力的城市数目；T 为该区域的城市数量，取值为 11。

3. 辐射强度——引力模型

采纳黄丹荔（2019）测度长三角城市群金融辐射强度的做法，由引力模型推导出地区的辐射强度公式为：

$$T_{ij} = F_i exp(-\beta d_{ij}) \tag{1.3}$$

其中，F_i 为具有金融辐射能力城市 i 的金融发展质量综合因子得分；β 为衰减因子；d_{ij} 为城市 i 和城市 j 之间的距离，在百度地图官网可查询到数据。

$$\beta = \frac{1}{外向性融资规模} \tag{1.4}$$

其中，外向性融资规模采用外商直接投资实际使用金额和金融机构中长期贷款余额两个指标的总额。外商直接投资实际使用金额和金融机构中长期贷款余额的数据均来自各市 2018—2020 年统计年鉴，两个指标均以亿元为单位，其中香港以港元为单位的数据和澳门以澳门元为单位的数据均根据相应年度的平均汇率换算成以人民币为单位的数据。

（三）金融发展质量测度与分析

为解决样本数据的数量级和量纲差异两个方面的相关问题，本文采用 Z-Score 的方法对样本数据进行标准化处理，公式如下所示，再对标准化后的数据进行因子分析等后续操作，以上操作均在 SPSS 上进行。

$$Z = \frac{x_i - \bar{x}}{s} \tag{1.5}$$

其中，x_i 为原始数据，$\bar{x}$ 为样本数据的均值，s 为样本数据的标准差。

对 2017—2019 年数据进行 KMO 检验和 Bartlett 的球形度检验，以 2019 年数据的检验结果为例，如表 1-10 所示，KMO 值为 0.573，大于 0.5 的临界值；Bartlett 的球形度检验的卡方值为 219.395，显著性水平为 0.000，拒绝相关矩阵为单位矩阵的原假设，说明变量间存在明显的相关性，可以进行因子分析。2017 年和 2018 年数据均通过 KMO 检验和 Bartlett 的球形度检验，由于篇幅限制，检验结果不予展示。

表 1-10　KMO 检验和 Bartlett 的球形度检验（2018 年）

检验类型	参数名	参数值
KMO 检验	KMO 值	0.573
Bartlett 的球形度检验	卡方值	219.395
	自由度	45
	显著性水平	0.000

以 2019 年数据的因子分析输出结果为例，根据特征值大于 1 的判断标准，提取了 2 个公共因子（见表 1-11），累计方差贡献率达到 90.377%，说明这两个公共因子表达了原先 10 个评价指标绝大部分的信息。其中，第一个公共因子的方差贡献率为 75.574%，第二个公共因子的方差贡献率为 14.803%，因子旋转后两个公共因子的方差贡献率分别为 49.892% 和 40.485%。同时，由输出结果中的成分得分协方差矩阵可知，2 个公共因子之间互不相关。

表 1-11　特征值与贡献率（2019年）

成分	初始特征值			提取平方和载入			旋转平方和载入		
	合计	方差的（%）	累积（%）	合计	方差的（%）	累积（%）	合计	方差的（%）	累积（%）
1	7.557	75.574	75.574	7.557	75.574	75.574	4.989	49.892	49.892
2	1.480	14.803	90.377	1.480	14.803	90.377	4.048	40.485	90.377
3	0.797	7.968	98.345						
4	0.077	0.769	99.114						
5	0.060	0.598	99.712						
6	0.021	0.214	99.926						
7	0.005	0.048	99.974						
8	0.002	0.023	99.997						
9	0.000	0.003	100.000						
10	1.684E-5	0.000	100.000						

在构建起来的金融发展质量评价指标体系中，原来的10个指标降维成了2个公共因子，两个公共因子的累计方差贡献率达到90.377%。具体来说，根据表1-12所示的旋转成分矩阵看，第一个公共因子中金融机构年末存贷款余额、保费收入、金融业增加值、金融机构数、金融从业人员数、金融业人均产出、进出口总额这7个指标具有较大的因子载荷，该公共因子主要针对金融发展方面，因子方差贡献率为49.892%；第二个公共因子中GDP、固定资产投资额、社会消费品零售总额这3个指标具有较大因子载荷，该公共因子主要针对经济发展方面，因子方差贡献率为40.485%。

表 1-12 旋转成分矩阵（2019 年）

指标	成分	
	1	2
金融机构年末存贷款余额（X_1）	0.780	0.618
保费收入（X_2）	0.897	0.322
金融业增加值（X_3）	0.806	0.580
金融机构数（X_4）	0.928	0.344
金融从业人员数（X_5）	0.740	0.664
金融业人均产出（X_6）	0.586	-0.067
GDP（X_7）	0.521	0.848
固定资产投资额（X_8）	0.194	0.955
社会消费品零售总额（X_9）	0.077	0.966
进出口总额（X_{10}）	0.928	0.313

根据因子得分系数矩阵（见表 1-13）可知，构成第一个公共因子的成分中负向负载指标有 GDP、固定资产投资额以及社会消费品零售总额 3 个指标，正向负载的指标有金融机构年末存贷款余额、保费收入、金融业增加值、金融机构数、金融从业人员数、金融业人均产出以及进出口总额 7 个指标，其中进出口总额、金融机构数、保费收入、金融业人均产出的系数排在前几位，说明第一个公共因子是对金融发展水平的一个综合测度。构成第二个公共因子的成分中负向负载指标有保费收入、金融机构数、金融业人均产出以及进出口总额 4 个指标，正向负载指标有金融机构年末存贷款余额、金融业增加值、金融从业人员数、GDP、固定资产投资额以及社会消费品零售总额 6 个指标，其中社会消费品零售总额、固定资产投资额、GDP 的系数排在前几位，说明第二个公共因子是对经济发展水平的一个综合测度。综上所述，两类公共因子均存在目标靶向，第一个公共因子的重点目标靶向为金融发展水平，第二个公共因子的重点目标靶向为经济发展水平。两个公共因子的计算表达式如下：

第一公共因子：

$$F_1=0.116X_1+0.238X_2+0.136X_3+0.243X_4+0.090X_5+0.230X_6-0.039X_7-0.186X_8-0.231X_9+0.252X_{10} \quad (1.6)$$

第二公共因子：

$$F_2=0.066X_1-0.097X_2+0.042X_3-0.095X_4+0.098X_5-0.187X_6+0.238X_7+0.374X_8-0.231X_9+0.252X_{10} \quad (1.7)$$

根据表1-11两个公共因子旋转后的方差贡献率和累计方差贡献率可计算因子综合得分，计算公式如下：

$$F=\frac{49.892F_1+40.485F_2}{90.377} \quad (1.8)$$

即综合因子得分公式为：

$$F=0.552F_1+0.448F_2 \quad (1.9)$$

表1-13 正交旋转后的因子得分系数矩阵（2019年）

指标	成分	
	1	2
金融机构年末存贷款余额（X_1）	0.116	0.066
保费收入（X_2）	0.238	-0.097
金融业增加值（X_3）	0.136	0.042
金融机构数（X_4）	0.243	-0.095
金融从业人员数（X_5）	0.090	0.098

(续表)

指标	成分 1	成分 2
金融业人均产出（X_6）	0.230	−0.187
GDP（X_7）	−0.039	0.238
固定资产投资额（X_8）	−0.186	0.374
社会消费品零售总额（X_9）	−0.231	0.410
进出口总额（X_{10}）	0.252	−0.109

通过以上关于公共因子得分和综合因子得分的计算公式，测算得到 2019 年粤港澳大湾区城市群金融发展质量的综合评价得分和排名情况，如表 1-14 所示。城市因子得分为正说明该数值高于粤港澳大湾区城市群的平均水平，该城市具有金融集聚与辐射效应，城市因子得分为负说明该数值低于粤港澳大湾区城市群的平均水平，其金融业不具备对外辐射的能力，为接受金融辐射的城市。

表 1-14　2019 年粤港澳大湾区城市群金融发展质量因子得分与排名情况

城市	F_1 金融发展因子	F_2 经济发展因子	F	综合排名
香港	2.789	0.104	1.586	1
深圳	0.353	1.720	0.965	2
广州	−0.607	1.920	0.525	3
东莞	−0.074	−0.304	−0.177	4
佛山	−0.780	0.512	−0.201	5
珠海	0.365	−1.081	−0.283	6
惠州	−0.472	−0.352	−0.418	7
江门	−0.395	−0.560	−0.469	8
中山	−0.306	−0.680	−0.473	9
澳门	−0.185	−0.868	−0.491	10
肇庆	−0.689	−0.412	−0.565	11

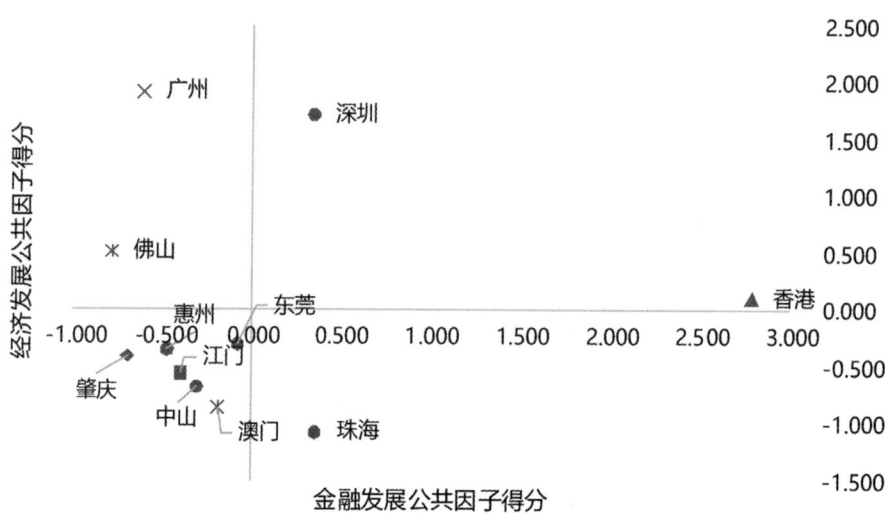

图1-19　2019年粤港澳大湾区城市城市群11个城市公共因子得分四象限评价分布
说明：课题组绘制。

结合表1-14和图1-19的实证结果可知，金融发展公共因子得分中香港、深圳以及珠海的数值均大于0，分别为2.789、0.353、0.365，表明这三个城市的金融发展水平高于粤港澳大湾区城市群金融发展的平均水平，其中香港得分最高，远超其他城市，广州金融发展公共因子得分为负值，排名第九，说明广州金融发展能力低于平均水平，与香港、深圳存在较大的发展差距，还有较大的提升空间。

作为国际金融中心之一，香港汇聚银行、保险、证券等众多金融机构，为亚洲首屈一指的具有国际水平的专业服务中心，拥有丰富的金融人才资源，形成了规范成熟的金融服务运作体系，截至2020年底，以市值计算，香港是世界第五大及亚洲第三大证券市场，同期，共有2538家公司在香港交易所上市，总市值约6万亿美元，香港同时也是全球最活跃的IPO（首次公开募股）市场之一，2020年募集总额达510亿美元。①

---

① 数据来源：香港贸发局。

深圳拥有深圳证券交易所，是平安保险、长城证券、招商银行等金融机构总部的集聚地，与此同时创新能力突出，先进制造和高技术制造业在粤港澳大湾区中遥遥领先，汇聚了华为、腾讯、比亚迪、中兴、大疆等高新技术企业，形成了以信息技术为主导的战略新兴产业集群，2020年战略新兴产业增加值10272.72亿元，占地区生产总值比重超过三分之一，2019年深圳共拥有13家独角兽企业，仅次于北京和上海，独角兽平均估值达到41.5亿美元，强大的科创能力为深圳的金融服务创新发展提供强劲的驱动力。珠海是珠江三角洲南端的一个重要城市，是我国五个经济特区之一。2017年底，广东省政府印发实施《广东省沿海经济带综合发展规划（2017—2030年）》，正式提出了珠海将成为广东省副中心；2018年底港珠澳大桥通车运营后，珠海成为内地唯一与港澳同时陆路相连的城市；2019年初，《粤港澳大湾区发展规划纲要》将珠海定位为重要节点城市；2021年初，广东省政府印发《关于支持珠海建设新时代中国特色社会主义现代化国际化经济特区的意见》，标志着珠海经济特区建设进入新的历史阶段。近年来，珠海发展迅猛，2018年，珠海全市金融业增加值为210.05亿元，占全市GDP比重的7.2%，2019年，珠海全市金融业增加值为369.16亿元，同比增长15.8%，金融业增加值占全市GDP比重上升至10.7%。2020年，在中国100座大中城市可持续发展综合排名中，珠海连续三年位列第一。① 截至2021年5月，珠海横琴新区金融类企业已达到5567家，注册资本人民币1.1万亿元，外资企业162家，注册资本人民币774.54亿元。目前珠海拥有的高新技术企业总数已超过2200家，全社会研发经费占地区GDP比重达3.15%，位居广东省第二。②

---

① 海外网.中国100座大中城市可持续发展排名公布珠海市连续三年位居榜首[EB/OL].(2021-04-15)[2021-07-24].https://www.163.com/dy/article/G7KEPJPG0514R9L4.html.

② 新华社客户端.珠海：担起大湾区时代新使命[EB/OL].(2021-05-30)[2021-07-24].https://baijiahao.baidu.com/s?id=1701174580893941830&wfr=spider&for=pc.

经济发展公共因子得分中广州、深圳、佛山、香港的数值均大于0，分别为1.920、1.720、0.512、0.104，表明这四个城市的经济发展水平高于粤港澳大湾区城市群的经济发展平均水平，其中广州和深圳的得分位列前二，广州得分最高，在经济综合实力上具有无可匹敌的优势，说明广州经济基础较为厚实稳固，能为金融业规模的壮大、金融机构集聚以及金融效率提升提供强大的经济支持和潜在的金融市场发展空间。东莞、惠州、江门、中山、澳门、肇庆在金融发展和经济发展两方面的得分均低于平均水平。

"千年商都"的广州经济基础雄厚，在贸易、交通等方面都有着大湾区其他城市无可比拟的优势，2020年服务业对本地GDP的贡献率高达72.5%，为大湾区内地九市之最，全国城市第三。作为国际商贸中心，现代服务业中金融业增加值同比增长8.3%，批发和零售业增加值同比增长3.9%。作为全国综合交通枢纽，其物流运输产值1577.95亿元，占整个珠三角物流运输产值的45.84%。由以上初步分析可以看出广州综合实力强劲，但产业结构倚重传统产业，2020年全市战略性新兴产业增加值占比达27%，创新驱动发展新动力不足制约了产业高度化发展，导致经济增长后劲不足，金融对实体经济的支持不够，产业质量有待进一步提升。深圳经济发展的轨迹属于后来者居上，作为改革开放和现代化建设的排头兵，自1980年设立经济特区以来，深圳实现了一系列飞跃式的进步，创造了举世瞩目的"深圳速度"，跻身世界科技创新的前列，2019年又成为国家重点支持建设的中国特色社会主义先行示范区，致力于建设成为全球创新创意的策源地，强化了其作为大湾区建设的核心引擎地位。作为我国首个以城市为基本单元的国家自主创新示范区和首个国家知识产权示范城市，深圳率先建立起"以企业为主导、市场为导向、政产学研资相结合"的创新综合生态体系，牢牢抓住科技创新的"牛鼻子"，为经济的高歌猛进奠定坚实的基础。佛山是我国传统制造业强市，2020年佛山GDP达到10816.47亿元，成为继广州、深圳之后广东第三个GDP

突破万亿元的城市，亦成为全国万亿城市俱乐部中的一员。2020 年佛山第二产业增加值为 6095.30 亿元，占 GDP 比重为 56.4%，是大湾区城市群中第二产业占比最高的城市，前五大支柱工业分别为电器机械和器材制造业、金属制品业、非金属矿物制品业、通用设备制造业以及汽车制造业，同时佛山亦是民营企业的集聚地，2019 年民营经济增加值为 6748.31 亿元，占 GDP 比重高达 62.8%，汇聚了碧桂园、美的、海天等知名民营企业，目前佛山正致力于打造"佛山智造"的新名片。香港是国际金融、航运、贸易中心和航空国际枢纽，全球最自由的经济体之一，服务业占本地 GDP 比重高达 90% 以上，是全球第十七大服务输出地[①]，2019 年香港服务业增加值达 25595 亿元，居粤港澳大湾区各大城市之首。

澳门作为粤港澳四大核心城市之一，近年来金融发展水平稳步提升，2019 年澳门第三产业占比 95.7%，其中博彩业占比超过 50%，金融业占比约 7%，其金融业人均产出在大湾区排名第二，仅次于香港。澳门是粤港澳大湾区 11 个城市中占地面积最小的城市，陆地面积仅有 32.9 平方公里，人口数也是 11 个城市中唯一没超过百万人的城市，澳门的金融发展水平在 11 个城市中排名第五，而经济发展水平排在第十，澳门金融发展质量水平排名靠后与其经济体量小脱不开干系，2020 年，其 GDP 为 1677.71 亿元，比 2019 年下降了近 55%。

本节进一步使用系统聚类的方法分析粤港澳大湾区城市金融发展质量层级体系，城市间谱系图如图 1-20 所示，将粤港澳大湾区 11 个城市的金融发展质量综合得分分成三个梯队城市，香港为第一梯队城市，深圳和广州为第二梯队城市，佛山、东莞、珠海、惠州、澳门、江门、中山及肇庆为第三梯队城市。结合表 1-14 和图 1-19 的实证结果可知，在粤港澳大湾区城市群中，香港的金融发展质量一枝独秀，其在金融发展和经济基础两方面的实力在大湾区各大城市中都是数一数二的。其次是深

---

① 香港经贸研究.香港经贸概况 [EB/OL].(2020-07-30)[2020-08-09].https://research.hktdc.com/sc/article/MzIwNjkzNTY5.

圳，其金融发展和经济基础建设近年来也处在稳步提升的状态。接着是广州，虽然在金融发展因子得分方面广州的排名较为靠后，但是其综合实力不容小觑。港深广三市金融发展质量的综合因子得分均为正值，分别为1.586、0.965、0.525，说明香港、广州、深圳的金融发展质量均处于大湾区平均水平之上，这些城市具备金融辐射和金融集聚的能力，但从数值结果也可以很明显地看出，香港的金融发展质量远高于广深，深圳和广州存在较大的追赶空间。东莞、佛山、珠海、惠州、江门、中山、澳门、肇庆这8个城市的金融发展质量得分均为负值，分别为−0.177、−0.201、−0.283、−0.418、−0.469、−0.473、−0.491、−0.565，说明这些城市的金融发展质量均处在大湾区平均水平之下，说明这些城市金融集聚和辐射能力不突出，主要接受香港、深圳及广州的金融辐射，其中肇庆金融发展水平质量水平最低。

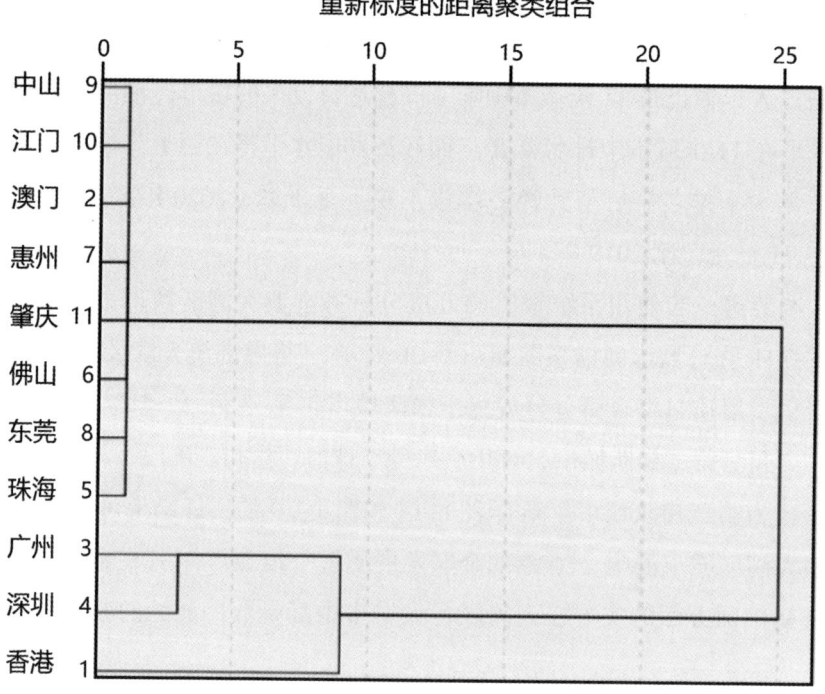

图1-20 2019年粤港澳大湾区城市使用平均联接（组间）的谱系图

为对粤港澳大湾区城市群金融发展质量展开进一步的动态变化研究，本节对 2017 年和 2018 年的数据进行测算，汇总得到 2017—2019 年粤港澳大湾区城市群各城市金融发展质量的综合因子得分情况，如表 1-15 所示。在粤港澳大湾区城市群 11 个城市中，金融发展质量的综合因子得分前三席被香港、深圳、广州三市牢牢占领，三市在三年期间的得分均为正值，香港的金融发展质量一直保持在高位，深圳的金融发展质量逐渐趋于增强，而广州的金融发展质量却呈现弱化趋势，其中香港平均得分为 1.631，深圳平均得分 0.910，广州平均得分 0.550。佛山、东莞、珠海等其余 8 个城市得分在这期间均为负值，由以上数据可以看出，粤港澳大湾区金融发展存在区域发展不平衡的现象，金融资源空间分布不均匀。

表 1-15 2017—2019 年粤港澳大湾区城市群金融发展质量综合因子得分

城市	2017	2018	2019	三年平均	排名
香港	1.666	1.642	1.586	1.631	1
深圳	0.835	0.929	0.965	0.910	2
广州	0.567	0.557	0.525	0.550	3
佛山	−0.121	−0.143	−0.201	−0.155	4
东莞	−0.194	−0.194	−0.177	−0.188	5
珠海	−0.427	−0.376	−0.283	−0.362	6
惠州	−0.390	−0.409	−0.418	−0.406	7
中山	−0.433	−0.455	−0.473	−0.454	8
澳门	−0.473	−0.481	−0.491	−0.481	9
江门	−0.486	−0.507	−0.469	−0.488	10
肇庆	−0.544	−0.562	−0.565	−0.557	11

从 2017—2019 年粤港澳大湾区城市群金融发展质量综合因子得分排名变化来看（见图 1-21），香港、深圳、广州以及肇庆的排名一直未变，

其中香港、深圳、广州稳定排在前三位，肇庆垫底，其间排名发生变化的有东莞、佛山、惠州、珠海、江门、中山及澳门。具体来说，佛山、惠州、中山及澳门的排名三年间均下降一位；江门排名上升最多，从第十名上升两名到第八名，珠海和东莞均上升一位。再结合以上数据分析，总的来说，排名发生变化城市均属于第三梯队城市的内部升降，由此可知，粤港澳大湾区金融发展质量水平整体比较稳定，但长期存在内部发展不平衡的问题，香港、深圳及广州对佛山、东莞等大湾区其他城市的金融"溢出效应"较弱，目前核心城市金融的"虹吸效应"占主导地位，"强者愈强、弱者愈弱"的两极分化现象愈发突出。

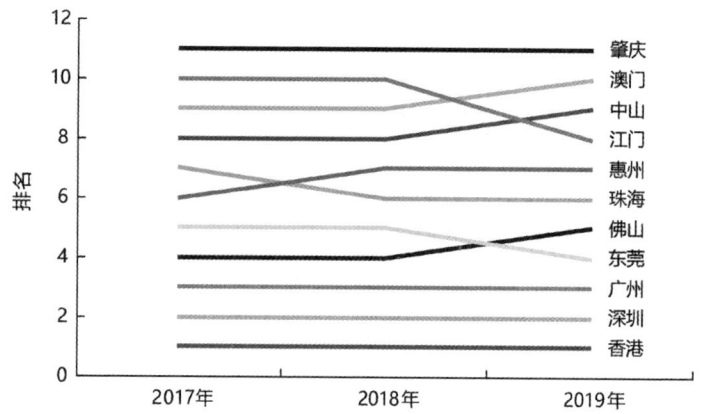

图1-21　2017—2019年粤港澳大湾区城市群金融发展质量综合因子得分排名变化情况

说明：课题组绘制。

（四）金融辐射效应测度与分析

1. 金融辐射范围测度与分析

由以上金融发展质量测度可知，粤港澳大湾区城市群存在金融集聚现象，为进一步研究粤港澳大湾区城市群内部城市之间的金融联系，本节对具有对外金融辐射能力的城市进行金融辐射范围的测算。根据

2017—2019年粤港澳大湾区城市群金融发展质量综合因子得分情况来看，金融发展质量综合因子得分为正值的城市个数均为3，分别是香港、深圳和广州，因此研究期间具备金融对外辐射能力的城市数目$t_{max}=3$，根据衰减因子计算公式 $\beta = \sqrt{\dfrac{2 \times T}{t_{max} \times D}} = 0.01139$。广州金融发展质量综合因子得分在研究期间内一直都为最小正值，历年来的数值分别为0.567、0.557、0.525，根据最小数量级原则确定2017—2019年取值均为0.1，即当一个城市的金融发展质量综合因子得分低于0.1时，便认为该城市的金融不具备对周边地区产生辐射的能力。由此，计算得出2017—2019年粤港澳大湾区城市群中具有金融辐射效应的城市，即香港、深圳、广州三市的金融辐射半径，具体数据如表1-16所示。

表1-16　2017—2019年粤港澳大湾区城市金融辐射半径

单位：公里

城　市	2017	2018	2019
香港	246.925	245.617	242.616
深圳	186.270	195.632	198.992
广州	152.302	150.778	145.558

结合表1-16和图1-22，我们可以发现，在2017—2019年期间，具有金融辐射能力的3个城市的金融辐射半径均呈现不同的变化趋势，香港、深圳及广州三市的金融辐射影响力都基本覆盖了整个大湾区城市。其中，香港的金融辐射范围最广，深入粤港澳大湾区广阔的内陆腹地，接受辐射的城市数目较多，香港作为国际金融中心及全球最大的离岸人民币市场，2020年即使受到了疫情的影响，其离岸人民币资金池也达到了7572亿元，此外香港也是全球最大的点心债市场，近70%人民币点心债选择在香港发行，其金融水平可见一斑，近年来其辐射范围逐渐向大湾区内部聚拢，金融辐射半径由2017年的246.925公里下降至2019

年的 242.616 公里，即便如此，也依旧覆盖了大湾区的全部城市，虽然香港的金融辐射范围很广，但具体是否可以转化为各城市的经济增长动能，还取决于各城市对香港金融辐射接受能力的高低。深圳的金融辐射范围呈对外扩张的趋向，其金融影响力加快向周边地区扩散，由当初惠不及肇庆，到如今蔓延至大湾区周边地区，辐射的城市越来越多，大有追赶香港之势，金融辐射半径由 2017 年的 186.270 公里增长至 2019 年的 198.992 公里。而广州的金融辐射范围呈对内收缩的趋向，广州处在粤港澳大湾区的地理中心，对大湾区城市的金融经济均有带动作用，金融辐射半径由 2017 年的 152.302 公里下降至 2019 年的 145.558 公里，虽有内缩趋势，但覆盖的城市也较多。威尔逊模型只是对具有金融辐射能力城市作用范围的测度，无法考察其作用的强度，因此下一节对此部分进行重点研究。

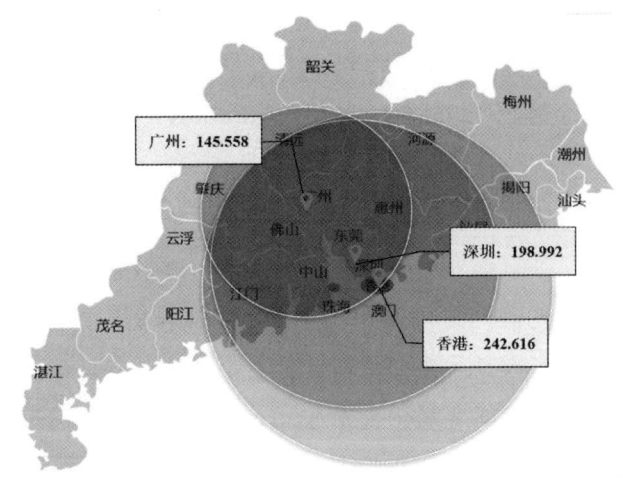

图 1-22　2019 年香港、深圳及广州的金融辐射半径（公里）及领域

说明：课题组绘制。

2. 金融辐射强度测度与分析

根据外向型融资规模的倒数的计算公式，测算得到 2019 年粤港澳大湾区城市群 11 个城市金融辐射强度的衰减因子，如表 1-17 所示。外向

型融资规模越大，衰减因子越小，该城市对外围城市的辐射强度递减速度就越慢，反之亦然。其中，深圳的衰减因子最小，2019年仅为0.0000254；其次是香港的衰减因子，仅为0.0000303；广州的衰减因子为0.0000521；肇庆的衰减因子最大，为0.0005741。

表1-17　2017—2019年粤港澳大湾区城市群11个城市金融辐射强度的衰减因子

城市	2017年	2018年	2019年
香港	0.0000320	0.0000317	0.0000303
澳门	0.0003139	0.0002809	0.0002530
广州	0.0000715	0.0000611	0.0000521
深圳	0.0000350	0.0000301	0.0000254
珠海	0.0005094	0.0005333	0.0004067
佛山	0.0001623	0.0001454	0.0001222
惠州	0.0003032	0.0002447	0.0002066
东莞	0.0002022	0.0001769	0.0001432
中山	0.0005801	0.0005166	0.0004167
江门	0.0005055	0.0004304	0.0003626
肇庆	0.0008081	0.0006670	0.0005741

根据金融辐射强度公式，将上述衰减因子的数据代入以上计算公式，可得出2019年粤港澳大湾区城市群中具有金融辐射能力的香港、深圳、广州对其他城市的辐射强度，如表1-18所示。在粤港澳大湾区城市群中，香港对大湾区其他城市的金融辐射强度最大，强度得分都在1分以上，远高于深圳和广州，具体来看，深圳接受香港的辐射强度最高，为1.584，其次是广州，为1.573，接受辐射强度最低的是肇庆，为1.369。总体来说，珠江东岸城市受到香港的辐射带动作用明显强于珠江西岸，

整体呈现"东密西疏"的分布格局。深圳对大湾区其他城市的金融辐射强度普遍在 0.9 以上，其中对香港、广州、东莞、惠州、佛山的金融辐射强度较大，分别为 0.963、0.959、0.955、0.947、0.949，肇庆受到深圳的辐射带动作用较弱，仅为 0.852。广州对其他城市的辐射强度普遍在 0.5~0.6 之间，香港、深圳及佛山是接受广州金融辐射强度较强的三个城市，分别为 0.522、0.523、0.523，同样广州对肇庆的辐射带动效应也较弱，仅为 0.496。综上所述，香港、深圳、广州之间金融联系强度较大，三市对周边其他城市的带动效应取决于他们的地理位置和经济金融基础，总体来说对外围城市的辐射效应大大减弱。

表 1-18 2019 年粤港澳大湾区城市群辐射范围内各市的金融辐射强度

城市	香港	广州	深圳
香港	—	0.522	0.963
澳门	1.553	0.507	0.925
广州	1.573	—	0.959
深圳	1.584	0.523	—
珠海	1.532	0.497	0.906
佛山	1.553	0.523	0.949
惠州	1.546	0.510	0.947
东莞	1.560	0.521	0.955
中山	1.496	0.507	0.919
江门	1.492	0.510	0.915
肇庆	1.369	0.496	0.852

为进一步研究香港、深圳、广州三市金融辐射强度的动态变化，测

算并汇总得到 2017—2019 年三市对大湾区其他城市的金融辐射强度变化情况，如表 1-19、表 1-20、表 1-21 所示。可以看出，香港对粤港澳大湾区其他城市的金融辐射强度逐年减弱，但始终维持在大于 1 的高位，仍显著高于深圳和广州对其他城市的辐射强度，其中深圳和广州受到的香港的金融辐射作用强度下降得最为明显，深圳受到香港的金融辐射强度三年间下降了 4.7%，广州下降了 4.5%，出现这种情况的原因可能有二：一是因为近年来广深金融实力增强，广深是接受香港金融辐射最多的城市，聚集在香港的金融资源由于内部经济成本过高进而扩散至香港的周围地区，受金融集聚和金融辐射的综合影响，香港的金融发展质量水平呈现逐年下降的趋势，对周围地区的辐射强度也呈现下降的趋势；二是因为近期内地的金融监管升级，内地城市对香港金融辐射的接受能力降低。广州对其他城市的金融辐射强度也逐年减弱，其中对香港的金融辐射强度下降得最大，三年间下降了 7.4%，其次为佛山和深圳，均下降了 7.3%，广州作为粤港澳大湾区的中心城市，经济实力雄厚，但金融发展质量水平和对周围地区的辐射效应与港深相比还有较大差距。三个城市中，只有深圳对其他城市的金融辐射强度逐年增强，与广州的差距呈快速拉大的趋势，深圳作为中国三大全国性金融中心之一，我国的第一个经济特区，其开放程度远高于广州，成为继香港之后第二个金融集聚中心，值得一提的是，排名靠后的城市受到深圳的金融辐射作用上升得最为明显，肇庆三年间受到深圳的金融辐射强度提升了 21.6%，江门提升了 18.1%，除广州、香港以外的其他几个城市也均提升了 16% 以上，由此可见深圳作为粤港澳大湾区四大核心城市之一，近年来其金融发展质量及对大湾区内其他城市的金融辐射带动效应越来越强，与此相比，广州应该抓住大湾区和深圳建设中国特色社会主义先行示范区建设的机遇，提升金融发展实力。

表 1-19　2017—2019 年香港对粤港澳大湾区城市群其他城市的金融辐射强度

城市	2017	2018	2019
澳门	1.623	1.603	1.553
广州	1.646	1.625	1.573
深圳	1.663	1.639	1.584
珠海	1.595	1.568	1.532
佛山	1.619	1.600	1.553
惠州	1.604	1.592	1.546
东莞	1.628	1.608	1.560
中山	1.535	1.526	1.496
江门	1.529	1.526	1.492
肇庆	1.354	1.383	1.369

表 1-20　2017—2019 年深圳对粤港澳大湾区城市群其他城市的金融辐射强度

城市	2017	2018	2019
香港	0.833	0.927	0.963
澳门	0.792	0.887	0.925
广州	0.827	0.922	0.959
珠海	0.771	0.855	0.906
佛山	0.817	0.911	0.949
惠州	0.812	0.909	0.947
东莞	0.822	0.917	0.955
中山	0.780	0.874	0.919
江门	0.775	0.872	0.915
肇庆	0.700	0.803	0.852

表1-21 2017—2019年广州对粤港澳大湾区城市群其他城市的金融辐射强度

城市	2017	2018	2019
香港	0.564	0.554	0.522
澳门	0.543	0.536	0.507
深圳	0.564	0.555	0.523
珠海	0.530	0.519	0.497
佛山	0.564	0.555	0.523
惠州	0.543	0.538	0.510
东莞	0.560	0.551	0.521
中山	0.540	0.534	0.507
江门	0.544	0.538	0.510
肇庆	0.523	0.522	0.496

三、广州金融业未来发展趋势

广州金融业发展始终秉持敢为人先的精神，保持锐意进取的姿态，自1986年成为全国首批金融改革试点城市以来，在金融服务创新领域进行了一系列的尝试（见图1-23），如1986年中国工商银行广州分行在国内金融业最早引进中型电子计算机、1991年中国人民银行广州分行在全国率先推出票据自动清分系统等创新举动，奠定了广州区域结算中心的重要枢纽地位。早在2004年广州市委、市政府就提出将广州建设成为华南区域金融中心的规划，到2008年区域金融中心建设上升为国家战略，自此广州步入新一轮金融创新的活跃期，如创建全国首条民间金融街、在南沙实施跨境人民币贷款试点、率先开展融资租赁内外资统一管理试点、设立全国首个地方金融监管试验区，成为全国首批绿色金融改革创新试验区，设立全国首个省部共建的中国青年大学生创业综合金融服务平台——中国青创板，首个出台金融扩大开放专线政策的一线城市、设立首个国内航运保险要素交易平台等。随着"一带一路"倡议、建设粤港澳大湾区等国家战略的实施及广州"四个出新出彩"行动方案的出台，广州金融业发展也迎来了前所未有的发展前景，也构建了金融对外开放的新格局。2020年，中国人民银行等四部委联合发布《关于金融支持粤港澳大湾区建设的意见》，对包括广州在内的大湾区内地九市的金融开放及与港澳金融创新合作给出了具体的指导意见。2021年，《广东省国民经济和社会发展第十四个五年规划和2035年远景目标纲要》指出要支持广州完善现代金融服务，加快建设国际金融城等金融高端集聚功能区，形成具有重要影响力的风险管理中心、财富管理中心和金融资源配置中心。随后，广州市推进粤港澳大湾区建设领导小组印发《广州市关于推进共建粤港澳大湾区国际金融枢纽实施意见》和《广州市关于推进共建粤港澳大湾区国际金融枢纽三年行动计划（2021—2023年）》就发挥大湾区核心引擎作用，携手港澳共建国际金融枢纽，共同打造金融业高质量发展典范，结合广州市金融工作实际，提出"三步走"发展目标及具体实施细则；4月，广州期货交易所正式落地。后疫情时代，"双循环"新发展格局背景下，广州金融业迎来机遇与挑战并存的新发展阶段。

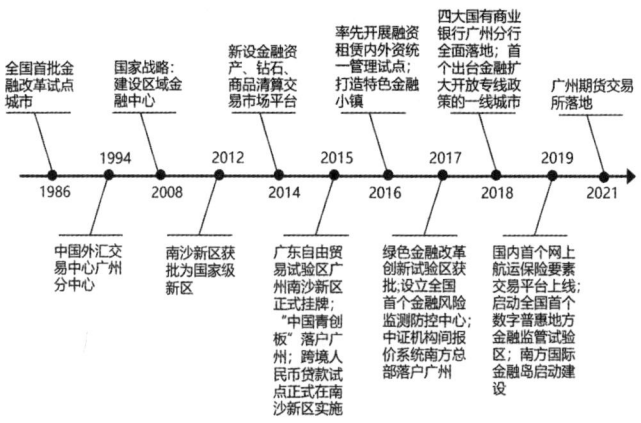

图 1-23　广州部分重要金融事件梳理

说明：课题组绘制。

改革开放的思想已深深融入广州经济金融发展的血脉之中，其金融领域创新始终走在全国前列，金融要素创新日益活跃。本书旨在从科技金融、绿色金融、普惠金融、融资租赁、股权投资、财富管理、航运金融、开放银行此八个角度研究探讨广州金融服务创新发展（见图1-24）。

科技金融作为科技型企业的主要资金来源，已成为培育科技型企业的有效途径，是建设创新型城市、助推创新驱动产业转型升级和经济发展的重要路径。广州市科技金融发展成效显著，在全国已形成独具特色的政府引导与市场参与相结合的"广州模式"。一方面，广州市政府通过科技与金融结合计划持续补贴科技金融业务，设立引导基金、信贷风险补偿资金池等大力支持科技金融发展，撬动社会资本参与。另一方面，科技金融市场体系持续完善，形成了科技信贷、风险投资、创业投资、科技保险、多层次资本市场等多种形式共同推动粤港澳大湾区科技企业发展的科技资源配置模式。近年来，广州科技金融发展呈现出财政政策不断完善、市场化趋势逐渐明显、科技金融衍生产品更为丰富、国际化特色日趋凸显等趋势，科技金融与科技创新耦合协同效应也不断提升，"科技创新—科技金融"系统逐步从中级协调耦合阶段向高级协调耦合阶段突破，实现科技金融与科技产业协调发展的最佳模式，共同助力粤港澳大湾区国际科技创新中心建设。

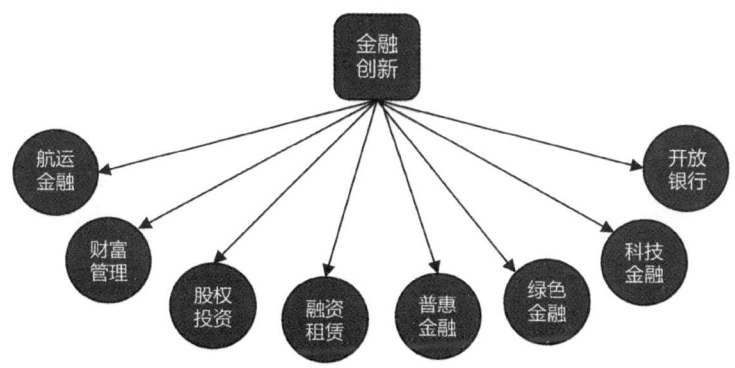

图1-24　本书重点研究的广州八大金融服务创新领域

说明：课题组绘制。

绿色金融是支持环境改善、应对气候变化和资源节约高效利用的经济活动，能够引导资金流向节约资源开发和生态环境保护产业，引导企业生产更注重绿色环保，引导消费者形成绿色消费理念和方式，促进环保和经济社会的可持续发展。广州作为我国首批国家级绿色金融改革创新试验区，绿色金融体系的构建日趋成熟，先后成立绿色金融资产交易中心、绿色金融园区示范中心、绿色金融结合示范区、环境金融试验区和绿色金融能力建设基地。广州市政府大力支持绿色金融建设，先后出台《广东省广州市建设绿色金融改革创新试验区总体方案》《广东省广州市建设绿色金融改革创新试验区实施细则》等重要指导文件，为广州市绿色金融产业发展提供政策扶持。近年来，广州市在绿色金融产品创新、服务创新、体制机制创新领域不断探索，绿色金融体系日趋成熟，绿色债券发行规模、绿色基金发行数目、碳配额交易量均位于全国前列。广州地理位置位于粤港澳大湾区中心，同时处于广东省的地理中心，与周边城市形成星型辐射结构，为扩大珠三角的绿色产业与港澳金融市场要素双向开放与联通发挥着重要作用，为把粤港澳大湾区打造成世界级绿色金融发展示范区提供有力支持。

普惠金融重视小微企业、农民、城镇低收入人群、贫困人群和残疾人、老年人等社会弱势群体的金融服务，力求在公平和商业可持续原则下给社会各阶层和群体提供适当有效的金融服务。大力发展普惠金融，有利于消除贫困，增进社会和谐，对脱贫攻坚，全面建成小康社会有着重要意义。近年来，为深入贯彻落实国家和广东省大力发展普惠金融的决策部署和工作要求，广州市从多方面深化民营和小微企业金融服务方案，推进金融支持乡村振兴战略，发展形成了具有完善的普惠金融配套政策措施、多层次的普惠金融供给体系、创新多样的普惠金融产品等特点的"广州模式"，探索出一条具有广州特点的普惠金融发展道路。随着互联网大数据和人工智能技术的大力发展，利用大数据、云计算、区块链等科技技术的新型金融机构相比传统的金融机构，能更好地破除普惠金融发展存在的壁垒。一方面，广州要继续强化配套政策和财政资金的引导作用、大力引导鼓励普惠产品创新、不断完善征信体系营造良好的普惠环境。另一方面，广州要依托"广州—深圳—香港—澳门"科技创新走廊，大力支持金融科技的进步，推进广州数字普惠金融发展。

目前，融资租赁在我国还是一种新兴融资方式，而在国际上已经发展成为仅次于银行信贷的第二大间接融资渠道和企业进行设备投资的主要手段。它与实体经济紧密结合，具有融资便利、期限灵活、财务优化等特点，满足中小企业的设备及技术需求，在推动产业升级和经济结构调整方面具有积极的作用。2014年，广州市政府下发了《关于加快推进融资租赁业发展的实施意见》，旨在推动融资租赁业发展并成为广州重要的金融主导产业，渗透基础设施建设、先进制造业、现代服务业三大领域，此后广州融资租赁业经历了从几乎为零到融资租赁第三极的迅速发展，近年来更是显示出强大的集聚增长势头。对于立志夯实华南融资租赁聚集中心、中国融资租赁第三极的广州而言，南沙扮演着"尖兵"的角色，是广州内外资融资租赁行业管理体制改革试点地区。在大力促进融资租赁产业集聚和创新发展的过程中，南沙自贸区开创了多项国内、省内融资租赁业务先河，融资租赁业务得到迅速增长，打造南沙融资租赁集聚区成效明显，已成为华南地区最大的融资租赁集聚地之一，也是粤港澳大湾区最大的飞机船舶租赁集聚区，初步形成融资租赁"南沙模式"。全国首单境外船舶租赁资产境内美元交易业务在南沙产生并完成，跨境租赁、离岸租赁等创新租赁业务也已落地，租赁业务涵盖飞机船舶、大型设备，并拓展到城市基础设施建设、风力发电等环保、新能源领域，服务范围延伸至全国各省、市及"一带一路"沿线国家城市。广州将继续发展并探索创新融资租赁业务模式，打造南沙粤港澳全面合作示范区，促进产业优势互补、紧密协作、联动发展，共同助力粤港澳大湾区培育若干世界级产业集群，构建具有国际竞争力的现代产业体系。

股权投资是为参与或控制某一公司的经营活动而投资购买其股权的

行为，按渠道划分有公开市场投资和私募投资两大类，大多数中小企业难以达到上市发行股票的门槛，争取私募投资是民营中小企业进行股权融资的主要方式。广州着力打造金融发展平台，大力优化股权投资的发展环境，加快发展包括区域股权交易中心在内的多层次资本市场，金融服务实体经济的功能不断增强，区域金融中心的地位和作用进一步提升。一方面，广州通过出台相关政策以及建设创投小镇、完善私募基金托管服务等基础设施建设大力支持私募股权基金的发展。另一方面，广东股权交易中心（原广州股权交易中心）亦针对中小企业特点推出不同的如青创板、科技创新板等创新挂牌板块，提高中小企业挂牌的积极性，发挥股权交易中心作为股权投资平台的作用。广州作为广东省会城市，创新发展基础扎实，创新改革试验稳步推进，国家自主创新示范区加快建设。在《粤港澳大湾区发展规划纲要》的支持下，广州将继续完善现代金融服务体系与股权投资服务创新，努力建设大湾区区域性私募股权交易市场。

广州作为广东省的政治、经济、科技、教育和文化的中心，拥有良好的营商环境与金融发展基础，探索财富管理服务创新模式是其经济结构转型发展的大势所趋。专业的财富管理可以更好地发挥市场配置金融资源的作用，通过对实体经济中不同领域、不同产业、不同规模、不同发展阶段的资本进行优化配置，引导广州地区社会资金流向地区经济发展最需要和最有竞争力的环节，不仅有利于广州财富总量的积累，还能更好地满足地区实体经济资金需求。近年来，广州积极响应中央支持各地区发展特色产业的号召，在探索财富管理产品与服务模式创新方面作出了有益探索，如"广发恒进—广州地铁集团地铁客运收费收益权绿色资产支持专项计划""中国建设银行不动产财富管理广州试点""易方达日兴资管日经225交易型开放式指数证券投资基金"等，逐渐形成了独具特色的地区财富管理模式。广州通过建设从化区温泉财富小镇、番禺区万博基金小镇等多个基金小镇，凝聚资本、技术、人才等金融高端要素，致力于打造华南财富管理中心与广州财富城核心区。此外，广州南沙自贸区地处粤港澳大湾区腹地，拥有十分有利的地理位置与对外开放的政策优势，有潜力发展成为辐射华南地区的区域性离岸财富管理中心。未来，财富管理将成为广州地区高效配置经济资源、促进产业转型升级、打造居民优质生活圈的重要保障。广州将紧握珠三角金融改革、粤港澳大湾区以及跨境理财通的政策红利，进一步挖掘财富管理这一潜力巨大的市场，促进财富管理业的创新发展，带动科技、先进制造业、现代服务业等多领域高质量发展，全面提高广州地区综合经济实力。

航运金融作为现代航运服务业中重要的一环，发展航运金融可以促进以广州港为主体的航运船舶业持续发展，可以有力地支撑广州建设国际航运中心和区域金融中心。依托货物和集装箱吞吐量稳居全球前五的超级港口——广州港，广州近年来航运金融方面发展势头迅猛，船舶交易、船舶融资租赁、航运产业基金等航运金融业务不断发展壮大，广州航运交易所已开展人民币交易资金代购代付及结算业务，首创国内航运交易外汇结汇结算等业务，行业呈现欣欣向荣的发展态势。未来，将有越来越多的专业性航运金融人才参与到航运金融领域，广州航运金融业专业化程度将不断提升，在人工智能、大数据等先进技术的加持下，呈现高度信息化和智能化的发展业态，金融创新也将多元化，船运衍生品将成为航运金融的热点，以远期运价协议为代表的航运衍生品将成为航运金融的主阵地。

开放银行是数字化经济背景下一种新型的商业服务模式，其理念在于"开放、共享、合作"，是银行加快数字化转型升级、拓展自身业务场景、实现新收入增长点的重要途径，开放银行的构建对广州发展金融科技、推进建设普惠金融、鼓励金融创新均具有极为重要的战略意义。目前，广州开放银行领域的发展还处于萌芽阶段。一方面，一些商业银行正积极探索、布局开放模式，与科技企业等合作伙伴搭建开放平台，开展服务创新活动，但整体而言实践案例十分有限，数据开放程度较低，实践成效有待检验，还存在较大的发展空间；另一方面，广州在法律制度体系、营商环境、金融科技发展水平方面具有明显的区位优势，这为广州开放银行的构建提供强大的经济基础和有力的技术支撑，但在开放规范标准、数据治理和确权、风险控制体系等方面仅提供引导式政策，无法对市场主体行为进行有效规范及约束。开放银行现已发展成为国际浪潮，全球开放银行生态体系已初具规模，广州若要紧跟开放银行数字化变革发展步伐，应综合考虑广州金融业发展特点、产业优势及开放银行发展目标，借鉴国际开放银行实践经验，加快完善顶层设计，引导广州开放银行规范、健康发展。

详细内容见本书以下对应章节。

参考文献

樊向前，范从来. 城市金融竞争力影响因素和评估体系研究——基于金融地理学的信息视角 [J]. 江苏社会科学，2016(02): 37–46.

黄丹荔，吴昳. 长三角城市群的金融集聚效应和金融辐射效应研究 [J]. 财经问题研究，2019(12): 65–72.

季菲菲，陈雯，魏也华，袁丰. 长三角一体化下的金融流动格局变动及驱动机理——基于上市企业金融交易数据的分析 [J]. 地理学报，2014, 69(06): 823–837.

栾强，罗守贵，郭兵. 都市圈中心城市经济辐射力的分形测度及影响因素——基于北京、上海、广州的实证研究 [J]. 地域研究与开发，2016, 35(04): 58–62.

刘程军，王周元晔，杨增境，周建平，蒋建华. 多维邻近视角下长江经济带区域金融空间联系特征及其影响机制 [J]. 经济地理，2020, 40(04): 134–144.

龙海明，凌炼，周哲英. 现代金融区域辐射力研究——基于长沙对湖南省内其他市州辐射力的实证检验 [J]. 财经理论与实践，2014, 35(03): 8–13.

彭芳梅. 金融发展、空间联系与粤港澳大湾区经济增长 [J]. 贵州社会科学，2019(03): 109–117.

覃剑. 粤港澳大湾区金融资源配置空间效率研究 [J]. 南方金融，2020(03): 9–19.

茹乐峰，苗长虹，王海江. 我国中心城市金融集聚水平与空间格局研究 [J]. 经济地理，2014, 34(02): 58–66.

王铮，邓悦. 理论经济地理学 [M]. 北京：科学出版社，2002.

王力. 中国金融中心城市金融竞争力评价研究 [J]. 金融评论，2018,

10(04): 95-109+122.

于溪, 成春林. 南京的金融辐射能力及提升路径——兼论推进南京金融集聚区建设[J]. 华东经济管理, 2015, 29(12): 57-61.

张晓燕. 金融中心及其辐射域研究——以环渤海经济圈为例[J]. 经济问题, 2014(10): 43-46+52.

第二章

广州科技金融服务创新

科技创新与产业转型升级离不开资金支持，科技金融为科技型企业保驾护航，已成为培育科技型企业的有效途径，是建设创新型城市、助推创新驱动产业转型升级和经济发展的重要路径。2006年，国务院《国家中长期科学和技术发展规划纲要（2006—2020年）》从多方面提出要加强和引导金融对自主创新和科技企业创新的支持，"科技金融"一词开始逐渐活跃在大众视野。李克强总理在2017年全国金融工作会上指出，"科技金融是创新驱动发展的助推器，是大众创业万众创新的有力支撑"。近年来，为了推动科技金融驱动创新发展，关于科技金融的政策也持续出台。2019年2月，中共中央、国务院印发的《粤港澳大湾区发展规划纲要》支持粤港澳在创业孵化、科技金融、成果转化、国际技术转让、科技服务业等领域开展深度合作。2020年1月，中国人民银行、中国银行保险监督管理委员会、中国证券监督管理委员会、国家外汇管理局《关于金融支持粤港澳大湾区建设的意见》提出要加强科技创新金融服务。

金融资本在科技创新的投入可有效提高科技成果转化为现实生产力的速度与效率，推动产业升级；科技创新的发展可进一步吸引市场资金的支持，同时，科技革命常伴随着金融创新，促进金融发展。在培育建设粤港澳大湾区国际科技创新中心的大背景下，实现科技金融与区域科技创新的有效耦合发展至关重要。

作为粤港澳大湾区的核心城市，广州应发挥自身优势，利用金融手段积极参与并指引国际科技创新中心的建设。近年来，广州市科技金融稳步发展，已形成了政府引导，"创、投、贷、融"多种形式共同推动粤港澳大湾区科技企业发展的科技资源配置模式，助力粤港澳大湾区国际科技创新中心建设。然而，相比于其他核心城市，广州市科技金融仍有较大发展和进步空间，如何加快科技金融与科技创新之间的协同程度，从科技金融创新寻找突破口，实现科技与金融的产业融合，仍值得探讨。后疫情时代，广州市正在逐步建立包括银行信贷、创业投资和政府引导基金等覆盖创新创业全链条的多元化科技投融资体系，依托粤港澳大湾区下的境内、境外两个市场，打造多种科技金融模式，助力经济"双循环"。政府与市场相互影响、相互作用。一方面，政策从多维度促使科技与金融进一步结合，大力支持科技金融发展，撬动社会资本参与。另一方面，科技金融市场体系不断完善，形成科技信贷、风险投资、创业投资、科技保险、多层次资本市场等多种形式的科技资源配置模式，共同推动广州乃至粤港澳大湾区科技企业发展。

本章主要内容包括以下几个部分。首先，简要阐述广州科技创新现状，深入分析广州市政府财政科技投入、科技贷款、科技风险投资、科技保险、多层次资本市场和知识产权证券化等形式的科技金融现状，提出广州发展科技金融现存的问题。其次，通过构建科技创新—科技金融系统耦合度指标体系，对广州科技创新—科技金融系统耦合协同度测算，并与北京、上海、深圳和杭州四个科技金融发展实力较高的一线及准一线城市进行比较。从科技创新子系统、科技金融子系统、系统耦合度和系统耦合协同度四个层面比较五个城市的竞争力差异。再次，在定量分析的基础上，对广州市科技金融综合服务中心和中国银行广州分行进行案例分析，挖掘其在科技金融发展中的优势，以期对广州科技金融发展有所启示。最后，根据上文的现状分析、测算结果与创新案例分析，针对广州科技金融创新发展提出四个方面的突破路径。

一、广州科技金融的发展现状

（一）科技金融政策背景

"科技金融"这一概念在1993年出现于中国科技金融促进会上，在1994年被首届科技金融促进会理事会使用，真正活跃在大众视野中是源自2006年2月国务院印发的《国家中长期科学和技术发展规划纲要（2006—2020年）》，文件从多方面提出要加强和引导金融对自主创新和科技企业创新的支持。2010年12月，科技部《促进科技与金融结合试点方案》提出要联合科技部、中国人民银行、中国银监会、中国证监会、中国保监会，组织开展"促进科技和金融结合试点"。李克强总理在2017年全国金融工作会上指出，"科技金融是创新驱动发展的助推器，是大众创业万众创新的有力支撑"。中共中央、国务院《关于服务实体经济防控金融风险深化金融改革的若干意见》提出"发展完善科技金融"，明确了我国科技金融的发展方向。

近年来，科技金融相关政策不断深化。2019年2月，中共中央、国务院印发的《粤港澳大湾区发展规划纲要》支持粤港澳在创业孵化、科技金融、成果转化、国际技术转让、科技服务业等领域开展深度合作。2020年1月，中国人民银行、中国银行保险监督管理委员会、中国证券监督管理委员会、国家外汇管理局《关于金融支持粤港澳大湾区建设的意见》提出要加强科技创新金融服务。支持粤港澳大湾区内地银行在依法合规、风险可控的前提下，加强与外部创投机构合作，积极探索多样化的金融支持科技发展业务模式，构建多元化、国际化、跨区域的科技创新投融资体系，建设科技创新金融支持平台，促进科技成果转化。支持创投基金的跨境资本流动，便利科技创新行业收入的跨境汇兑。

广东省方面，广东省委、省政府印发《关于构建"一核一带一区"区域发展新格局促进全省区域协调发展的意见》强调要探索开展科技成果所有权改革，大力推进普惠性科技金融改革。在广东省推进粤港澳大湾区建设领导小组印发的《广东省推进粤港澳大湾区建设三年行动计划（2018—2020年）》中提出要建设科技创新金融支持平台。鼓励符合条件的创新创业企业在银行间市场发行超短期融资券、中期票据、项目收益债等进行直接融资。支持港澳在大湾区设立创投风投机构，推动设立粤港澳大湾区科研成果转化联合母基金。依托区域股权市场，建设科技创新金融支持平台。2020年7月，广东省地方金融监管局联合多部门印发《关于贯彻落实金融支持粤港澳大湾区建设意见的实施方案》，强调要加强科技创新金融服务，支持鼓励金融机构探索知识产权质押融资等多样化业务模式，拓宽科技企业融资渠道。

广州市方面，2019年10月，《中共广东省委全面深化改革委员会关于印发广州市推动"四个出新出彩"行动方案的通知》提出要支持发展金融创新平台。鼓励与港澳资本联合成立创投基金，建立适应科技成果转化需求的信贷、保险机制。2020年6月，《关于加强金融支持广州市民营企业发展的实施意见（修订）》提出要支持创业创新专项金融债券的发行，提高金融机构信贷风险容忍度，增强科技信贷供给。2020年7月，市政府常务会议审议通过《关于新时期进一步促进科技金融与产业融合发展的实施意见》，提出将进一步引导金融资源向科技创新领域配置，进一步促进科技、金融与产业融合发展，助力共建粤港澳大湾区国际科技创新中心，加快建设科技创新强市，推动经济实现高质量发展。2020年9月，广州市地方金融监督管理局印发《关于贯彻落实金融支持粤港澳大湾区建设意见的行动方案》，对广州市拓宽科技企业融资渠道，推进知识产权金融产品创新，支持创投基金的跨境资本流动进行具体的部署安排。

（二）广州市科技创新现状和发展成果

近年来，广州市科技创新要素持续集聚，创新实力不断增强。2020年专利授权量155835件，同比增长48.7%，占全省总量22%；其中发明专利授权量 15077 件，占全省 21.3%[①]，均位列全省第二。广州拥有全省最多的科研机构，基础研发实力强。广州市集聚了一批包括中山大学、华南理工大学在内的高等院校，截至 2019 年拥有国家重点实验室 21 个，省重点实验室 238 个，国家工程中心 9 个，省工程中心 1660 个，新型研发机构 63 个，数量均位列全省第一[②]，具体见表 2-1。孵化器和众创空间是高新技术企业的培育地，大力支持高新技术企业快速增长。2020 年，广州新登记 50 家孵化器，总数达 405 家；新登记 54 家众创空间，总数达 294 家。广州孵化育成体系规模在快速扩大的同时，质量正稳步提升。2019 年度国家级科技企业孵化器评价结果显示，广州市 16 家国家级孵化器被评为优秀，较 2018 年度数量增长 220%，优秀数量位居全国第三位，占全省 38%。[③]

表 2-1　2019 年珠三角九市主要创新平台

单位：个

地区	高新技术企业	国家重点实验室	省重点实验室	国家工程中心	省工程中心	新型研发机构
全省	49991	30	378	23	6143	251
广州	12107	21	238	9	1660	63
深圳	17001	6	50	6	824	42
珠海	2204	1	2	4	286	16
佛山	4834	0	26	0	805	26
惠州	1306	0	4	0	197	10
东莞	6241	1	11	1	458	26
中山	2565	0	5	0	361	8

---

① 中国知识产权资讯网．广州全面推进知识产权强市建设显成效——创造活跃运用高效保护严格[EB/OL].(2021-03-01)[2021-08-01].http://www.iprchn.com/Index_NewsContent.aspx?NewsId=127671.

② 如无特别注明，本部分数据均来自广东省科技厅。

③ 数据来自广州市科技局。

(续表)

地区	高新技术企业	国家重点实验室	省重点实验室	国家工程中心	省工程中心	新型研发机构
江门	1584	0	1	0	398	6
肇庆	538	1	4	1	150	5

资料来源：广东省科学技术厅。

高新技术产业方面。如图2-1所示，2015年后广州市高新技术产业飞速发展，企业数量和产业规模的年增长率不断提高。2019年，广州新增高新技术企业361家，累计达12107家，且拥有广州汽车集团乘用车有限公司、广州视源电子科技股份有限公司、广州海格通信股份有限公司、广州酷狗计算机科技有限公司、广州虎牙信息科技有限公司等高成长性科技公司。2019年，广州高新技术企业实现工业总产值8371.57亿元，位列全省第三，落后于深圳、东莞；占规模以上工业总产值比重达42.8%。

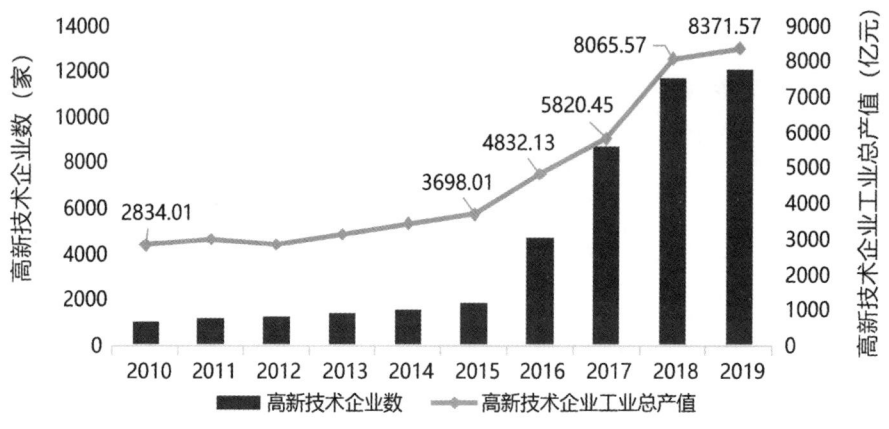

图2-1　2010—2019年广州市高新技术企业数及高新技术产业工业总产值
资料来源：广东省科学技术厅。

从全国范围对比来看，在北京、上海、深圳、广州、杭州等一线城市和准一线城市（简称"核心城市"）中，如图2-2所示，2017年及以前广州高新技术产业工业总产值占规模以上工业总产值比重在5个核心城市中最为落后,但在 2018 年小幅赶超北京和上海。值得注意的是,广州市相对于其他核心城市来说,高新技术企业规模小,盈利能力有待加强(图 2-3)。

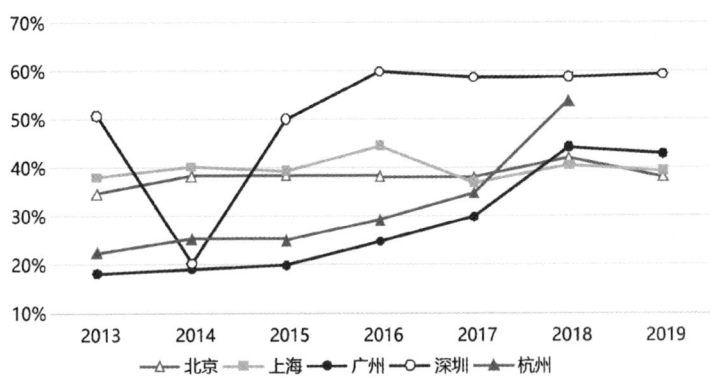

图 2-2　2013—2019 年全国核心城市高新技术产业工业总产值占规模以上工业总产值比重

资料来源:各省/市科学技术部门。①

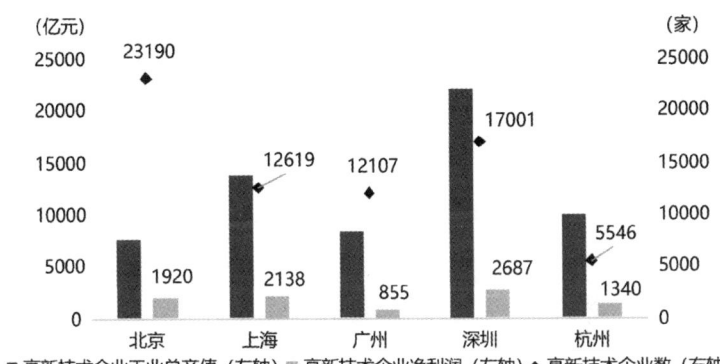

图 2-3　2019 年北京、上海、广州、深圳、杭州高新技术产业对比

资料来源:各省/市科学技术部门。

从珠三角九市对比来看,广州高新技术产品产值增长缓慢,已低于全省平均水平。图 2-4 展示了 2017—2019 年粤港澳大湾区珠三角九市高

---

① 2019 年杭州市未统计相关数据。

新技术产品产值及占规模以上工业总产值比重情况。其中广州2019年高新技术产品产值9512.94亿元，低于深圳、东莞与佛山，近三年未有明显增长；占规模以上工业总产值比重49%，低于深圳、东莞、惠州、珠海、中山、江门等多个城市，已从2017年较全省低0.02%到2019年低于全省2.5%，说明广州高新技术产业发展仍有待加强。

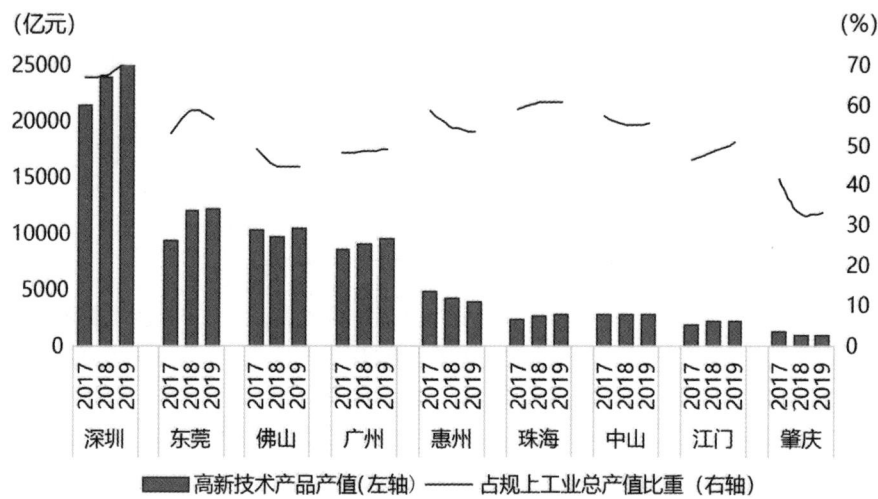

图2-4　2017—2019年粤港澳大湾区珠三角九市高新技术产品产值及占规模以上工业总产值比重情况

资料来源：广东省科学技术厅。

（三）广州科技金融发展现状

科技金融落脚于金融，是利用金融创新，引导金融资源向科技领域配置，以实现高效、可控地服务于科技创新创业的金融业态。近年来，广州市科技局通过科技与金融结合计划持续补贴科技金融业务，大力支持科技金融发展，形成了政府引导，"创、投、贷、融"多种形式共同推动粤港澳大湾区科技企业发展的科技资源配置模式，助力粤港澳大湾区国际科技创新中心建设。具体内容主要包括政府财政投入、科技信贷、科技风险投资、科技保险、多层次资本市场和知识产权证券化六个方面。

1. 政府财政投入形式

广州市政府在科技金融的发展中起到了重要引导作用。从财政科技投入情况来看，2013—2019年广州市财政科技投入整体呈现上升趋势。与其他国内主要核心城市相比，如图2-6所示，广州市也是唯一在2013年至2017年财政科技支出占地方财政支出比重高速增长的城市，从2013年排名落后的3.91%逐步升至2017年7.83%，位列五个城市第一。在2018年短暂下滑后，2019年占比达到8.51%，高于北京、上海和杭州。

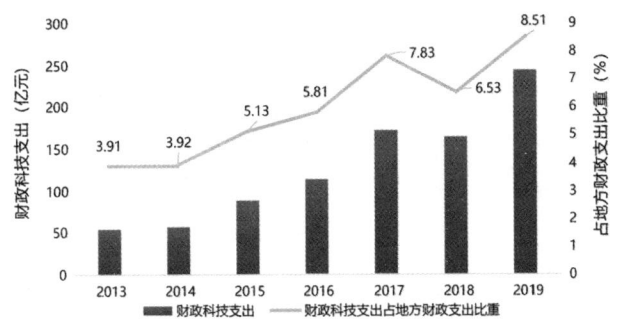

图 2-5 2013—2019年广州市财政科技投入情况

资料来源：2013—2019年《广东统计年鉴》。

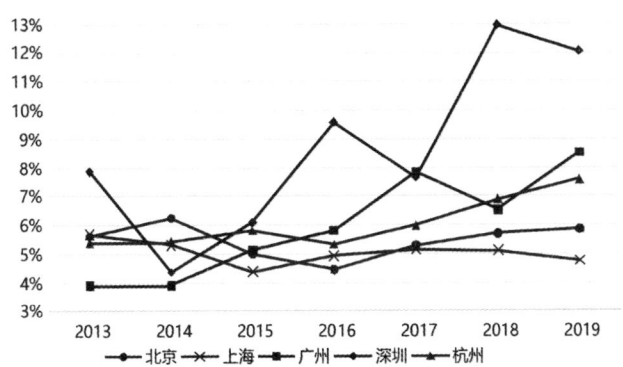

图 2-6 2013—2019年全国核心城市财政科技支出占地方财政支出比重

资料来源：各省/市统计年鉴。

2015 年，广州市政府出台了《关于促进科技金融与产业融合发展的实施意见》，提出在创业投资、科技信贷、多层次资本市场、科技管理体制和服务体系五个方面施策助力科技金融发展（图 2–7）。随着科技金融管理体制和服务体系的不断完善，根据《广州市科技创新委员会关于印发广州市促进科技金融发展行动方案（2018—2020 年）的通知》，政府的补贴主要集中在创新创业活动、科技保险和多层次资本市场三个方面，广州市 2016—2019 年政府科技金融补贴如表 2–2 所示。从补贴金额来看，广州市对科技金融的总体补贴力度有所下降，主要归因于科技企业上市（挂牌）补贴平均金额大幅下降。

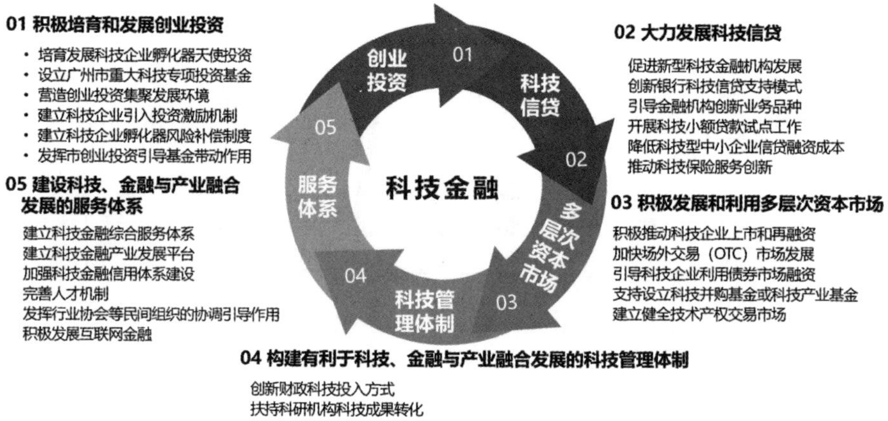
01 积极培育和发展创业投资
• 培育发展科技企业孵化器天使投资
• 设立广州市重大科技专项投资基金
• 营造创业投资集聚发展环境
• 建立科技企业引入投资激励机制
• 建立科技企业孵化器风险补偿制度
• 发挥市创业投资引导基金带动作用
02 大力发展科技信贷
促进新型科技金融机构发展
创新银行科技信贷支持模式
引导金融机构创新业务品种
开展科技小额贷款试点工作
降低科技型中小企业信贷融资成本
推动科技保险服务创新
03 积极发展和利用多层次资本市场
积极推动科技企业上市和再融资
加快场外交易（OTC）市场发展
引导科技企业利用债券市场融资
支持设立科技并购基金或科技产业基金
建立健全技术产权交易市场
04 构建有利于科技、金融与产业融合发展的科技管理体制
创新财政科技投入方式
扶持科研机构科技成果转化
05 建设科技、金融与产业融合发展的服务体系
建立科技金融综合服务体系
建立科技金融产业发展平台
加强科技金融信用体系建设
完善人才机制
发挥行业协会等民间组织的协调引导作用
积极发展互联网金融
科技金融
创业投资
01
科技信贷
02
多层次资本市场
03
科技管理体制
04
服务体系
05

图 2–7　2015—2019 年广州市科技金融扶持方向

说明：课题组根据相关文件整理绘制。

表 2-2　2016—2021 年广州市政府科技金融相关补贴专项

年份	补贴方向	合计	创新创业活动补贴	科技保险保费补贴	科技企业上市（挂牌）补贴	创新创业大赛获奖补贴	科技信贷贴息	投资机构中长期股权投资补贴	引入投资补贴	创投联动	科技金融服务体系建设专题
2021	补贴数（项）	605	1	265	307	32	—	—	—	—	—
2021	补贴金额（万元）	3295.03	300	1568.03	1215	212	—	—	—	—	—
2020	补贴数（项）	362	34	198	130	—	—	—	—	—	—
2020	补贴金额（万元）	3780.18	337	1192.58	2250.6	—	—	—	—	—	—

(续表)

年份	补贴方向	合计	创新创业活动补贴	科技保险保费补贴	科技企业上市（挂牌）补贴	创新创业大赛获奖补贴	科技信贷贴息	投资机构中长期股权投资补贴	引入投资补贴	创投联动	科技金融服务体系建设专题
2019	补贴数（项）	386	52	116	218	—	—	—	—	—	—
2019	补贴金额（万元）	5204.11	416	689.23	4098.88	—	—	—	—	—	—
2018	补贴数（项）	1179	2	170	559	95	221	1	131	—	—
2018	补贴金额（万元）	19953.42	151.91	1210.13	8425	931	1291.65	80	7863.73	—	—

(续表)

年份	补贴方向	合计	创新创业活动补贴	科技保险保费补贴	科技企业上市（挂牌）补贴	创新创业大赛获奖补贴	科技信贷贴息	投资机构中长期股权投资补贴	引入投资补贴	创投联动	科技金融服务体系建设专题
2017	补贴数（项）	317	—	123	—	—	74	1	113	—	6
2017	补贴金额（万元）	9594.83	—	803.55	—	—	788.36	7.5	7395.42	—	600
2016	补贴数（项）	474	—	54	219	18	69	8	87	12	7
2016	补贴金额（万元）	19212.07	—	118.8	10050	454	474.52	582.63	5849.34	882.78	800

说明：根据广州市科学技术局相关文件整理，包括《2021年广州市创新环境计划科技金融补助专题[科技保险保费、科技企业上市（挂牌）方向]后补助名单》《2021年广州市创新环境计划创新创业活动补助专题（方向一、方向二）后补助名单》《2020年广州市科技金融普惠补助专题拟后补助名单》《2019年广州市科技与金融结合计划科技金融补贴专题补助名单》《2018年广州市科技与金融结合专项补助名单》《2017年广州市科技与金融专项（补助补贴专题）拟入库项目》《2017年科技与金融专项（科技金融该服务体系建设专题）拟入库项目》《2016年广州市科技与金融结合专项创投联动专题拟入库项目名单》《2016年广州市科技与金融结合专项科技金融服务平台建设专题拟入库项目名单》《广州市科技与金融结合专项资金（专题一至专题六）审核结果公开》。

资料来源：广州市科学技术局官网。

2. 科技信贷形式

广州市科技信贷的发展离不开市政府的引导与支持。[①] 为推动商业银行加大对科技型中小企业的贷款支持，鼓励银行开展科技信贷业务，2015年11月，广州市首期出资4亿元，设立科技型中小企业信贷风险补偿资金池，通过风险共担的创新传统科技信贷业务，初步形成"政府推动＋社会参与＋市场化运作"的科技信贷"广州模式"。同时，广州市对应发布的《广州市科技型中小企业信贷风险损失补偿资金池管理办法》指出，对合作银行为科技型中小企业提供贷款所产生的本金损失进行有限补偿，补偿比例累计最高不超过该笔不良贷款余额的50%。2019年10月，《中共广东省委全面深化改革委员会关于印发广州市推动"四个出新出彩"行动方案的通知》文件出台，在"四个出新出彩"行动方案之一的《广州市推动现代化国际化营商环境出新出彩行动方案》中指出要"扩大科技信贷风险补偿资金池规模""设立融资风险补偿资金。广州市财政3年共安排5000万元资金，支持银行与融资性担保公司、再担保公司等合作为小微企业提供贷款业务并给予风险补偿"。

科技信贷风险补偿资金池设立仅一年的时间，就推动了合作银行对418家企业放贷42.4亿元。此后由资金池撬动的授信规模和贷款规模逐步稳定，截至2019年6月，资金池已撬动8家合作银行为1352家科技企业提供贷款授信超过182.75亿元，实际发放贷款114.38亿元，规模为全国第一。已获批企业中，高新技术企业1073家，占比79.36%；首次获贷企业475家，占比35.13%；获得纯信用贷款的企业861家，占比63.68%，如图2-8所示。

[①] 本篇的科技信贷包括信用贷款和弱抵押、弱担保贷款。

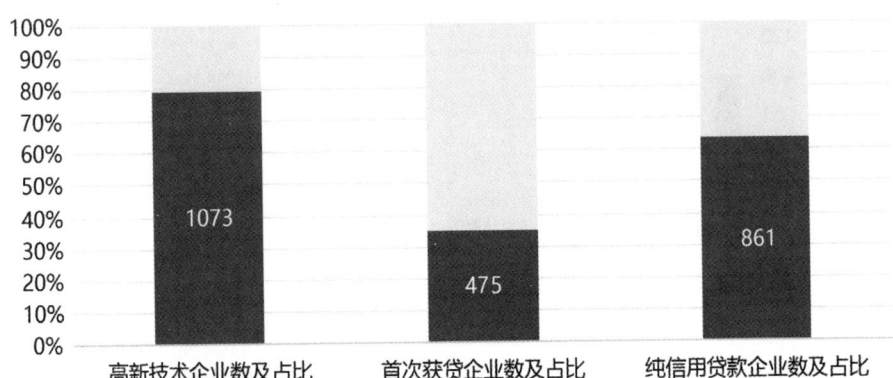

图 2-8　截至 2019 年 6 月广州市科技信贷风险补偿资金池补偿企业分布

说明：课题组根据相关新闻绘制。

资料来源：新浪财经。①

从合作银行分布来看，如图 2-9 和图 2-10 所示，中国银行在银政合作风险补偿资金池的撬动下，为科技企业授信 102 亿元，放款 63 亿元，市场占比 53.8%，居 8 家合作银行首位。② 其次是中国建设银行，授信额度与放款额度分别为 33 亿元和 18 亿元，放款市场占比达 15.3%。而放款额度靠后的招商银行、平安银行、中信银行和交通银行四家银行体量较小，合计放款额度占比仅为 10.4%。

---

① 新浪财经.4 多年来累计发放 114.38 亿元！广州科技信贷去向追踪 [EB/OL].(2019-06-22) [2021-08-01].http://finance.sina.com.cn/roll/2019-06-22/doc-ihytcitk6999852.shtml.

② 搜狐.浅谈科技信贷"广州模式"与"江苏模式"的对比及广州科技信贷的发展现状 [EB/OL].(2019-07-05)[2021-08-01].https://www.sohu.com/a/325072542_366465.

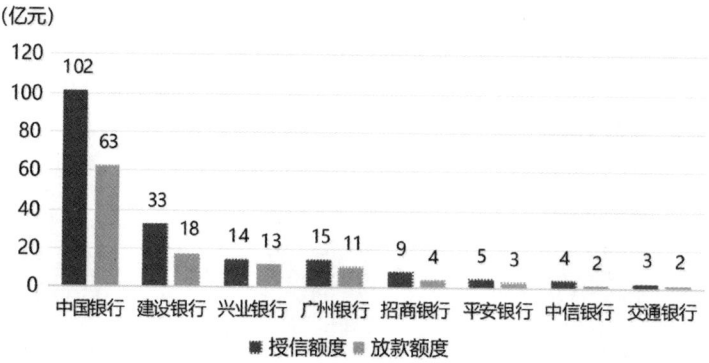

图2-9 截至2019年6月广州市科技信贷风险补偿资金池合作银行授信与放贷情况

说明：课题组根据相关新闻绘制。
资料来源：广州科技金融。①

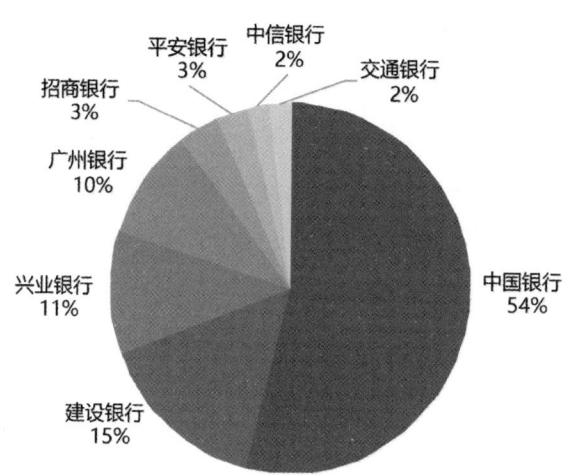

图2-10 截至2019年6月广州市科技信贷风险补偿资金池合作银行放贷市场占比
说明：课题组根据相关新闻绘制。
资料来源：广州科技金融。②

---

① 搜狐.浅谈科技信贷"广州模式"与"江苏模式"的对比及广州科技信贷的发展现状[EB/OL].(2019-07-05)[2021-08-01].https://www.sohu.com/a/325072542_366465.

② 搜狐.浅谈科技信贷"广州模式"与"江苏模式"的对比及广州科技信贷的发展现状[EB/OL].(2019-07-05)[2021-08-01].https://www.sohu.com/a/325072542_366465.

根据广州市科学技术局网站公示结果显示，2019年6月，科技型中小企业信贷风险损失补偿资金池合作银行已扩大至23家（表2-3），截至2019年10月，共为全市1438家科技企业提供贷款授信超过200.17亿元，实际发放贷款超125.92亿元，撬动杠杆约30倍，提前完成了《中共广东省委全面深化改革委员会关于印发广州市推动"四个出新出彩"行动方案的通知》中"发放贷款累计超120亿元"的要求。

表2-3　科技型中小企业信贷风险损失补偿资金池合作银行

序号	合作银行	序号	合作银行
1	中国银行股份有限公司广东省分行	13	兴业银行股份有限公司广州分行
2	中国建设银行股份有限公司广州分行	14	交通银行股份有限公司广东省分行
3	江西银行股份有限公司广州分行	15	中信银行股份有限公司广州分行
4	中国工商银行股份有限公司广州分行	16	东莞银行股份有限公司广州分行
5	长沙银行股份有限公司广州分行	17	平安银行股份有限公司广州分行
6	中国民生银行股份有限公司广州分行	18	中国邮政储蓄银行股份有限公司广州市分行
7	珠海华润银行股份有限公司广州分行	19	中国农业银行股份有限公司广州分行
8	广发银行股份有限公司广州分行	20	招商银行股份有限公司广州分行
9	上海浦东发展银行股份有限公司广州分行	21	广东南粤银行股份有限公司广州分行
10	广州银行股份有限公司	22	华夏银行股份有限公司广州分行
11	中国光大银行股份有限公司广州分行	23	广州农村商业银行股份有限公司
12	广东华兴银行股份有限公司广州分行		

资料来源：广州市科学技术局。[①]

---

① 广州市科学技术局官网 http://kjj.gz.gov.cn/gsxx/content/post_2683748.html。

随着资金池合作银行的不断增多，运作机制的逐渐成熟，科技信贷规模增速也不断提高。如图2-11所示，截至2020年底，资金池共提供贷款授信累计达370.53亿元，累计放款300.99亿元。新增放款为150.49亿元，比2019年增长167.67%，增长速度强劲。服务企业超3000家，获得纯信用贷款的企业占比73.83%。

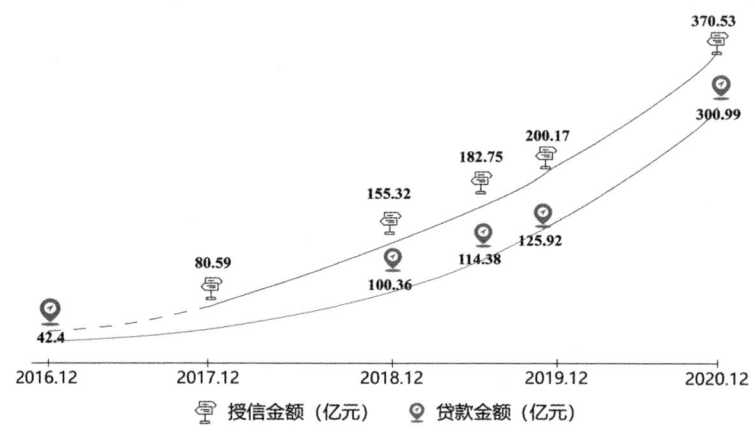

图2-11　2016年12月至2020年12月广州市科技信贷风险补偿资金池撬动情况（累计）

资料来源：课题组根据相关新闻数据整理绘制。

3.科技风险投资形式

广州实施打造"风投创投之都"，引导风投创投机构落户聚集效应不断增强。政府支持方面，2018年3月，广州市人民政府印发的《关于珠三角国家自主创新示范区（广州）先行先试的若干政策意见》指出要设立市财政出资、总规模50亿元的市科技成果产业化引导基金。随后，广州市科技创新委员会印发了《广州市科技成果产业化引导基金管理办法》，该份管理文件在2020年6月予以修订。广州市科技成果产业化引导基金发起设立6个方面的子基金，包括促进科技成果转化、鼓励孵化器及创新创业企业发展、培育发展天使投资、引导基金支持股权投资机构或创业投资机构设立创投子基金、引导基金支持开展跨境风险投资、支持省、市、区形成引导基金联动机制。2021年7月，广州市人民政府通过《关于新时期进一步促进科技金融与产业融合发展的实施意见》，提出通过鼓励和支持创业投资机构通过上市、引导社会资本投资于广州市种子期、初创期科技型中小企业、打造"标志性"风投创投集聚区等方式，将广州建设为"风投创投之都"。同时，将实施上市挂牌"科创领头羊"工程，争取5年内推动不少于60家科技企业在境内外上市；开展广深风投创投融合发展行动，推动形成粤港澳大湾区科技金融发展新格局。

广州市科技成果产业化引导基金撬动大量社会资本，规模集聚成果显著。广州风投创投市场发展环境良好，政策服务体系完善，成为全国对风投创投机构最有吸引力的城市之一，培育了粤科基金、广州基金、广州越秀产业投资基金、广州金控基金等一批在全国具有影响力的风投创投机构，截至2019年中旬，全市有各类股权投资、创业投资、风险投资机构6200家、管理资金规模9000亿元。[①]总部投资机构方面，截至2021年7月，总部设立在广州的风投机构[包括早期机构、VC（风险投资）、PE（私募股权投资），下同]有954家，共管理基金数3245只，已投资总金额3002.01亿元，位列广东第二，但离深圳还有较大差距（表2-4）。

表2-4 截至2021年7月20日珠三角九市总部风投机构发展情况

城市	深圳	广州	珠海	东莞	佛山	中山	江门	惠州	肇庆
风投机构数（家）	4739	954	336	171	134	49	24	22	7
管理基金数（只）	14349	3245	641	238	250	93	22	43	1

---

① 广州市地方金融监督管理局.广州市地方金融监督管理局关于政协十三届广州市委员会第三次会议第1045号提案答复的函[EB/OL].(2019-07-08)[2021-08-01].http://jrjgj.gz.gov.cn/zwgk/xxgk/rdjyhzxtazy/content/post_2791009.html.

(续表)

城市	深圳	广州	珠海	东莞	佛山	中山	江门	惠州	肇庆
投资总金额（亿元）	8939.53	3002.01	342.67	33.42	137.86	9.36	2.05	35.84	0.3

资料来源：私募通。

风险投资机构的集聚必然会带动科技风险投资的增长，截至2021年7月，广州市科技风险投资累计达177.52亿元[①]，主要集中在天河区和南沙区。历年风险投资情况如图2-12所示，可以发现2015年以来科技风险投资案例数波动幅度相对较小，但投资规模在2018年快速增长至顶峰后又迅速回落。

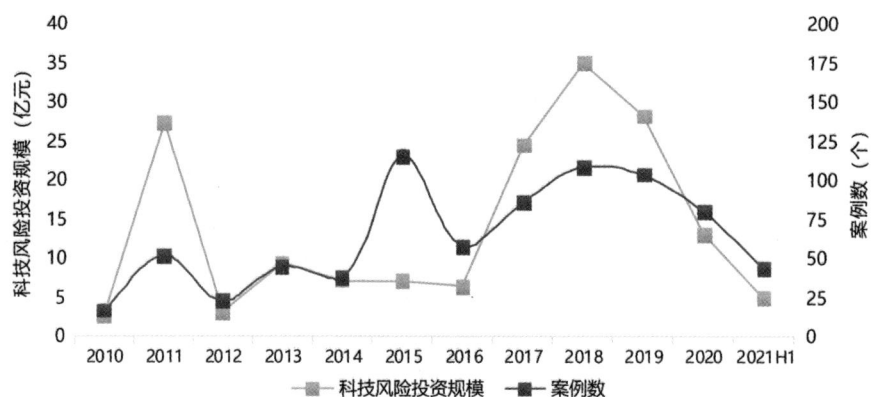

图2-12 2010年至2021年6月广州市科技风险投资规模情况

资料来源：私募通。

但从总体风险投资来看，科技风险投资占总体风险投资比重具有较高的波动性。如图2-13所示，2010年至2021年上半年，科技风险投资规模占总体风险投资规模比重在30%~90%波动，在2017—2019年稳定在较高水平，但在2020年出现下降，表明在此期间风险投资对科技行

---

① 科技风险投资数据来自私募通，主要指行业筛选中对高新技术行业（互联网、电信及增值业务、IT、机械制造、半导体及电子设备、生物技术、医疗健康、清洁技术）的风险投资。

业的支持力度有所下降。同时，自 2012 年以来，风险投资规模总体呈上升趋势，但在 2018 年后出现大幅下降，导致科技风险投资规模也快速下降。

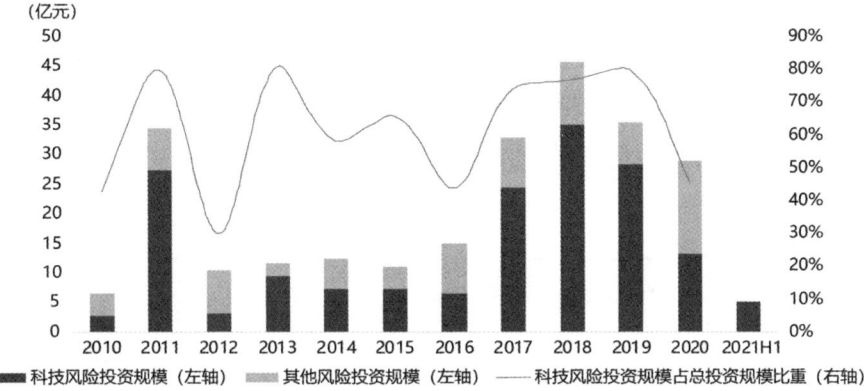

图 2-13　2010 年至 2021 年 6 月广州市科技风险投资与总体风险投资情况

资料来源：私募通。

从科技风险投资行业分布来看，2020 年广州市科技风险投资主要集中在生物技术/医疗健康、IT、半导体及电子设备和互联网行业，累计占比达 97%，具体如图 2-14 所示。

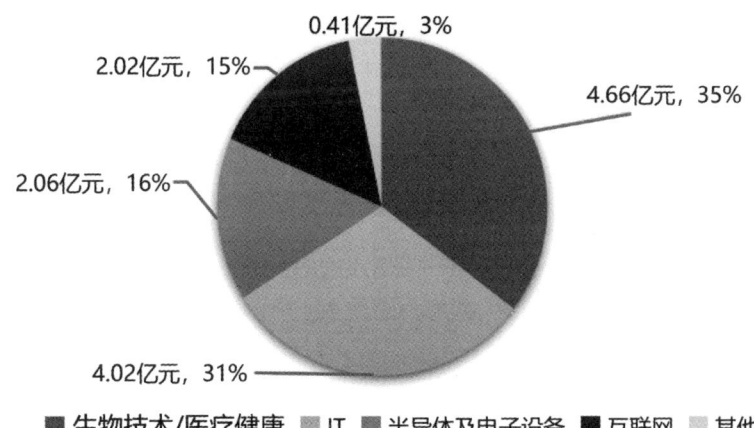

图 2-14　2020 年广州市科技风险投资行业分布

资料来源：私募通。

从科技风险投资阶段分布来看，科技风险投资的资本更青睐扩张期和成熟期。如图2-15所示，种子期和初创期投资规模占比较低，尤其是2018年以来，其占比不足14%。考虑到种子期和初创期单笔投资金额较小，课题组又对科技风险投资案例数分布再次进行对比，见图2-16。可以发现，尽管种子期和初创期的案例数占比有所提高，但最高也仅在2015年的45%左右，此后趋势呈下降趋势，2020年种子期和初创期投资占比不足30%。

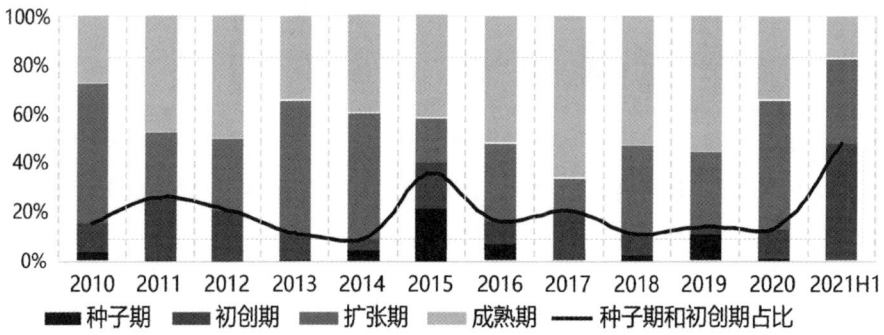

图2-15　2010年至2021年6月广州市科技风险投资规模阶段分布

资料来源：私募通。

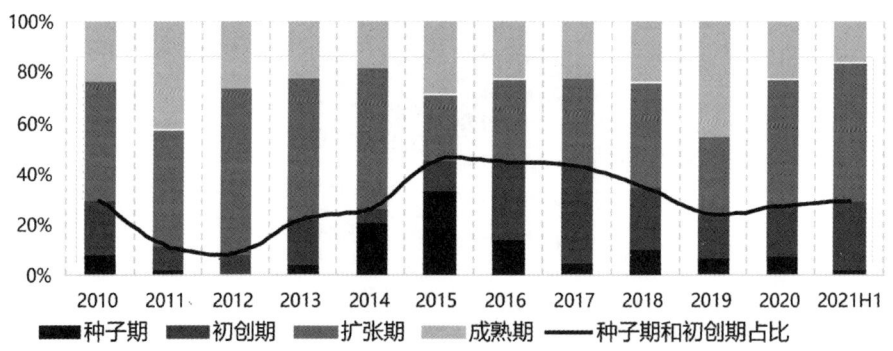

图2-16　2010年至2021年6月广州市科技风险投资案例数阶段分布

资料来源：私募通。

4. 科技保险形式

2011年，广州市政府出台《广州市科技保险试点工作方案》，计划通过公开招投标的方式选定保险公司，以承保科技保险业务。该方案于2013年正式开始试点实行。自试点工作开始以来，广州设立了研发类、产品类、融资类等科技保险险种，险种类别逐渐丰富，承保范围不断扩大；同时不断尝试创新服务模式，给予购买科技保险的高新技术企业一定补贴。目前广州市科技保险补贴的保险合作机构共6家，包括中国人民财产保险股份有限公司广州市分公司、中银保险有限公司广东分公司、平安健康保险股份有限公司广东分公司、太平财产保险有限公司广东分公司、中国大地财产保险股份有限公司广东分公司、中国平安财产保险股份有限公司广东分公司。补贴险种及比例如表2-5所示。

表2-5 广州市科技保险补贴险种类别

序号	科技保险险种类别	补贴比例	序号	科技保险险种类别	补贴比例
1	科技企业关键研发设备保险	60%	9	科技企业产品质量保证保险	30%
2	科技企业专利保险	60%	10	科技企业董事会监事会高级管理人员执业责任保险	30%
3	科技企业营业中断保险	60%	11	科技企业雇主责任保险	30%
4	科技企业高管人员和关键研发人员团体健康和意外保险	60%	12	科技企业环境污染责任保险	30%
5	科技企业小额贷款保证保险	60%	13	科技企业项目投资损失保险	30%
6	科技企业产品研发责任保险	30%	14	科技企业特殊人员团体意外伤害保险和重大疾病保险	30%
7	科技企业财产保险	30%	15	其他经过中国银保监会广东监管局备案确认的科技保险险种	50%
8	科技企业产品责任保险	30%			

资料来源：广州市科技金融平台官网。

可以发现，广州对符合条件的科技企业购买上述科技保险按保费支出给予最高60%的补贴比例，最高补贴额度达30万元。与其他珠三角城市的科技保险补贴政策（表2-6）相比，广州的补贴力度相对较高，但最高补贴额度还有待提高，不及深圳和中山。

表2-6　珠三角主要城市科技保险补贴政策比较

指标	深圳	广州	佛山	东莞	中山	珠海	江门	肇庆
最高补贴额度	50万元	30万元	20万元	20万元	50万元	15万元	3万元	5万元
最高补贴比率	60%	60%	50%	30%	50%	30%	50%	60%

资料来源：广州、深圳、佛山、东莞、中山、珠海各市政府网站。

由于科技保险试点时间较短，政府对符合条件的科技企业投保科技保险都给予了补贴，因此，可以通过科技保险保费补贴情况大致反映市场趋势。表2-7展示了2015—2021年广州市科技保险保费补贴情况，可以发现广州市科技保险的发展总体呈上涨趋势，但在2019年出现转折，2020年有所回升。政府对科技保险每单补贴额度在2017年大幅提高，并稳定在6万元左右。

表2-7　2015—2021年广州市科技保险保费补贴情况

指标	2015	2016	2017	2018	2019	2020	2021
补贴企业数（家）	45	54	123	170	116	198	265
补贴额（万元）	73.5	118.4	803.55	1210.73	689.23	1192.58	1568.03
每单补贴（万元）	1.6	2.2	6.5	7.1	5.9	6.0	5.9

资料来源：广州市科学技术局网站公开信息。

5. 多层次资本市场形式

广州实施以新三板为抓手的多层次资本市场行动计划，构建主板、中小板、科创板、新三板、区域股权交易中心并行的多层次资本市场体系，链接资本市场。

企业上市方面，广州企业 IPO 进程缓慢，截至 2020 年末，广州市 IPO 企业数量 117 家，募资总额 712.9 亿元，2020 年新增 9 家上市企业。（见图 2-17）。

图 2-17　2013—2020 年广州市 IPO 企业数量与募资总额

资料来源：Wind 数据库。

科创板方面，截至 2021 年 7 月 22 日，全国共有 311 家科创板上市企业，其中广州有 9 家，仅为深圳三分之一，与成都并列全国第七（见图 2-18）。

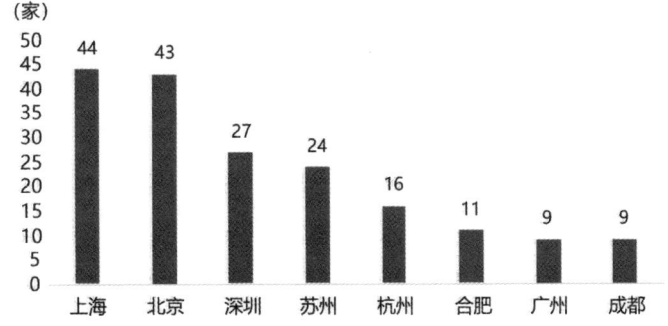

图 2-18　截至 2021 年 7 月 22 日部分城市科创板上市企业数

资料来源：Wind 数据库。

新三板和股权交易中心方面，如图 2-19 所示，截至 2020 年，广州在新三板挂牌上市企业累计 502 家；在区域股权市场挂牌企业 2563 家，经行业筛选，其中科技型企业 1347 家，占比 53%。

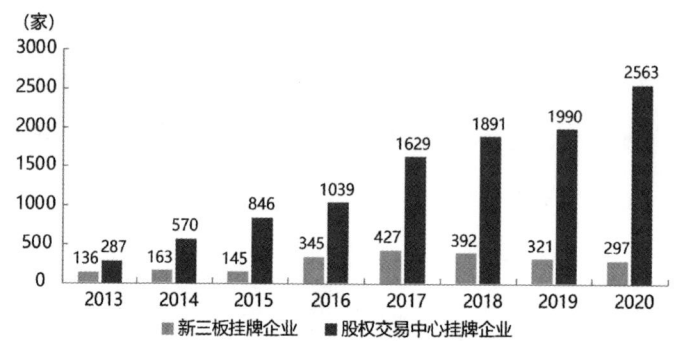

图 2-19　2013—2020 年广州市新三板和股权交易中心挂牌企业数量
资料来源：Wind 数据库。

为推动科技企业链接资本市场，除政府财政补贴扶持外，广州市人民政府为中小企业搭建了投融资对接平台。《中共广东省委全面深化改革委员会关于印发广州市推动"四个出新出彩"行动方案的通知》也强调要与深交所合作共建广州科技金融路演中心。2016 年，广州市政府分别与深圳证券交易所合作共建广州科技金融路演中心、与全景网合作共建广州新三板企业路演中心，搭建连接创新创业企业、风投创投机构与政府的投融资对接平台，为企业挂牌（上市）创造便利条件和环境。截至 2020 年 12 月，"双路演中心"累计举办 109 期，累计服务企业 610 家，吸引超过 4000 家投资机构与上市公司关注，落地融资达 49.67 亿元。①

6. 知识产权证券化

科技型中小企业的发展依赖于科技创新，研发和成果转化周期长，市场化存在较高的不确定性，小规模、轻资产、高风险等特征使科技型

---

① 广东股权交易中心.2020 年"双路演中心"工作会议成功举行 [EB/OL].(2020-12-30)[2021-08-01]. https://mp.weixin.qq.com/s/Lskn9kbCNel867FWZl0Fvg.

中小企业面临融资难的困境。而知识产权证券化恰恰针对科技企业以技术、专利等无形资产为企业主要资产的特点，将此类资产的未来预期收益在资本市场进行价值转化以获得融资，包括著作权、专利权和商标权。其过程涉及三类主体：一是知识产权原始权益人，即有融资需求的企业；二是第三方服务机构，包括SPV（特殊目的载体）发行人、信用评级机构、托管机构等；三是证券化市场的投资者。相较于传统知识产权质押等信贷融资工具，知识产权证券化具有融资期限长、规模较大、融资成本较低的优势。

相对于欧美等发达国家而言，中国对知识产权证券化的探索较晚。中国政府一直鼓励开展知识产权证券化，并出台一系列政策支持文件，具体如表2-8所示。2015年3月，国家知识产权局下发《关于进一步推动知识产权金融服务工作的意见》，首次提出鼓励金融机构开展知识产权资产证券化，发行企业知识产权集合债券。其中在粤港澳大湾区背景下，2019年2月由中共中央、国务院下发的《粤港澳大湾区发展规划纲要》也明确提出鼓励知识产权证券化。广州方面，《中共广东省委全面深化改革委员会关于印发广州市推动"四个出新出彩"行动方案的通知》明确指出要深化国家知识产权运用和保护综合改革试验，在探索知识产权证券化等方面先行先试。

表2-8 国家层面关于知识产权证券化的主要政策文件

发布时间	政策名称	具体内容
2015年3月	《关于进一步推动知识产权金融服务工作的意见》	鼓励金融机构开展知识产权资产证券化，发行企业知识产权集合债券
2016年7月	《国务院关于新形势下加快知识产权强国建设的若干意见》	创新知识产权投融资产品，探索知识产权证券化，完善知识产权信用担保机制

(续表)

发布时间	政策名称	具体内容
2016年12月	《"十三五"国家知识产权保护和运用规划》	探索开展知识产权证券化和信托业务，支持以知识产权出资入股
2017年9月	《国家技术转移体系建设方案》	开展知识产权证券化融资试点
2018年4月	《关于支持海南全面深化改革开放的指导意见》	鼓励探索知识产权证券化，完善知识产权信用担保机制
2018年11月	《关于支持自由贸易试验区深化改革创新若干措施的通知》	支持在有条件的自贸试验区开展知识产权证券化试点
2019年2月	《粤港澳大湾区发展规划纲要》	开展知识产权证券化试点

说明：课题组根据公开资料整理。

在有关政策的大力支持和推动下，我国第一支知识产权证券化产品"第一创业—文科租一期资产支持专项计划"在2018年12月14日获批，于2019年3月8日在深交所发行。这支知识产权证券化产品以融资租赁债权、融资标的物设计发明专利、实用新型专利、著作权等共计51项知识产权作为基础资产，由北京市文化科技融资租赁股份有限公司发行，实现了中国大陆知识产权证券化零的突破。[1] 广东作为知识产权大省，在知识产权证券化的实践中走在全国前列。截至2020年12月，全省累计已获批16个知识产权证券化产品，规模达26.69亿元。[2]

---

[1] 百度.我国首支知识产权证券化产品在深交所成功获批[EB/OL].(2018-12-14)[2021-08-01]. https://baijiahao.baidu.com/s?id=1619830730966417015&wfr=spider&for=pc.

[2] 广东省市场监管局.广东省市场监管局参加省府新闻发布会介绍2020年广东知识产权保护工作主要情况[EB/OL].(2021-04-26)[2021-08-01].http://amr.gd.gov.cn/gkmlpt/content/3/3270/post_3270115.html#2963.

表 2-9　国内主要知识产权证券化发行产品

发行时间	项目名称	发行主体	发行规模	基础资产	备注
2019年3月8日	第一创业—文科租一期资产支持专项计划	北京市文化科技融资租赁股份有限公司	7.33亿元	艺术表演、影视制作发行、信息技术、数字出版等文化产业领域的51项知识产权的未来经营现金流为偿债基础形成的应收债权	我国首支知识产权证券化产品
2018年12月21日	爱艺世纪知识产权供应链金融资产支持专项计划	北京奇艺世纪科技有限公司	4.7亿元	电视剧著作权交易形成的应收账款债权	我国首支知识产权供应链资产证券化产品
2019年9月11日	兴业圆融—广州开发区专利许可资产支持计划	广州凯得融资租赁有限公司	3.01亿元	园区内11家民营中小科技企业140项专利权许可费用	全国首支纯专利权的知识产权证券化产品
2019年12月6日	深圳平安证券—高新投知识产权1号资产支持专项计划	深圳市高新投小额贷款有限公司	首期1.24亿元	15家民营企业知识产权（专利、软件著作权、实用新型等）	全国首单以小额贷款债权为基础资产类型的知识产权ABS（资产支持证券）产品
2020年3月20日	南山区—中山证券—高新投知识产权1期资产支持计划（疫情防控）	深圳市高新投小额贷款有限公司	首期3.2亿元	12家新冠肺炎疫情防控物资生产企业，发明专利39项，实用新型11项	国内第一个百分百服务战"疫"企业融资需求的知识产权证券化产品

说明：课题组根据公开资料整理。

广州市在探索实施知识产权证券化融资的道路上迈出了重要一步。2016年7月13日，中新广州知识城获国务院批准为全国唯一知识产权运用和保护综合改革试验区域。2019年9月11日，广州市黄埔区、广州开发区的知识产权证券化产品"兴业圆融—广州开发区专利许可资产支持计划"在深交所上市，成为广东第一支知识产权证券化产品，这也是我国首支成功发行落地的纯专利知识产权证券化产品，该产品的基础资产涵盖了11家民营中小科技企业140项专利权许可费用，包括103件发明专利、37件实用新型专利，产品发行规模为3.01亿元，发行票面利率为每年4.00%。产品覆盖多个行业与领域，一定程度上降低了行业集中度风险，债项评级达到AAA级，优先级证券获中信银行、兴业银行、民生银行等机构投资者的踊跃认购。参与企业方面，每家企业可获得贷款期限为3—5年，规模为300万元至4500万元人民币的融资款项[1]，企业综合融资成本每年约6.4%。

广州市黄埔区、广州开发区形成了一批可复制、可推广的知识产权运用和保护经验做法，用"黄埔实践"探索和丰富了中国特色知识产权发展之路。2016—2020年，黄埔区、广州开发区累计帮助400多家企业完成知识产权质押融资约68.98亿元，发行3支知识产权证券化产品为35家企业融资7.35亿元，知识产权运营基金投资2.1亿元，3家被投企业完成上市。[2]

大量的专利授权量为广州市知识产权证券化发展奠定了基础。图2-20展示了2013—2020年广州市专利授权量和增长率，其中2020年广州专利授权量155835件，近三年专利授权量增长率稳定在50%左右，专利申请量突破28万件。可见，广州市知识产权融资潜力较大，知识产权证券化发展前景广阔。

---

[1] 广州开发区知识产权局.《广东知识产权证券化蓝皮书》今日发布[EB/OL].（2020-04-21）[2021-08-01].http://www.hp.gov.cn/gzhpzscq/gkmlpt/content/5/5798/post_5798898.html#4830.

[2] 广州市人民政府.广州开发区知识产权综合改革五周年硕果累累[EB/OL].（2021-07-15）[2021-08-01].http://www.gz.gov.cn/xw/zwlb/gqdt/hpq/content/post_7381210.html.

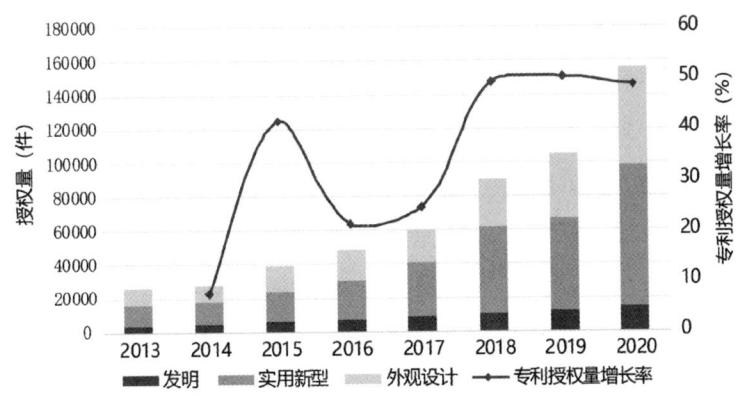

图 2-20　2013—2020 年广州市专利授权量及增长率情况

说明：课题组根据公开资料绘制。

资料来源：广州市统计局。

（四）广州科技金融业发展存在的问题

1. 科技信贷形式单一，产品创新不足

广州市科技信贷体系主要依靠科技信贷风险补偿资金池，市场化程度不高，市场上科技信贷产品单一，缺乏投贷保等多方联动。

从盈利角度上说，科技信贷风险补偿低一定程度上打压了银行信贷积极性。科技企业在初创、成长期具有较高的风险，而银行的利率限制和高昂的审核成本决定了科技信贷较低的风险补偿。一方面，商业银行及其国内科技支行因受制于我国商业银行禁止持有企业股权或股票期权的严格分业经营约束，只能对科技类企业发放信贷，无法获得股权或认股权证收益。另一方面，面对"两增两控"，不断降低小微企业信贷综合融资成本的政策环境，贷款利率逐渐成为银行考核的重要指标，商业银行，尤其是中小商业银行难以平衡收益与风险，极大降低了其开展科技信贷的积极性。

从信贷模式角度上说，广州科技信贷形式单一，科技信贷体系有待建设。传统商业银行在贷款模式上主要以固定资产质押贷款为主，但初创科技企业常因缺乏适合的抵押资产无法获得信贷资金。据广州生产力促进中心的调查报告显示：创业型企业、小、微企业难以获得银行贷款选择率分别为57.89%、48.11%和69.46%（黄智华，2019）。投贷联动方面，《关于支持银行业金融机构加大创新力度 开展科创企业投贷联动试点的指导意见》提出10个投贷联动试点银行，广州市仅有中国银行广州分行在内。其他银行要实现投贷联动则一般通过设立境外子公司或与VC/PE合作的形式，很少与保险、担保机构合作。根据调研发现，制约机构间多方联动业务创新的主要因素有合作流程烦琐、责任分摊难、难以达成共识。相较而言，上海拥有3家银行可进行投贷联动试点，包括上海银行、上海华瑞银行和浦发硅谷银行，共设立了89家科技特色支行开展投贷联动、投贷结合等业务。上海市科技创业中心还组建了10家科技金融服务站，配备103名科技金融专员（张雅婷，2019），已初步形成多层次、广覆盖的科技信贷体系和专业化队伍。

2. 科技保险对科技企业支持力度有待提高

科技保险作为重要风险分散工具和科技风险管理中最为有效的市场化机制，与科技创新活动具有内在的契合性和互补性。但广州市科技保险市场规模小，离1.2万家科技企业的市场总量差距巨大，其原因涉及以下两个方面：

一是政策难以适应庞大的市场需求，政府扶持力度有待加强。尽管广州对科技保险的支持力度逐年加大，但总体覆盖面极低，参与科技保险补贴的保险合作机构仅6家，合作险种15种，2020年受补贴科技企业占科技企业总数比重仅为1.6%。

二是除政策因素外，科技保险市场自身的发展也存在"叫好不叫座"的现象，科技保险陷入了"供给不足、需求不旺"的恶性循环，如图2-21所示。从需求端来说，科技企业风险意识不强，参保意愿低。面对高额的保费，科技企业在经营资金极为有限的情况下，更愿意用于研发和经营管理，将保费支出视为资金浪费。从供给端来说，专业科技保险公司和人才的匮乏，导致科技保险产品存在供给不足和保费定价高等问题。广州市科技保险经营主体仍以综合性保险公司为主，在缺乏经验和数据资料的情况下难以进行科技保险创新。目前主推的险种中仅有研发险与科技创新活动密切相关，其他诸如营业中断险、意外险等险种则是从传统保险中借鉴而来，真正能够保障技术成果转化、产品市场化失败等科技创新活动中核心风险的科技保险产品十分缺乏。同时，科技创新过程中产生的风险受多种因素交互影响，在保险保费和费率、赔偿率、责任认定等方面暂时缺乏科学统一的标准，又缺少数据支撑，无法准确高效地对风险进行测算与定价，导致保费的提高（徐维军等，2020）。

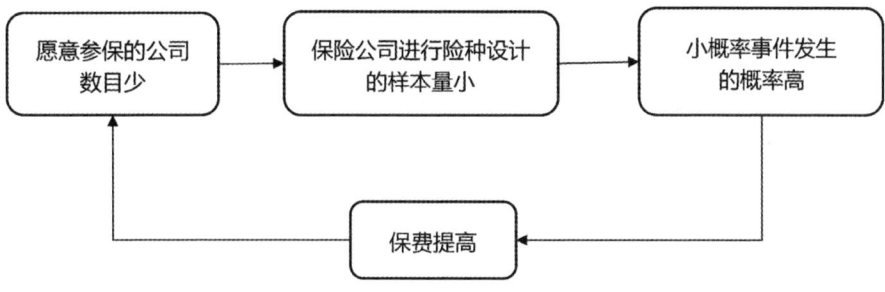

图 2-21　科技保险建设面对的恶性循环

资料来源：徐维军等（2020）。

3. 科技风险投资占比低，政府引导不足

科技创新活动的高风险特征适合风险投资机构，然而中国的金融资源集中在银行业，目前风险投资机构对科技企业的帮助也有限，主要体现在以下几个方面：

一是政府引导不足。广州市科技成果产业化引导基金在行业导向上仅提到了"重点投向我市重大科技成果产业化项目、战略性新兴产业等新兴科技产业领域"，缺乏对行业占比的细化，概念界定不清晰可能导致在基金实际使用中出现行业针对性不足的问题。而且，广州市科技成果产业化引导基金仅有一个方面的子基金强调了对"初创期科技企业"的投资引导，而其他子基金在没有强制要求的情况下，依旧会出现投资阶段偏好。政府引导基金规模，广州依旧处于弱势地位。截至2020年，广州政府引导基金总目标规模为5346.80亿元，在核心城市中排名第二位，与北京有较大差距（图2-22）。

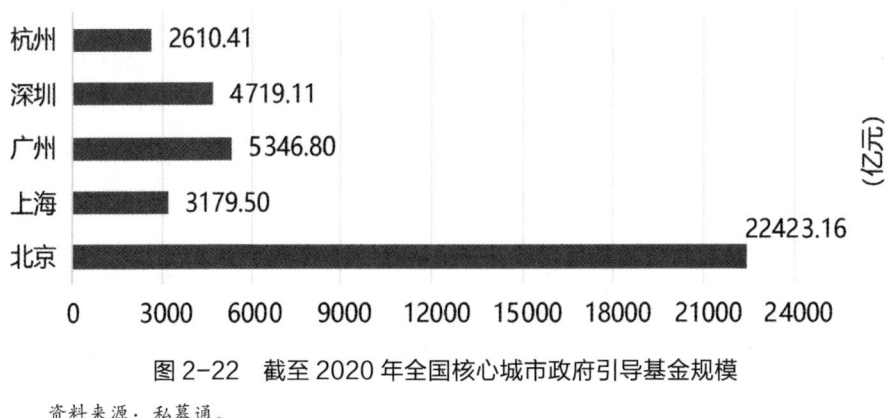

图2-22　截至2020年全国核心城市政府引导基金规模

资料来源：私募通。

二是市场化作用不明显，风投资金向低风险聚集。同样对比五个核心城市的科技风险投资案例数和案例规模（见图2-23），广州依旧排位靠后，与北京、上海存在较大差距。在规模不足的情况下，风险投资资金对科技企业的阶段性偏好加剧了中小科技企业发展初期融资难的问题。高新技术企业发展初期，不确定性高，信贷资金难以介入的情况下，风投资金本该是企业融资的主要渠道，然而风险投资不愿意介入高风险重点发展行业和科技企业前期融资。从上文的分析结果中可以发现，近几年科技风险投资占比波动大，风险投资对科技行业没有偏好性；种子期和初创期企业投资案例数和投资规模占比都不足30%。

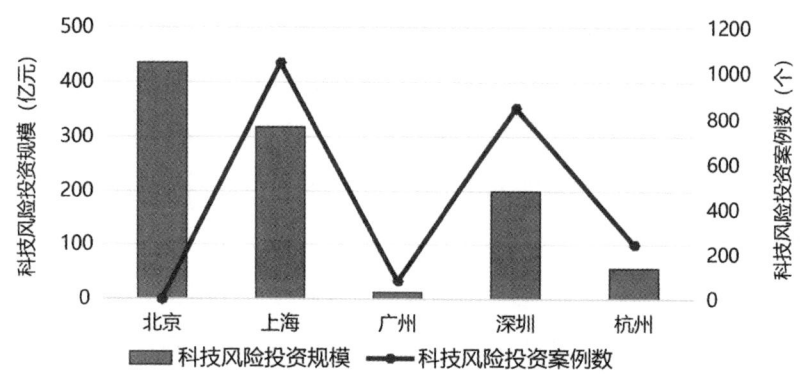

图 2-23　2020 年全国核心城市科技风险投资案例数与规模

资料来源：私募通。

4. 知识产权证券化有待进一步突破

知识产权是科技企业的发展核心，也是科技企业融资的资产支撑。尽管广州在知识产权证券化方面先行先试，但距离市场化铺开和成熟化运作还有很大差距，无法满足广州高新技术企业的发展和融资需要，与超过 15 万件的专利授权不相匹配，基于知识产权的融资产品类型和数量有待进一步突破。目前，广州知识产权证券化的市场化发展仍存在以下问题：

一是知识产权潜在价值难以衡量。知识产权证券化是以知识产权的未来预期现金流作为底层资产，与设备、房屋等固定资产不同，知识产权并非独立资产，其价值依附于创业者、科技研发人员、运营模式等企业内在因素，同时也受技术更新、政策变化、知识产权侵权等外部因素影响，价值难以评估。

二是缺乏专业的知识产权配套体系与法律保障体系。知识产权证券化的过程通常要有第三方评估机构与担保等增信机构，如上所述，知识产权的价值评估会比实体资产更为复杂，这对评估机构与增信机构提出了更高的要求。此外，我国尚未出台专门的法律法规对知识产权证券化进行规范和指引，担保权益实现无法律保障，优先权规则不明，登记制度不完善等，为知识产权证券化的实现带来了较大的困难。

三是知识产权融资成本高，政府前期引导仍需加强。在知识产权证券化过程中，高信用资质担保机构提供外部增信是必要一环。担保费用、票面成本和中介费用共同构成了知识产权证券化的融资成本，从市场调研来看，该融资成本较高，超出了中小企业的承受能力（周丹妮等，2020）。2019 年 12 月以来，深圳接连发布了 2 支知识产权证券化产品，其中"南山区—中山证券—高新投知识产权 1 期资产支持计划（疫情防控）"产品面向新冠肺炎疫情防控物资生产企业，实际融资成本仅为 2.98%/年，主要在于政府的引导与大力支持。南山区政府为贷款企业提供融资成本 50% 的补助，极大地提振了疫情影响下民营企业的经营信心和投资热情。

二、广州科技金融与科技创新耦合协同度分析

（一）科技金融与科技创新的耦合作用

科技金融与科技创新有如当今国际背景下经济发展的两翼，也是我国加快经济转型，建设创新导向型经济体，实现质量与速度共同前进的重要推动力。科技创新与科技金融系统由企业、高校、科研院所、商业银行、风险投资机构、政府相关管理部门等多主体组成，围绕创新资本这一稀缺资源相互作用，形成复杂创新网络。

金融与科技的深度融合既是金融资本增值过程，也是技术成果转化过程（代军等，2019）。一方面，科技创新离不开科技金融的支持。科技创新具有高投入、高风险、高收益及强正外部性等特征，大量资金需求伴随其研发、转化及产业化过程。科技金融则提供资金流，保证科技创新目标的实现。此外，科技金融的作为资源配置手段，更偏好优质科技创新项目，并为其提供事后监督管理。另一方面，科技创新对科技金融具有促进作用。科技创新的市场化成果带来投资收益，并直接影响公共

科技金融的投入产出绩效。金融科技为科技金融业提供新的技术和服务。因此，科技金融发展与科技创新作为两个子系统，是一个并行且互嵌的过程，二者共同构成相互作用、相互渗透、相互制约的有机系统，这一系统实现了单个子系统所无法实现的成果，形成了"1+1>2"的协同效应（王宏起等，2012）。

多数学者围绕科技金融与科技创新的耦合协同作用展开研究，佟金等（2016）建立了关于科技金融、科技创新及科学技术贸易的耦合模型，研究表明了中国各地科技金融的发展水平总体上较低，且存在地区差异。王仁祥等（2015）测算了35个最重要金融系统所在国家的科技创新与金融创新耦合协调度，结果表明科技金融与科技创新之间的耦合协调程度对国家经济发展起到积极作用，而在发展中国家，耦合协调程度的大小对经济发展情况的影响更为突出。蔺鹏等（2019）描述了京津冀协同创新共同体金融创新与科技创新的耦合互动机理，并利用数据实证检验了2006—2016年京津冀区域金融创新子系统有序度具有明显的顺周期特征，两个子系统的耦合协调度仍处于低水平并且呈现出周期性波动。

科技金融和科技创新是两个具有动态性的复杂系统。因此，充分发挥两者对经济高质量发展的引领和推动作用，关注二者之间的耦合关系，探求科技金融和科技创新耦合协调的最优形式，促进"两翼"协同发展，有利于社会效益和经济效率的平衡与共同增长。

（二）耦合协同度测算

1. 耦合协同度测算方法

（1）功效函数

将科技创新—科技金融视为由科技创新子系统 S_1 和科技金融子系统 S_2 组成的复合系统 S，即有：

$$S = \{S_1, S_2\} \tag{2.1}$$

设变量 $u_i(i=1,2)$ 为"科技创新—科技金融"耦合系统中第 i 个子系统的综合序参量。变量 x_{ij} 为第 i 个子系统的综合序参量的第 $j(j=1,2,...,n)$ 个指标标准化后的数值。变量 α_{ij}、β_{ij} 表示系统达到稳定状态时的序参量的上、下限临界值。变量 u_{ij} 为"科技创新——科技金融"系统对耦合系统有序的功效系数，x_{ij} 反映变量对系统 S_i 功效的贡献程度大小，能精准衡量每个指标达到目标所在值的满意程度，其中 $u_{ij}=0$ 为功效模型最小值，代表功效最小；$u_{ij}=1$ 为功效模型最大值，表示功效最大（彭威，2019）。功效系数 u_{ij} 的计算公式为：

$$u_{ij} = \begin{cases} (x_{ij}-\beta_{ij})(\alpha_{ij}-\beta_{ij}) & u_{ij}\text{为正向指标} \\ (\alpha_{ij}-x_{ij})(\alpha_{ij}-\beta_{ij}) & u_{ij}\text{为负向指标} \end{cases} \tag{2.2}$$

则子系统有序度即综合序参量值 u_i 为：

$$u_i = \sum_{j=1}^{n} w_{ij}u_{ij}, \ 0 \leq w_{ij} \leq 1, \ \sum_{j=1}^{n} w_{ij} = 1 \tag{2.3}$$

w_{ij} 为各功效系数的权重，反映各功效系数的重要程度。课题组将通过熵权法对各功效系数进行赋权。熵权法通过基于对每个指标与指标提供的信息之间的相关程度，基于差异的分析原理来确定指标的权重，具有客观性强的优点。熵权法确定权重的步骤如下：

假设有 m 个评价对象和 n 个评价指标，u_{jk} 表示第 k 个评估对象下第 j 个指标的功效系数，这里的功效系数因已作标准化处理，可直接用于确定权重。

第 j 个指标下第 k 个评价对象占该指标的比重 p_{jk} 为：

$$p_{jk} = \frac{u_{jk}}{\sum_{k=1}^{m} u_{ik}}, \quad j=1,2,\dots,n; k=1,2,\dots,m \tag{2.4}$$

各评价指标的信息熵 e_j 为：

$$e_j = -K \sum_{k=1}^{m} u_{jk} (\ln u_{jk}), \quad K = \frac{1}{\ln m}, \quad j=1,2,\dots,n \tag{2.5}$$

计算各评价指标的差异系数 g_j 为：

$$g_j = 1 - e_j, \quad j=1,2,\dots,n \tag{2.6}$$

确定各评价指标的权重 w_j 为：

$$w_j = \frac{g_j}{\sum_{j=1}^{n} g_j} \tag{2.7}$$

（2）耦合度和耦合协同度模型

耦合度用于衡量系统中各综合序参量之间的协同作用，度量系统之间的相关程度，反映子系统间的交互作用程度和效果。系统内部变量包括快速弛豫子系统和慢速弛豫子系统，后者基本确定了系统突破的关键要素。可以通过对慢速弛豫子系统的激励使整个系统快速有序发展。科技创新与科技金融子系统的耦合度值 C 为：

$$C = \{2(u_1 \times u_2)/[(u_1+u_2)\times(u_1+u_2)]\}^{1/2} \quad (2.8)$$

耦合度值 $C \in [0,1]$，当 $C=1$ 时，耦合度最大，说明科技创新与科技金融两个子系统间处于完全有序的运行状态；当 $C=0$ 时，耦合度最小，说明科技创新与科技金融两个子系统间处于完全无序的运行状态，两个子系统间相互独立，不存在相互作用与影响。

耦合度能够较好地反映子系统间的相互作用，但因其属于相对值，会出现"伪协同效应"。即当出现科技创新子系统和科技金融子系统的综合序参量都非常低且接近时，耦合度仍会显示较高水平。为了避免这一现象，需要对耦合度指标进行修正，从而得到耦合协同度 D，其计算公式为：

$$\begin{cases} D = (C \times T)^{1/2} \\ T = au_1 + bu_2 \end{cases} \quad (2.9)$$

其中，T 为综合调和指数，反应科技创新与科技金融的整体协同水平，为两个子系统综合序参量的加权平均，课题组认为两者同等重要，予以等权处理，即 $a=b=0.5$。

（3）评价标准

结合实际情况，课题组将"科技创新—科技金融"耦合协同度划分为五个层次（见表2-10）：第一层次，当 $0<D\leq0.2$，系统处于失调耦合阶段，科技创新与科技金融发展水平较低，发展相对独立；第二层次，

当 0.2<D ≤ 0.4，系统处于初级协调耦合阶段，科技创新与科技金融发展水平有待进一步拓展，子系统间开始产生相互影响，但暂未形成良好的协同作用；第三层次，当 0.4<D ≤ 0.6，系统处于中级协调耦合阶段，科技创新发展迅速，科技金融发展初显成效，并能够对另一个子系统有一定的支持和促进作用；第四层次，当 0.6<D ≤ 0.8，系统处于高级协调耦合阶段，科技创新和科技金融发展水平进一步提高，两者开始良性耦合；第五层次，当 0.8<D ≤ 1，系统处于深度协调耦合阶段，达到良性共振耦合，科技创新能力大幅提高，科技金融发展环境持续改善，两个子系统间呈螺旋式上升的发展态势，共同促进彼此发展。

表 2-10　耦合协同度评价标准

耦合协同度	协调等级	$u_1 > u_2$	$u_1 < u_2$
0.8<D ≤ 1	深度协调耦合阶段	科技金融滞后	科技创新滞后
0.6<D ≤ 0.8	高级协调耦合阶段	科技金融滞后	科技创新滞后
0.4<D ≤ 0.6	中级协调耦合阶段	科技金融滞后	科技创新滞后
0.2<D ≤ 0.4	初级协调耦合阶段	科技金融滞后	科技创新滞后
0<D ≤ 0.2	失调耦合阶段	科技金融滞后	科技创新滞后

2. 选取指标

为探讨广州市科技金融发展与科技创新相互作用的动态特征，并与其他核心城市进行对比。清科研究中心《2020 年中国城市科技金融发展指数报告》[①]对国内具有代表性的 30 个城市科技金融发展水平的综合性评价结果显示，排名前五的分别是北京、上海、深圳、杭州和广州。基

---

① 该报告综合考虑了各城市地域分布、行政地位和科技金融发展状况，兼顾城市统计数据的可得性与来源一致性，选取了政策环境上优势明显、创新创业服务潜力较大、金融活跃度较高、科技金融发展成果显著的 30 个城市，从政策环境服务、创新创业资源服务、科技金融活跃度、科技金融发展成果 4 个维度共 41 个指标衡量城市科技金融发展水平，测算结果具有较高的科学性。

于此结果，课题组选择排名前四的城市与广州比较，测算 2013—2019 年广州与深圳、北京、上海、杭州其他四个核心城市科技金融与科技创新耦合协同度演化。

在科技创新子系统的指标选取中，课题组依据谭跃等（2017）、张媛媛等（2017）、清科研究中心等已有研究，从城市研发能力、研发强度、创新效率、成果转化和产业化能力、技术扩散能力和高新区发展成效六个方面衡量科技创新发展水平，基于此建立科技创新发展水平测量指标体系，如表 2-11 所示。

表 2-11　科技创新发展水平测量指标

序参量	一级指标	二级指标	单位	指标来源
科技创新发展水平	研发能力	发明专利授权数	件	谭跃等（2017），张媛媛等（2017）
	研发强度	R&D 支出 / 城市 GDP	%	清科研究中心
	创新效率	高新技术产业产值 /R&D 比重	%	张媛媛等（2017）
	成果转化和产业化能力	高新技术企业数	家	清科研究中心
		高新技术产业产值	亿元	谭跃等（2017），张媛媛等（2017）
		高新技术企业净利润	亿元	
		高新技术企业营业收入	亿元	
		高新技术企业出口创汇	万元	清科研究中心
		高新技术产业产值 / 工业总产值	%	
	技术扩散能力	技术市场输出技术成交合同金额	亿元	谭跃等（2017），张媛媛等（2017）
	高新区发展成效	当年入统企业数	家	清科研究中心
		当年净利润	亿元	

在科技金融子系统的指标选取中，课题组依据谭跃等（2017）、张媛媛等（2017）、清科研究中心等已有研究，从公共科技金融、私募股权投资服务力度、科技保险服务力度、科技信贷服务力度、多层次资本市场和整体市场金融环境六个方面衡量科技金融发展水平，基于此建立科技创新发展水平测量指标体系，如表2-12所示。其中，因各城市科技保险发展情况难以获取，以保险公司数和保险保费收入规模作为对科技保险服务力度的反映；同样，科技企业贷款多为长期贷款，可利用非金融企业及机关团体贷款的中长期贷款余额反映科技信贷服务力度。

表2-12 科技金融发展水平测量指标

序参量	一级指标	二级指标	单位	指标来源
科技金融发展水平	公共科技金融	地方财政科技拨款占地方财政支出比重	%	张媛媛等（2017）
		截至当年政府引导基金总规模	亿元	清科研究中心
	私募股权投资服务力度	当年注册成立PE/VC基金数	只	清科研究中心
		当年注册成立PE/VC基金规模	亿元	
		当年科技风险投资案例数	个	
		当年科技风险投资规模	亿元	
	科技保险服务力度	保险公司数	家	
		保险保费收入规模	亿元	
	科技信贷服务力度	截至当年境内非金融企业及机关团体贷款的中长期贷款余额	亿元	张媛媛等（2017）
	多层次资本市场	截至当年IPO企业数量	家	清科研究中心
		截至当年IPO募资总额	亿元	
		截至当年IPO增发总额	亿元	
		当年PO年底市值	亿元	
		截至当年新三板挂牌企业数量	家	
		截至当年区域股权市场挂牌数量	家	
	市场金融环境	金融业生产总值	亿元	

3. 数据采集

课题组通过政府统计数据、网站公开整理数据、Wind 数据库、私募通等渠道获取各指标数据，其中科技创新数据主要来自中国火炬统计年鉴、各省市统计年鉴、国民经济和社会发展统计公报、科技年鉴、科技局公开资料整理等；科技金融数据主要来自私募通、Wind 数据库、各省市统计年鉴等。

4. 测算

（1）数据预处理

针对部分数据空缺值，采用以下集中手段处理。个别缺失数据采用插值法填入；部分 2019 年科技创新相关数据无法获取，采用预测值替代；少数因统计口径变化造成数据缺失，采用占比预测等科学计算方法替代，如因 2014 年及以前中国火炬统计年鉴未披露计划单列市和副省级城市，通过 2015—2017 年该市占全省比重的均值预测替代。

（2）熵权法权重计算结果

由于耦合协同度模型在计算过程中未涉及一级指标权重，故未详细计算。对数据利用均值—方差标准化处理后，对各功效系数利用熵权法计算权重，结果分别如表 2-13 和表 2-14 所示。可以发现，在科技创新发展水平中，高新技术企业的经营指标重要性更高，其中权重最高的是高新技术企业净利润。在科技金融发展水平中，公共科技金融、私募股权投资服务力度和多层次资本市场的部分指标重要性相对较高，其中权重最高的是截至当年区域股权市场挂牌数量。

表 2-13 科技创新发展水平测量指标权重

序参量	一级指标	二级指标	权重
科技创新发展水平	研发能力	发明专利授权数	0.0815
	研发强度	R&D 支出 / 城市 GDP	0.0816
	创新效率	高新技术产业产值 /R&D 比重	0.0821
	成果转化和产业化能力	高新技术企业数	0.0820
		高新技术产业产值	0.0814
		高新技术企业净利润	0.0822
		高新技术企业营业收入	0.0821
		高新技术企业出口创汇	0.0817
		高新技术产业产值 / 工业总产值	0.0814
	技术扩散能力	技术市场输出技术成交合同金额	0.0816
	高新区发展成效	当年入统企业数	0.0813
		当年净利润	0.0819

表 2-14 科技金融发展水平测量指标权重

序参量	一级指标	二级指标	权重
科技金融发展水平	公共科技金融	地方财政科技拨款占地方财政支出比重	0.0629
		截至当年政府引导基金总规模	0.0623
	私募股权投资服务力度	当年注册成立 PE/VC 基金数	0.0622
		当年注册成立 PE/VC 基金规模	0.0623
		当年科技风险投资案例数	0.0626
		当年科技风险投资规模	0.0624
	科技保险服务力度	保险公司数	0.0624
		保险保费收入规模	0.0624
	科技信贷服务力度	截至当年境内非金融企业及机关团体贷款的中长期贷款余额	0.0623
	多层次资本市场	截至当年 IPO 企业数量	0.0628
		截至当年 IPO 募资总额	0.0623
		截至当年 IPO 增发总额	0.0623
		当年 PO 年底市值	0.0623
		截至当年新三板挂牌企业数量	0.0622
		截至当年区域股权市场挂牌数量	0.0639
	市场金融环境	金融业生产总值	0.0624

（3）测算结果

表 2-15 展示了 2013—2019 年五个城市的"科技创新—科技金融"耦合协同度测算结果。其中，唯一一直处于高级协调耦合阶段的城市是北京；深圳紧跟上海步伐，两个城市的耦合协同度趋势基本相同，分别在 2015 年和 2016 年由中级协调耦合阶段上升为高级协调耦合阶段；广州与杭州的耦合协同度较弱，一直处于中级协调阶段。

表 2-15 "科技创新—科技金融"耦合协同度测算结果表

城市	时间	科技创新综合序参量	科技金融综合序参量	耦合度	耦合协同度	所处阶段
北京	2013	0.549	0.515	0.7067	0.613	高级协调耦合阶段
	2014	0.587	0.596	0.7071	0.647	高级协调耦合阶段
	2015	0.614	0.645	0.7069	0.667	高级协调耦合阶段
	2016	0.652	0.713	0.7064	0.694	高级协调耦合阶段
	2017	0.685	0.752	0.7063	0.712	高级协调耦合阶段
	2018	0.589	0.646	0.706	0.660	高级协调耦合阶段
	2019	0.587	0.676	0.705	0.668	高级协调耦合阶段
上海	2013	0.492	0.453	0.7065	0.578	中级协调耦合阶段
	2014	0.510	0.483	0.7068	0.592	中级协调耦合阶段
	2015	0.521	0.551	0.7068	0.616	高级协调耦合阶段
	2016	0.557	0.594	0.7067	0.638	高级协调耦合阶段
	2017	0.563	0.576	0.7071	0.635	高级协调耦合阶段
	2018	0.508	0.526	0.707	0.605	高级协调耦合阶段
	2019	0.502	0.523	0.707	0.602	高级协调耦合阶段
广州	2013	0.349	0.348	0.7071	0.497	中级协调耦合阶段
	2014	0.362	0.365	0.7071	0.507	中级协调耦合阶段
	2015	0.352	0.388	0.7063	0.511	中级协调耦合阶段
	2016	0.375	0.413	0.7063	0.527	中级协调耦合阶段
	2017	0.407	0.461	0.7057	0.553	中级协调耦合阶段
	2018	0.394	0.398	0.707	0.529	中级协调耦合阶段
	2019	0.384	0.392	0.707	0.524	中级协调耦合阶段
深圳	2013	0.425	0.425	0.7052	0.568	中级协调耦合阶段
	2014	0.429	0.429	0.7070	0.548	中级协调耦合阶段
	2015	0.483	0.483	0.7066	0.595	中级协调耦合阶段
	2016	0.559	0.559	0.7071	0.630	高级协调耦合阶段
	2017	0.548	0.548	0.7069	0.630	高级协调耦合阶段
	2018	0.555	0.539	0.707	0.622	高级协调耦合阶段
	2019	0.566	0.516	0.706	0.618	高级协调耦合阶段

(续表)

城市	时间	科技创新综合序参量	科技金融综合序参量	耦合度	耦合协同度	所处阶段
杭州	2013	0.359	0.341	0.7069	0.497	中级协调耦合阶段
	2014	0.367	0.354	0.7070	0.505	中级协调耦合阶段
	2015	0.360	0.383	0.7068	0.513	中级协调耦合阶段
	2016	0.384	0.411	0.7067	0.530	中级协调耦合阶段
	2017	0.428	0.427	0.7071	0.550	中级协调耦合阶段
	2018	0.406	0.390	0.707	0.531	中级协调耦合阶段
	2019	0.412	0.393	0.707	0.533	中级协调耦合阶段

（三）广州与其他城市的对比研究

1. 系统综合序参量比较

从科技创新子系统序参量对比来看，如图2-24和图2-25，2013—2019年广州在5个核心城市中排名一直落后，科技创新实力较北京、上海和深圳有较大差距。具体到各项指标，图2-26展示了2019年科技创新发展水平的各一级指标的功效系数，可以发现主要落后方面为研发强度、成果转化和产业化能力以及高新区发展成效。其中，2019年广州地区研发强度为2.87%，而位列第一的北京研发强度高达6.75%，位列第四的杭州研发强度为3.45%。另外，广州科技企业和高新区企业的盈利能力较弱，净利润远低于其他核心城市，这一点在前文已做分析，科技企业的核心竞争力在于科研能力，这也决定了企业的盈利能力，因此，广州的科技企业应更注重研发投入。

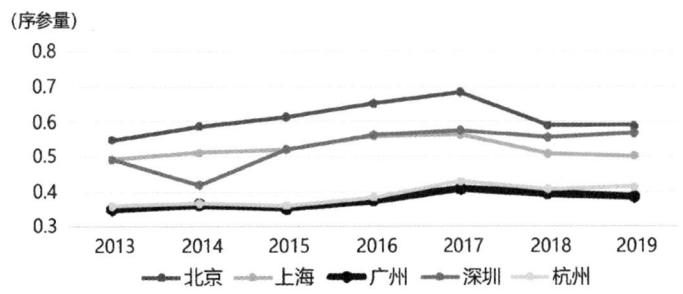

图 2-24　2013—2019 年国内核心城市科技创新子系统综合序参量趋势

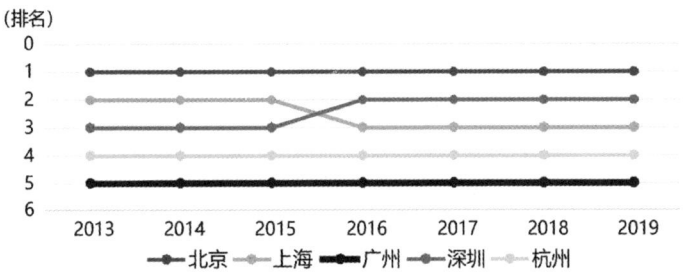

图 2-25　2013—2019 年国内核心城市科技创新子系统综合序参量排名

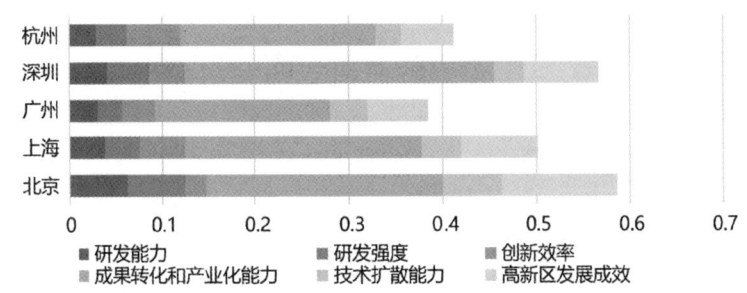

图 2-26　2019 年国内核心城市科技创新子系统各维度序参量

从科技金融子系统序参量对比来看，如图 2-27 和图 2-28，2013—2019 年广州科技金融发展水平也不及北京、上海和深圳，勉强超过杭州。具体到各项指标，图 2-29 展示了 2019 年科技金融各一级指标的功效系数，广州主要在私募股权投资服务力度和多层次资本市场方面有所落后。私募股权投资服务力度方面，广州无论在风险投资基金数、基金规模，还是在科技风险投资案例数与规模上,都不如其他核心城市,说明广州在风险投资市场化方面还有较大提升空间,打造"风投创投之都"潜力巨大。多层次资本市场方面,一是总部经济实力不强,截至2019年广州有上市公司108家,北京、上海和深圳都有300家左右;二是新三板挂牌企业数量不多,截至2019年广州的新三板挂牌企业数量为321家,仅占北京的27.04%。

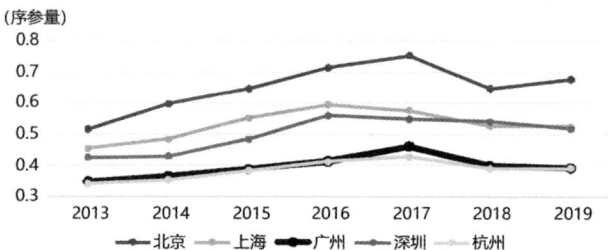

图 2-27　2013—2019 年国内核心城市科技金融子系统综合序参量趋势

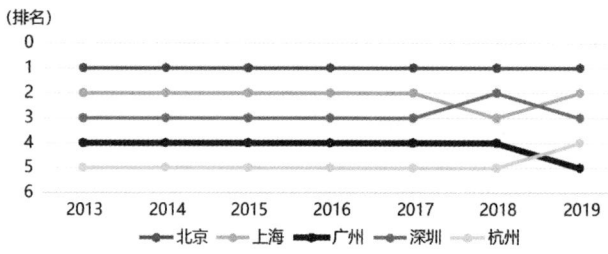

图 2-28　2013—2019 年国内核心城市科技金融子系统综合序参量排名

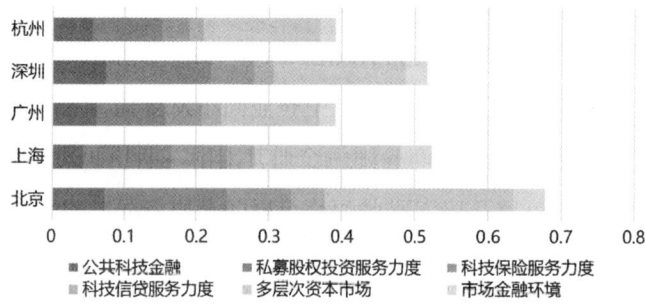

图 2-29　2019 年国内核心城市科技金融子系统各维度序参量

2. 耦合度比较

图 2-30 和图 2-31 分别展示了五个核心城市的科技创新—科技金融系统耦合度和排名，可以发现，近几年来五个核心城市的耦合度水平基本在 0.705~0.707 之间，这也证实了科技创新和科技金融子系统间一直有较强的协同效应。与综合序参量不同，耦合度排名出现了较大波动，其中广州的波动相对较大，从 2013 年位列第一后下降至第五，在 2018 年重新升至第一位。这主要是因为 2013 年后广州开始加大政府引导，重视科技金融的发展，对科技的支持力度增速超出了科技创新水平的增速，从而出现了差距，导致耦合度水平下降。

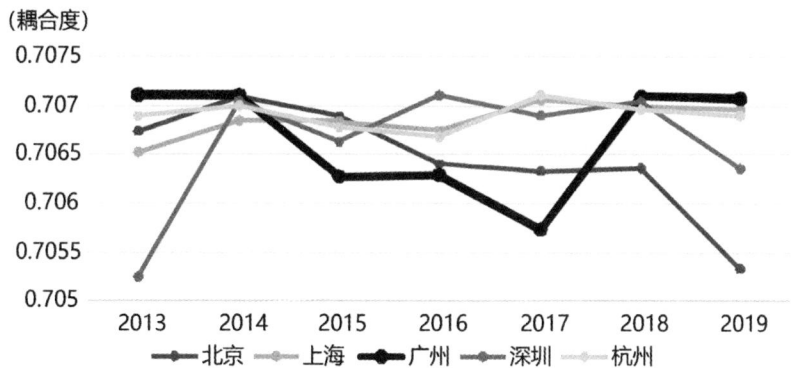

图 2-30　2013—2019 年国内核心城市科技创新—科技金融系统耦合度趋势

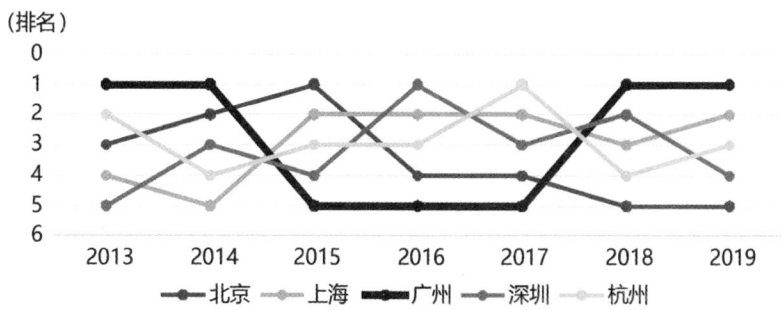

图 2-31　2013—2019 年国内核心城市科技创新—科技金融系统耦合度排名

3. 耦合协同度比较

最后，对比五个核心城市的科技创新—科技金融系统耦合协同度，如图 2-32 和图 2-33。2013—2019 年广州市科技创新—科技金融系统耦合协同度整体来看有所上升，但一直处在中级协调耦合阶段，近两年有所回落。据此可知，广州市科技创新与科技金融子系统间的耦合效应较强，与其他核心城市的耦合水平基本相同，耦合协同度的差异主要来自综合协调指数，即科技金融和科技创新的发展水平。因此，广州要在这两方面继续发力，利用二者的协同效应，形成耦合共振，共同推动广州经济发展。

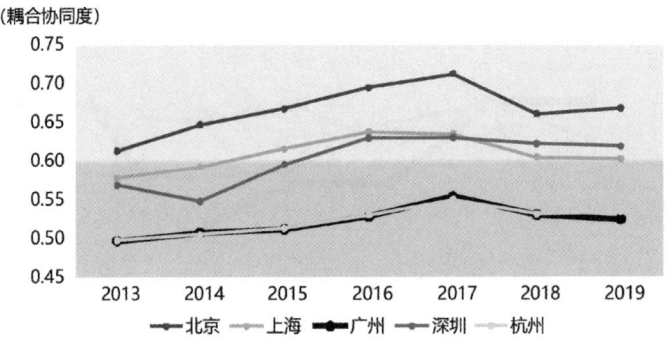

图 2-32　2013—2019 年国内核心城市科技创新—科技金融系统耦合协同度趋势

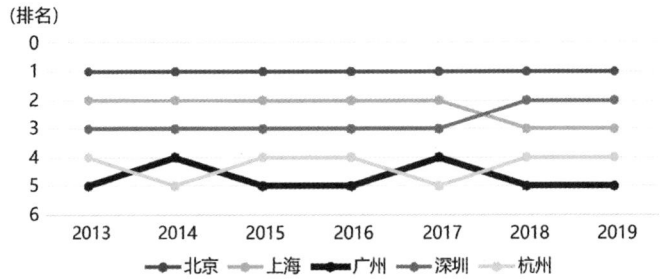

图 2-33　2013—2019 年国内核心城市科技创新—科技金融系统耦合协同度排名

三、科技金融创新案例

（一）广州市科技金融综合服务中心"一站式"科技金融服务体系

1. 案例介绍

2015年6月，广州市科技金融综合服务中心根据《广州市人民政府办公厅关于促进科技金融与产业融合发展的实施意见》，在广东省科技厅的支持和广州市科创委的主导下，以企业法人的形式设立。2019年6月22日，广州科技金融集团有限公司在省、市政府的支持下，由广州国发控股公司整合原广州市科技局下属26家单位成立，首期注册资本10亿元。广州市科技金融综合服务中心作为广州科技金融集团的直属企业，将继续发挥自身优势，助力粤港澳大湾区国际创新中心和广州国家创新中心城市建设。

（1）中心业务模式

广州市科技金融综合服务中心致力打造服务创新创业创投的"一站式"科技金融平台，通过政府引导推动与机制创新，发挥财政资金引导优势，实行市、区联动，整合市场各方资源，通过创业投资服务、科技信贷服务、新三板发展促进会、企业上市服务等全链条服务，扶植科技企业创新发展（图2-34和图2-35）。

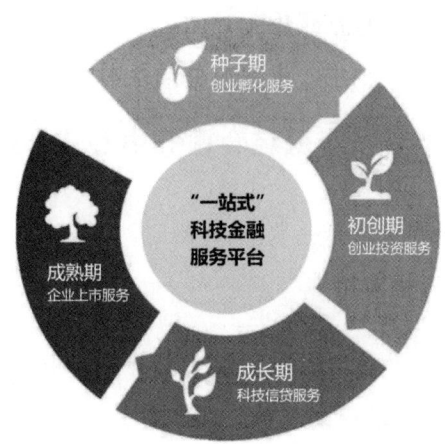

图 2-34　广州市科技金融综合服务中心介绍

资料来源：广州市科技金融平台官网。

创新创业服务方面，中心负责承办中国创新创业大赛广州赛区赛事，努力构建双创服务体系。优质科技中小微企业依托"以赛代评"的社会化评选机制脱颖而出，中心以此为契机，筹办中银投贷联动直通车、知识产权质押融资对接、广州创投周等对接活动，开展创新创业培训，提供导师辅导、路演对接、项目孵化、信贷融资及上市辅导等链条式的服务，从而实现1亿元奖励撬动超过50亿元的投融资，激发广州创新活力。①

创业投资服务方面，鼓励股权投资和众筹平台发展，实行创投联动补助，省、市共建科技企业孵化器的风险补偿金；搭建科技金融线上线下服务平台，为企业提供项目路演、众筹融资等开放式的全方位服务。②

科技信贷服务方面，中心负责对接23家合作银行，受托管理运作4亿元的广州市科技型中小企业信贷风险损失补偿资金池、受理信贷风险补偿业务。

---

① 广州科技金融.长沙银行总行一行调研广州市科技金融综合服务中心 [EB/OL].（2020-06-23）[2021-08-01].https://mp.weixin.qq.com/s/YvDECyeFwxOGonICRhkA_w.

② 广州科技金融.长沙银行总行一行调研广州市科技金融综合服务中心 [EB/OL].（2020-06-23）[2021-08-01].https://mp.weixin.qq.com/s/YvDECyeFwxOGonICRhkA_w.

企业上市服务，推动科技企业进入多层次资本市场，通过政府引导，联合券商、投行、银行等相关机构，发动并引导广州市科技企业在广东股交中心、新三板、港交所、上交所科创板等主板上市。

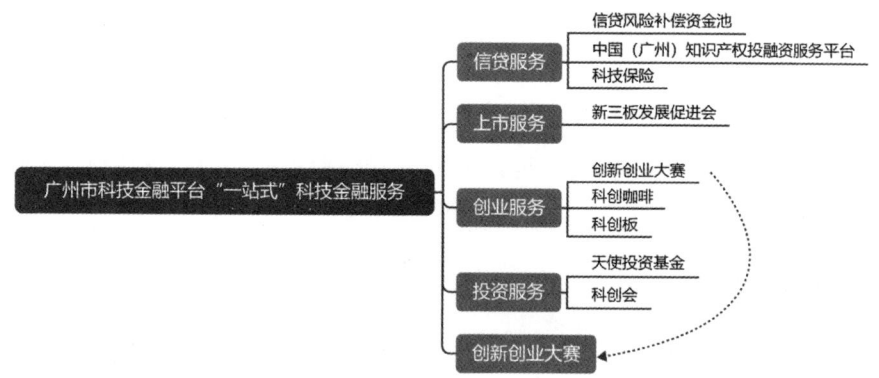

图 2-35　广州市科技金融综合服务中心"一站式"科技金融服务

资料来源：课题组根据广州市科技金融平台官网资料绘制。

（2）疫情扶持手段

新冠肺炎疫情期间，广州市科技金融综合服务中心全力提升响应速度和金融服务支持力度，通过发放问卷、推送产品、联合资金池合作银行提供授信等方式积极为科技企业提供融资对接服务。

一是需求端积极对接企业融资需求。2020年2月9日，中心通过发布《广州市企业融资需求问卷》的形式，在不到一个月的时间收到235家企业12380万元融资需求，并联合征信评估机构对130家企业进行电话回访，为企业出具了免费的综合评测报告，并上门拜访重点企业，成功对接合作金融机构达成初步融资意向7290万元。其中，银行预授信1490万元，产业基金预计投资2000万元。

二是供给端及时推送暖企政策及银行相关融资产品。中心通过公众号发布了"资金池合作银行出台支援防疫企业、中小微企业系列融资产品"系列推文，转发了广东省科技厅、广州市科技局、广州市市场监督管理局等部门的暖企政策文件、相关解读等十余篇推文，在供给端为科技企业提供产品信息。①

三是利用资金池资源助力企业融资。联合资金池合作银行，跟进受疫情影响的企业情况，为相关企业提供授信、续贷、展期等相关服务。在疫情期间，合作银行通过线上和线下多种途径开展科技信贷对接服务，为583家科技型中小企业提供40.92亿元授信支持，对超过80家资金池企业完成了延期还本付息，贷款余额为15688万元，有力支持科技型中小企业渡过难关，助力企业复工复产。②

2. 案例分析

各地正在积极建设科技金融平台，作为科技企业与金融机构的联通枢纽。目前，我国科技金融平台的建设模式主要包括三种：一是政府主导型，由政府发起设立，引导资金参与，完善信息渠道，在资源配置中起主导作用；二是金融机构主导型，由金融机构自行搭建并进行商业化运作，运作模式更趋市场化；三是共建共享型，由政府引导、政府和市场化企业共同出资、独立法人运营管理、多方参与共建的综合性服务平台（罗广宁等，2020）。广州市科技金融平台属于政府主导型，在广东省科技厅的支持和广州市科创委的主导下设立，由综合服务中心负责运营。

首先，"一站式"科技金融服务体系的建设缓解了科技企业与金融机构间的信息不对称问题。科技企业信息披露不完整，在向银行申请贷款时逆向选择风险高，导致银行需要花费较高的信审成本对科技企业进行尽职调查，双方信息不对称问题凸显。基于此，服务中心构建了科技信贷风险资金池贷款备案企业库，探索建立融资信息采集体系，整合真

---

① 广州科技金融.广州科技金融集团下沉防控第一线，助力企业，共克难关[EB/OL].(2020-03-10)[2021-08-01].https://mp.weixin.qq.com/s/YAwA9JOsWrGIaMwCTYDiqA.

② 百度.2020年广州市科技型中小企业信贷风险补偿资金池累计发放贷款超300亿元 服务科技型中小企业超2500家[EB/OL].(2020-12-28)[2021-08-01].https://baijiahao.baidu.com/s?id=1687316441607767066&wfr=spider&for=pc.

实有效的信息数据，作为较为优质的科技企业信息库。企业在申请贷款前，应先向服务中心提交申报材料，并在平台内完善相关信息。服务中心对申报企业的资质、技术先进性、科技创新记录、科技信用等进行审核，择优确定贷款项目报广州市科创委审核，审核通过后纳入科技信贷风险资金池贷款备案企业库。企业入库后可自主选择贷款银行，服务中心予以推荐，合作银行对科技企业进行审贷调查。[①]因有服务中心前期搜集的材料和意见，审核成本大大降低，信贷风险也因多一层审核而有所降低。

其次，"一站式"科技金融服务体系的建设促进了各方资源集聚和供需对接，实现信息全面及时共享。科技企业的融资过程需要多方主体共同参与，如银行、保险、风投等金融机构。广州市科技金融服务平台共享了科技型企业的相关资料，而企业则在平台中享有申请贷款、引入风投、上市培育等服务权力。"一站式"科技金融服务体系满足中小科创企业在不同发展时期对资金的差异化需求，各项服务既具特色，又体现出整体性。

图2-36展示了上海市科技金融信息服务平台的主要产品和服务，对比上海市科技金融信息服务平台的建设，广州市科技金融服务平台仍有完善空间。其一，广州市科技金融服务平台各金融机构间的资源共享与合作不够紧密。广州投贷联动和投贷保联动多由金融机构自主搭建，平台上的贷款、投保与股权融资对接信息分散，各融资体系相互独立，进而造成资源浪费，缺乏整合与合作。对比上海，科技信贷与科技保险之间、科技信贷与风险投资之间都有很明确的联动机制，每个机制又生成新的信贷产品，因此，上海的科技信贷产品也相对丰富。其二，股权融资对接和风投对接信息线上化与透明化程度有待提高。广州市科技金融

---

① 广州市科技金融平台.广州市科技型中小企业信贷风险补偿资金池介绍[EB/OL].(2020-12-10)[2021-08-01].http://www.kjjr360.com/website/showCmsList?navgateColumnId=402881955217b478015217e07034000e.

综合服务中心设立了科创咖啡、科创会等线下对接活动，根据企业融资项目需求，联合投资机构、银行、券商等机构，致力于为广大初创型、中小型企业及创业团队提供项目路演、投融资对接、政策解读、金融产品匹配等科技金融服务。[①] 线下活动具有对接高效的优势，但也存在成本高、准备时间长、对接频率低等弊端。对比上海，上海拥有专门的股权融资对接板块，供股权融资项目、投资机构和服务机构相互对接匹配。此外，上海设立了72个科技金融服务站，配备了科技金融专员、科技金融专家、科技信贷员和创业导师等服务人员[②]，开展更多更专业、更多元的科技金融对接活动。这一运行机制也值得广州学习借鉴。

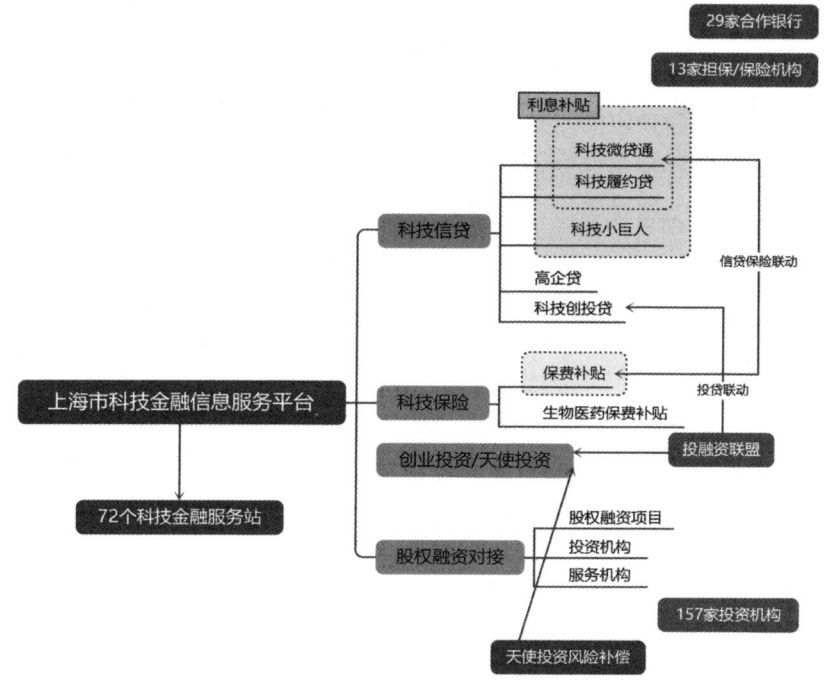

图2-36　上海市科技金融信息服务平台科技金融服务

资料来源：课题组根据上海市科技金融信息服务平台官网资料绘制。

① 广州市科技金融平台官网，http://www.kjjr360.com/.
② 上海市科技金融信息服务平台官网，http://kjjr.shtic.com/index.php/Index/index.

3. 经验借鉴

通过对广州市科技金融综合服务中心"一站式"科技金融服务体系的分析以及与上海市科技金融信息服务平台的对比，为广州市完善科技金融平台进一步完善提供参考。

第一，学习上海模式，联动信贷资源、创业投资资源和风险补偿资金池、科技保险等补贴政策，带动投贷联动和信贷保险联动模式。打破相对独立的投融资服务方式，实现金融资源的交叉融合，同时作为沟通平台，能够破解目前多方联动信息沟通瓶颈，对投贷联动、投贷保联动等多方联动市场化有重要引导作用。

第二，借助科技企业比赛路演等活动，搭建线上线下相结合的投融资对接平台。联合银行、投资机构等资金方，积极与众创空间、科技园、高新区等创新集聚区合作，举办线下路演活动；配备线上跟踪机制，引入中介机构提供投融资配套服务；配合线上信息公开，将未在线下匹配成功的科技企业和科技项目的融资信息对契合的金融机构予以共享，实现可持续的投融资体系。

第三，拓展平台合作机构，形成资源集聚效应，尤其需要丰富专业化中介机构，如：知识产权评估机构、法律专业机构、会计师事务所、资产评估机构、信用评级机构和信息技术运维分析机构等，建立平台辅助保障体系（罗广宁等，2020）。探索建立专业化中介机构的协调配合机制，打破各服务机构间的信息壁垒，实现信息充分共享，资源有效利用。

（二）中国银行广东省分行多方联动的科技信贷模式

1. 案例介绍

中国银行广东省分行是广州市科技型中小企业风险补偿资金池第一批合作银行，也是广州市科技信贷业务的主力推动银行，服务科创企业数量及投放贷款金额均居广州市政府 23 家合作银行首位。① 科技支行方面，2012 年 8 月，广州市第一家科技银行——中国银行广州番禺天安科技支行成立，为包括天安科技园在内的广州科技企业提供科技贷款服务。此后，中国银行广东省分行陆续开展科技支行业务，打造科技支行、政银分担与投贷联动的"三位一体"科技金融服务模式。

（1）科技贷款业务模式

政银风险分担科技贷款业务中，中国银行广东省分行推出广东中银税贷通、广东中银租金贷等 5 个科技信贷产品，贷款期限最高 10 年，最高可贷金额 3000 万元，支持信用贷款、知识产权质押贷款、房产抵押贷款等多种形式，如表 2-16 所示。

表 2-16 中国银行广东省分行科技信贷产品

序号	产品名称	适用对象	最高可贷	最长期限	担保方式
1	广东中银税贷通	有两年以上纳税记录的高新技术企业、科技型中小企业	500万元	1 年	信用
2	广东中银租金贷	科技园区内的中小微企业	1000万元	5 年	政府科技信贷风险分担、信用
3	广东中银科技通宝	高新技术企业、科技型中小企业、纳入政府科技信贷风险资金池企业	3000万元	5 年	政府科技信贷风险分担、房产抵押、知识产权质押、信用
4	广东中银战"疫"人才贷	以国家和广东省及其各地级以上市、广州各区重大人才工程入选者为实际控制人、股东或主要研发人员的企业和科研机构	3000万元	10 年	政府科技信贷风险分担、房产抵押、知识产权质押、信用

---

① 南方网. 广东中行聚焦"四大金融"全力支持粤港澳大湾区建设 [EB/OL].(2020-08-04)[2021-08-01].http://epaper.southcn.com/nfdaily/html/2020-08-04/content_7897143.htm.

(续表)

序号	产品名称	适用对象	最高可贷	最长期限	担保方式
5	广东中银研发贷	高新技术企业、科技型中小企业、纳入政府科技信贷风险资金池企业	3000万元	10年	知识产权质押、股权质押、政府科技信贷风险分担

资料来源：广州市科技金融平台。[①]

投贷联动业务中，中国银行在金融同业率先推出"中银科创企业投贷联动直通车"一站式投融资服务活动平台，为科创企业提供"债权融资+股权融资+资本市场"的综合金融服务，截至2020年8月已举办逾120场[②]，服务科创企业超3000家。

（2）疫情扶持手段

面对2020年新冠肺炎疫情，中国银行广东省分行升级"五大金融保障"，帮助中小微科技企业抵御疫情影响。中国银行广东省分行联合广州市科学技术局印发《支持我市中小微科技企业抗击疫情专项金融服务方案的通知》，从"规模、产品、价格、还款、服务"五大方面为中小微科技企业提供金融保障。规模方面，中国银行广东省分行为科技企业提供更为充足的信贷资金，优先支持广州市国家高新技术企业、科技型中小企业和科技型中小企业信贷风险补偿资金池内的企业，贷款额度最高可达3000万元；产品方面，中国银行广东省分行推出"战'疫'人才贷""抗疫贷""研发贷""科技通宝贷"等一系列支持科技企业复工复产复研的产品；还款方面，调整还款计划，采用无还本续贷、延长还款、延缓

[①] 广州市科技金融平台. 信贷风险损失补偿资金池办理渠道 [EB/OL].(2020-07-15)[2021-08-01].http://www.kjjr360.com/website/showCmsDetail/8a4256e07339e301017351690b5c0173?navgateColumnId=402881955217b478015217f0865e002c&targetColumnId=402881955217b478015217f0865e002c.

[②] 南方网. 广东中行聚焦"四大金融"全力支持粤港澳大湾区建设 [EB/OL].(2020-08-04)[2021-08-01].http://epaper.southcn.com/nfdaily/html/2020-08/04/content_7897143.htm.

付息等方式缓解科技企业还款压力，同时对新推产品提高期限长度，最高贷款期限延长至10年；价格方面，降低信贷利率，上述产品贷款利率较2019年同期下降50基点；服务方面，大大缩短审批时间，在资料齐全的情况下仅需2个工作日即可完成审批，力求更方便快捷地为科技企业提供资金。通知下发2个月期间，中国银行广东省分行已向广州市超过500家中小微科技企业发放了近20亿元的贷款。①

此外，中国银行广东省分行联合广州科技金融集团推出"中银科金园区贷"专属服务方案，向广州市孵化器、众创空间等科技园区内科技企业提供专属贷款支持，以及投贷联动、政策辅导和跨界对接等一揽子增值服务②，助力科技企业稳定生产经营、克服疫情难关。"中银科金园区贷"贷款金额额度可达1000万元，对于纳入"广州市科技型中小企业信贷风险损失补偿资金池"的企业，给予最高可达2000万元的免抵押信用贷款额度。

2021年6月9日，中国银行广东省分行联合广州市科学技术局开展"中银科技战'疫'"专项融资服务行动，支持科技企业加快推进新技术、新产品研发和生产。"中银科技战'疫'"专项融资服务对单一企业贷款额度设置最高3000万元，其中免抵押额度最高1000万元；对企业贷款期限设置最长5年，并可给予2年宽限期；为企业提供利率优惠、产品多元、审批快速的特色服务，共同助力全市打赢疫情防控硬仗。

2. 案例分析

中国银行广东省分行与广州市科技局、科技金融中心建立了良好的合作基础与沟通机制，同时专门为科技信贷建立了"八个单独机制"，如

---

① 新浪财经.广州中行升级"五大金融保障" 支持中小微科技企业抗击疫情[EB/OL].(2020-04-10)[2021-08-01].http://finance.sina.com.cn/roll/2020-04-10/doc-iirczymi5569830.shtml.

② 广州科技金融.借科技东风，"贷"动企业促发展[EB/OL].(2020-06-09)[2021-08-01].https://mp.weixin.qq.com/s/3oqMcpArOfyI-6HchjZc9A.

图 2-37 所示，从顶层设计入手，将科技企业贷款与传统贷款予以不同的考核方式，加强考核激励制度，优化科技信贷流程，降低科技贷款准入门槛。

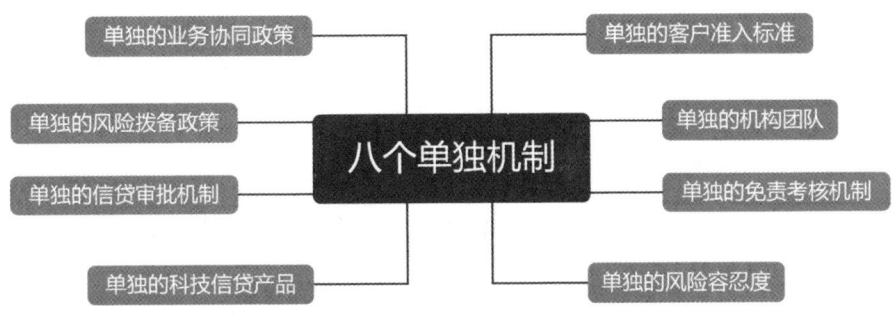

图 2-37　中国银行广东省分行"八个单独机制"

据张雅婷（2019）的调研访谈，中国银行广州番禺天安科技支行（简称天安科技支行）作为广州市第一家科技支行，其最突出的信贷模式为"银行+担保/保险+额外风险补偿机制"模式（即银政保合作模式），具体运行机制如图 2-38 所示。中小科技企业向广州科技金融平台提出贷款申请后，在担保参与下，中小科技企业将向科技担保公司申请担保，经过银行及中介机构资信核查后，支行才允许放款；在担保参与下，经过银行及中介服务机构资信核查后，天安科技支行将根据贷款企业的抵押对象，引入科技保险再放款。科技保险将根据企业的抵押对象来提供，包括专利保险、小额贷款保证保险等。由此，天安科技支行在银政合作下由广州市科技信贷风险资金池进一步分散风险。

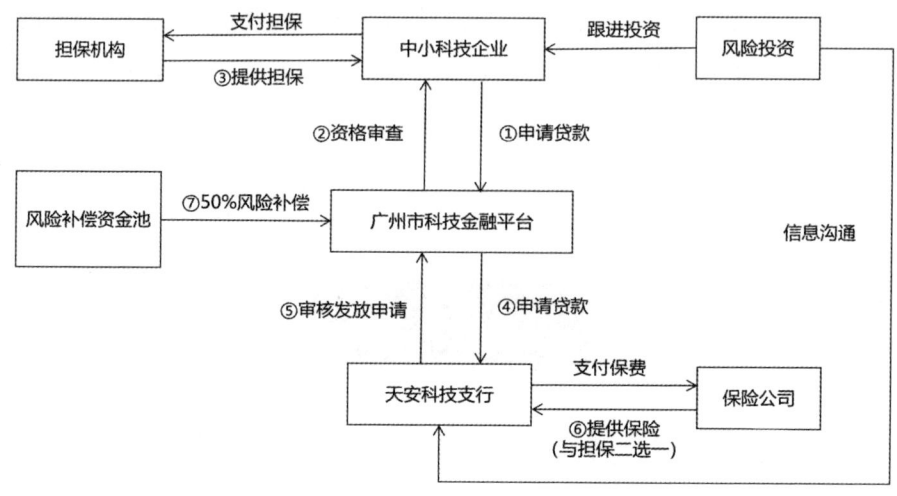

图 2-38　天安科技支行科技信贷模式

资料来源：张雅婷（2019）。

3.经验借鉴

第一，探索银政保多方联动的科技信贷模式。天安科技支行的"银行＋担保／保险＋额外风险补偿机制"即为此模式的一种形式。通过与政府风险补偿资金池和担保机构／保险公司的合作，既能作为信用背书，对科技企业信用风险进行双层验证，又能实现双层风险分散和保障作用，极大降低科技企业信贷风险。贷款风险的降低能够让银行拥有更多的让利空间，如降低科技企业准入门槛、给予利率优惠，提供知识产权质押贷款和信用贷款等更契合科技企业的贷款产品。

第二，与创投机构建立有效沟通机制，紧密开展投贷联动业务。贷前通过打造"中银科创企业投贷联动直通车"品牌活动，与创业投资机构和股权投资机构紧密合作，为科技企业提供投贷联动服务，这一对接与沟通方式改善了银行、投资机构与企业间信息不对称的状况，更为直接高效，同时具有较强的规模效应和集聚作用。贷款期间与创投实现信息、资源互通，控制贷后风险。

第三，制定符合科技企业特征的内部贷款机制。针对科技信贷风险补偿低的痛点问题，参考"八个单独机制"，从顶层设计上设立科技支行或专门的科技金融部门，通过配备专业的机构团队，制定专门的贷款政策、审核机制和考核机制，在注重创新、弱化资产的原则下创新科技贷款产品。

四、广州科技金融发展对策与建议

（一）丰富科技信贷产品体系，鼓励投贷保多方联动

一是加大科技信贷风险补偿力度，提高金融机构支持科技产业的风险容忍度。借鉴中国银行广东省分行，将"八个单独机制"拓展到所有金融机构，制定符合科技企业特征的内部贷款机制。提升银行等金融机构对知识产权融资的认可度，丰富与科技企业契合的知识产权质押贷款产品。培养一批专业的信贷团队，建立囊括不同科技行业的专家联合机制，提高人才储备质量。

二是加强开展投贷联动、投贷保联动等多方联动的业务模式。其一，打造 50 亿元规模的投贷风险准备金。建议在信贷风险损失补偿资金池的基础上，由市财政出资、逐年递增，增设总额 50 亿元的投贷风险准备金，专门用于投贷联动、投贷保联动等业务，风险准备金可委托广州科技金融集团运营管理。其二，将中国银行广东省分行的多方联动业务拓展到全市，可学习借鉴上海已成熟的"科技创投贷"和"科技履约贷"，探索全市范围内的投贷联动，为获得市创业投资基金和市天使投资基金支持的科技型中小微企业可持续发展提供持续的金融服务支持；探索银政保联动，为购买了履约保险的企业提供贷款，实现政府、银行和保险公司共同分担贷款风险。其三，建议由政府组织依托科技金融综合服务中心，进一步增设多方联动信息平台，结合投贷风险准备金，实现多方联

动业务金融机构间的集约化沟通与管理，提高沟通与运作效率，同时改善企业与各金融机构间信息不对称的状况。

三是加强外部合作，引入多维度数据加强风险管理。接入工商、税务、法院等外部数据，审查科技企业和经营者是否存在违约违规或者违法失信等行为。与科技行业协会、科技园区等数据汇聚机构合作，实时把握行业动态、龙头企业变化和企业经营情况。通过汇聚数据进行建模分析，构建更具针对性的风险评估模型，完善信用评价体系，更加准确地进行贷前授信和贷后管理。

（二）创新科技保险供给，满足企业多元化需求

为了破解科技保险"供给不足、需求不旺"的恶性循环，建议政府利用财政扶持和政策优惠等手段，引导设立专营科技保险机构、创新科技保险业务、建设科技保险人才队伍，发展科技保险等，从供给端创新更契合科技企业的保险产品与服务，结合宣传推广避免信息不对称，逐步带动需求端的发展。

一是设立专营科技保险机构深挖科技企业需求。以建设粤港澳大湾区国际城市群为契机，借助政策利好，按照《粤港澳大湾区发展规划纲要》要求，加速组建设立服务广州市与粤港澳大湾区的科技保险公司，通过财政拨款、贴息或者税收返还等手段引导市场在广州增设多个科技保险的专营分支机构。

二是针对不同领域、不同环节创新科技保险业务。以专项政策支持科技保险机构，鼓励开发针对技术转移、自主研发、专利技术、知识产权等不同领域的专属保险产品，支持开展专利执行保险、专利侵权责任保险、专利质押贷款保险等科技保险产品试点，引导保险业务向科技创新的构思、研发、成果转化和生产的各个环节延伸与拓展，进一步加快企业科技创新和成果转化的步伐。

三是加强科技保险人才队伍建设。开发并推广更多科学合理的科技

保险险种，是打破当前科技保险市场整体供求不足困局的关键。对此，应当加大科技保险人才队伍的建设力度，培养熟知各行业、企业科技创新技术风险和科技保险业精算定价方法的从业人员，配置专职营销人员，对科技保险的相关政策与具体业务进行更为广泛的宣传推广。

四是发展保险科技，实现科技保险标准化、智能化、精准化管理。着力建设科技保险历史数据库，开展科技保险业务历史数据的收集和积累。按照"标准化、智能化和精准化"要求，依托互联网平台和区块链技术，由政府组织牵头，银行、证券、保险、风险投资机构等金融主体多方参与，搭建科技保险信息综合服务平台，逐步构建并完善大数据科技保险管理体系。在此基础上，进一步实现平台与其他企业数据系统的互联共通，避免信息的不对称性，逐步完善科技企业的征信体系，规避道德风险。

（三）加强政府引导，聚力发展科技风险投资

一是吸引风险投资机构落户，加大投资供给。以建设"风投创投之都"为契机，借鉴北京、上海和深圳等城市政策和国外先进经验，出台系列政策引导天使投资和风险投资在广州深耕成长，吸引个人资本、民营资本和境外资本进入广州创业投资领域，进一步扩大天使投资和风险投资供给。依托广州风投创投集聚区的建设，重点发展现有本土天使投资和风险投资机构，培育一批本地名牌基金和名牌投资人，强化集聚效应，推动天使投资、风险投资与广州创新创业的深度融合和广泛参与。

二是加大对种子期、初创期企业风险投资扶持力度。广州市科技成果产业化引导基金在初创期企业扶持方面要求"引导基金对天使投资子基金的出资比例放宽至不超过子基金规模的40%，天使投资子基金投资于初创期科技企业（成立3年内、营业收入不超过2000万元的科技型小微企业、单个项目投资额一般不超过1000万元）的比例不低于子基金规模的60%"，但未对投资风险给予部分分担。因此，广州可借鉴学习上

海风投政策,在广州市科技成果产业化引导基金的基础上设立天使投资风险补偿基金,专门分担初创期科技企业的投资风险,并配合投贷联动机制,丰富科技企业投融资体系。同时,发挥国有企业的带头示范作用,鼓励国有资本向处于种子期和初创期的科技企业倾斜,配套建立相应考核评价体系,优化投资结构。

三是发挥广州市科技金融综合服务平台资源集聚作用。鼓励广州市科技金融综合服务平台联合金融机构积极与众创空间、科技园、高新区等创新集聚区合作,搭建线上线下相结合的投融资对接平台。

(四)发挥已有优势,加速推进知识产权证券化

一是加大政府扶持力度,降低融资成本。建议政府通过担保贴息、提供奖励费用等形式为知识产权证券化业务提供正向激励。知识产权证券化通常涉及多家融资主体,因此为其提供补贴的可操作性不高。相比之下,政府可通过对第三方机构的补贴撬动科技企业知识产权证券化的需求。其中,外部增信是影响知识产权证券化产品成功发行的关键因素,也是知识产权证券化产品的主要融资成本之一。因此,建议政府着重对外部担保机构提供担保贴息,降低中小企业开展知识产权证券化业务的融资成本。

二是联合深交所推进知识产权证券化。培养一批专业的知识产权资产评估机构和人才,建立一套科学的知识产权价值评估体系。借鉴国际经验,探索整体业务资产支持债券模式、科技资产可转换债券等模式创新。建议学习香港在知识产权领域的优秀经验,完善知识产权交易规则和机制,引进优质服务机构进驻,开展知识产权相关的高端配套服务,促使珠三角九市知识产权服务水平逐步与国际接轨。

三是完善知识产权证券化配套制度。加快提升第三方机构知识产权证券化服务专业性。把握粤港澳大湾区发展机遇,发挥毗邻香港优势,引进学习优质的第三方机构,鼓励境外资产评估公司和担保公司在广州

设立分支机构。通过税收、专项扶持资金等方式提升证券公司、信用评级公司、资产评估机构等中介机构参与知识产权证券化的积极性。借鉴欧美服务机构运行模式，培育并发展知识产权无形资产专业评估机构，推进建设知识产权证券化保障体系。

参考文献

代军,颜辛,柳德才.区域科技金融与科技创新协同机制构建:湖北案例[J].武汉金融,2019(04):22-26.

蔺鹏,孟娜娜,马丽斌,马英杰.区域金融创新与科技创新的耦合机理和联动效果评估——基于京津冀协同创新共同体的研究[J].南方金融,2019(01):58-68.

罗广宁,陈丹华,肖田野,刘蕾.科技企业融资信息服务平台构建的研究与应用——基于广东省科技型中小企业融资信息服务平台建设[J].科技管理研究,2020,40(07):211-215.

彭威.科技金融与科技创新的耦合效应研究[D].浙江财经大学,2019.

谭跃,周华,高丽.广东省科技创新和金融市场协同效应分析及对策[J].科技管理研究,2017,37(04):44-49.

佟金萍,陈国栋,曹倩.区域科技创新、科技金融与科技贸易的耦合协调研究[J].金融发展研究,2016(06):18-23.

王宏起,徐玉莲.科技创新与科技金融协同度模型及其应用研究[J].中国软科学,2012(06):129-138.

王仁祥,杨曼.科技创新与金融创新耦合关系及其对经济效率的影响——来自35个国家的经验证据[J].软科学,2015,29(01):33-36+41.

徐维军,陈琪琪,季昱丞,张卫国.粤港澳大湾区科技保险与国际科创中心的互动研究[J].华南理工大学学报(社会科学版),2020,22(04):1-15.

张林,李雨田.金融发展与科技创新的系统耦合机理及耦合协调度研究[J].南方金融,2015(11):53-61.

张雅婷.广州科技金融发展策略研究[D].广东外语外贸大学,2019.

张媛媛,袁奋强,刘东皇,陈利馥.区域科技创新与科技金融的协同发展研究——基于系统耦合理论的分析[J].技术经济与管理研究,2017(06):71-76.

周丹妮,李湛,方鹏飞.知识产权证券化是广阔的蓝海[J].中国金融,2020(03):73-74.

百度.2020年广州市科技型中小企业信贷风险补偿资金池累计发放贷款超300亿元 服务科技型中小企业超2500家[EB/OL].(2020-12-28)[2021-08-01].https://baijiahao.baidu.com/s?id=1687316441607767066&wfr=spider&for=pc.

百度.我国首支知识产权证券化产品在深交所成功获批[EB/OL].(2018-12-14)[2021-08-01].https://baijiahao.baidu.com/s?id=1619830730966417015&wfr=spider&for=pc.

广东股权交易中心.2020年"双路演中心"工作会议成功举行[EB/OL].(2020-12-30)[2021-08-01].https://mp.weixin.qq.com/s/Lskn9kbCNel867FWZl0Fvg.

广东省市场监管局.广东省市场监管局参加省府新闻发布会介绍2020年广东知识产权保护工作主要情况[EB/OL].(2021-04-26)[2021-08-01].http://amr.gd.gov.cn/gkmlpt/content/3/3270/post_3270115.html#2963.

广州科技金融.广州科技金融集团下沉防控第一线,助力企业,共克难关[EB/OL].(2020-03-10)[2021-08-01].https://mp.weixin.qq.com/s/YAwA9JOsWrGIaMwCTYDiqA.

广州科技金融.借科技东风,"贷"动企业促发展[EB/OL].(2020-06-09)[2021-08-01].https://mp.weixin.qq.com/s/3oqMcpArOfyI-6HchjZc9A.

广州科技金融平台.信贷风险损失补偿资金池办理渠道[EB/OL].(2020-07-15)[2021-08-01].http://www.kjjr360.com/website/showCmsDetail/8a4256e07339e301017351690b5c0173?navgateColumnId=402881955217b478015217f0865e002c&targetColumnId=402881955217b478015217f0865e002c.

广州市地方金融监督管理局. 广州市地方金融监督管理局关于政协十三届广州市委员会第三次会议第1045号提案答复的函[EB/OL].(2019-07-08)[2021-08-01].http://jrjgj.gz.gov.cn/zwgk/xxgk/rdjyhzxtazy/content/post_2791009.html.

广州市科技金融平台. 广州市科技型中小企业信贷风险补偿资金池介绍[EB/OL].(2020-12-10)[2021-08-01]. http://www.kjjr360.com/website/showCmsList?navgateColumnId=402881955217b478015217e07034000e.

南方网. 广东中行聚焦"四大金融" 全力支持粤港澳大湾区建设[EB/OL].(2020-08-04)[2021-08-01]. http://epaper.southcn.com/nfdaily/html/2020-08/04/content_7897143.htm.

搜狐. 浅谈科技信贷"广州模式"与"江苏模式"的对比及广州科技信贷的发展现状[EB/OL].(2019-07-05)[2021-08-01].https://www.sohu.com/a/325072542_366465.

新浪财经. 4多年来累计发放114.38亿元! 广州科技信贷去向追踪 [EB/OL].(2019-06-22)[2021-08-01].http://finance.sina.com.cn/roll/2019-06-22/doc-ihytcitk6999852.shtml.

新浪财经. 广州中行升级"五大金融保障"支持中小微科技企业抗击疫情 [EB/OL].(2020-04-10)[2021-08-01]. http://finance.sina.com.cn/roll/2020-04-10/doc-iirczymi5569830.shtml.

中国知识产权资讯网. 广州全面推进知识产权强市建设显成效——创造活跃 运用高效 保护严格[EB/OL].(2021-03-01)[2021-08-01].http://www.iprchn.com/Index_NewsContent.aspx?NewsId=127671.

第三章

广州绿色金融服务创新

绿色金融是支持环境改善、应对气候变化和资源节约高效利用的经济活动。习近平总书记在第七十五届联合国大会一般性辩论中提出我国二氧化碳排放力争于2030年前达到峰值，努力争取2060年前实现碳中和。"30·60"战略目标要求经济全面、系统性转型。在此过程中，绿色金融将发挥"加速器"的作用——引导资金投向绿色低碳产业、增强社会绿色低碳意识、促进经济社会全面绿色转型。通过绿色金融制度安排和产品创新，充分发挥金融的导向和撬动作用，是为实现碳达峰碳中和自主贡献目标，提供绿色低碳环保领域高效资金融通、风险管理的有力保证。着力推进绿色金融发展，能够有效缓解和遏制生态赤字的趋势，是实现经济社会全面绿色转型的重要举措，是深化供给侧结构性改革、构建双循环新发展格局的重要内容。

绿色金融作为现代金融产业的重要组成部分，是粤港澳大湾区金融产业结构体系建设重点发展的产业之一，为推进大湾区生态文明建设，打造可持续发展产业生态圈提供核心动力。通过绿色金融促进大湾区产业结构转型升级，探索绿色经济增长的新型发展模式。广州市作为全国绿色金融产业建设的先行者，绿色金融发展结构已初具规模，在大湾区绿色金融发展中承担先行发展、先行示范的角色。广州市政府大力支持绿色金融建设，先后出台《广东省广州市建设绿色金融改革创新试验区总体方案》《广东省广州市建设绿色金融改革创新试验区实施细则》《广州市人民政府办公厅关于促进广州绿色金融改革创新发展的实施意见》等重要指导文件，为广州市绿色金融产业改革创新发展提供政策扶持。近年来，广州市在绿色金融的产品创新、服务创新、体制机制创新领域不断探索，绿色金融体系日趋成熟，绿色债券发行规模、绿色基金发行数目、碳排放配额交易量均位于全国前列。此外，作为中国第一批国家级绿色金融改革创新试验区之一，广州的绿色金融架构体系日趋成熟，先后设立绿色金融资产交易中心、绿色金融园区示范中心、绿色金融结合示范区、环境金融试验区和绿色金融能力建设基地。《粤港澳大湾区发展规划纲要》指出，支持广州建设绿色金融改革创新试验区，对服务和支持广州建设枢纽型网络城市，打造推动大湾区绿色发展重要引擎，实现高质量发展具有重要意义，为扩大珠三角的绿色产业与港澳金融市场要素双向开放与联通发挥着重要作用。《广东省国民经济和社会发展第十四个五年规划和2035年远景目标纲要》提出打造美丽广东，要以碳达峰为牵引，促进经济社会发展全面绿色转型。广州支持绿色金融创新发展，为粤港澳大湾区打造成世界级绿色金融发展示范区提供有力支持，在广东争取率先实现双碳目标过程中发挥重要作用。

　　本章节行文安排如下：第一节介绍广州绿色金融的发展现状；第二节使用实际数据探究广州绿色金融发展水平；第三节介绍广州绿色金融创新的两个典型案例；第四节总结广州绿色金融的发展趋势并给出相关建议。

一、广州绿色金融发展现状

目前,广州绿色金融政策陆续出台,绿色金融产品体量增长明显。在绿色债券方面,自 2017 年后增长势头较为优异,2018 年,广东华兴银行、广州银行等金融机构共获批绿色金融债券额度 100 亿元。广州地铁集团、广州发展集团、广业集团、广州水务投资集团等绿色企业共获批绿色企业债券额度 422 亿元。2020 年,广州绿色债券超 700 亿元。截至 2020 年底,广州已成为粤港澳大湾区绿色债券市场规模最大的城市。

在绿色信贷方面,截至 2018 年末,广州金融机构绿色信贷余额 2621.7 亿元,占全省绿色信贷余额的 54.5%。截至 2019 年 9 月末,广州银行机构绿色贷款余额超 3000 亿元。截至 2021 年 4 月,广州地区银行机构绿色贷款余额超 3800 亿元,总量居各绿色金融改革创新试验区第一。

在绿色保险方面,自 2017 年起连续 5 年内,广州花都区财政对参加绿色保险的企业按其保费的 30% 给予补贴,每年最高补助 10 万元。2018 年,广州支持保险公司在花都区开发"蔬菜降雨气象指数保险""绿色农保+""绿色农产品质量安心追溯保险""绿色产品食安心责任保险"等创新型绿色保险产品,推广"环责险""安责险""食责险"等传统绿色保险。根据《粤港澳大湾区绿色金融发展报告》,从 2017 年初至 2019 年 9 月,广州新增绿色保险保费收入为 487.79 亿元,占新增保费收入比例的 69.37%。2021 年 2 月 8 日,广州完成全国首单绿色金融支持生猪"保险+期货+银行"项目到期理赔。

在绿色基金方面,2018 年,广州花都区设立三支绿色发展基金(空港投资基金、广州北站基金、绿色低碳发展基金),总规模达 41 亿元,引导社会资本为区内绿色项目和产业发展提供资金支持。从 2011 年至今,广州市总计发行了 12 只绿色基金,且多数集中于 2018 年、2019 年发起设立。2020 年 11 月,广州地铁集团有限公司在兴业银行广州分行的协助下成功发行 30 亿元绿色资产支持票据,是市场首单"三绿"资产支持票据项目。

在碳交易方面，广州碳排放权交易所（简称广碳所）碳排放配额2015—2020年的成交量和成交金额如表3-1所示。据统计，自2013年启动至2021年7月，广碳所碳排放配额现货累计交易量和累计成交额均稳居全国各试点首位，成为国内首个配额现货交易额突破40亿元大关的试点碳市场，助力广东控排企业在2013年至2020年8个履约期履约率达99%以上，其中有5个履约期履约率达到100%。同时，广州积极创新碳金融产品及业务，大力推广碳排放配额回购、托管和远期业务，积极推动碳汇项目落地。例如，在花都区梯面镇选取3万亩（1亩≈666.67平方米，下同）生态林开展碳汇项目试点，开发碳普惠收益22.7万元，支持梯面镇生态林业发展。截至2021年7月22日，广州碳市场碳排放配额累计成交量1.95亿吨，占全国碳交易试点的38.78%，累计成交金额44.2亿元，占全国碳交易试点的36.4%，稳居全国各试点碳市场首位。

表3-1　广州碳排放交易所碳排放权配额（GDEA）成交量与成交金额

年份	年度成交量	年度成交金额	累计成交量	累计成交金额
2015	675.65 万吨	1.11 亿元	793.22 万吨（18.5%）	1.74 亿元（14.0%）
2016	2223.30 万吨	2.77 亿元	3016.52 万吨（31.9%）	4.51 亿元（20.8%）
2017	1657.34 万吨	2.25 亿元	673.86 万吨（32.9%）	6.76 亿元（22.9%）
2018	2686.05 万吨	3.34 亿元	7359.90 万吨（37.1%）	10.10 亿元（24.7%）
2019	4538.36 万吨	8.54 亿元	11898.26 万吨（44.9%）	18.64 亿元（33.3%）
2020	3211.24 万吨	8.20 亿元	15109.51 万吨（46.8%）	26.84 亿元（37.3%）

说明：括号内数值表示广州碳排放配额累计交易量（金额）占全国碳交易量（金额）的比重。
资料来源：根据历年广州市金融工作局编《广州金融发展形势与展望》、Wind 数据库整理。

此外，广州绿色金融专业化服务机构纷纷落地。例如，工商银行、中国银行、建设银行、农业银行等银行已将花都支行升级为绿色分行，广州银行、兴业银行、浦发银行等已设立绿色金融事业部，建设银行在花都区设立全国首家绿色金融创新中心。截至2018年底，广州绿色金融街已进驻广东绿色金融投资控股集团、大业信托、广州碳排放权交易中心、南航保险经纪公司、广东粤科共赢创业投资基金等201家绿色机构，注册资本金114.1亿元。这为广州绿色项目与绿色企业的发展提供了更为便利、标准化的金融产品和服务。2021年4月19日，广州期货交易所挂牌成立，致力于推动绿色金融创新发展；同月27日，国内首个绿色资产评价体系"绿创通"落地广州，已辅助首批三家企业实现授信规模2亿元，这标志着广东省绿色技术及权益类无形资产增信及投融资业务成功落地。

（一）广州绿色金融发展政策背景

近年来，国家和广东省颁布了一系列关于推进粤港澳大湾区建设的规划部署，在政策层面大力支持绿色金融的发展。2019年，《粤港澳大湾区发展规划纲要》和《广东省推进粤港澳大湾区建设三年行动计划（2018—2020年）》正式发布，明确支持广州建设绿色金融改革创新试验区，建设以碳排放为首个品种的创新型期货交易所。2019年7月，广东省委、省政府印发《关于构建"一核一带一区"区域发展新格局促进全省区域协调发展的意见》，提出支持河源、清远发挥生态优势与广州市绿色金融改革创新试验区联动开展绿色金融创新。2019年10月，《中共广东省委全面深化改革委员会关于印发广州市推动"四个出新出彩"行动方案的通知》强调推进国家绿色金融改革创新试验区建设，探索开展碳资产抵押贷款等业务，以及排污权、水权、用能权等交易，支持在绿色循环低碳领域发行绿色债券融资。2020年5月，中国人民银行等部委发布《关于金融支持粤港澳大湾区建设的意见》，指出要推动粤港澳大湾区绿色金融合作，提出依托广州绿色金融改革创新试验区，建立完善粤港澳大湾区绿色金融合作工作机制等一系列措施。2021年4月25日，广东省发布《广东省国民经济和社会发展第十四个五年规划和2035年远景目标纲要》，提出打造美丽广东，将以碳达峰为牵引，促进经济社会发展全面绿色转型。

（二）发展绿色金融必要性与重要性

党的十九大报告指出，加快生态文明体制改革，建设美丽中国。为保持加强生态文明建设的战略定力，就要在经济战略上，坚持生态优先原则，探索绿色经济发展模式。同时，基于现实中仍有不少地方存在环境污染、生态破坏、人与自然关系紧张的情形，绿色金融作为金融业践行环境治理的重要方式，已然成为推进生态文明建设的重要抓手，成为经济绿色发展的重要支撑。因此，广州作为国家中心城市之一，发展绿色金融具有其必要性。

广州发展绿色金融有利于优化产业结构，深入实施创新驱动发展战略，推动环保低碳产业的发展，促进社会经济与生态环境的良性互动。通过积极实施"腾笼换鸟"战略，加快全市老旧工业园区升级改造，有助于为新兴产业发展腾出空间，加快构建高新、高质的绿色产业体系，助力绿色领域金融和科技对接。

广州发展绿色金融有利于金融机构提高风险管理决策水平，防范和化解投融资中的环境风险。环境政策、气候变化会通过影响企业的经营状况，进而影响金融机构的绩效及其风险。发展绿色金融可以推动金融机构增加环境风险管理意识，选择生态环保项目进行投融资。

广州发展绿色金融有利于以绿色金融带动金融产业发展，打造金融发展的新名片，提升粤港澳大湾区的可持续发展。广州作为全国绿色金融改革五省八地创新试验区之一，率先推出具体的绿色金融改革方案。近年来，广州绿色金融发展实践经验有助于进一步引领广州绿色金融产品和服务创新，深化大湾区绿色金融的交流与合作。

广州发展绿色金融有利于先行示范工作的稳步推进，作为全国绿色金融改革创新试验区和碳交易试点地区，广东碳市场在制度创新、信息披露、产品服务等领域先行先试，努力发挥先发优势，让金融更好地支持碳达峰碳中和，推进市场导向的绿色技术创新。技术创新凸显"绿色低碳"属性，推动以碳金融创新为主的绿色金融创新，促进绿色低碳技术与绿色金融市场有效对接。

（三）广州绿色金融扶持政策

绿色金融作为金融服务与生态保护相结合的新型金融理念和金融模式，受到广州市政府的高度重视。早在 2011 年 6 月，广州市人民政府制定的《广州区域金融中心建设规划（2011—2020 年）》中，广州市政府有意识地强调发展低碳金融的理念，引导金融机构开展排污权质押贷款业务，增加对节能减排项目和公司、环境保护和治理工程的信贷投放力度；鼓励环境友好、低碳绿色企业的上市和债券发行；争取建立碳排放权交易平台，探索设立碳排放基金；推行环保污染责任等绿色保险试点等相关低碳金融业务。

广州市在绿色金融概念提出前已初步开展金融与环保结合的发展模式和创新业务，积极探索"低碳"和"金融"相结合的发展道路，促进了绿色金融概念的生成与发展，为绿色金融概念的提出奠定了实践基础。2016 年 4 月，广州市人民政府印发《广州市构建现代金融服务体系三年行动计划（2016—2018 年）》中提出实施"金融+"行动计划，强调"金融+绿色生态"重点行动，提出大力完善绿色金融服务体系，落实《广州区域金融中心建设规划（2011—2020 年）》中有关碳排放权交易所的建设设想。

表 3-2 广州相关绿色金融扶持政策

发布时间	文件名称	印发单位	主要内容
2011年6月	《广州区域金融中心建设规划（2011—2020年)》	广州市人民政府	强调发展低碳金融的理念，引导金融机构开展排污权质押贷款业务，增加对绿色低碳、环境友好项目和公司、环境保护和治理工程的信贷投放
2016年4月	《广州市构建现代金融服务体系三年行动计划（2016—2018年)》	广州市人民政府	强调"金融+绿色生态"重点行动，提出大力完善绿色金融服务体系，创新建设广州碳排放权交易所
2016年12月	《广州市金融业发展第十三个五年规划（2016—2020年)》	广州市人民政府	规划广州创新发展绿色金融的道路，从多角度为广州开展绿色金融创新发展工作提供指导和建议，并大力支持有关机构参与绿色金融建设
2016年12月	《关于加强环保与金融融合促进绿色发展的实施意见》	广东省环境保护厅、中国人民银行广州分行、广东省人民政府金融办公室	围绕环保与金融结合途径，健全企业环保信息数据库，通过绿色信贷、绿色金融债等方式将环保与金融有机结合，探索基于高效的环境保护的金融创新途径
2017年6月	《广东省广州市建设绿色金融改革创新试验区总体方案》	中国人民银行等七部委	明确了构建区域性绿色金融体系的总体要求、主要任务和保障措施，为绿色金融改革、经济建设和生态文明建设协调发展提供指导性方案

(续表)

发布时间	文件名称	印发单位	主要内容
2017年11月	《服务广州市花都区绿色金融产业发展税收优惠政策汇编》	广州市花都区人民政府	发挥税收力量,助力绿色金融改革创新试验区建设
2018年5月	《广东省广州市建设绿色金融改革创新试验区实施细则》	广东省人民政府	主要从培育发展绿色金融组织体系、创新发展绿色金融产品服务、支持绿色产业拓宽融资渠道等十个方面,详细阐述绿色金融改革创新试验区建设细则
2018年7月	《广州市绿色金融改革创新试验区绿色企业与项目库管理办法》	广州市金融局	明确了建立绿色企业项目库目的,明确服务对象,规范入库方式、入库义务、入库条件等事项,为实现绿色金融信息共享机制提供规范的管理办法
2018年9月	《广东省广州市绿色金融改革创新试验区碳排放权抵质押融资试点方案》《广东省广州市绿色金融改革创新试验区基于林业碳汇的生态补偿机制方案》	广东金融学会绿色金融专业委员会、广州碳排放权交易中心等有关部门制定	完善市场化的环境权益定价机制,规范碳排放权抵质押贷款行为,推进多渠道市场化模式支持林业碳汇发展,加快推进绿色金融改革创新试验区建设和粤港澳大湾区绿色金融合作
2019年7月	《关于促进广州绿色金融改革创新发展的实施意见》	广州市人民政府	提出二十二项具体任务,细致阐述推动广州绿色金融发展具体任务

(续表)

发布时间	文件名称	印发单位	主要内容
2019年9月	《广东省广州市绿色金融改革创新试验区绿色企业认定管理办法（试行）》《广东省广州市绿色金融改革创新试验区绿色项目认定管理办法（试行）》	广州市花都区人民政府	制定绿色企业评价指标表和绿色项目目录，规范绿色企业与绿色项目入库相应管理细则，从组织与实施、申报条件、认定程序、第三方评价机构认证管理等多方面进行规范统一
2020年1月	《花都区支持绿色金融创新发展实施细则》	广州市花都区人民政府	从落户奖励、经营发展奖励、人才奖励、绿色金融业务补贴、风险补偿等方面提出了10条措施，支持绿色金融创新发展，加快绿色金融改革创新试验区建设
2020年3月	《花都区加快数字文化产业发展扶持办法（试行）》	广州市花都区人民政府	从落户奖励、发展奖励、绿色发展基金支持等方面，协助企业促进花都绿色发展
2020年4月	《广州市黄埔区广州开发区促进绿色金融发展政策措施》	广州市黄埔区人民政府	从绿色金融组织机构、绿色贷款、绿色债券及资产证券化等十个方面推动经济绿色转型与创新
2020年8月	《广州市花都区直播电商发展扶持办法（2020—2022）》	广州市花都区科技工业商务和信息化局	提出绿色金融扶持，直播电商企业将从绿色贷款、绿色债券、绿色保险方面获得补贴

(续表)

发布时间	文件名称	印发单位	主要内容
2021年5月	《广州市国民经济和社会发展第十四个五年规划和2035年远景目标纲要》	广州市人民政府	提出推动绿色低碳循环发展，着重强调深化国家绿色金融改革创新试验区建设，在"十四五"时期各区发展指引中，明确提出花都区"发展绿色金融"

资料来源：根据相关政策文件整理。

2016年8月，随着中国人民银行等七部委制定的《关于构建绿色金融体系的指导意见》出台，绿色金融被正式定义为支持环境改善、应对气候变化和资源节约高效利用的经济活动。进一步规范绿色金融体系的构建，为绿色金融发展指明了前进道路，推动形成发展绿色金融的广泛共识。广州市政府加快促进绿色金融发展步伐，于2016年底发布的《广州市金融业发展第十三个五年规划（2016—2020年）》中详细规划广州创新发展绿色金融的道路，从多角度为广州开展绿色金融创新发展工作提供指导和建议，并大力支持有关机构参与绿色金融建设，明确要科学规划金融产业空间布局，以花都区建设国家级绿色金融改革创新试验区为契机，打造地区绿色金融发展模式，打造全国绿色金融发展创新高地和广州金融政策洼地，为全国发展绿色金融提供有效经验。该文件全面阐述了广州发展绿色金融的发展规划和空间布局，为广州市发展绿色金融提供强有力的指导。

2016年12月，广东省人民政府制定《关于加强环保与金融融合促进绿色发展的实施意见》，重点围绕环境保护和金融结合途径，强调健全企业环保信息数据库，通过绿色信贷、绿色金融债等方式将环保与金融有机结合，探索基于高效的环境保护的金融创新途径。2017年6月，国务院常务会议决定建立绿色金融改革创新试验区，中国人民银行等七部委针对性出台《广东省广州市建设绿色金融改革创新试验区总体方案》，明确广州市花都区为广州市首个经国务院批准建设的金融专项试验区，明确了构建区域性绿色金融体系的总体要求、主要任务和保障措施，为绿色金融改革、经济建设和生态文明建设协调发展提供指导性方案。为深入贯彻该方案，2018年广东省人民政府办公厅制定《广东省广州市建设绿色金融改革创新试验区实施细则》，主要从培育发展绿色金融组织体系、创新发展绿色金融产品服务、支持绿色产业拓宽融资渠道等十个方面，详细地阐述绿色金融改革创新试验区建设细则。为配合细则中提出的建立绿色金融服务平台和备选项目库，广州市金融局于2018年7月制定《广州市绿色金融改革创新试验区绿色企业与项目库管理办法》，明确了建立绿色企业项目库目的，明确服务对象，规范入库方式、入库义务等事项，为实现绿色金融信息共享机制提供规范的管理办法。围绕绿色金融改革创新试验区建设，2018年9月，广东金融学会绿色金融专业委员会联合广州碳排放权交易中心等有关部门制定《广东省广州市绿色金融改革创新试验区碳排放权抵质押融资试点方案》和《广东省广州市绿色金融改革创新试验区基于林业碳汇的生态补偿机制方案》，进一步完善市场化的环境权益定价机制，规范碳排放权抵质押贷款行为，推进多渠道市场化模式支持林业碳汇发展，加快推进绿色金融改革创新试验区建设和粤港澳大湾区绿色金融合作。

经过两年探索实践，广州绿色金融创新发展工作以花都区为核心有序部署。为进一步探索绿色金融改革创新，推动绿色金融服务经济高质量发展，2019年7月，广州市人民政府出台《关于促进广州绿色金融改革创新发展的实施意见》，细致阐述了广州推动绿色金融发展的具体任务。2019年9月，广州市花都区人民政府印发《广东省广州市绿色金融改革创新试验区绿色企业认定管理办法（试行）》和《广东省广州市绿色金融改革创新试验区绿色项目认定管理办法（试行）》，制定绿色企业评价指标表和绿色项目目录，规范绿色企业与绿色项目入库相应管理细则，有利于绿色金融信息科学管理。2020年1月，广州市花都区人民政府印发《花都区支持绿色金融创新发展实施细则》，对于符合花都区绿色金融发展要求并在花都区内开展金融业务的各类机构，明细了落户奖励、经营贡献奖励等奖励方案和扶持政策。2020年3月，广州市花都区人民政府印发《花都区加快数字文化产业发展扶持办法（试行）》，从落户奖励、发展奖励、绿色发展基金支持等方面，支持企业促进花都区绿色发展。2020年4月，《广州市黄埔区、广州开发区促进绿色金融发展政策措施》出台，广州市黄埔区人民政府明确指出要结合地区实际情况，从绿色金融组织机构、绿色贷款、绿色债券及资产证券化等十个方面推动经济绿色转型与创新。2020年8月，广州市花都区科技工业商务和信息化局在《广州市花都区直播电商发展扶持办法（2020—2022）》中强调对直播电商企业的绿色金融扶持，符合条件的公司将从绿色贷款、绿色债券、绿色保险方面获得补贴。

随着全球气候环境变化加剧，结合中国绿色发展进程，国家为"绿色"定调。2020年9月，习近平总书记在第七十五届联合国大会一般性辩论中提出2030年前碳达峰、2060年前碳中和目标。2020年10月《中共中央关于制定国民经济和社会发展第十四个五年规划和二〇三五年远景目标的建议》审议通过，强调生态文明建设要实现新进步，并将其定位为"十四五"时期经济社会发展"新"目标之一。2021年3月，《中华人民共和国国民经济和社会发展第十四个五年规划和2035年远景目标纲要》正式发布，这一纲领性的文件明确了中国接下来的战略意图和工作重点，其中2035年远景目标之一就是美丽中国建设目标基本实现，要实行可持续发展战略，完善生态文明领域统筹协调机制，构建生态文明体系，推动经济社会发展全面绿色转型。2021年5月，广州市人民政府发布《广州市国民经济和社会发展第十四个五年规划和2035年远景目标纲要》，提出推动绿色低碳循环发展，着重强调深化国家绿色金融改革创新试验区建设，在"十四五"时期各区发展指引中明确花都区"发展绿色金融"。

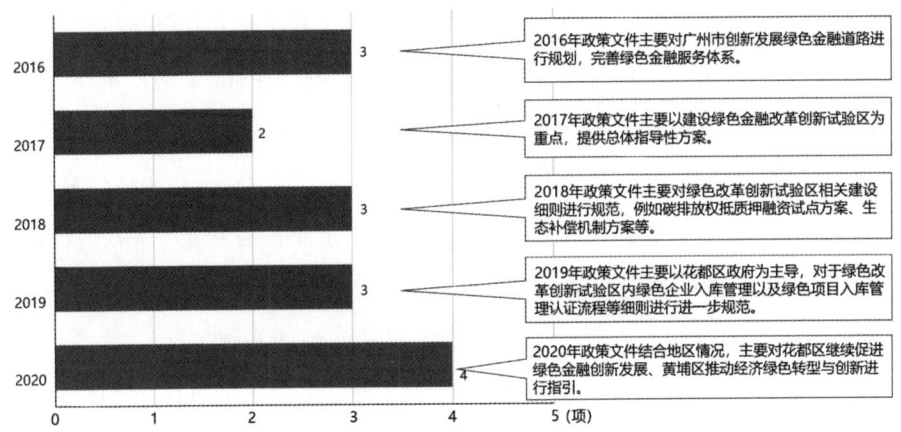

图 3-1 广州市历年绿色金融政策数量以及政策重心变化

（四）广州绿色金融业务发展情况

1. 广州是国家首批绿色金融改革创新试验区

广州作为我国首批国家级绿色金融改革创新试验区，绿色金融的体系架构逐渐成熟，先后设立绿色金融资产交易中心、绿色金融园区示范中心、绿色金融结合示范区、环境金融试验区和绿色金融能力建设基地。绿色金融示范产业中心的集聚化有利于推动广州绿色金融产业研究核心主导力量的发展。作为粤港澳大湾区绿色金融产业双核驱动的核心之一，广州具有成体系的绿色金融发展驱动力的先决条件。广州亟需紧抓"十四五"这碳达峰关键期、窗口期，努力在全国达峰之前率先达峰，2030年在碳达峰基础上总量下降，进而为率先实现碳中和创造有利条件，通过不断激发绿色低碳的新动能，增强城市发展的活力和后劲。

2. 广州是大湾区的地理几何中心

广州地理位置位于粤港澳大湾区中心，同时处于广东省的地理中心，与周边城市形成星型辐射结构。中央财经大学绿色金融国际研究院公布的《粤港澳大湾区绿色金融合作研究报告》指出，以广州国家级绿色金融改革创新试验区和香港国际绿色金融中心为双核心，促进大湾区绿色金融合作平台的整体培养，各城市分工合作、协同发展。香港、澳门、深圳、广州等具有雄厚资本的城市成为绿色融资服务区的重点建设对象，佛山、东莞、江门、中山等以制造业为主的城市着重绿色产业集聚区的发展，珠海、惠州、肇庆等生态环境保护和自然资源丰富的城市建设绿水青山示范区，由此释放集成优势、错位发展。所以，从地理角度，广州为推动发展珠三角绿色产业、扩大港澳金融市场要素双向开放和对接起到了重要作用。

3. 广州绿色产业发展体系已初步形成

当前，广州绿色金融产业的发展正处于成长阶段，绿色信贷、绿色证券、绿色保险等绿色金融产业规模逐渐成形。截至 2019 年 9 月，广州地区银行机构绿色贷款余额超 3000 亿元，全市累计获批发行各类绿色债券 638 亿元，新增绿色保费收入 488 亿元，三项指标在各试验区中均排名第一位。2017 年至 2019 年 12 月，广州新增绿色股权融资额 4210 亿元。截至 2021 年 7 月 22 日，广州碳市场配额累计成交量 1.95 亿吨，位居全国各试点首位。

（五）广州绿色金融发展瓶颈

1. 绿色金融评价指标体系不完善

当前，广州尚未形成统一的绿色金融产业普遍适用性指引，以及公开、透明、统一的绿色评估认证大纲，并且未对绿色评估认证机构所采用的评估认证方法、标准和程序予以明确。这容易导致广州绿色金融产业发展存在不规范化、不合理化的现象。因此，广州亟需构建绿色金融评价体系，为广州绿色金融的健康发展提供指引和动力。

2. 广州绿色金融产业内部结构发展不平衡

广州绿色金融产业存在内部结构发展不平衡的现象。目前，绿色金融市场主要还处于发展信贷和债券的阶段，例如，截至 2019 年 9 月，广州银行绿色贷款余额超3000亿元，全市累计获批发行绿色债券638亿元，这类产品更适合稳定性较高或有中长期资本需求的项目，对于绿色项目而言较单一，绿色产业结构相对不平衡。因此，着力发展新型绿色金融产品，构建完善的绿色金融产业结构体系将有助于发挥绿色金融示范区在大湾区绿色金融产业构建中的引领作用。

二、我国地方绿色金融发展水平比较

（一）绿色金融发展水平分析

1.绿色金融发展分析指标

我国目前还没有相对综合性的绿色金融发展评价体系，由于我国绿色金融市场发展时间相对较短，因此绿色金融数据较少，难以构建计量模型对我国绿色金融市场进行时间序列分析和面板数据分析，因此参照孔晴（2019）等对于地方绿色金融发展水平测算的方法，构建绿色金融发展水平评价体系，对各地区绿色金融发展情况进行测算分析。

本章构建绿色金融发展水平评价体系，结合《地方绿色金融发展指数与评估报告（2019）》绿色金融发展指数指标体系构建原则，绿色金融发展水平评价体系选取指标遵循如下原则：一是代表性：由于绿色金融概念较为广泛，且绿色金融与绿色发展概念没有明确地界定，因此为了较为准确地分析广州绿色金融发展，需要选取有代表性的测算指标，同时绿色金融业务较为宽泛，需要从不同业务中选取具有针对性的指标进行指标体系构建。二是数据可得性：相比其他金融服务产品而言，目前国内对绿色金融定量研究较少，导致规范的绿色金融数据库以及绿色金融领域数据统计规定不成熟，因此绿色金融数据较难获取，且目前可获得的公开数据库中主要记录省级绿色金融数据，针对地级市绿色金融数据记录很少，因此在选取地级市绿色金融发展水平评价指标中需充分考虑指标数据的可得性。

三是明确性：由于绿色金融业务覆盖范围广，涉及间接数据指标较多，因此为了能够直接反应广州市绿色金融发展水平，应选取与绿色金融服务关联程度较高，直接反映地方绿色金融发展水平的评价指标。四是客观性：指标数据的获取过程体现客观性，指标本身不应涉及主观评价。根据如上原则，构建的绿色金融评价指标如表3-3所示。

表 3-3　绿色金融指标体系

一级指标	二级指标	三级指标
绿色金融	绿色信贷	绿色信贷余额（亿元）
		绿色信贷占比
	绿色债券	绿色债券发行量（亿元）
	绿色保险	农业保险保费收入（亿元）
	绿色基金	绿色基金规模（亿元）
	碳金融	碳排放配额累计成交量（万吨）
		碳排放配额累计交易金额（亿元）

绿色信贷分析与测度：绿色信贷是银行业向具有环保理念、积极推进生态环境建设的绿色发展企业提供优惠利率和贷款支持，以信贷的方式支持低碳经济、循环经济、促进经济社会可持续发展，通过将生态环境要素纳入金融业核算和决策中，有效改变企业污染环境、浪费资源的粗放型经营模式，一方面对绿色环保企业提供有力资金支持，另一方面通过停止贷款、放缓贷款等方式对"两高一剩"（高污染、高耗能、产能过剩）企业进行处罚。绿色信贷包括了两个衡量指标：绿色信贷余额和绿色信贷占比，直观反映出该地区绿色信贷规模。

绿色债券分析与测度：绿色债券作为一种新型绿色融资工具，成为绿色金融重要的金融产品，市场规模增长较快。使用该地区绿色债券本期发行量反映该地区绿色债券市场的发展情况。

绿色保险分析与测度：绿色保险的种类较为广泛，作为绿色金融框架下的保险产品，主要与自然环境保护挂钩，例如帮助农户应对自然灾害所造成的农业生产损失，发行环境污染责任险倡导环境保护等，由于绿色保险业务相对较为零散，不同保险公司推出的保险类别种类较多，统计难度较大，因此选取农业保险保费收入衡量该地区绿色保险规模。

绿色基金分析与测度：绿色基金主要包括绿色产业基金和绿色PPP（政府和社会资本合作）区域基金，绿色产业发展基金通常投资于未上市的绿色中小企业，以促进其发展绿色项目。许多地方政府将绿色基金作为新型融资手段，拓宽该地区绿色产业项目的融资渠道，提升绿色产业项目融资效率。使用该地区绿色基金规模反映其绿色基金发展水平。

碳金融分析与测度：碳金融是绿色金融评价体系的重要组成部分。发展碳金融业务将促进能源结构优化、推动节能减排进展。近年来，国内外碳排放配额交易机制发展迅速，碳交易衍生的碳金融市场备受重视。指标体系选取碳排放配额累计成交量和碳排放配额累计交易金额衡量一地区碳金融发展规模水平。

2. 全国各省绿色金融发展水平分析

（1）地方绿色金融发展指数评分

《地方绿色金融发展指数与评估报告（2019）》中构建的地方绿色金融发展指数[1]，与本书提出的绿色金融指标体系不同。报告根据政策推动评价和市场效果评价两方面选取相关指标，并对各指标进行权重和合成打分，对我国各省份绿色金融发展进行评价，得出各省份绿色金融发展水平排名。报告根据各省份绿色金融发展水平得分将各省份分成三个梯队，第一梯队包含广东、浙江、江西、新疆和贵州五个绿色金融改革创新试验区所在省，体现了绿色金融创新改革试验区在促进绿色金融发展中的成效，其中广东省于2017—2019年绿色金融发展整体位于全国第一

---

[1] 该部分引用《地方绿色金融发展指数与评估报告（2019）》的评价结果，其绿色金融发展指标体系与本书提出的绿色金融指标体系不同。

位，广东省绿色金融业务发展遥遥领先于全国其余各省市，其中绿色金融市场效果评价得分部分，广东省连续三年位列全国第一，广东省在绿色信贷、绿色基金、绿色债券、绿色保险和碳排放配额交易等绿色金融业务中占据较大规模，成为我国绿色金融业务规模大且成熟的省份之一，引领着我国绿色金融的发展。

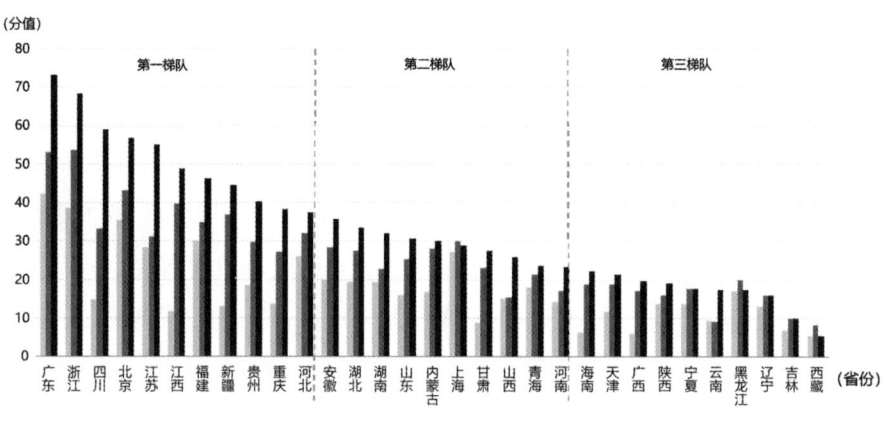

图 3-2　各省绿色金融发展指数评分结果

资料来源：《地方绿色金融发展指数与评估报告（2019）》。

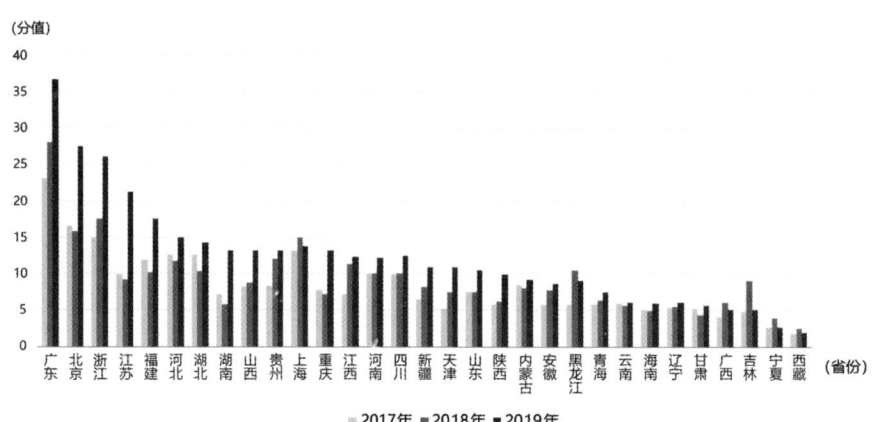

图 3-3　各省绿色金融市场效果评价得分

资料来源：《地方绿色金融发展指数与评估报告（2019）》。

（2）我国绿色金融指标体系内各指标概况

第一，绿色信贷。

绿色信贷作为我国绿色金融业务主要部分，同时在我国社会融资规模总量起着重要作用，随着央行2018年发布《银行业存款类金融机构绿色信贷业绩评价方案》，绿色信贷业绩评价结果被纳入MPA宏观审慎考核中，刺激银行绿色信贷绩效管理和绿色信贷业务开展。《中国绿色金融发展报告（2019）》显示，至2018年末我国本外币绿色贷款余额达8.23万亿元，占同期企业及其他单位贷款增量的14.2%。随着我国绿色信贷规模逐步增长，至2019年6月底，我国21家主要银行绿色贷款余额超10万亿元，年均增速12.8%，贷款规模占比为6.5%，绿色信贷余额规模逐年稳步增长（如图3-4所示）。银保监会政策研究局负责人表示，目前，我国绿色信贷规模位居世界第一。截至2021年一季度末，我国21家主要银行绿色余额达到12.5万亿元人民币，占各项贷款的9.3%，其中绿色交通、可再生能源、节能环保产业贷款余额占比超过70%。绿色信贷资产质量整体良好，近5年不良贷款率均保持在0.7%以下，远低于同期各项贷款的整体不良水平。

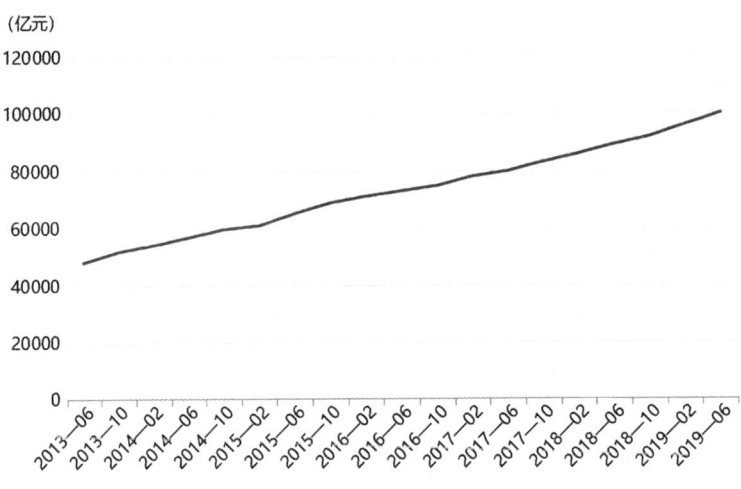

图3-4　我国21家主要银行机构绿色信贷余额

资料来源：《地方绿色金融发展指数与评估报告（2019）》。

根据数据显示，截至 2017 年 6 月底，我国绿色信贷资金主要用于绿色交通运输项目、战略性新兴产业生产制造商和可再生能源及清洁能源项目。其中绿色交通运输项目占比为 37%，战略性新兴产业生产制造商占比为 21%，可再生能源及清洁能源项目占比为 20%（如图 3-5 所示）。

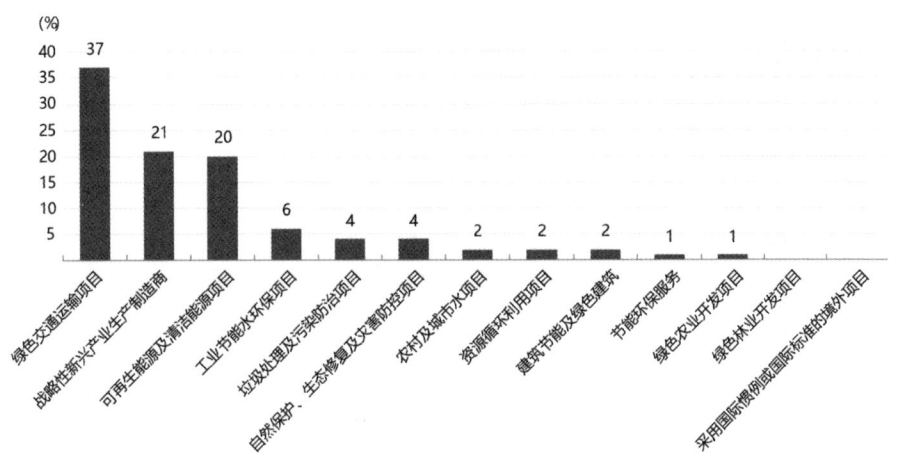

图 3-5 我国绿色信贷资金用途

资料来源：《地方绿色金融发展指数与评估报告（2019）》。

第二，绿色债券。

绿色债券是绿色金融体系中重要的融资手段，通过大力发展绿色债券市场，拓宽绿色债券发行规模，为企业绿色项目落地实施以及绿色工程建设提供有力的资金支持，例如广东省珠江三角洲水资源政府专项债券、广州地铁集团绿色债券项目等。根据中国金融信息网绿色金融数据库显示，我国 2016—2020 年绿色债券发行规模超过 1 万亿元。2017 年我国绿色债券发行量为 2483 亿元，2018 年绿色债券发行量达到 2676 亿元，增长 7.77%，2019 年债券发行总量为 3862 亿元，增长 44.32%。我国绿色债券规模逐年稳步增长。

数据显示，在 2018 年我国各省市绿色债券市场分布中，广东省发行 135 亿元绿色债券，位居全国第三位，同时广东省发行 14 只贴标绿色债券，与浙江省并列全国第二。广东省绿色债券市场规模处于全国前列，但是就绿色债券发行金额规模而言，与福建省和北京市存在较大的差距（如图3-6、图3-7所示）。

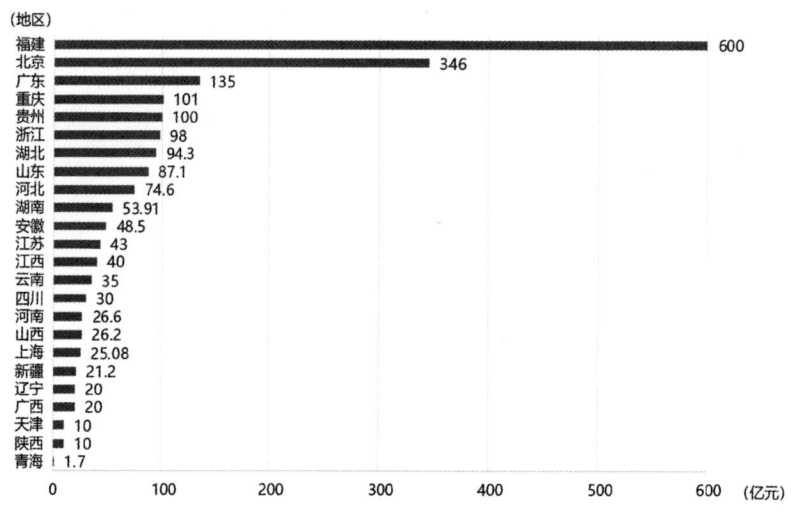

图3-6　2018年全国各省市贴标绿色债券发行金额

资料来源：中央财经大学绿色金融国际研究院《中国绿色债券市场发展报告（2019）》。

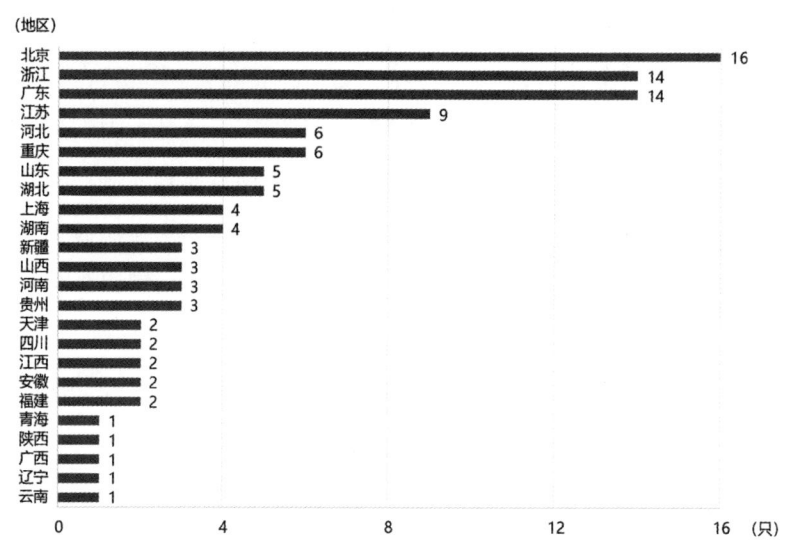

图3-7　2018年全国各省市贴标绿色债券发行数量

资料来源：中央财经大学绿色金融国际研究院《中国绿色债券市场发展报告（2019）》。

第三，绿色保险。

绿色保险主要是在市场经济条件下进行环境风险管理的相应手段。主要有环境污染责任险、气候保险、森林保险等，其中环境污染责任险和气候保险在绿色保险市场中占比较大。

环境污染责任险主要以被保人对环境造成污染，例如污染水源、土壤或空气，依法应承担的赔偿责任作为保险对象的保险，在督促企业加强环境风险管理、减少污染事故、尽快处理污染事故等方面可以产生积极的效果。目前我国环境污染责任险市场依然不成熟，根据我国生态环境部资料显示，我国环境污染责任险依然存在推广难、覆盖面小的问题，各省市在环境污染责任险的改革落实中仍然处于探索试验阶段。根据我国生态环境部数据介绍，截至2015年底，我国投保环境污染责任险企业数量共3780家，其中江苏省投保企业2213家，占据绝大部分，广东省投保企业524家，位于全国第二（如图3-8所示），广东省在环境污染责任险的推广工作中取得一定的成效和进展。随着2018年生态环境部《环境污染强制责任保险管理办法》发布，环境污染强制责任险在全国范围落地实施，其作为一种强制性保险，有利于规范企业对于环境污染的责任制度，为环境责任保险体系的健全提供市场基础和外部环境，提升企业对于环境保护的责任感。根据新闻资料显示，随着强制责任险制度实施，投保企业数量迅速增加，环境污染责任险规模也逐年增长。

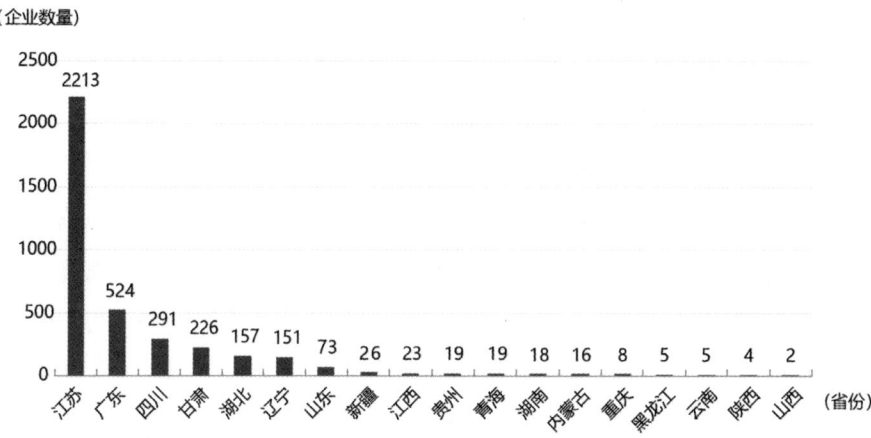

图 3-8　2015 年全国各省投保环境污染责任险企业数量

资料来源：生态环境部《2015 年投保环境污染责任保险的企业名单》。

气候保险是承保被保险人所进行的各种户外活动因气候变化（雨、雪、雹、雾等）所致损失的特殊保险，主要针对种植农户的农业活动进行产品设置，例如水产养殖台风指数保险、茶叶低温指数保险、雪菜种植天气指数保险等，对种植农户因为恶劣气候导致的种植生产损失进行保险赔偿。目前我国各保险公司结合各地情况进行气候保险试点工作，根据《中国绿色金融发展研究报告（2019）》资料显示，我国在 2018 年推出气候保险 15 种，其中广东省推出巨灾指数保险，理赔金额规模 1.46 亿元。2019 年广州市农业农村局制定了《广州市政策性蔬菜种植气象指数保险实施方案（试行）》，落实了市委、市政府在关于创新农村金融保险服务中明确的扩大农业保险覆盖面、增加保险品种，完善农业保险的保费补贴政策，到 2020 年实现主导农业产业保险品种全覆盖的要求，促进当地天气指数保险业务规范和推广。

表 3-4　2018 年中国主要新开展的天气指数保险品种概况

测量指数	名称	开展公司	地区	理赔金额（万元）
台风	水产养殖台风指数保险	中国人寿财险	福建	3160
	葡萄种植台风指数保险	中国人寿财险	福建	79.74
降水量	玉米干旱天气指数保险	中华财险	辽宁	340
	杨梅降雨气象指数保险	中国人保财险	浙江	23.47
	雪菜种植天气指数保险	中国人保财险	浙江	—
低温	茶叶低温指数保险	中国人保财险	福建	69.44
	茶叶低温指数保险	中国人保财险	陕西	108
	茶叶低温指数保险	中国人保财险	浙江	140.64
	梨种植气象指数保险	中国人保财险	山西	—
台风、降水量等多种指数	巨灾指数保险	平安财险	广东	14600
	小龙虾养殖天气指数保险	中原农险	河南	—
	厦门巨灾保险	中国人保财险、平安财险、太平洋财险、中国人寿财险和太平财险	厦门	—
	温室大棚保险	—	山东	—
	民生综合保险	—	山东	—
	深圳巨灾指数保险		深圳	

资料来源：《中国绿色金融发展研究报告（2019）》。

第四，绿色基金。

绿色基金是指用于节能减排战略、低碳经济发展和环境改善项目的专项投资基金，旨在通过资本投入促进节能减排事业发展。我国绿色基金可分为交易所环保主题基金、环保产业并购基金和 PPP 环保产业基金，根据《中国绿色金融发展研究报告（2019）》数据显示，我国 2018 年备案的绿色私募基金共 21 只，其中广东省有 5 只基金（如图 3-9 所示），基金管理人分别为广州花都基金管理有限公司、深圳市中能绿色基金管理有限公司、深圳市前海新高域资本管理有限公司和深圳市富海鑫湾股权投资基金管理企业。根据中国证券投资基金协会和中央财经大学绿色金融国际研究院数据显示，广东省在 2017—2019 年中新增私募基金管理人绿色基金产品数量均位于全国第一位，广东省绿色私募基金领域活跃程度较高，且规模较大，有着良好的绿色基金发展基础。截至 2019 年 6 月，我国绿色产业引导基金一共建立 33 只，广东省占据 5 只，位于全国首位。此外，根据财政部数据显示，2018 年至 2019 年广东省新增入库绿色 PPP 项目数位于全国第一位，2019 年新增项目数达 95 个，领先于全国各省市。广东省在绿色基金建设规模相比于其余省市更加庞大，绿色基金体系也更加规范成熟。

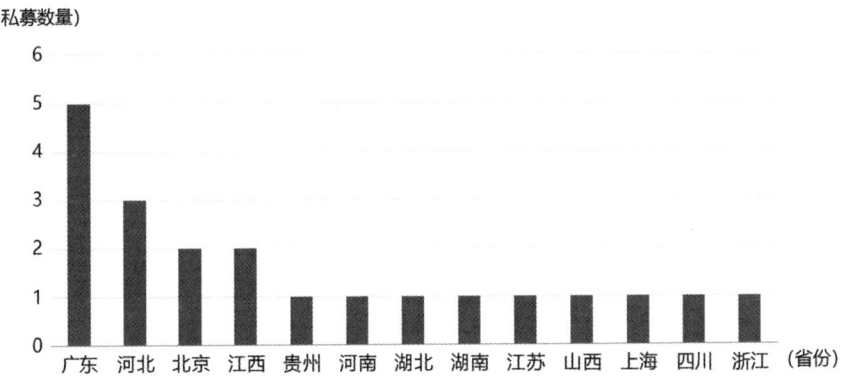

图 3-9　全国各省市绿色私募基金备案数量

资料来源：《中国绿色金融发展研究报告（2019）》。

第五，碳金融。

环境交易是指涉及环境类权益交易活动，旨在利用经济手段解决环境问题，例如碳排放权交易、排污权交易、污染许可证交易等，其中碳排放权交易是较为成熟的环境权益交易品种。政府通过控制一定时间内二氧化碳排放总量，以配额形式发放给各企业，对企业规定碳排放上限额度，对超出配额的排放设立罚则，允许碳排放权利在市场参与者之间进行交易。2017年底，国家发展改革委印发《全国碳排放权交易市场建设方案》，标志着全国碳排放交易体系完成了总体设计并于2017年12月正式启动，推进我国碳市场发展。

目前，我国尚未形成统一口径的碳交易数据库。根据Wind数据库统计，截至2020年，我国七省市碳试点碳排放权配额累计成交量为3.23亿吨，累计成交额为71.88亿元，广东碳排放权配额（GDEA）累计成交1.51亿吨，占我国碳试点的46.77%，居全国各试点首位。2021年7月16日，全国碳市场启动。上线首日，全国碳市场碳排放配额（CEA）挂牌协议交易成交量410.40万吨，成交2.10亿元。当日，各省市试点碳配额当日成交量82.24万吨，是全国排放权交易市场的20.04%。

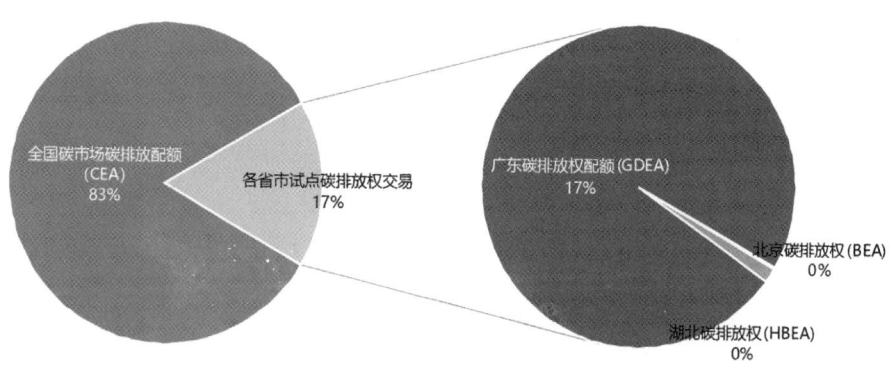

图3-10　全国碳市场上线首日中国碳排放配额当日成交量百分比

3. 广州市碳市场发展水平分析

相比国外碳市场，我国碳市场启动较晚。2011年，我国在北京、天津、上海、重庆、湖北、广东、深圳等七个省市开展了碳排放权交易试点。2013年6月，地方试点陆续启动交易。截至2021年6月，试点省市碳市场累计配额成交量 4.8 亿吨二氧化碳当量，成交额约 114 亿元。2021 年 7 月，全国碳市场启动。

深圳是我国最先启动碳排放配额交易的试点，深圳排放权交易所碳价曾一度高达 122.97 元 / 吨，也曾一度跌至 3.12 元 / 吨。北京是我国碳交易试点中碳价最高的，截至 2021 年 7 月 16 日，北京环境交易所平均碳价 59.28 元 / 吨，碳价总体维持在 40 元 / 吨至 100 元 / 吨之间。

表 3-5　各省碳试点碳排放权配额成交价格数据

试点碳排放权配额	历史成交均价（元 / 吨）	最新价格（元 / 吨）
北京碳排放权 (BEA)	59.28	61.60
深圳碳排放权 (SZA)	32.93	9.49
上海碳排放权配额 (SHEA)	32.67	39.50
天津碳排放权 (TJEA)	24.36	29.86
湖北碳排放权 (HBEA)	23.63	32.44
广东碳排放权配额 (GDEA)	22.47	44.06
重庆碳排放权 (CQEA)	14.45	34.00

说明：最新价格是指截止到 2021 年 7 月 16 日，各试点交易所最新的成交价或者日均成交价，部分交易所由于当日没有交易，采用最后一个交易日的价格。

资料来源：Wind 数据库。

广碳所是我国最大的试点碳市场。Wind 数据库统计显示，2017 年至 2020 年，广东省碳配额交易量均位于全国首位，且与其他省份拉开较大差距，为广州期货交易所建成落地提供有力的市场基础。2021 年 4 月 19 日，广州期货交易所挂牌成立。截至 2021 年 7 月 16 日，广碳所碳排放权累计成交量 1.73 亿吨，占试点省市碳市场的一半，累计成交额达 34.94 亿元，占试点省市碳市场的五分之二以上。

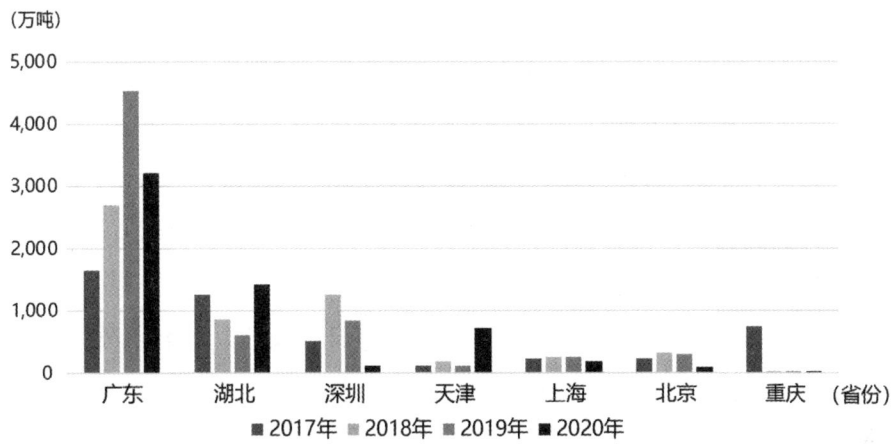

图 3-11　我国各省碳配额交易量

资料来源：Wind 数据库。

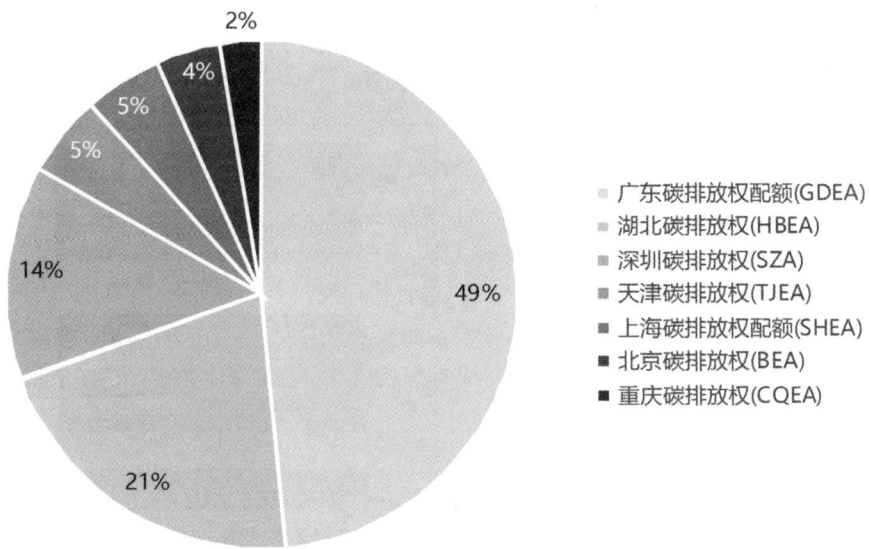

图 3-12　各省碳试点碳排放权配额累计交易量百分比

说明：各省碳试点碳排放权配额累计交易量统计数据截至 2021 年 7 月 16 日。
资料来源：Wind 数据库、各省市碳试点交易所。

4. 广州市绿色金融发展水平分析

根据上述全国各省市绿色金融指标数据分析显示，广东省在绿色债券发行数量和发行金额、绿色基金发行数量、绿色项目入库数量、环境污染责任险投保企业数量以及碳排放交易市场规模均位于全国前列，广东省在绿色金融领域取得的成就主要依托于广州市绿色金融产业发展，作为我国首批绿色金融改革创新试验区，先后成立绿色金融资产交易中心、绿色金融园区示范中心、绿色金融结合示范区、环境金融试验区和绿色金融能力建设基地，近年来广州市在绿色金融产品创新、服务创新、体制机制创新领域不断探索，绿色金融体系日趋成熟，配合广州市政府大力推行绿色金融发展，积极出台绿色金融扶持政策，促进广州绿色金融各指标逐年稳步增长。

表3-6 广东省绿色金融数据

指标	数据
绿色信贷	截至2018年6月，广东省绿色信贷余额4287.78亿元，较年初增长15.72%
绿色债券	2016年到2019年末，广东省累计发行普通贴标绿色债券41只，募集资金497亿元；发行绿色资产证券化产品10单，规模174.59亿元；另发行103只非贴标绿色债券，募集资金用于绿色产业规模达1473.76亿元
绿色债券	2020年上半年，广东省累计发行普通贴标绿色债券9只，募集资金118亿元；另发行62只非贴标绿色债券，募集资金用于绿色产业规模达682.89亿元；2020年上半年广东省没有发行绿色ABS
绿色基金	截至2019年6月，拥有绿色基金48只
绿色PPP	截至2019年6月，已入库绿色PPP项目数量95项

(续表)

指标	数据
绿色保险	截至 2019 年 6 月，已上市绿色保险数量 12 种，包括环境污染责任险、蔬菜降雨气象指数保险、绿色农保+、绿色农产品质量安心追溯保险、绿色产品食安心责任保险、巨灾险、油污赔偿责任保险、森林保险、气象指数保险、绿色卫士装修污染责任保险、黄皮气象指数保险、降水发电指数保险等
	截至 2018 年 12 月 10 日，深圳市共有 774 家企业投保环境污染强制责任保险，保费 1936.07 万元，保额 11.52 亿元，理赔 1 家，承保企业的承保前风控服务覆盖率达 100%
碳金融	2018 年，广东省碳市场总成交量 2875.57 万吨，成交额 3.5 亿元
	2019 年，广东省碳市场总成交量 4465.93 万吨，成交额 8.46 亿元
国际合作	截至 2019 年 6 月，广东省已有 4 家机构加入 UNPRI（联合国责任投资原则组织）
	截至 2019 年 6 月，广东省已有 17 家机构加入中国金融学会绿色金融专业委员会

资料来源：中央财经大学绿色金融国际研究院。

由于目前我国尚未建立系统性地方绿色金融数据库，各地级市绿色金融数据较难获取，且由于统计口径不一，不同数据来源之间存在差异，难以对全国重点地级市进行绿色金融指标评价测算，本节根据 Wind 数据库以及地方统计年鉴收集广州市各绿色金融指标数据，部分数据由于难以获取存在空缺。

表 3-7　广州市绿色金融指标数据

一级指标	二级指标	三级指标	2017	2018	2019
绿色金融	绿色贷款	绿色贷款余额（亿元）	2100.7	2454.6	空缺
		绿色贷款占比	6.30%	6.02%	空缺
	绿色证券	绿色债券发行量（亿元）	44	422	638
	绿色保险	农业保险保费收入（百万元）	75.63	101.10	空缺
	绿色基金	绿色基金规模（亿元）	114	空缺	空缺
	碳金融	碳排放配额累计成交量（万吨）	4673.86	7359.90	11898.26
		碳排放配额累计交易金额（亿元）	6.76	10.10	18.64

资料来源：Wind 数据库、地方统计年鉴。

数据显示，广州绿色信贷市场发展较为稳定，绿色贷款占比稳定在 6% 水平，绿色债券发行量从 2017 年起快速增长，绿色债券市场规模迅速扩大，2019 年达到 638 亿元，较 2018 年增长 51.2%（如图 3-13 所示）。

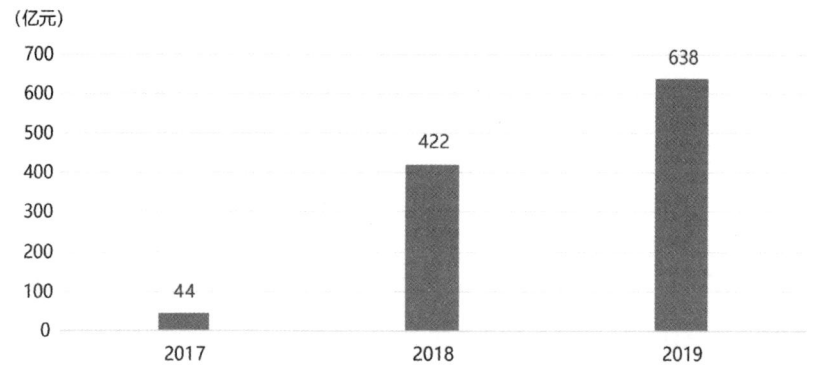

图 3-13　广州绿色债券发行量

资料来源：Wind 数据库、地方统计年鉴。

广州市碳排放市场规模逐年扩大，碳排放配额累计成交量以及累计交易金额2017—2019年迅速递增，2018年和2019年的碳排放配额成交量增速分别为57.48%和61.66%（如图3-14、图3-15所示）。随着广州期货交易所建成落地，届时可能与香港证券交易所形成业务互补，广州市碳排放交易市场体制将更加健全，交易规模将更加庞大，同时为加快大湾区内绿色金融创新步伐，参与大湾区各项绿色金融创新交易提供良好的环境权益交易与金融服务平台。

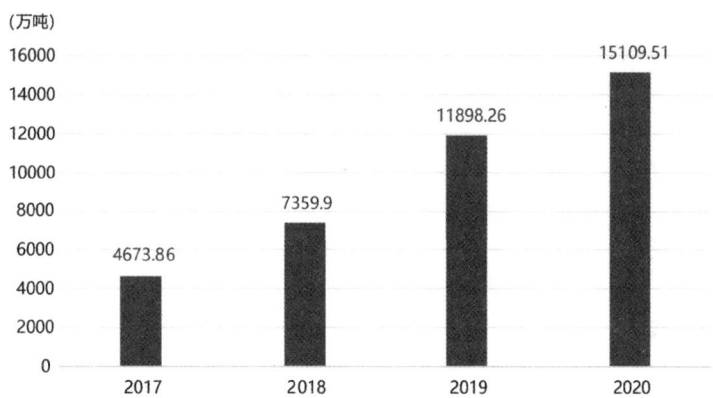

图3-14　广州碳排放配额累计成交量

资料来源：Wind数据库、地方统计年鉴。

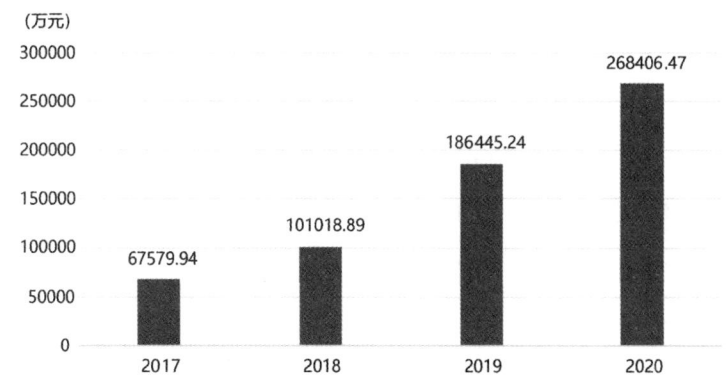

图3-15　广州碳排放配额累计交易金额

资料来源：Wind数据库、地方统计年鉴。

（二）绿色金融改革创新试验区绿色金融发展情况

1. 我国绿色金融改革创新试验区基本概况

2017年6月，国务院常务会议决定在广东省广州市花都区、浙江省湖州市和衢州市、江西省赣江新区、贵州省贵安新区和新疆维吾尔自治区哈密市、昌吉回族自治州、克拉玛依市八个地区成立具有地方特色以及符合地方金融业发展情况的绿色金融改革创新试验区，通过选取经济发展水平差异较大、地理环境条件差异较大的地区作为创新试验区，有利于探索具有地方特色、多元化发展区域性的绿色金融发展道路，为绿色金融业务在全国各地推广提供多种借鉴经验。其中，作为华南地区唯一的绿色金融改革创新试验区，广州充分发挥了绿色金融发展优势，不断拓宽绿色金融业务，将花都区打造为广东省绿色金融发展旗帜，有效地促进了我国南方绿色金融业的发展。

根据《中国绿色金融发展研究报告（2019）》数据显示，2018年末新疆绿色信贷余额为2164.30亿元，2018年末贵州绿色信贷余额2169.3亿元，2018年末江西绿色信贷余额1764亿元，2017年末浙江绿色信贷余额达6875亿元，2018年6月广东绿色信贷余额为4297.78亿元。为了拓宽绿色信贷市场，各省绿色金融改革创新试验区积极成立绿色信贷机构，通过成立绿色支行促进当地绿色金融业务发展，提供业务支持，其中浙江省至2019年底成立中国工商银行股份有限公司安吉绿色支行等共13家绿色支行，广东省成立中国建设银行股份有限公司广州市绿色金融改革创新试验区花都分行等共6家绿色支行，江西省成立7家绿色支行，贵州省成立6家绿色支行，新疆成立2家绿色支行。

根据中央财经大学绿色金融研究院数据显示，2018年我国绿色债券市场中，各绿色金融改革创新试验区所在省中，广东省与浙江省各发行14只贴标绿色债券，各占据全国总贴标绿色债券发行数量12.7%，绿色金融改革创新试验区所在省份共发行36只贴标绿色债券，占全国

32.7%。从绿色债券发行金额而言，绿色金融改革创新试验区 2018 年合计发行贴标绿色债券 394.2 亿元，占全国绿色债券市场 19.3%，绿色债券市场占有率较大。

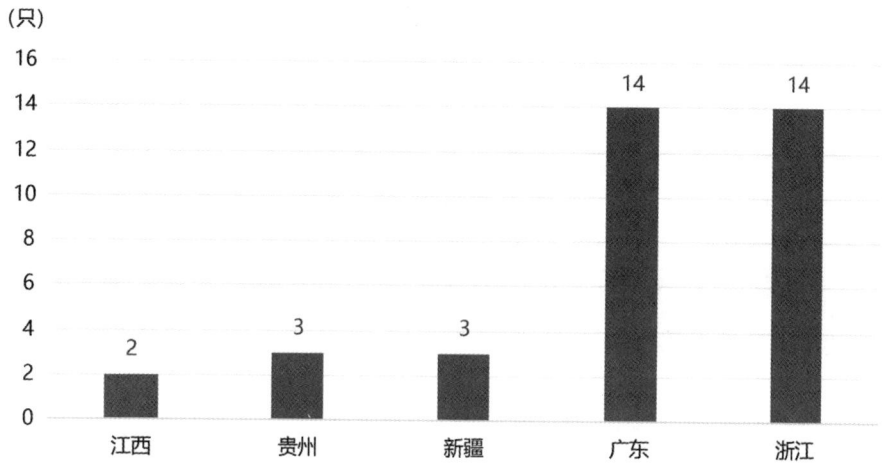

图 3-16　2018 年绿色金融改革创新试验区贴标绿色债券发行数量

资料来源：中央财经大学绿色金融国际数据库。

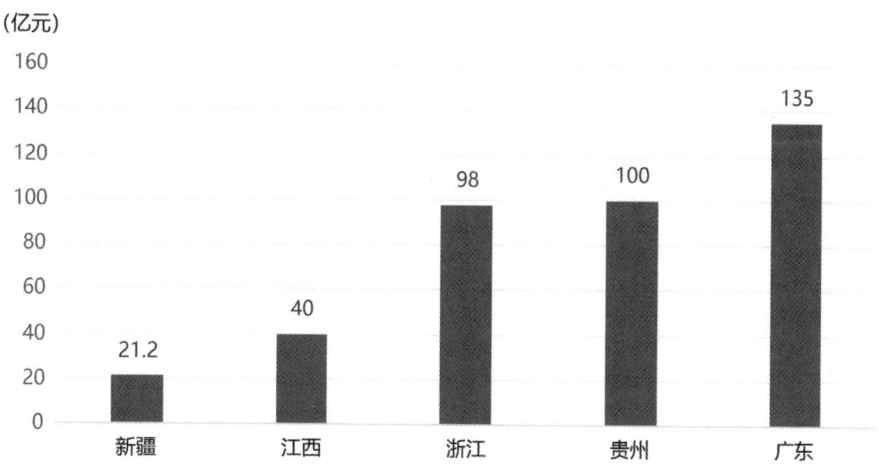

图 3-17　2018 年绿色金融改革创新试验区贴标绿色债券发行金额

资料来源：中央财经大学绿色金融国际数据库。

我国银行积极协助绿色金融改革创新试验区建设。赤道原则是根据国际金融公司（IFC）确定的可持续发展政策和指南而制定的一套自愿性金融业指引，用以识别、评估和管理项目融资的环境和社会风险，鼓励金融机构在项目融资中密切关注环境和社会问题并进行尽职调查。兴业银行是我国第一家"赤道银行"，直接参与起草了国内首批五个绿色金融改革创新试验区规划，与浙江、江西、贵州、新疆等省或自治区政府签署绿色金融战略合作协议，累计投入资金 2500 亿元，支持绿色金融创新改革试验区探索具有地方特色的发展道路。

2. 绿色金融创新改革创新试验区政策

为有效推进各绿色金融改革创新试验区建设发展，中国人民银行、国家发展改革委以及地方政府等积极推出针对各试验区政策文件。

广东省广州市：广州市重点培育绿色金融市场体系，着力培养绿色金融组织体系，创新发展绿色金融产品服务。2017 年 6 月，国务院常务会议决定建设绿色金融改革创新试验区，中国人民银行等七部委针对性出台《广东省广州市建设绿色金融改革创新试验区总体方案》，明确广州市花都区为广州市首个经国务院批准建设的金融专项试验区，明确了构建区域性绿色金融体系的总体要求、主要任务和保障措施，为绿色金融改革、经济建设和生态文明建设协调发展提供指导性方案。为深入贯彻该方案，2018 年广东省人民政府办公厅制定《广东省广州市建设绿色金融改革创新试验区实施细则》，主要从培育发展绿色金融组织体系、创新发展绿色金融产品服务、支持绿色产业拓宽融资渠道等十个方面，详细地阐述绿色金融改革创新试验区建设细则。

浙江省湖州市、衢州市：浙江省成立两个绿色金融改革创新试验区，湖州市侧重金融支持绿色产业创新升级，衢州市侧重金融支持传统产业绿色转型改造。2017 年，湖州市政府印发《湖州市人民政府办公室关于湖州市建设国家绿色金融改革创新试验区的若干意见》，强调发挥金融在促进绿色产业发展、生态文明建设等方面的积极作用，加快形成"生态+"与"金融+"的叠加效应，全市每年安排绿色金融改革创新试验区建设专项资金10亿元，鼓励全市绿色金融改革创新。2018年，衢州市政府印发《关于加快推进国家绿色金融改革创新试验区建设的若干政策意见》，加快衢州市国家绿色金融改革创新试验区建设，充分发挥绿色金融对"大花园"建设、传统产业绿色改造转型、新兴产业引进培育和实施乡村振兴战略的推动作用，2018—2021年，每年规划市级绿色金融改革创新试验区建设专项及相关资金5亿元。

江西省赣江新区：2018年，江西省人民政府印发《赣江新区建设绿色金融改革创新试验区实施细则》，提出赣江新区将先行先试，关注绿色金融在推动供给侧结构性改革、推进生态文明建设、促进经济社会协调可持续发展中的积极作用，研究绿色金融服务实体经济和推动产业转型升级的新动能和新途径。赣江新区着重打造集绿色金融示范街、人力资源服务产业园、双创集市为一体的绿色发展创新综合体，以实现"绿色项目可以找到资金，资金可以吸引住人才，人才有发展平台"的良性生态圈，发挥人才、技术、资本的合力作用。

贵州省贵安新区：贵州省主要探索环境污染治理建设以及环境污染责任险推广，同时积极推进绿色金融项目库建设。贵州省环境保护厅印发的《贵州省关于开展环境污染强制责任保险试点工作方案》提出以降低企业环境风险为目的，推动环境管理转型；以体制机制创新为动力，充分发挥保险机制在降低企业环境风险方面的社会管理功能；以创新保险经营模式（产品、服务、理赔等）为手段，切实加强环境保护与生态建设，积极探索环境保护与保险机制协调发展的新道路。此外，2018年5月，贵州贵安新区管理委员会办公室印发《贵安新区关于开展环境污染强制责任保险试点工作方案》，提出围绕新区"1+5"绿色发展体系和省委、省政府"三变"（资源变股权、资金变股金、农民变股民）改革工作要求，结合国家部委有关绿色项目评价标准，并与第三方专业机构合作，探索制定贵安新区绿色项目评价标准，定期在现有新区项目中开展绿色项目遴选、认定和推荐工作。同时，建立健全绿色金融统计制度，培育和扶持具有发展前景的绿色项目，纳入绿色项目数据库，为数据库项目提供全方位的金融服务。

新疆维吾尔自治区哈密市、昌吉回族自治州、克拉玛依市：《新疆维吾尔自治区哈密市、昌吉州和克拉玛依市建设绿色金融改革创新试验区总体方案》指出要以绿色金融改革推动地区经济结构转型升级和经济发展方式转变为主线，加快推进绿色金融发展，构建绿色金融需求体系、供给体系和支撑保障体系，完善哈密市、昌吉州和克拉玛依市绿色金融服务体系，引导金融资源优化配置，不断提高绿色金融服务的覆盖率、可得性和满意度，使各族群众平等分享绿色金融改革发展成果。

表3-8 各绿色金融改革创新试验区发展特色

地区	绿色金融发展特色
广州市	广州市重点培育绿色金融市场体系，注重培育绿色金融组织体系和创新发展绿色金融产品服务
湖州市	湖州市侧重金融支持绿色产业创新升级，强调发挥金融在促进绿色产业发展、生态文明建设等方面的积极作用，加快形成"生态+"与"金融+"的叠加效应
衢州市	衢州市侧重金融支持传统产业绿色改造转型，强调加快推进衢州市国家绿色金融改革创新试验区建设，发挥绿色金融对"大花园"建设、新兴产业的引进和培育、传统产业绿色转型改造和实施乡村振兴战略的推动作用
赣江新区	赣江新区着力研究绿色金融服务实体经济和推动产业转型升级的新动能和新途径，重点打造集绿色金融示范街、人力资源服务产业园、双创集市为一体的绿色发展创新综合体

(续表)

地区	绿色金融发展特色
贵安新区	贵安新区主要探索环境污染治理建设以及环境污染责任险推广，同时积极推进绿色金融项目库建设，以创新保险经营模式（产品、服务、理赔等）为手段，切实加强环境保护与生态建设，积极探索环境保护与保险机制协调发展的新道路
哈密市、昌吉州、克拉玛依市	哈密市、昌吉州和克拉玛依市着力完善绿色金融服务体系，引导金融资源优化配置，不断提高绿色金融服务的覆盖率、可得性和满意度

说明：根据各绿色金融改革创新试验区相关文件整理总结。

3. 广州建设绿色金融改革创新试验区亮点

自建立绿色金融改革创新试验区以来，广州市颁布了一系列政策，如《服务广州市花都区绿色金融产业发展税收优惠政策汇编》《广东省广州市绿色金融改革创新试验区碳排放权抵质押融资试点方案》《广东省广州市绿色金融改革创新试验区基于林业碳汇的生态补偿机制方案》等，通过政策驱动大力扶持以花都区为核心的绿色金融改革创新试验区建设。从发展总体格局而言，广东省金融办指出广州市认真贯彻落实《广东省广州市建设绿色金融改革创新试验区总体方案》，按照"枢纽在花都、节点在各处、广州一张网、扩展到全省、服务大周边"的总体格局，紧紧围绕绿色金融改革创新的试验田、绿色金融改革与绿色产业协调发展的示范区、粤港澳大湾区合作发展的新平台、"一带一路"建设的助推器四大定位，大力营造良好的环境，积极探索体制机制创新，大力推进绿色金融助力生态文明建设。从发展项目而言，以花都区为核心的绿色金融改革创新试验区大力推动创新碳金融业务，依托《广东省广州市绿色金融改革创新试验区碳排放权抵质押融资试点方案》积极推进碳金融产品创新和业务拓展，同时依托《广东省广州市绿色金融改革创新试验区基于林业碳汇的生态补偿机制方案》开展生态林碳汇业务试点工作。

根据花都区委常委在浙江湖州绿色金融改革创新试验区建设座谈会上介绍，花都区积极建立绿色企业和项目融资对接系统，依托"广东省中小微企业信用信息和融资对接平台"建立绿色项目子平台链接入口，整合纳入花都区政府部门政务信息，计划建成包含工商、税务、环保、能耗、金融等绿色金融信用信息数据库，为银行机构开展绿色项目政务信用信息查询、金融产品展示和线上融资对接提供平台。通过政府政策驱动、绿色金融发展总体格局指引以及绿色金融项目落地实施，广州市不断探索绿色金融创新发展路径，努力打造绿色金融改革创新试验区的广州亮点。

（三）广州绿色金融发展创新模式

1. 政策驱动，绿色金融市场体系不断完善

自2017年花都区绿色金融改革创新试验区获批至今，广州市人民政府以及广州市各有关部门共发布15份有关广州市发展绿色金融指导文件，从广州市发展整体规划到低碳绿色如何实施，从绿色金融体系发展整体布局的总体规划文件到绿色企业入库管理细则，从各行业绿色金融支持政策到绿色企业落户奖励金额的细则文件，广州市形成了一套从上至下的绿色金融发展政策框架，突出了广州市政府在建设绿色金融市场体系中的指导作用，体现出政策驱动绿色金融金融市场体系的特点。广州市政府大力支持绿色金融发展建设，2018年5月广东省人民政府办公厅印发的《广东省广州市建设绿色金融改革创新试验区实施细则》，从培育发展绿色金融组织体系、创新发展绿色金融产品服务、支持绿色产业拓宽融资渠道、稳妥有序探索及建设环境权益交易市场、加快发展绿色保险、夯实绿色金融基础设施、加强绿色金融对外交流合作、构建绿色金融服务主导产业转型发展机制、建立绿色金融风险防范化解机制和加大保障力度共十个方面，详细地阐述绿色金融改革创新试验区建设细则，为广州市绿色金融发展提出建设性的指导建议和发展路径。以《广东省广州

市建设绿色金融改革创新试验区总体方案》和《广东省广州市建设绿色金融改革创新试验区实施细则》为背景，广州市政府不断完善广州市绿色金融市场体系，联合广东金融学会绿色金融专业委员会、广州碳排放权交易中心等有关部门制定《广东省广州市绿色金融改革创新试验区基于林业碳汇的生态补偿机制方案》《广东省广州市绿色金融改革创新试验区绿色企业认定管理办法（试行）》《广东省广州市绿色金融改革创新试验区绿色项目认定管理办法（试行）》等一系列绿色金融发展管理细则，通过政策细则规范使得绿色金融市场体系更加细致、更加规范、更加完善，市场运行更加平稳、更有章可循。

2. 绿色债券市场不断拓宽

2017年6月，《广东省广州市建设绿色金融改革创新试验区总体方案》明确提出"加大地方政府债券对公益性绿色资本项目的支持力度"。2018年5月，《广东省广州市建设绿色金融改革创新试验区实施细则》鼓励金融机构发行绿色金融债券，重点投向绿色产业和项目，以及广州市资源循环利用工程、新能源公交车、垃圾处理及污染防治、工业节能节水节电等环保基础设施项目。2019年，中国人民银行发布的《关于支持绿色金融改革创新试验区发行绿色债务融资工具的通知》指出，支持试验区内企业注册发行绿色债务融资工具，研究扩大绿色债务融资工具募集资金用途，支持试验区内企业通过注册发行定向工具、资产支持票据等不同品种的绿色债务融资工具，增加融资额度，丰富企业融资渠道。

2019年11月，花都区金融局举办区内企业赴澳门发行绿色债券研究对接会，加强政府、企业和金融机构之间的对接，以推进企业多样化融资；花都区金融局局长在会上强调，将充分利用好澳门特区政府绿色债券资助政策，加快推动花都区更多优质企业赴境外资本市场发债。2020年，《花都区支持绿色金融创新发展实施细则》出台，其中第八条绿色债券补贴指出，对符合条件的机构或企业按其实际发行债券金额的1%

给予补贴，每家机构或企业每年最高补贴100万元；第九条风险补偿指出，对面向花都区企业开展绿色信贷、绿色债券等绿色金融业务的本区金融机构，按其损失金额的20%给予风险补偿，最高100万元。2017—2019年间，广州绿色债券发行量逐年攀升，依次为44亿元、422亿元和638亿元。各类政策措施的综合运用进一步增强了绿色信贷服务实体经济的能力，也在不断拓宽绿色债券市场。

3. 碳市场发展迅速，产品创新多元化

自2013年广东碳市场启动以来，广东碳排放权交易市场纳入全省碳排放近70%的钢铁、石化、电力、水泥、航空、造纸六大行业约240多家企业。截至2021年7月20日，碳排放配额累计成交量1.95亿吨，累计成交金额44.2亿元，稳居全国碳试点市场首位，广碳所成为国内首个配额现货交易额突破四十亿元大关的试点碳市场。CCER（核证自愿减排量）累计成交6301.14万吨，排名全国第二。此外，广碳所于2019年3月与欧洲能源交易所（EEX）同步上线业务推介，共同探索配额拍卖、交易结算、产品创新、联合培训和能力建设等潜在领域的进一步合作，有效促进两地碳市场合作与交流。

近年来，广州积极创新碳金融产品。具体包括：一是开展碳排放权抵质押融资，即控排企业可将自身拥有的碳排放权作为抵押物实现融资，使企业碳资产得到有效盘活，拓宽绿色融资渠道。二是试行碳排放配额境内外互换，2019年11月，广碳所正式发布《广东省碳排放配额与欧盟碳排放配额互换交易业务指引》。南方航空发布的《2019年社会责任报告》显示，其推动了全球首单1万吨规模广东碳排放配额与欧盟碳排放配额互换交易业务。三是建立基于林业碳汇的生态补偿机制，将碳普惠模式作为精准扶贫、生态扶贫的有效补充。例如，在花都区梯面镇选取3万亩生态林开展碳汇项目试点，开发碳普惠收益22.7万元，支持梯面镇生态林业发展。

三、绿色金融案例

（一）广州蔬菜种植气象指数保险

1. 案例介绍

目前，为应对气候相关风险，国外已有丰富的农业气象保险的实践经验。根据联合国粮食和农业组织于 2008 年发布的《农业气候指数：理论文献综述和低收入国家的经验》，早在 2002 年，墨西哥国有再保险公司 AGROASEMEX 就设计出基于天气指数的灾害作物保险。2005 年，该保险覆盖了墨西哥 18 个州的 116 万公顷（1 公顷 =0.01 平方千米，下同）土地。2006 年，保险覆盖的土地翻了一番，达到 230 万公顷。该保险方案的特点在于，政府通过国有再保险公司 AGROASEMEX 进行干预，使用"反应均匀的农业气候带（AZHR）"模型确定降雨指数特征。同时，该保险方案与照顾受突发天气影响的农村人口基金（FAPPRACC）和国家自然基金会（Fondo Nacional para Desastres Naturales，FONDEN）挂钩，通过应急基金将灾难性风险转移给政府，使农民能够负担得起保险。2006 年，埃塞俄比亚与欧洲再保险公司 AXA re 合作开展了宏观层面的干旱保险试点项目，以解决国家粮食安全问题。该合同涵盖整个种植季节，包括两个雨季。合约规定，若到达合同到期日，在整个合同期间收集的降雨量数据被证实大大低于历史平均水平，系统就会自动发出潜在作物歉收的警告。此外，马拉维和蒙古等国也尝试将农业气象保险与贷款项目相联系，以使不同机构或企业利用不同的金融工具规避自身风险。Ntukamazina（2017）研究指出，指数型农业保险产品大致可划分为三大类，包括区域产量指数保险、指数作物保险和指数牲畜保险，对撒哈拉以南的非洲地区调查显示，这三种保险模式的试验和实施比例分别为 12%、69% 和 19%。农业保险产品的使用与农场收入或储蓄、识字率和家庭规模呈正相关，与保费、农民年龄、土地使用权和农场规模呈负相关关系。

考虑广州市的实际农业背景，广州蔬菜种植面积达200多万亩，年产量近400万吨。广州蔬菜生产基地是粤港澳大湾区"菜篮子"工程的重要组成部分。为确保广州蔬菜种植业持续发展，2019年4月，广州市农业农村局发布《广州市政策性蔬菜种植气象指数保险实施方案（试行）》，针对广州市蔬菜种植面临较多自然灾害风险、强降雨或风灾造成部分蔬菜种植农户面临重大经济损失等问题，提出具体的保险实施方案。由于自然灾害无法预判，蔬菜种植农户难以进行人为的风险控制和风险预估，加之蔬菜的种植周期较长，一旦出现自然灾害等因素造成作物损毁，将给种植农户带来巨大的经济损失，同时也会影响市场供应和市场价格的稳定。因此，为落实广州市委、市政府关于"创新农村金融保险服务"中明确的"扩大农业保险覆盖面、增加保险品种，完善农业保险保费补贴政策，到2020年实现主导农业产业保险品种全覆盖"目标，同时解决传统蔬菜种植保险存在的定损争议多、理赔流程复杂且较慢的问题，广州市气象局与广州市农业农村局联合制定了蔬菜种植气象指数保险实施方案。

该实施方案依照"政府引导、市场运作、参保资源、协同推进"四项基本原则，政府通过财政补贴等措施，引导蔬菜种植户参加政策性蔬菜种植气象指数保险，增强蔬菜种植抵抗风险能力，促进蔬菜产业发展。各级政府和有关部门认真履行职责，将政策性保险与其他农业福利有机结合、共同推进，妥善协调处理相关问题，积极推进试点工作。

该方案的试行时间为2019—2020年，试行险种为符合条件的参保对象所种植的大棚和露地蔬菜。种植面积在50亩以上的农户（企业、合作社）可单独投保，其他农户以行政村为单位集体投保。每亩全年保险金额及累计理赔额上限为4800元，在此基础上按各区历史气象数据实行差异化保费费率。在保险期间，气象达到保险标的遭遇单日降雨量达到100毫米及以上或者保险标的遭遇日最大风速达7级及以上风力时，保险公司按照约定负责赔偿。其中，根据降雨量进行赔偿的计算原则如表3-9所示，根据风力等级进行赔偿的计算原则如表3-10所示。

表3-9　根据降雨量进行赔偿的计算原则

实际日降雨量	每亩赔偿金额
100毫米（含）至150毫米（不含）	100+(实际日降雨量-100)×0.5
150毫米（含）至200毫米（不含）	100+(实际日降雨量-100)×0.75
≥200毫米	100+(实际日降雨量-100)×1

资料来源：《广州市政策性蔬菜种植气象指数保险实施方案（试行）》。

表3-10　根据风力等级进行赔偿的计算原则

风力指数（日最大风速）	7级	8级	9级及以上
每亩赔偿金额	100元	200元	400元

资料来源：《广州市政策性蔬菜种植气象指数保险实施方案（试行）》。

2020年5月广州市遭遇4轮暴雨。其中，5月21日至22日的大暴雨及局部特大暴雨致使多地农田被淹，累计受灾面积超3000亩。广州市气象局为达到阈值的蔬菜种植气象指数保单及时出具气象证明，协助保险公司快速理赔。据统计，5月共出具蔬菜气象指数保险气象证明119份，农户获得保险理赔款350.79万元。其中，5月21日至22日暴雨期间，白云区江高镇气象观测站首次观测到大暴雨级别的降雨量，累计受损面积超过2900亩，白云区273户次蔬菜种植户的保单触发赔付条件，赔付金额近35万元。花都区达到触发保险赔付标准的赔案共计19宗，可获得赔款金额近29万元。

2. 案例分析

作为基于传统蔬菜种植保险的创新产品，该蔬菜种植气象指数保险属于绿色保险领域创新保险案例。该保险在规定相应气象指数层面严格设定了保险理赔触发条件，包括在投保时确定以最近的气象观测站点作为气象指数评定标准站点。保险期间，当气象指数达到触发条件时，市气象局将审核发布相关证明报告，将理赔站点数据发送至保险公司。保险公司根据相应数据联系受灾地区协保机构进行定损赔偿，同时公示赔付明细清单。从出具气象数据报告或证明到赔款到户一般不超过10天。

该保险的优点在于：一是赔偿流程无需农户自行报案，可以有效解决传统农业灾害保险中有关定损难度大、理赔周期长等固有问题。二是不以实际损失作为理赔依据，因此保险理赔审定环节无需实地勘察，简化了理赔流程，使理赔额度实现定量化、标准化，有效提高农户种植的积极性。三是以定量化手段作为定损理赔的触发条件，配合大数据信息共享平台，提升了保险流程的高效性和规范性，有效缓解保险理赔流程中的定损争议问题。综合上述特点，该保险为绿色保险产品的创新发展提供了有益借鉴。

3. 案例启示

由2020年广州暴雨袭击触发蔬菜气象指数保险赔付的这一实践表明，该保险采取的"政府引导、市场运作、参保资源、协同推进"四项基本原则，具有良好的应用效果。在该保险中，政府对投保该险种的种植户予以80%的保费补贴，种植户只需缴纳20%的保费即可得到每亩4800元的保障。通过政策引导、保费补贴及改进承包理赔服务的方式，一方面为保险公司开展相关保险提供了一条绿色通道，有助于充分发挥商业保险公司在经营网络、人才和风险管理层面的优势，扩大保险公司的市场布局，提升保险服务水平；另一方面，可以有效调动种植户的参保积极性，促进农户自愿投保。此类保险的推出，既有效解决了农险定损难、理赔难的问题，又使农险理赔定量化、规范化、效率化，有利于灾后快速恢复生产，全面提高了广州市蔬菜种植行业抗风险能力。同时，这一保险也为发展其他相关类型的绿色保险提供了有益的借鉴，随着市场运作的进一步深入，该类保险可为农业的发展给予良好的金融支持。

（二）广州水资源领域绿色政府专项债券

1. 案例介绍

2020 年 5 月 12 日，2020 年珠江三角洲水资源配置工程专项债券（一期）（绿色债券）在深交所成功发行。该期绿色专项债券募集资金将全部注入广东粤海珠三角供水有限公司，用于珠江三角洲水资源配置工程项目建设。该公司注册于广州南沙新区，由广东粤海水务股份有限公司与广州南沙资产经营集团有限公司、深圳市特区建设发展集团有限公司和东莞市东江水务有限公司共同组建。广东粤海水务股份有限公司为广东省属广东粤海控股集团有限公司的全资子公司。在省财政厅、省水利厅的组织及广东粤海控股集团有限公司的协调支持下，广东粤海珠三角供水有限公司全力推动发行相关工作，成功实践创新利用绿色政府专项债券为项目开展绿色金融项下融资。

该专项债券不仅是广东省首单绿色地方政府专项债券，还是全国首单水资源领域的绿色地方政府专项债券，发行金额为 27 亿元人民币，其中包含项目贷款专项债券 16 亿元和项目资本金专项债券 11 亿元，期限 10 年，发行利率为 2.88%。目前，广东省政府共成功发行三期珠江三角洲水资源专项债券，包括 2018 年 8 月 16 日成功发行项目第一期专项债券 10 亿元，期限 10 年，利率 3.96%；2019 年 1 月 31 日成功发行项目第二期专项债券 26 亿元，期限 10 年，利率为 3.38%。根据《2020 年广东省水资源专项债券（一期）项目收益与融资资金平衡测算报告》，债券发行计划规划至 2033 年，2024 年以前每年发行相应 10 年期债券，2030 年后发行 5 年期和 7 年期债券，总预计发行额为 186.5659 亿元。

表 3-11 珠江三角洲水资源专项债券发行计划

发行年份	5年期发行额	7年期发行额	10年期发行额	合计发行额
2018	0亿元	0亿元	10亿元	10亿元
2019	0亿元	0亿元	26亿元	26亿元
2020	0亿元	0亿元	27亿元	27亿元
2021	0亿元	0亿元	25亿元	25亿元
2022	0亿元	0亿元	24亿元	24亿元
2023	0亿元	0亿元	20亿元	20亿元
2024	0亿元	0亿元	21亿元	21亿元
2030	3亿元	0亿元	0亿元	3亿元
2031	10亿元	0亿元	0亿元	10亿元
2032	8亿元	0亿元	0亿元	8亿元
2033	0亿元	10亿元	0亿元	10亿元

资料来源：《2018年广东省（本级）珠江三角洲水资源配置工程专项债券（一期）—2018年广东省政府专项债券（十七期）方案》《2018年广东省（本级）珠江三角洲水资源配置工程专项债券（一期）—2018年广东省政府专项债券（十七期）信用评级报告》。

根据《2020年广东省水资源专项债券（绿色债券）珠江三角洲水资源配置工程项目之法律意见书》，该水资源工程项目建设任务为从西江水系向珠江三角洲东部地区引水，解决广州、东莞、深圳市生活和生产缺水问题，提高供水保证程度，该工程将受水区分为直接受水区、间接受水区和应急备用区，为相应地区提供供水服务和保障。水资源配置方案中将工程现状基准年设定为2014年，城镇生活、工业供水设计保证率为97%，工程建成投产后按设计供水量供水，向广州南沙区供水5.31亿立方米，向东莞市供水3.31亿立方米，向深圳市供水8.47亿立方米。西江引水渠首设计引水流量为80立方米/秒，深圳分干线为30立方米/秒，东莞分干线为15立方米/秒，总体布局从佛山市顺德区西江鲤鱼洲取水，输水至广州市南沙区规划新建的高新沙水库、东莞市松木山水库、深圳市罗田水库和公明水库。该项目工程为I等工程，多处水库主要建筑物级别为1级，设计洪水标准为100年一遇，校核洪水标准为300年一遇。

在该工程实施后，广州市南沙新区受水区将形成以高新沙水库为中心，西江、北江双水源互补的水资源战略保障体系；深圳和东莞将形成以联网水库群为纽带，东江、西江和本地水资源多水源互联互通的水资源战略保障体系。受水区城市供水系统更加完善，同时加强了水资源安全储备，为维护社会稳定和经济可持续发展提供有力保障。同时，该工程的实施也为受水区深圳市增加西江水源，配置西江水量为8.47亿立方米，可退还深圳市现挤占本地河道的生态用水2.08亿立方米，较大程度地还原天然河道的水生态环境，有助于修复改善河流生态健康，美化城市水环境景观，退还被挤占的生态用水，改善水环境。

2. 案例分析

根据《2018年广东省（本级）珠江三角洲水资源配置工程专项债券（一期）—2018年广东省政府专项债券（十七期）方案》介绍，珠江三角洲水资源配置工程是国务院批复的《珠江流域综合规划（2012—2030年）》中确定的重要水资源配置工程，是国务院确定的172项重大节水供水工程之一。该项目的实施，可以有效解决城市经济发展中的缺水矛盾，改变广州市南沙区从北江下游沙湾水道取水及深圳市、东莞市从东江取水的单一供水格局，提高供水安全性和应急备用保障能力，适当改善东江下游河道枯水期生态环境流量。与东深供水工程等联动调控及应急备用水源系统建设，有助于修复改善河流生态健康，对维护广州市南沙区、深圳及东莞市供水安全和经济社会可持续发展具有重要作用。

珠江三角洲水资源配置工程在经济社会效益上具有重大意义，该项目可实现珠江三角洲地区水资源优化配置，提高东部城市水资源承载能力。珠江三角洲东、西部地区水资源分布与人口、经济发展不匹配，客观上需要进行东、西部的水资源合理配置，因此，按照流域综合规划统筹东、西、北三江水资源开发利用，将西部丰富的水资源输水至缺水的东部地区，通过建设该工程可解决珠江三角洲东部地区发展现状和未来一段时期内所面临的水质性缺水和资源性缺水问题，提高水资源对经济社会发展的支撑能力，有利于保障珠江三角洲地区创新、协调、绿色发展，较好满足珠江三角洲东部城市的近、远期水资源需求，极大缓解目前东江流域较突出的供需矛盾。此外，该工程有利于构建城市多水源保障体系，提高供水安全保障能力。

在本案例中，通过发行绿色政府专项债券进行融资，依托政府信用并借助免税等政策，能够有效降低绿色项目的融资成本和融资难度，且政府专项债券期限较长，甚至可达30年，这充分满足了大型基础设施类项目建设的运营周期需要。此外，珠江三角洲水资源配置工程是广东省率先全面建成小康社会、构建"幸福广东"、实现"创新、协调、绿色、开放、共享"发展的重大水资源战略配置工程，可提高受水区域的水资源的承载能力和供水保障能力，从而有助于进一步发展国家级新区和增强珠江三角洲地区综合实力，这在发展粤港澳大湾区经济一体化，共同构建有全球影响力的先进制造业基地和现代服务业基地层面将发挥着重要作用。因此，该案例债券也间接为区域经济的发展提供了资金保障支持。

3. 案例启示

我国绿色债券市场快速发展，成为全球最大的绿色债券发行国。绿色债券也成为当前企业在资本市场上较为有效、直接的绿色融资工具。近年来，广州市绿色金融改革创新试验区发布了多项绿色债券发行的相关政策，国家和地方层面的政策相互配合，涵盖绿色债券认定、发行、财政补贴等方面，推动着绿色债券的发展。目前，我国绿色债券的发行以企业和金融机构为主，绿色债券类型集中在资产支持证券、公司债和金融债，具有政府信用的绿色专项债券发展相对缓慢。因此，珠江三角洲水资源政府专项债券是绿色政府专项债券中的重大突破和创新。

绿色金融的支持对象通常与环境治理、绿色改造等项目相关，而绿色项目中通常包含大型基础设施建设类项目，这些项目一般投入资金量大、项目回报周期长、经济效益低。因此，通过发行较长期限的绿色债券进行融资，正好满足基建类项目通常以政府资金或国企投资为主导的、投资周期长的特点。正如该项水资源工程建设就是一个时间周期跨度较长的项目，通过制定长达 15 年的专项债券发行计划，极大降低了融资难度。因此，从该案例可以看出，绿色政府专项债券不仅可以有效解决绿色项目融资成本错配和期限错配等问题，也为绿色项目融资与建设运营提供了有效的解决方案。珠江三角洲水资源工程建设绿色债券作为政府参与绿色债券业务的代表性案例，具有重要的借鉴意义。

四、广州绿色金融发展建议

完善绿色金融评价体系，规范绿色金融行业相关标准，健全绿色金融指标体系。建立相互连通的绿色金融产品的服务体系、规范绿色企业和项目认定、确定绿色信用评级评估、明确绿色金融统计、构建金融机构及上市企业环境信息披露标准体系，从而规范地对广州绿色产业发展进行量化评估。为促进广州绿色金融服务创新发展，提出以下几点发展建议：

（一）拓展绿色金融新领域产业服务

加强花都区在广州市绿色金融改革创新试验区建设中的核心地位，深化花都作为绿色金融改革创新试点的影响力。一是以花都作为绿色金融机构设立的重点区域，为绿色金融机构提供成熟规范的发展生态环境。二是以花都作为绿色金融发展辐射中心，带动整个广州绿色金融产业结构建设。

拓展绿色金融在传统产业中的渗透方式,以科技手段为绿色产业提供多样发展方向。构建绿色金融改革创新试验区,创新是关键要素,构思绿色金融与传统产业的融合方式,把绿色概念深入各产业中,使绿色金融自发推动产业发展。加强绿色金融在各领域中的渗透作用,推广具有实质意义的绿色信贷、绿色债券、绿色保险、绿色基金等新型绿色金融产品,发展如合同能源管理机制、未来收益权质押融资、企业节能减排项目融资贷款等绿色金融产品服务,配合实体企业绿色转型升级。逐渐淡化绿色金融作为现代金融产业的产业概念,强化绿色金融作为传统产业发展方向的引导概念及发展手段概念,化大为小,做到绿色金融产业的普及化、深入化、切实化、引导化、手段化,以进一步发挥绿色金融在推动企业的绿色产业结构转型中的支持作用,强化传统金融机构对绿色产业发展的支持作用。

(二)加强国有企业在绿色金融领域的带头作用

广州市政府大力支持绿色金融发展建设,通过发布《广东省广州市建设绿色金融改革创新试验区实施细则》等一系列绿色金融指导文件,从绿色金融体系发展整体布局等总体规划文件到绿色企业入库管理细则以及绿色企业落户奖励金额等细则,广州市形成了一套从上至下的绿色金融发展政策框架,突出了广州市在建设绿色金融市场体系中政府的指导作用,广州市应继续坚持政策驱动绿色金融市场体系的思路,加大政府在广州市绿色金融市场体系中的引导力度,通过健全绿色金融相关政策文件,引导企业、机构等绿色金融市场参与主体进行绿色金融产品业务创新、完善绿色金融信息共享平台,通过政府政策引导有序推进广州绿色金融市场规范化、规模化、创新化发展。

加强国有企业在广州绿色金融领域的带头作用。积极引入国有银行保险证券等国有企业的绿色金融业务,建立绿色金融事业部、绿色金融创新中心、绿色金融保险产品创新实验室等绿色金融机构,强化国有企业的引导力量，为试验区内其他企业提供绿色金融发展的方向和思路。以国企带头发行绿色债券，建立和完善培育绿色企业上市的交流合作机制，与证券交易所共同研究制定绿色债券产品的上市标准和上市规则，充分利用资本市场优化资源配置，将绿色金融资源引入绿色产业，共同推进我国绿色金融的健康发展。

（三）完善绿色金融信息共享机制体系

完善绿色金融相关业务法律法规体系，通过落实具体法律法规引导绿色金融各业务发展有法可依，健全绿色金融法律框架，通过法律约束，有效规范绿色金融市场行为，构建规则明晰的绿色金融市场，通过完善绿色金融各类激励政策和补贴机制，调动金融机构、各类企业等相关绿色金融参与者的积极性，有效引导绿色金融发展布局以及有效分配社会资源。

完善绿色金融评价体系和指标体系，规范绿色金融行业相关标准，规范地对广州绿色产业发展进行量化评估，把控绿色金融创新试验区发展情况，为健全绿色产业发展格局提供更明确的目标，保障绿色金融体系规范运作和发展。构建绿色金融评价体系和指标体系有利于动员和激励更多社会资本投入到绿色产业，更有效地抑制污染性投资，加快经济向绿色化转型。此外，这也有助于支持生态文明建设，促进环保和新能源等领域的技术进步，加快培育新的经济增长点，提升经济增长潜力。

解决资金供需双方之间及其与环保、金融部门之间的信息不对称，沟通共享机制尚不完善的问题。降低投资者对绿色资产的搜索成本，增强绿色投资的吸引力。在环境监管部门和公众层面，逐步推进相关贷款项目的资金流向与使用情况的透明化操作，对资金是否真正用于实际的环保投资需求，是否真正转化为现实的环境治理任务进行监管，合理评估资金在项目中发挥的环境效益。

（四）加强广州与大湾区其他城市的绿色金融产业交流合作

加强广州市与粤港澳大湾区其他城市之间绿色金融产品服务交流合作，围绕香港大湾区绿色金融中心建设，加强大湾区绿色金融市场相互联系。鼓励在穗绿色企业在香港上市融资，提升资本市场对绿色金融的支持力度。鼓励在穗机构开展境外业务，提升绿色金融改革创新试点对大湾区绿色金融中心、绿色金融产品和业务开展的支持力度，深化大湾区绿色金融双核驱动效应，完善穗港两地绿色金融产业互联互通机制。

发挥广州在粤港澳大湾区地理中心的位置优势，携手周边地区构建绿色金融生态环境。广州地理位置位于粤港澳大湾区中心，同时处于广东省的地理中心，与周边城市形成星型辐射结构，与港澳深构成绿色融资服务区，为佛山、珠海、惠州、东莞等周边地区提供绿色金融融资渠道，应发挥集聚优势，扩大珠三角绿色产业与港澳金融市场要素双向开放与互联互通，推动粤港澳大湾区建设成为世界级绿色金融发展示范区。建立粤港澳大湾区环境绿色金融信息采集系统以及产业发展评价指标系统，促进大湾区绿色金融产业协同发展。

（五）与碳达峰碳中和目标联动融合

绿色金融将助力碳达峰碳中和目标实现。全球气候变化加剧，我国碳达峰碳中和自主贡献目标不仅是为中华民族的永续发展更是为构建人类命运共同体添砖加瓦。金融是实体经济的助推器。社会发展转型、产业结构升级、能源架构调整，金融机构责无旁贷。绿色金融将成为碳达峰碳中和的内在绿色动力，推动、协助我国经济社会全面绿色低碳转型。利用绿色金融向强化绿色低碳领域资源配置，深化绿色低碳概念附着力度，着力促进低碳环保生产生活方式，加大绿色投资支持力度、增进碳金融产品和服务的发展创新，扎实推进绿色低碳行业的生态环境效益，实现经济社会绿色低碳效用最大化。

应充分发挥绿色金融的协同和引领作用，构建我国碳达峰碳中和绿色金融体系网络，深化低碳绿色理念影响支持力度，关注"双碳"领域金融发展的挑战和机遇。利用粤港澳大湾区地理优势，与广州碳排放权交易所、广州期货交易所、香港交易及结算所有限公司等着重研究绿色低碳的机构和企业展开深度合作，以广州地区为样本探索实践双碳目标的实施路径，扎实推动"美丽广东"目标实现，研究具有相对宽泛适应性、复制性和推广性的碳达峰方案，充分发挥广州作为绿色金融改革试验区的先行示范作用，着力促进我国碳达峰碳中和目标如期实现。

参考文献

蔡建．绿色金融改革创新的花都实践 [J]. 中国金融，2019(04): 62-64.

董晓红，曲红，玉沈婷，张一凡．中国绿色金融发展指数测算研究 [C]//. 东北亚学术论坛 2018 研讨会专刊 .,2018:184-191.

冯馨，马树才．中国绿色金融的发展现状、问题及国际经验的启示 [J]. 理论月刊，2017(10): 177-182.

孔晴．绿色金融综合指数的编制与测度——以甘肃省为例 [J]. 甘肃金融，2019(02): 20-24.

李娟．绿色金融中心建设指标体系研究 [J]. 合作经济与科技，2019(11): 74-75.

李晓西，刘一萌，宋涛．人类绿色发展指数的测算 [J]. 中国社会科学，2014(06): 69-95.

刘任重，曲修平．我国绿色金融发展现状、存在的问题及对策研究 [J]. 经济研究导刊，2019(24): 90-92.

蒙艳．深圳绿色金融发展现状及建议 [J]. 资源节约与环保，2019(09): 144-145+148.

任丹妮．政策推动还是市场驱动？——基于文本挖掘技术的绿色金融发展指数计算及影响因素分析 [J]. 西南金融，2020(04): 78-89.

王波，董振南．我国绿色金融制度的完善路径——以绿色债券、绿色信贷与绿色基金为例 [J]. 金融与经济，2020(04): 84-90.

王桂堂，张钰，梁夏．绿色发展、碳金融实践与金融创新若干问题的思考 [J]. 金融理论与实践，2017(08): 101-104.

文秋霞，杨姝影，张晨阳，刘智超．突破瓶颈完善绿色金融政策体系 [J]. 环境经济，2018(22): 48-51.

周月秋. 绿色金融创新实践的突破 [J]. 中国金融, 2017(13): 33-34.

Ntukamazina N, Onwonga R N, Sommer R, Rubyogo J C, Mukankusi C M, Mburu J, Kariuki R. Index-based agricultural insurance products: challenges, opportunities and prospects for uptake in sub-Sahara Africa[J]. Journal of Agriculture & Rural Development in the Tropics & Subtropics, 2017, 118(2): 171-185.

习近平. 在第七十五届联合国大会一般性辩论上的讲话 [N]. 人民日报, 2020-09-23(003).

商瑾. 推动粤港澳大湾区"实质绿"债券发展 [J]. 债券, 2021,{4}(03):41-45.

中华人民共和国国民经济和社会发展第十四个五年规划和2035年远景目标纲要 [N]. 人民日报, 2021-03-13(001).

林慧涓. 聚焦绿色金融 助推粤港澳大湾区高质量发展 [N]. 珠海特区报, 2021-05-17(006).

涂剑明, 唐宋元, 张家敏, 胡蝶, 李韵怡. 广州绿色金融改革创新试验区发展现状、问题与对策 [J]. 时代金融, 2021(03):14-16.

梁刚, 赵振宇, M.Mustafa Ozguven. 粤港澳大湾区绿色金融合作模式探析 [J]. 银行家, 2020(01):64-67.

郭占. 中国绿色金融指数构建研究 [D]. 西北大学, 2019.

颜文聪, 吴伟军. 关于纵深推进我国绿色金融改革创新的思考——基于首批国家级绿色金融改革创新试验区的分析[J]. 企业经济, 2020(04):147-154.

广东省人民政府办公厅关于印发广东省广州市建设绿色金融改革创新试验区实施细则的通知 [J]. 广东省人民政府公报, 2018(14):2-7.

肖学. 绿色金融改革助力生态文明建设 [J]. 中国金融, 2018(13):20-22.

第四章

广州普惠金融服务创新

普惠金融这一概念由联合国于2005年提出,是指立足机会平等要求和商业可持续原则,以可负担的成本为有金融服务需求的社会各阶层和群体提供适当、有效的金融服务。普惠金融重视对社会弱势群体的金融服务,力求增进社会的公平性,目前,我国普惠金融的重点服务对象主要是小微企业、农民、城镇低收入人群、贫困人群和残疾人、老年人等特殊群体。大力发展普惠金融,一方面推动农村金融服务的完善,有利于增进社会和谐;另一方面加大金融对产业发展的支持,有利于促进国内大循环的形成,加快新发展格局的构建。

党中央、国务院高度重视普惠金融的发展。2016年1月,国务院印发了《推进普惠金融发展规划(2016—2020年)》,为我国普惠金融的发展提出了总体思路,即在党的十八大和十八届三中、四中、五中全会精神的指导下,以"健全机制、持续发展""机会平等、惠及民生""市场主导、政府引导""防范风险、推进创新""统筹规划、因地制宜"为基本原则,显著提高金融服务的覆盖率、可得性和满意度,到2020年使我国普惠金融发展居于国际中上游水平。2019年7月,广东省委和省政府印发《关于构建"一核一带一区"区域发展新格局促进全省区域协调发展的意见》,指出要完善城乡普惠金融体系和科技成果下乡转化机制,引导社会资本投向农村兴办各类事业;要探索开展科技成果所有权改革,大力推进普惠性科技金融改革。2019年10月,《中共广东省委全面深化改革委员会关于印发广州市推动"四个出新出彩"行动方案的通知》提出要优化金融信贷环境,提升小微企业信贷可获得性,扩大科技信贷风险补偿资金池规模,破解民营企业融资难、融资贵等问题。2020年10月,中国共产党第十九届中央委员会第五次全体会议通过《中共中央关于制定国民经济和社会发展第十四个五年规划和二〇三五年远景目标的建议》,提出要"构建金融有效支持实体经济的体制机制,提升金融科技水平,增强金融普惠性。健全农村金融服务体系,发展农业保险"。

2016年12月,广东省根据国务院《推进普惠金融发展规划(2016—2020年)》,结合自身实际情况,制定印发了《广东省推进普惠金融发展实施方案(2016—2020年)》,为广东省普惠金融的发展设定了总体目标,即到2020年,除显著提高金融服务的覆盖率、可得性和满意度以外,还要优化普惠金融发展环境,使广东省普惠金融发展水平居于全国前列。

为深入贯彻落实国家和广东省关于推进普惠金融发展的决策部署,广州出台了一系列有关普惠金融的配套政策,并于2016年成立普惠金融协会,以引导普惠金融持续健康发展。2016年10月,广州市人民政府办公厅以农村为定位,印发了《广州市推进农村普惠金融发展实施方案》,提出到2018年,构建多层次、广覆盖、可持续、服务完善、风险可控的农村普惠金融服务体系,以及到2020年,全面提升广州市农村普惠金融服务水平的总体目标。

本章首先基于广州普惠金融发展的现状,梳理分析广州现行的普惠金融政策与扶持措施,介绍广州中小微企业和农村金融服务概况以及小额贷款行业的发展概况,并提出广州发展普惠金融现存的问题。其次,通过构建普惠金融发展水平指标体系,从金融服务可获得性、金融服务使用度、金融服务质量三个维度分析广州普惠金融发展水平并与北京、上海、深圳三个一线城市进行比较,总结广州普惠金融模式的特点。再次,通过对广州凯德小额贷款股份有限公司、浙江网商银行和国家普惠金融改革试验区兰考县的普惠金融创新案例进行分析,以期对广州普惠金融发展有所启示。最后,根据广州普惠金融现状、发展水平与创新案例分析,针对广州普惠金融创新发展提出四个方面的对策与建议。

一、广州普惠金融的发展现状

（一）广州现行普惠金融政策与扶持措施

近年来，围绕国家和广东省关于大力发展普惠金融的决策部署，以深化民营和小微企业金融服务以及金融支持乡村振兴战略为重点，广州采取了一系列发展普惠金融的有力措施，精准施策，制定颁布了一系列政策文件，通过强化配套政策的正向激励、健全信贷的风险分担机制、加大财政的支持力度、扩大政策性保险的覆盖面等手段推进广州普惠金融发展模式的形成。特别是在疫情期间，广州市深入贯彻落实习近平总书记和党中央、国务院关于统筹疫情防控和经济社会发展的决策部署，陆续出台了系列政策助力企业复工复产，图4-1为2016—2020年广州颁布的主要政策文件时间线。

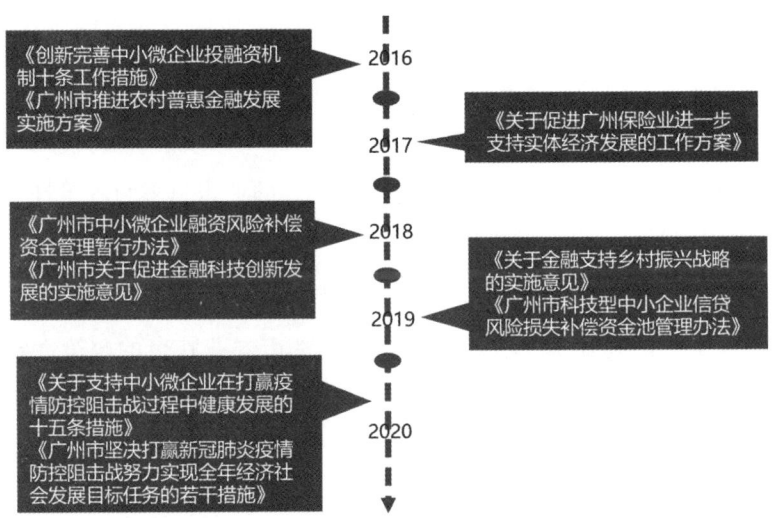

图4-1　2016—2020年广州主要普惠金融政策时间线

说明：课题组绘制。
资料来源：广州相关政策文件。

2016年，广州市印发实施了《创新完善中小微企业投融资机制十条工作措施》和《广州市推进农村普惠金融发展实施方案》等文件。其中，《创新完善中小微企业投融资机制十条工作措施》鼓励针对广州市的信用评级体系、互联网金融强化中小微企业融资服务、抵质押物融资、设备更新融资租赁等方面的发展和创新；通过财政资金引导中小微企业融资再担保平台、中小微企业小额票据贴现中心、中小企业发展基金、中小微企业利用资本市场发展公共服务平台的设立和优秀中小微企业信用贷款试点业务的开展；通过风险分担、投资扶持、风险准备金补助等方式逐步建立中小微企业融资风险分担机制。《广州市推进农村普惠金融发展实施方案》鼓励各金融机构强化三农服务能力以完善农村普惠金融信贷市场，鼓励境内外证券交易所、区域性农村金融要素市场、政府投资基金等多层次资本市场支农渠道的拓宽，积极提升政策性涉农保险、城乡居民基本医疗保险、城乡居民大病医疗保险、农村保险机构体系等农村保险保障服务水平，同时，在金融发展专项资金中每年统筹安排3000万元支持农村金融发展。此外，2016年10月，广州市普惠金融协会成立，这对引导普惠金融行业健康可持续发展具有重要意义。

2017年，广州市出台了《关于促进广州保险业进一步支持实体经济发展的工作方案》。鼓励支持更多保险机构、商业银行参与政策性小额贷款保证保险试点，为无抵（质）押、无担保的中小微企业提供信用增级和保险支持，缓解中小微企业融资难、融资贵问题；鼓励保险业从争取覆盖农业生产的物化成本、开展具有现代都市农业特色的政策性农业保险试点、探索农产品价格指数保险、农产品收入保险试点、稳步扩大"保险+期货"试点、有针对性地发展农村小额人身保险、农户信用保证保险等业务、推进"支农、支小"试点等方面服务三农发展。

2018年，广州市正式印发了《广州市中小微企业融资风险补偿资金管理暂行办法》和《广州市关于促进金融科技创新发展的实施意见》，研究制定了《广州市蔬菜种植气象指数保险实施方案（试行）》。其中，《广州市中小微企业融资风险补偿资金管理暂行办法》设立了中小微企业融资风险补偿资金,通过风险分担方式承担中小微企业融资风险补偿责任,同时规范了风险补偿资金的使用管理,提高了财政资金使用绩效。《广州市关于促进金融科技创新发展的实施意见》鼓励银行业金融机构利用人工智能、云计算、区块链等金融科技技术创新金融产品服务,探索开展智能放贷业务,提升自助业务智能化水平及监管的及时性和有效性;鼓励和支持证券公司、期货公司、基金公司等资本市场类金融机构利用金融科技降低成本,提高资源配置效率;鼓励小额贷款公司和融资担保公司等相关企业运用金融科技手段提高经营管理能力、服务效率和风险控制能力。《广州市蔬菜种植气象指数保险实施方案(试行)》提出了以蔬菜规模化种植经营主体为试点对象、蔬菜为试点标的、以气象指数为依据的蔬菜种植灾害风险保障体系,通过政府财政补贴等调控手段,引导蔬菜种植户参加政策性蔬菜种植气象指数保险,增强蔬菜种植抗风险能力,促进了蔬菜产业的发展。

2019年,广州市先后制定印发了《关于金融支持乡村振兴战略的实施意见》《关于推进广州市林权抵押贷款工作的指导意见》《关于支持我市民营上市公司稳定发展的若干措施》《广州市科技型中小企业信贷风险损失补偿资金池管理办法》《广州市民营上市公司纾困风险补偿暂行管理办法》《广州市关于促进供应链金融发展的实施意见》。其中,《关于金融支持乡村振兴战略的实施意见》从金融服务支持力度、货币信贷政策、多层次资本市场、综合保险体系等方面鼓励金融机构完善农村金融服务体系;通过加大信贷资源倾斜力度、加强对乡村区域的保险资源投放、发挥财政政策导向功能和财政资金支持作用引导资源向农村地区流入。《关于推进广州市林权抵押贷款工作的指导意见》积极鼓励各类银行业金融机构开展林权抵押贷款及其相关业务,解决广州市林业融资难、变现难的问题,助力林农脱贫致富。《关于支持我市民营上市公司稳定发展的若干措施》鼓励金融机构加大对民营企业的支持力度,引导金融机构和社会资本设立相关基金,拓宽民营上市公司融资渠道。《广州市科技型中小企业信贷风险损失补偿资金池管理办法》通过信贷风险损失补偿资金池引导和鼓励商业银行加大对科技信贷支持力度。《广州市民营上市公司纾困风险补偿暂行管理办法》通过民营上市公司纾困风险补偿机制，对纾困方的损失给予一定补贴，引导鼓励社会资本纾解广州民营上市公司实际控制人股票质押融资面临的困难。《广州市关于促进供应链金融发展的实施意见》鼓励小额贷款、融资担保、商业保理、融资租赁、大宗商品类交易场所等地方金融机构服务供应链上下游中小微企业，强化普惠金融功能。

  2020年，为应对新冠肺炎疫情的冲击，广州市先后印发了《关于支持中小微企业在打赢疫情防控阻击战中健康发展的十五条措施》《广州市坚决打赢新冠肺炎疫情防控阻击战努力实现全年经济社会发展目标任务的若干措施》《关于应对疫情影响进一步支持中小微企业健康发展的若干措施》。其中，《关于支持中小微企业在打赢疫情防控阻击战中健康发展的十五条措施》提出要加大金融对中小微企业的支持，制定了确保信贷余额和户数不下降、确保融资成本有所降低、综合运用金融支持工具、市属金融企业加大支持力度、减免企业税费、优化税费办理、加大财政支持等十五条措施。《广州市坚决打赢新冠肺炎疫情防控阻击战努力实现全年经济社会发展目标任务的若干措施》提出要利用市场化机制建立广州市应急转贷机制，支持银行增加对中小微企业的续贷，积极化解企业资金周转困难；配合国家支持小微企业再贷款、再贴现政策的实施，建立普惠贷款风险补偿机制，激励银行业机构敢贷愿贷能贷，促进中小微企业健康发展。《关于应对疫情影响进一步支持中小微企业健康发展的若干措施》提出要用好用足国家面向中小银行再贷款再贴现政策，引导银行设立更多面向中小微企业的贷款产品；充分发挥广州市普惠贷款风险补偿机制作用，引导银行机构加大对中小微企业投放信用、应收账款和知识产权质押等类别的信贷产品；充分利用广州市应急转贷机制，支持银行增加对中小微企业的续贷，积极化解企业资金周转困难。

表 4-1 2016—2019 年广州普惠金融相关政策

年份及政策方向	主要相关内容	政策文件
2016年 正向激励	1. 按照统一系统的模式，建立"广州市中小微企业信用信息和融资对接平台"，打通政务网、金融城域网与互联网的信息交互，实现中小微企业的信用信息查询、信用评级、网上申贷以及融资供需信息发布、撮合跟进。遴选多家金融机构设立"广州市中小微企业小额票据贴现中心"，对中小微企业持有的小额商业汇票进行贴现或质押融资。认定广州股权交易中心、中小微企业金融服务区、民间金融街、新三板挂牌公司定向增发路演询价平台等一批市级中小微企业公共（融资）服务示范平台。与中小微企业融资风险补偿资金试点金融机构开展信用贷款试点合作。鼓励银行和融资性担保机构利用统一登记平台开展新型抵质押物融资。支持和引导金融机构建设农村金融服务站，为农村地区提供存取款、支付、汇兑、咨询、培训及其他自助金融服务及公共便民服务。稳步推进资金互助合作社试点。引导农业银行、邮政储蓄银行、广州农商行等涉农金融机构在农村建设乡村助农取款点 2. 加快推进各区农村土地承包经营权、宅基地使用权和农民住房所有权确权登记颁证工作，完善农村产权抵押登记制度，建立农村产权流转交易平台。加强对"政银保"合作农业贷款业务的指导，加大支持力度。鼓励金融机构在农村地区普及网络银行、手机银行业务，支持银行机构和第三方支付机构加快农村支付体系建设，优化农村地区业务办理和支付环境。积极推进各涉农区综合征信中心建设，依托人民银行征信系统和广州市公共信用信息管理系统，推广使用人民银行广州分行"广东省农户信用信息系统"，建立涉农综合性信用信息共享机制	《创新完善中小微企业投融资机制十条工作措施》《广州市推进农村普惠金融发展实施方案》
2016年 财政支持	1. 市促进中小微企业发展专项资金以补助方式支持中小微企业和金融机构积极应用信用评级结果。按照"政府主导、专业管理、市场运作"的原则，由市属国有金融类控股集团出资 10 亿元设立一家专门开展中小微企业融资再担保业务的再担保机构，市财政分 2 年配套支持 3 亿元，市促进中小微企业发展专项资金分 4 年每年支持 5000 万元给予扶持，争取在 2020 年注册资本达到 15 亿元以上。按照"政府引导、市场运作、专业管理、防范风险"的原则，市财政出资 5 亿元设立市中小企业发展基金，争取国家和省中小企业发展基金支持，吸引民间资本参与，以股权投资方式支持先进制造业、电子信息业、生产性服务业、战略性新兴产业等领域的中小企业 2. 市促进中小微企业发展专项资金按规定对试点信用贷款给予一定比例的贴息补助。推广省妇联、省财政厅、人民银行广州分行联合实施的"妇女创业小额担保贷款贴息项目"，充分发挥财政资金引导作用 3. 在金融发展专项资金中每年统筹安排 3000 万元农村金融发展资金，用于对各类机构开展涉农金融业务给予奖励补贴以及对建设农村金融服务站、信用村、发展政策性涉农保险项目、完善农村金融组织体系、建设农村金融基础设施和优化农村普惠金融发展环境等给予补贴	

(续表)

年份及政策方向		主要相关内容	政策文件
2016年	风险补偿	选择与担保公司、保险公司、小贷公司、融资租赁公司、广州股权交易中心等开展业务的银行进行合作，补偿资金对合作银行为中小微企业提供融资担保类、保证保险类、融资租赁类等贷款所产生的本金损失进行有限分担补偿，贷款损失分担比例不超过20%。补偿资金对区级财政、国有企业直接或间接出资新设或增资的风险补偿资金或融资担保机构，按照不超过区级财政和国有企业出资额40%的比例给予资本投入支持，并委托地方出资单位代为履行出资人职责。对符合条件的保险机构、担保机构、小贷公司、广州股权交易中心开展的中小微企业融资担保业务或融资业务，根据担保融资额或融资额情况按规定给予一定比例补助。以中小微企业信用信息对接平台为基础，有效打通第三方支付、点对点网络贷款（P2P）等互联网金融与信用信息平台间通道，探索建立"多位一体"互联网融资风险分担机制，支持中小微企业利用互联网平台实现直接融资	《创新完善中小微企业投融资机制十条工作措施》《广州市推进农村普惠金融发展实施方案》
	政策性保险	扩大政策性涉农保险覆盖面，积极开展水稻、果业、能繁母猪、渔业、森林、农房等政策性农业保险，鼓励开办具有地方特色的涉农保险项目，探索建立巨灾保险制度	
2017年	保险支持中小微企业	支持中小微企业降低融资成本。支持更多保险机构、商业银行参与政策性小额贷款保证保险试点，为无抵（质）押、无担保的中小微企业提供信用增级和保险支持，缓解中小微企业融资难、融资贵问题	《关于促进广州保险业进一步支持实体经济发展的工作方案》
	保险支持三农	有条件的部门和区可考虑对政策性农业保险中农户自交保费部分进行全额补贴，提升现有各项涉农险种的保障水平，争取覆盖农业生产的物化成本。服务广州现代都市农业和国际种业中心建设，开展具有现代都市农业特色的农产品安全责任保险、农业基础设施保险、种业保险等政策性农业保险试点。探索农产品价格指数保险、农产品收入保险试点。稳步扩大"保险+期货"试点，运用农产品期货、期权等工具对冲有关风险，研究建立农业保险巨灾风险基金的可行性。引导商业保险机构有针对性地发展农村小额人身保险、农户信用保证保险等业务，缓解农民"因病返贫"和农户"融资难，融资贵"问题。推进"支农、支小"试点，通过保险资产管理产品对接农户、农业合作社、小微企业和个体经营者的融资需求	

(续表)

年份及政策方向		主要相关内容	政策文件
2018年	风险补偿	对合作银行为中小微企业提供新增融资担保类产品所产生的本金损失进行有限风险补偿，每笔贷款损失分担比例不超过10%，单笔贷款中纳入风险补偿资金分险的本金最高不超过500万元（含本数），单户贷款中纳入风险补偿资金分险的本金最高不超过1000万元（含本数）	《广州市中小微企业融资风险补偿资金管理暂行办法》《广州市关于促进金融科技创新发展的实施意见》《广州市蔬菜种植气象指数保险实施方案（试行）》
	金融科技创新	鼓励银行业金融机构在管理、运营、服务全流程推广人工智能、云计算、区块链等金融科技技术应用，在依法合规、风险可控的前提下依托金融科技技术优化和创新金融产品服务，支持银行业金融机构探索开展智能放贷业务。鼓励和支持证券公司、期货公司、基金公司等资本市场类金融机构运用现代信息技术开展金融科技创新，降低成本，提高资源配置效率。鼓励小额贷款公司运用大数据、云计算、人工智能等金融科技手段对借款人进行精准营销、额度授信及高风险客户识别等风控管理。推动融资担保公司通过大数据、人工智能等金融科技手段筛选偿付能力和意愿高的企业开展融资担保业务，降低经营风险。支持第三方支付、融资租赁、典当、商业保理等金融相关企业运用金融科技提高经营管理能力、服务效率和风险控制能力	
	政策性保险	蔬菜种植保险方案采取气象指数定损模式，选取对蔬菜种植生长过程中影响较大的气象因素"暴雨、大风"作为气象指数保险理赔触发条件。根据广州市气象部门发布的相关气象证明或报告，当暴雨或大风达到保险触发条件时，保险公司即按照约定向被保险人支付保险赔款。保险理赔触发条件为：暴雨：日降雨量≥100mm；大风：日最大风速7级及以上，其中一个条件触发即发生保险理赔	

(续表)

年份及政策方向	主要相关内容	政策文件
2019年 支持民营及中小企业发展	1. 由市地方金融监管局牵头，中央驻穗金融监管部门、市相关部门、市工商联共同参与，建立民营上市公司融资问题协调对接机制，针对民营上市公司融资发展方面的实际困难和问题，打造政府、企业、金融机构三方沟通协调平台，将沟通协调工作常态化、制度化 2. 积极协调中央驻穗金融监管部门，支持金融机构对符合授信条件且有市场、有前景、有竞争力但遇到暂时经营困难的民营上市公司继续予以资金支持，按照市场化、法治化原则区别对待，分类采取支持措施。在广州国发集团等市属国有企业出资30亿元组建国资产业并购基金的基础上，充分发挥杠杆撬动作用，引导金融机构和社会资本共同参与，形成总规模200亿元的民营上市公司并购纾困基金。支持广州地区符合条件的金融机构发行金融债券，募集资金专门用于纾解民营上市公司融资困境和股票质押风险。风险损失补偿资金池用于推动银行加大对科技型中小企业的贷款支持，对合作银行为科技型中小企业提供贷款所产生的本金损失进行有限补偿。为引导社会资本纾解广州民营上市公司实际控制人股票质押融资面临的困难，建立民营上市公司纾困风险补偿机制，对纾困方（包括但不限于专门设立的民营上市公司纾困基金）向民营上市公司及其实际控制人进行纾困投资中发生的损失给予一定补贴 3. 鼓励银行业金融机构发起设立供应链金融专营机构、事业部和特色分支机构，增强开展供应链金融服务的力量，利用互联网、大数据等技术完善风控体系建设，创新在线金融产品和服务，将更多信贷资源向供应链核心企业的上下游中小微企业倾斜。小额贷款、融资担保、商业保理、融资租赁、大宗商品类交易场所等地方金融机构应密切服务实体经济，强化普惠金融功能，将服务产业发展作为根本出发点和落脚点，围绕产业供应链的资金融通提供优质服务	《关于金融支持乡村振兴战略的实施意见》《关于推进广州市林权抵押贷款工作的指导意见》《关于支持我市民营上市公司稳定发展的若干措施》《广州市科技型中小企业信贷风险损失补偿资金池管理办法》《广州市民营上市公司纾困风险补偿暂行管理办法》《广州市关于促进供应链金融发展的实施意见》

(续表)

年份及政策方向	主要相关内容	政策文件
2019年 支持三农发展	1. 健全现代农村金融服务体系。引导涉农银行业金融机构建立三农金融服务专门机制，提供特色化、差异化的三农金融服务。支持其他商业银行优化农村地区布局，扩大农村地区服务网点覆盖面。优化货币信贷政策支农机制。充分发挥支农再贷款、再贴现等货币政策工具导向作用。拓宽多层次资本市场支农渠道。支持优质涉农企业到境内外证券交易所发行股票上市或到"新三板"、广东股权交易中心挂牌融资，在银行间市场和交易所市场发行债务产品融资。加强三农综合保险体系建设。实施城乡居民基本养老保险基础养老金正常调整机制，稳步提高城乡居民基本养老金水平；逐步提高城乡居民医保参保人的待遇水平。加大信贷资源倾斜力度。协调加大涉农地区信贷投放，为三农提供低成本的融资支持，缓解三农融资难题。加强对乡村区域的保险资源投放。鼓励保险公司以委托投资等形式运用保险资金支持农村基础设施建设，为农民群众生产经营提供流动资金支持。充分发挥财政政策导向功能和财政资金支持作用。通过投资补助、基金注资、担保补贴、贷款贴息等方式优先支持农业农村重点项目，鼓励和引导金融资本、社会资本更多地投向农业农村 2. 继续做好集体林地承包确权登记颁证工作。完善林业企业、林业合作社、林业经营户、林农等涉林经营主体的林权确权工作，确保各经营主体可以依法获得林权类不动产权证。理顺和规范我市林权抵押贷款流程，建立林权登记、林业资产评估、林权抵押贷款、林权流转交易、林权收储、风险管控的制度体系，出台森林资源资产评估管理办法、森林资源资产抵押贷款管理办法等政策性文件。依托广州农村产权交易所等机构建立林权信息发布、林权资产评估、林权抵押贷款、林权交易等多功能的统一服务平台。支持各类金融机构和专业贷款组织针对林业发展特点，在风险可控和商业可持续的前提下，积极推进林权抵押贷款业务。建立处置和化解不良贷款长效机制。通过广州市林权交易所等流转平台，处置集体林权抵押贷款中出现的不良贷款，化解贷款风险。研究探索建立我市林业贷款财政贴息制度，完善财政补贴政策，按实际贷款规模和年限给予林业贷款贴息	《关于金融支持乡村振兴战略的实施意见》《关于推进广州市林权抵押贷款工作的指导意见》《关于支持我市民营上市公司稳定发展的若干措施》《广州市科技型中小企业信贷风险损失补偿资金池管理办法》《广州市民营上市公司纾困风险补偿暂行管理办法》《广州市关于促进供应链金融发展的实施意见》

(续表)

年份及政策方向	主要相关内容	政策文件
2020年 支持中小微企业抗击疫情	1. 广州地区各银行机构（下同）加大对中小微企业的支持，对受疫情影响较大的企业，银行不得盲目抽贷、断贷、压贷，对疫情期间到期的贷款，鼓励银行展期或续贷。引导、推动全市银行机构依托"粤信融""中小融"等平台，提高银企对接效率和融资服务效能 2. 鼓励各银行机构通过压降成本费率，加大对中小微企业的支持力度，确保2020年上半年小微企业和个人经营性贷款综合融资成本低于2019年同期。针对受疫情影响较大的餐饮、住宿、旅游、商贸、交通等行业，鼓励银行机构在原有贷款利率水平基础上降低10%以上 3. 用好人民银行提供的低成本再贷款资金，支持政策性银行加大对中小微企业的支持，引导全国性商业银行在穗分支机构下沉服务重心。市、区两级政策性融资担保公司应取消反担保要求，对受影响的中小微企业担保费率较去年同期水平下调1个百分点，市融资再担保公司取消再担保收费，相关经费由财政予以补助。鼓励小额贷款、典当、融资租赁、商业保理等地方金融机构对受疫情影响的中小微企业，增加贷款额度、延长贷款周期、缓收或减免费，对执行情况好的地方金融机构对其在监管评级、人才评定等方面给予支持。推动我市各类政府基金对暂时受影响的中小企业开展投资，相关投资情况一年内不纳入国资考核 4. 广州银行、广州农商银行等地方法人金融机构应积极对接广州地区中小微企业的融资需求，2020年计划新增中小微企业贷款570亿元，并全面下调新投放中小微企业贷款利率，比去年同期利率整体下调幅度不低于10%。对与防疫工作直接相关的企业和受疫情直接影响较大的企业，提供更加宽松的授信条件和利率优惠 5. 加大金融支持力度。用好国家专项贷款优惠政策，协助更多疫情防控重点保障企业获得国家政策资金支持。利用市场化机制建立广州市应急转贷机制，支持银行增加对中小微企业的续贷，积极化解企业资金周转困难。配合国家支持小微企业再贷款、再贴现政策的实施，建立普惠贷款风险补偿机制，激励银行业机构敢贷愿贷能贷，促进中小微企业健康发展 6. 用好用足国家面向中小银行再贷款再贴现政策，引导银行机构通过调整绩效考核办法、优化追责机制、提高不良容忍度等措施，设立更多面向中小微企业的贷款产品，以优惠利率向中小微企业提供贷款支持，对受疫情影响到期还款暂遇困难的中小微企业给予展期、续贷。充分发挥广州市普惠贷款风险补偿机制作用，引导银行机构加大对中小微企业投放信用、应收账款和知识产权质押等类别的信贷产品；充分利用广州市应急转贷机制，支持银行增加对中小微企业的续贷，积极化解企业资金周转困难	《关于支持中小微企业在打赢疫情防控阻击战中健康发展的十五条措施》《广州市坚决打赢新冠肺炎疫情防控阻击战努力实现全年经济社会发展目标任务的若干措施》《关于应对疫情影响进一步支持中小微企业健康发展的若干措施》

说明：课题组整理。

资料来源：广州相关政策文件。

（二）广州普惠金融发展概况

1. 广州中小微企业金融服务概况

融资难、融资贵、融资慢的问题一直制约着中小微企业的发展，近年来，广州通过颁布引导政策、完善普惠金融组织结构、加大普惠金融信贷优惠、加强金融产品和金融服务创新大力推动解决广州市中小企业的融资困境。如表4-2，截至2019年12月末，广州地区中小微企业服务区有337家，中小微企业贷款余额为13153.32亿元，2016—2018年，广州地区中小微企业服务区数量变化不大，但中小微企业贷款余额在逐年攀升。

表4-2 广州中小微企业金融服务概况

指标	2016	2017	2018	2019
中小微企业金融服务区（家）	333	337	339	337
中小微企业贷款余额（亿元）	9874.59	11257.07	13153.32	—

说明：2019年广州中小微企业贷款余额数据缺失。
资料来源：2017—2020年广州金融白皮书。

从促进小微企业发展的金融专营机构和服务平台方面来看，2018年，广州不断推动银行机构针对民营和小微企业设立专营的服务部门，工商银行等设立了普惠金融事业部，中国银行、建设银行和浦发银行等设立了科技金融服务中心，中国银行、广州银行、平安银行、招商银行和中信银行等设立了多家科技支行，广州银行和广州农商银行等设立了小微企业金融部等，各银行的金融专营机构使得小微企业的金融服务精细化、更专业化和多样化，通过精准对接，不断优化小微企业的金融服务，能够极大地提升小微企业金融服务的质量。此外，广州还不断推进广州民间金融街、广州中小微企业金融服务区的集聚发展，为中小微企业提供综合金融服务，"粤信融（广州）"平台和"中小融"平台的推广应用，健全了信用信息体系，加快了金融机构审批流程。

从具体金融服务内容来看，财政支持上，2019年广州市本级财政共投入专项资金80.75亿元支持包括民营企业、小微企业等各类企业发展，其中，安排投入5亿元设立再担保机构，每年安排1.5亿元资金为广州市中小微企业融资提供普惠式贴息和补助。普惠金融产品上，2018年，渣打银行广州分行为小微企业提供"无抵押小额贷款""一贷全"等特色小微企业贷款产品；2019年，中国建设银行广州分行与广州市规划和自然资源局合作首创"普惠金融e登记"，实现"不动产线上办理"，缩减小微企业办理相关业务的时间，压缩融资时间；广州银行推出"成长贷"，给予最高200万元贷款额度；"宅E经营贷"和"快抵E贷"等产品专门服务小微企业，提升了服务效率。①

2.广州农村金融服务概况

农村地区由于经济发展程度差，金融素质不高，金融机构在农村地区经营的成本高、风险大，这导致农村地区金融机构稀少，金融服务可获得性不高。近年来，广州市印发颁布了《广州市推进农村普惠金融发展实施方案》《关于金融支持乡村振兴战略的实施意见》等指导性政策文件，大力推进农村普惠金融发展，不断优化农村普惠金融服务环境，形成了具有一定特色的广州农村普惠金融模式。

数据显示（如表4-3、图4-2），2019年，广州地区农村金融服务站共238家，从2016—2019年来看农村金融服务站数量变化不大，但是涉农贷款余额每年增幅较大，2018年广州涉农贷款余额2305.7亿元，同比增长54.16%。

---

① 除特别说明，本小节数据和材料均来源于2017—2020年广州金融白皮书。

表 4-3　2016—2019 年广州农村金融服务概况

指标	2016	2017	2018	2019
农村金融服务站（家）	226	238	238	238
涉农贷款余额（亿元）	1382.4	1492.1	2305.7	—

说明：2019 年广州涉农贷款余额数据缺失。
资料来源：2017—2020 年广州金融白皮书。

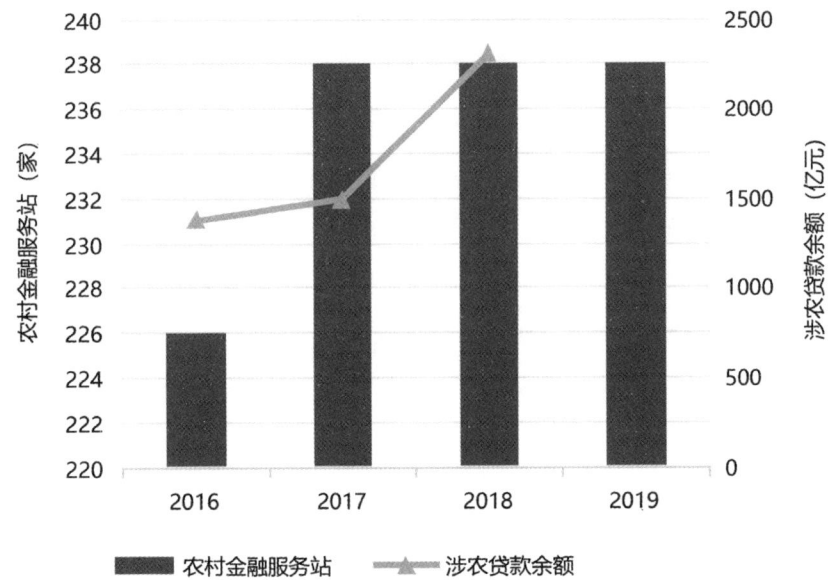

图 4-2　2016—2019 年广州农村金融服务概况

资料来源：2017—2020 年广州金融白皮书。

从广州金融机构来看，在针对三农的金融产品上，2018 年，珠江金融租赁公司创新推出"土地经营权抵押＋股权质押"的金融产品，2018 年总投放金额为 35.21 亿元，其中三农业务总投放金额 5.25 亿元，占比为 14.91%；广汽汇理汽车金融有限公司实行"农户贷"简易审批政策，共为农村客户提供贷款 2525 笔，总贷款额为 1.79 亿元。在支持农村建设上，2018 年，增城地区依托助农取款服务点推动银保合作，积极开展"助农取款＋政策性民生保险"业务，有效改善农村居民金融服务体验。2019

年，中国农业发展银行广东省分行加大对农业农村基础设施的贷款支持力度，新增政策性业务贷款147.08亿元。

从政府投入来看，财政支持上，2017年，广州市财政安排支持农村金融建设资金1970万元、政策性涉农保险保费补贴1248.03万元、农业产业化贷款贴息2091万元；2018年，广州市财政下达2000万元专项资金，对农业龙头企业、种业企业、"菜篮子"企业、农民合作社等农业生产的经营主体贷款进行贴息，扶持农业产业化发展。政策性保险一直是广州市支持三农发展的重要手段之一，2018年实施《广州市政策性水产养殖保险试点实施方案》，承保淡水养殖3138.94万条，提供风险保障1.5亿元，受益规模养殖户134户次；面向农业企业、种养大户提供支农融资累计贷款资金760万元。截至2019年，广州已有政策性保险20余种，覆盖水稻、水果、畜牧、水产等。截至2019年12月底，政策性农村住房保险承保农户数636024户，承保保费322.85万元，合计为农户提供553.2亿元的住房风险保障，年度保险覆盖率达到99.99%；蔬菜投保面积2.33万亩，为蔬菜种植户提供了1.12亿元的风险保障。①

3. 广州小额贷款行业概况

近年来，广州小额贷款公司发展迅速，服务实体经济和民生普惠能力不断提升，传统小贷公司主要发展供应链金融业务服务上下游中小微企业，互联网小贷公司借助人工智能、大数据风控等金融科技，拓展了普惠金融的广度和深度。

表4-4显示，2020年，广州小额贷款公司共有116家，其中，互联网小额贷款公司有41家，而近几年的数据也显示，互联网公司是广州小额贷款公司的主力军。图4-3显示，2020年广州小额贷款公司主要控股股东是民营资本。

---

① 除特别说明，本小节数据和材料均自源于2017—2020年广州金融白皮书。

表 4-4　2016—2020 年广州小额贷款公司和互联网小额贷款公司数

单位：家

指标	2016	2017	2018	2019	2020
广州小额贷款公司数	93	106	107	112	116
广州互联网小额贷款公司数	27	41	41	41	41

资料来源：2017—2020 年广州金融白皮书、广州市小额贷款行业协会。

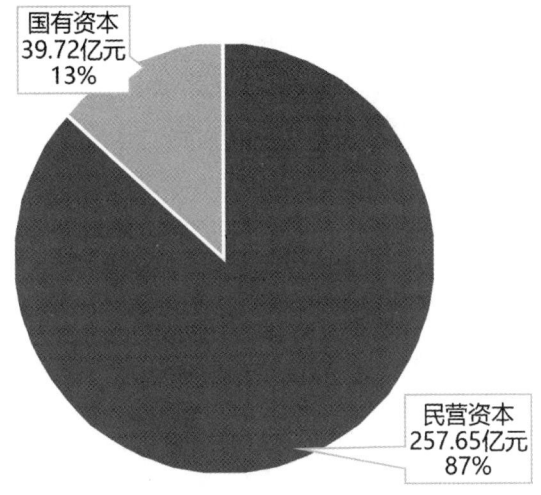

图 4-3　2020 年广州小额贷款公司控股股东构成资本

资料来源：广州市小额贷款行业协会。

2016 年，广州有 93 家小额贷款公司，注册资本合计 170.47 亿元，贷款余额 154.40 亿元；2017 年，广州有 106 家小额贷款公司，注册资本合计 212 亿元，贷款余额 190 亿元；2018 年，广州有 107 家小额贷款公司，注册资本合计 258.1 亿元，贷款余额 252.2 亿元；到 2019 年，广州有 112 家小额贷款公司，注册资本合计 270.1 亿元，贷款余额 242.1 亿元；2020 年，广州有 116 家小额贷款公司，注册资本合计 297.37 亿元，贷款余额 302.6 亿元（如图 4-4）。小额贷款公司的发展也使得资本的投放不断增加。

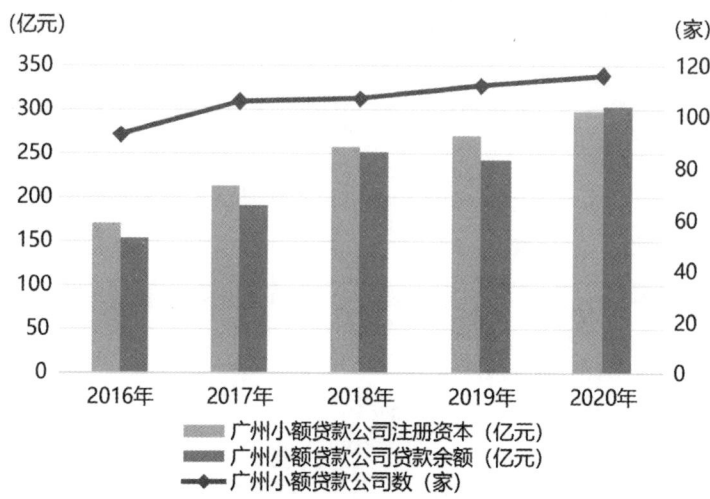

图 4-4　2016—2020 年广州小额贷款公司概况

资料来源：2017—2020 年广州金融白皮书、广州市小额贷款行业协会。

从小额贷款公司借款主体的贷款余额来看（如图 4-5），2020 年，广州小额贷款公司主要贷款对象为个人，涉农贷款较少，小型企业占 18%。

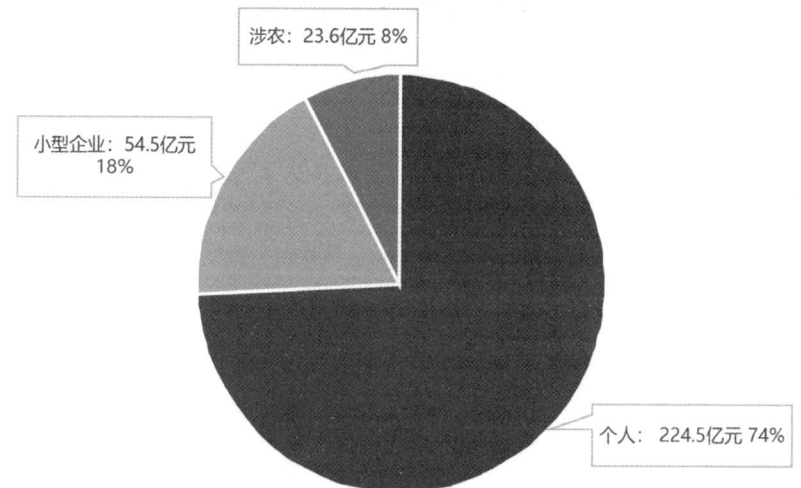

图 4-5　2020 年广州小额贷款公司借款主体贷款余额

资料来源：广州市小额贷款行业协会。

（三）广州普惠金融发展存在的问题

1. 商业可持续性有待发展

普惠金融的核心是金融服务小微企业、服务三农、服务弱势群体，但是普惠金融风险大、边际成本高，商业可持续性一直是坚持普惠金融最大的问题。一方面，金融机构主要利润来自 20% 的客户，还有一大部分客户，金融机构从中获取的利润少、风险大，因此，在普惠金融领域投入过大，利润和资产质量就可能受到影响，这样就给从事普惠金融的金融机构带来了各种压力。另一方面，利率持续下降空间不足，普惠型小微企业贷款的平均利率已接近银行内部的资金保本线，加上银行管理成本，银行的普惠金融贷款业务就可能出现亏损。目前广州在普惠金融的商业可持续性上还有很多不足，还需要继续创新普惠金融模式，增加金融机构利润，降低风险，使普惠金融持续健康发展。

2. 金融服务覆盖率不足

广覆盖的金融服务网点能够增强金融服务的可获得性，如表 4-5，从银行业金融机构的网点数来看，广州的网点数从 2016 年的 2926 家降到了 2019 年的 2860 家；从农村金融服务站数来看，广州的服务站数量基本稳定在 238 家；从社区金融服务站数来看，2019 年广州社区金融服务站数降到 475 家，下降幅度较大；从小额贷款公司数来看，2016—2019 年广州小额贷款公司数稳定小幅度增加。社区或农村金融服务站主要提供自助存取款、转账支付、金融服务咨询、金融知识普及等基础金融服务，银行业金融机构网点能够提供存贷款等金融服务，随着广州人口的不断增加，社区或农村金融服务站和银行业金融机构网点的减少会导致金融服务可获得性变差。

表 4-5 2016—2019 年部分广州金融服务机构概况

单位：家

指标	2016	2017	2018	2019
农村金融服务站数	226	238	238	238
社区金融服务站数	560	591	589	475
银行业金融机构网点数	2926	2919	2883	2860
小额贷款公司数	93	106	107	112

资料来源：2017—2020 年广州金融白皮书。

3. 征信体系尚待完善

在建立信用信息上，2019 年，广州成功上线运行了广东省征信查询安全管理平台，接入了所有辖内中国人民银行征信服务网点及自助查询设备，接入了 8 家征信系统接入机构，通过实时采集数据，应用预警模型，实施对各查询用户查询行为的监控。同时广州积极探索"粤信融（广州）"平台广州市政府信息共享专项工作联席会议制度，协调各相关部门授权同意共享数据，建立信息共享目录。截至 2019 年末，粤信融（广州）平台已为广州地区 51 家银行机构开通 2.2 万个用户，覆盖网点 2905 个。①

但广州目前的信用信息平台比较单一，征信受到很多方面的限制，

---

① 数据和资料来源：《2020 年广州金融白皮书》。

信息不对称等仍然是广州普惠金融面临的关键难题。广州中小微企业数量庞大，农村地区环境复杂，企业信息复杂，农村征信困难，已有的征信体系还无法满足广州普惠金融的发展要求。

二、广州普惠金融发展水平分析与比较

（一）广州普惠金融发展水平分析

本章借鉴杨明婉等（2019）对普惠金融发展水平的测算，遵循综合性、适用性、通俗性、可操作性四个原则，同时参考陈志炎（2019）、廖展浩等（2019）和杨望等（2020）构建的普惠金融发展水平评价指标体系，结合测算实际情况以及数据可得性，构建了如表4-6所示的普惠金融发展水平测算指标体系，该指标体系主要分为金融服务可获得性、金融服务使用度、金融服务质量三个维度。

金融服务可获得性主要衡量地区金融机构的设置与网点人员配置是否能满足该地区客户获取金融服务的基础要求，其二级指标包括地理覆盖面以及人口覆盖面，具体的指标有每平方公里金融机构营业网点数量、每平方公里金融从业人员数量、每平方公里小额贷款公司数、每平方公里小额贷款公司服务人数、每万人金融机构营业网点数量、每万人金融从业人员数量、每万人小额贷款公司数、每万人小额贷款公司服务人员数。

金融服务使用度主要衡量金融服务的实际使用情况是否有广度及深度，其二级指标包括存贷款情况、证券市场情况、保险情况，具体的指标有人均金融机构各项存款余额、人均金融机构各项贷款余额、人均小额贷款公司贷款余额、人均股票筹资额、人均债券筹资额、保险密度。

金融服务质量主要衡量金融产品与服务能否满足客户的需求。其二级指标包括贷款服务质量、保险服务质量，具体的指标有小微企业贷款余额占各项贷款余额比重、涉农贷款余额占各项贷款余额比重、保险深度。

表 4-6　普惠金融发展水平分析指标

一级维度	二级维度	具体指标	单位	指标来源
金融服务可获得性	地理覆盖面	每平方公里金融机构营业网点数量	家/平方公里	杨明婉等（2019）
		每平方公里金融从业人员数量	人/平方公里	杨望等（2020）
		每平方公里小额贷款公司数	家/平方公里	陈志炎（2019）
		每平方公里小额贷款公司服务人数	人/平方公里	陈志炎（2019）
	人口覆盖面	每万人金融机构营业网点数量	家/每万人	杨明婉等（2019）
		每万人金融从业人员数量	人/每万人	杨望等（2020）
		每万人小额贷款公司数	家/每万人	陈志炎（2019）
		每万人小额贷款公司服务人员数	人/每万人	陈志炎（2019）
金融服务使用度	存贷款情况	人均金融机构各项存款余额	万元/人	廖展浩等（2019）
		人均金融机构各项贷款余额	万元/人	廖展浩等（2019）
		人均小额贷款公司贷款余额	万元/人	陈志炎（2019）
	证券市场情况	人均股票筹资额	万元/人	陈志炎（2019）
		人均债券筹资额	万元/人	陈志炎（2019）
	保险情况	保险密度	元/人	廖展浩等（2019）
金融服务质量	贷款服务质量	小微企业贷款余额占各项贷款余额比重	%	杨明婉等（2019）
		涉农贷款余额占各项贷款余额比重	%	杨明婉等（2019）
	保险服务质量	保险深度	%	廖展浩等（2019）

1. 广州普惠金融服务可获得性

如表 4-7 所示，从普惠金融服务可获得性来看，2016—2020 年，每平方公里小额贷款公司数在稳步增长，每平方公里小额贷款公司服务人数从 2019 年开始有所下降，每万人小额贷款公司数在 2017 年提升较多，2018—2019 年变化不大，2020 年有所下降，每万人小额贷款公司服务人员数同样在 2017 年提升幅度较高，2020 年下降幅度较大。除 2020 年受到新冠肺炎疫情影响，广州的小额贷款公司整体来说发展势头良好，并且能够满足广州新增人口的需求。广州每平方公里金融机构营业网点数量变化不大，每平方公里金融从业人员数量 2016—2018 在逐年上升，2019 年迅速下降，每万人金融机构营业网点数量和每万人金融从业人员数量都处于逐年下降状态，这表明虽然整体上金融机构营业网点数量和金融从业人员数有所扩张，但是发展速度还跟不上广州人口的增长。所以在普惠金融服务可获得性方面，广州的小额贷款行业发展状况良好，但是金融服务的可获得性整体在降低。

表 4-7　2016—2020 年广州普惠金融服务可获得性

指标	2016	2017	2018	2019	2020
每平方公里金融机构营业网点数量（家/平方公里）	0.394	0.393	0.388	0.385	—
每平方公里金融从业人员数量（人/平方公里）	15.831	16.157	16.374	11.371	—
每平方公里小额贷款公司数（家/平方公里）	0.013	0.014	0.014	0.015	0.016
每平方公里小额贷款公司服务人数（人/平方公里）	0.294	0.372	0.393	0.392	0.373
每万人金融机构营业网点数量（家/万人）	2.084	2.013	1.934	1.869	
每万人金融从业人员数量（人/万人）	83.807	82.848	81.674	55.230	
每万人小额贷款公司数（家/万人）	0.066	0.073	0.072	0.073	0.062

(续表)

指标	2016	2017	2018	2019	2020
每万人小额贷款公司服务人员数（人/万人）	1.556	1.906	1.960	1.906	1.484

说明：2020 年广州金融营业网点数量、金融从业人员数量数据缺失。

资料来源：Wind 数据库、广州市小额贷款行业协会、《广州统计年鉴 2020》、国家统计局。

2. 广州普惠金融服务使用度

如表 4-8 所示，从普惠金融的服务使用度来看，2016—2019 年，广州人均金融机构各项存款余额、人均金融机构各项贷款余额均在逐年提升，这表明随着广州人口的增多，存贷款服务的使用度也在增加。2016—2018 年广州人均小额贷款公司贷款余额逐年提升，2019 年有所下降，但整体来说，发展状况良好。广州人均股票筹资额在逐年下降，保险密度于 2017 年有大幅度下降且后续比较震荡，这表明随着广州人口的增多，股票市场和保险业的发展没有跟上人口的增长速度，使用度在降低。此外，2020 年受到新冠肺炎疫情的影响，各项指标均有所下降。

表 4-8 2016—2020 年广州普惠金融服务使用度

指标	2016	2017	2018	2019	2020
人均金融机构各项存款余额（万元/人）	33.845	35.431	36.760	38.633	36.301
人均金融机构各项贷款余额（万元/人）	21.127	23.545	27.340	30.775	29.121
人均小额贷款公司贷款余额（万元/人）	0.110	0.131	0.169	0.158	0.158
人均股票筹资额（万元/人）	0.482	0.351	0.122	0.046	—
保险密度：保险收入/地区常住人数（元/人）	8269.600	7730.010	7736.740	9251.930	8007.989

说明：2020 年广州股票筹资额数据缺失。

资料来源：Wind 数据库、广州市小额贷款行业协会、广州市地方金融监督管理局、《广州统计年鉴 2020》、国家统计局。

3. 广州普惠金融服务质量

如表 4-9 所示，从普惠金融的服务质量来看，2016—2018 年，广州小微企业贷款余额占各项贷款余额的比重变化不大，涉农贷款余额占各项贷款余额的比重上升幅度较大，这表明广州提供的小微企业和涉农贷款在逐年增长，而涉农贷款余额比重的增加说明广州对三农发展的支持力度在加大，保险深度的下降与震荡说明广州的保险力度还没有跟上经济的发展速度。

表 4-9　2016—2020 年广州普惠金融服务质量

指标	2016	2017	2018	2019	2020
小微企业贷款余额占各项贷款余额的比重	33.28%	32.98%	32.28%	—	—
涉农贷款余额占各项贷款余额的比重	4.66%	4.37%	5.66%	—	—
保险深度：保险收入/GDP	5.92%	5.21%	5.04%	5.99%	5.98%

说明：2019 年、2020 年广州小微企业贷款余额、涉农贷款余额数据缺失。
资料来源：Wind 数据库、广州市地方金融监督管理局、《广州统计年鉴 2020》、国家统计局。

（二）广州与国内核心城市普惠金融发展水平比较

1. 普惠金融服务可获得性比较

如图 4-6，图 4-7，从地理覆盖面来看，广州每平方公里的金融机构营业网点数量和金融从业人员数量都少于上海和深圳，深圳在金融服务的地理覆盖面上远超广州、北京和上海。如图 4-8，图 4-9，从人口覆盖面来看，广州的每万人金融从业人员数量居四个城市首位且远超过第二的深圳，而广州的每万人金融机构营业网点数量每年均排名第二，且与第一名的北京相差较小。数据表明，广州金融服务的人口覆盖面较广，但与其他三个城市相比，地理覆盖面不够广，这会导致金融服务利用率不高，可获得性提升相对困难，所以广州还需要加大对偏远地区的金融基础设施建设，扩大金融机构网点的地理覆盖面，消除获得金融服务的地理障碍。

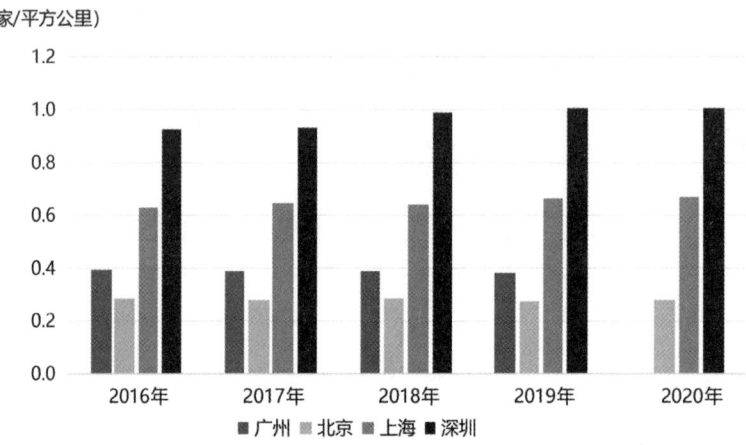

图 4-6　北上广深每平方公里金融营业网点数量

说明：2020 年广州数据缺失。
资料来源：Wind 数据库、《广州统计年鉴 2020》。

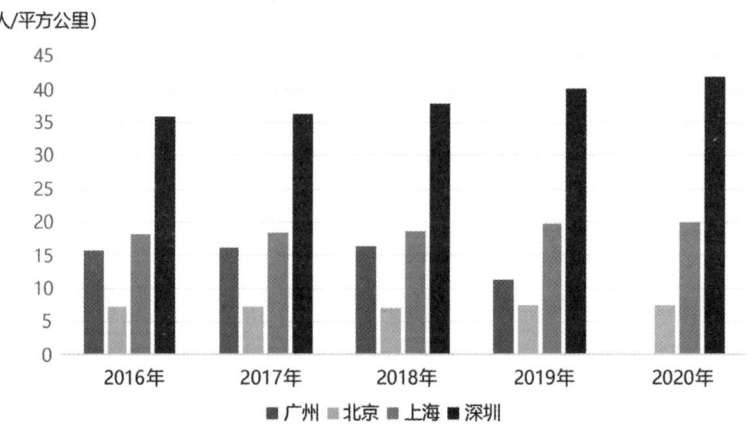

图 4-7　北上广深每平方公里金融从业人员数量

说明：2020 年广州数据缺失。
资料来源：Wind 数据库、《广州统计年鉴 2020》。

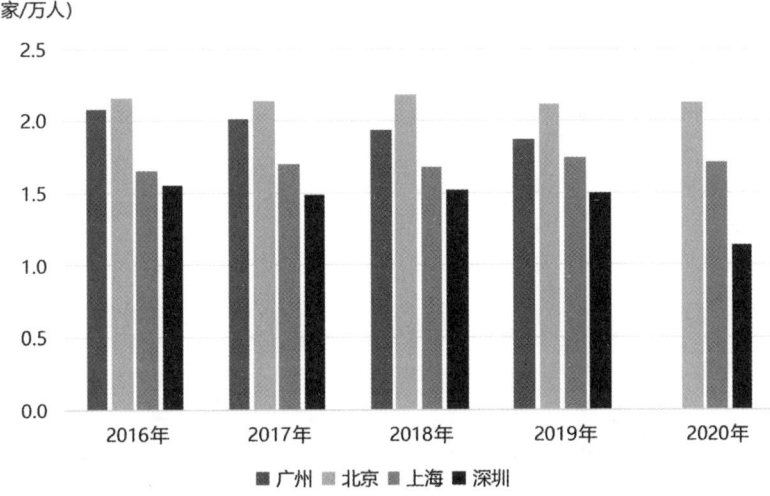

图 4-8　北上广深每万人金融营业网点数量

说明：2020年广州数据缺失。
资料来源：Wind数据库、《广州统计年鉴2020》、国家统计局。

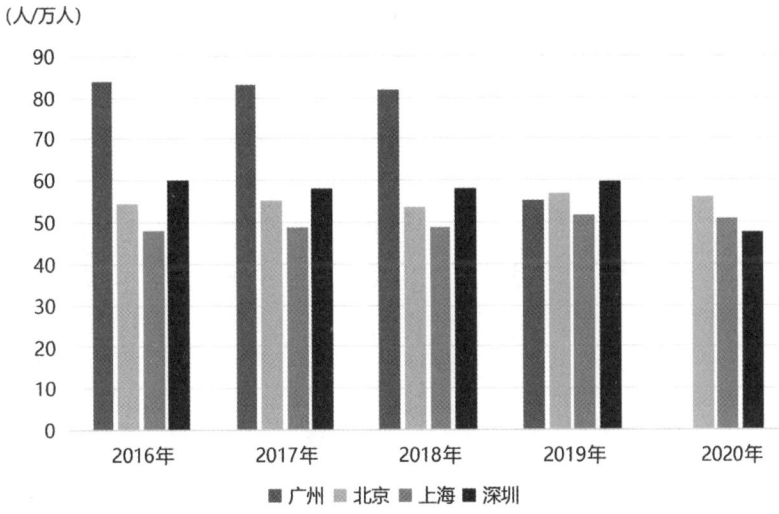

图 4-9　北上广深每万人金融从业人员数量

说明：2020年广州数据缺失。
资料来源：Wind数据库、《广州统计年鉴2020》、国家统计局。

从小额贷款行业来看（如图 4-10、图 4-11、图 4-12、图 4-13），相比北京和上海，广州的小额贷款公司和服务人数的地理覆盖面和人口覆盖面均处于领先地位，这表明广州的小额贷款行业的发展相对较好，中小企业和个人更容易获得小额贷款。

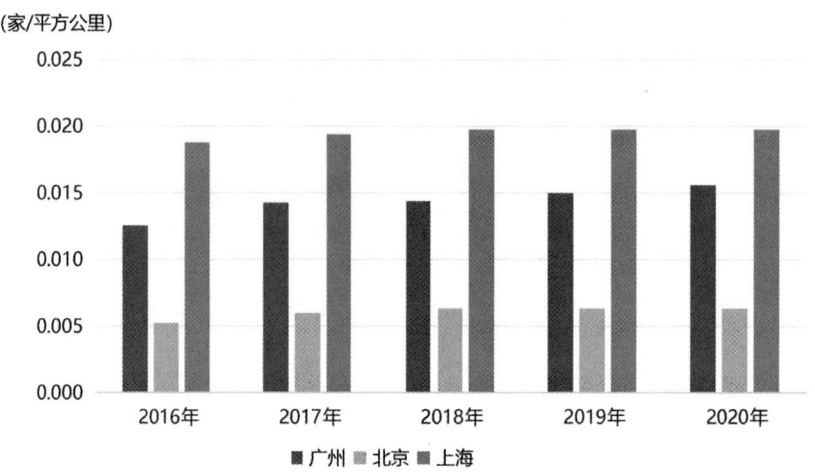

图 4-10　北上广每平方公里小额贷款公司数

资料来源：Wind 数据库、广州市小额贷款行业协会、《广州统计年鉴 2020》。

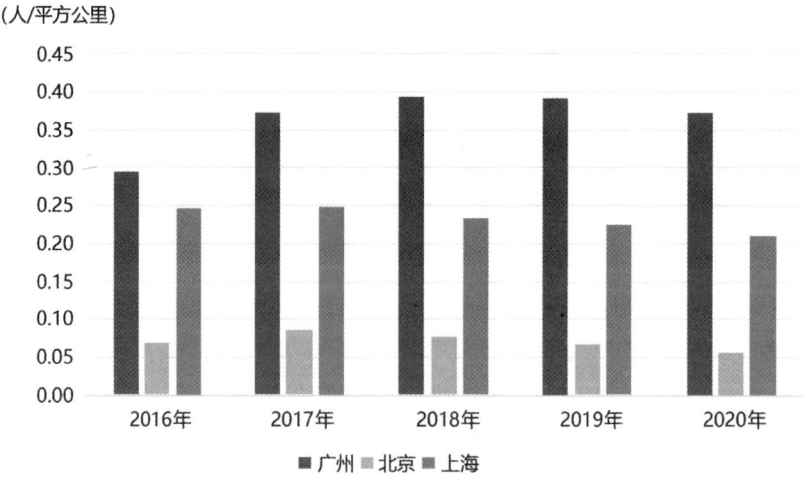

图 4-11　北上广每平方公里小额贷款公司服务人数

资料来源：Wind 数据库、广州市小额贷款行业协会、《广州统计年鉴 2020》。

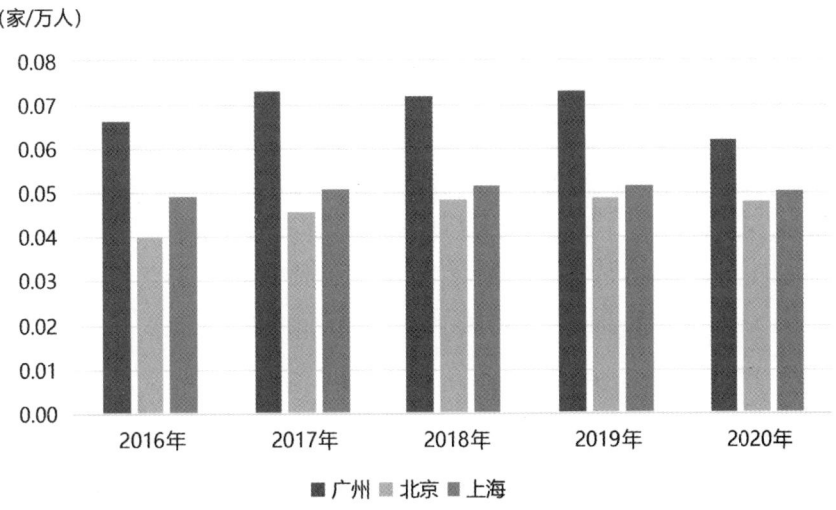

图 4-12　北上广每万人小额贷款公司数

资料来源：Wind 数据库、广州市小额贷款行业协会、《广州统计年鉴 2020》、国家统计局。

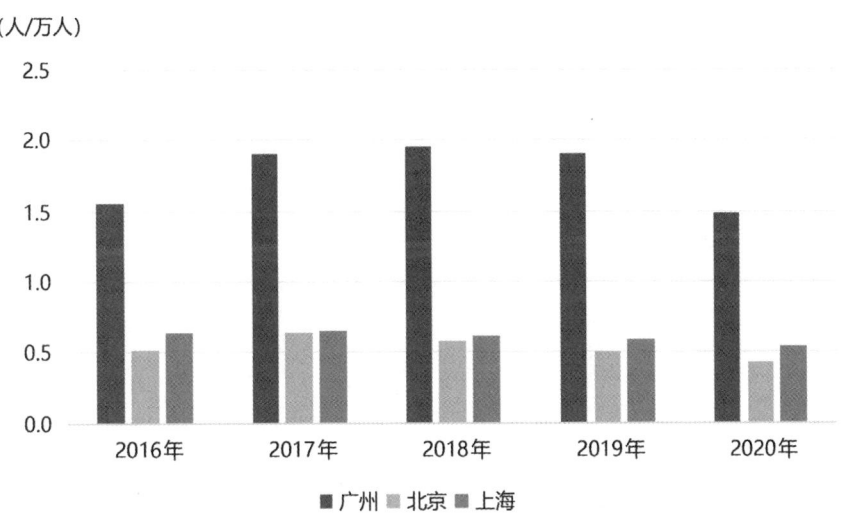

图 4-13　每万人小额贷款公司服务人员数

资料来源：Wind 数据库、广州市小额贷款行业协会、《广州统计年鉴 2020》、国家统计局。

2. 金融服务使用度比较

从存贷款情况来看（如图4-14，图4-15），广州的人均金融机构各项存款余额和人均金融机构各项贷款余额相比北京、上海和深圳处于相对落后的位置，金融机构存贷款的人均使用度不高，这与广州金融机构的地理覆盖面不广、金融服务的可获得性不高、以及本身的经济发展状况有一定的关系。

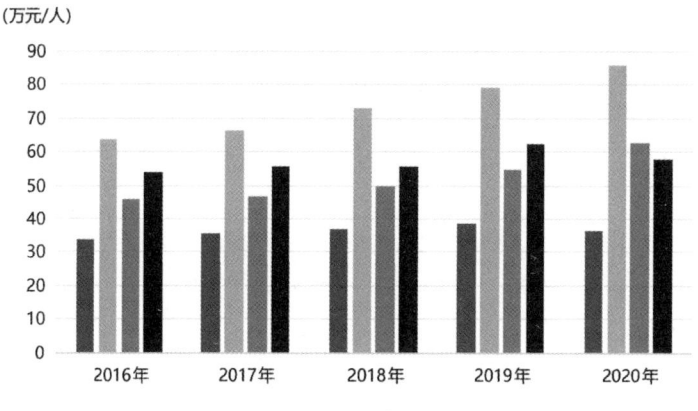

图4-14 北上广深人均金融机构各项存款余额

资料来源：Wind数据库、国家统计局。

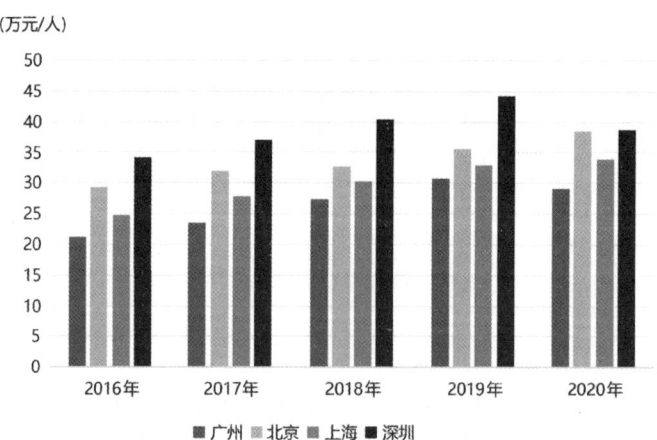

图4-15 北上广深人均金融机构各项贷款余额

资料来源：Wind数据库、国家统计局。

从保险市场和证券市场来看(如图 4-16,图 4-17),广州的保险密度和人均股票筹资额都相对落后,这表明随着人口的逐年增长,广州的保险业和证券业并没有及时地覆盖新增人口,相比其他三个城市其使用度不高。

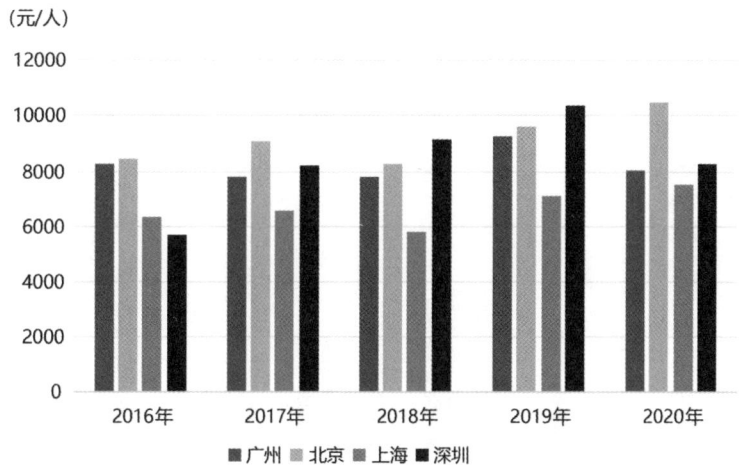

图 4-16 北上广深保险密度:保险收入/地区常住人数

资料来源:Wind 数据库、《广州统计年鉴 2020》、国家统计局。

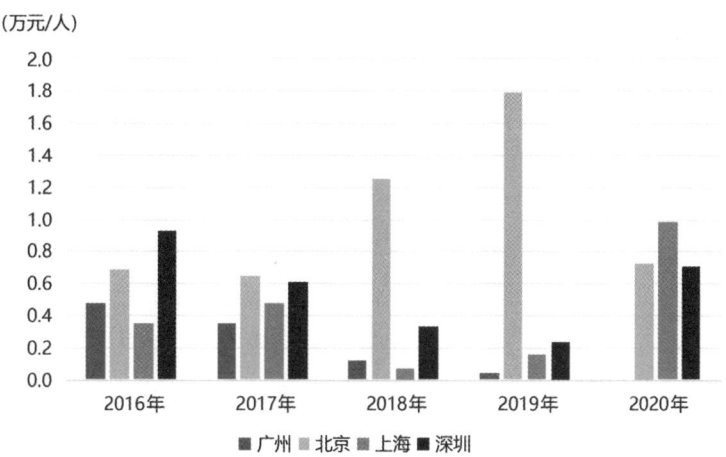

图 4-17 北上广深人均股票筹资额

说明:2020 年广州数据缺失。

资料来源:Wind 数据库、《广州统计年鉴 2020》。

3. 金融服务质量比较

从保险和贷款的服务质量来看（如图4-18，图4-19），2018—2020年广州的保险深度在北京、上海和深圳之中排名第二，说明广州保险的服务质量较高。而2016—2018年广州涉农贷款余额占各项贷款余额的比重在北京和上海之间均排名第一，且领先上海较多，这表明广州对农村普惠金融支持力度较大。

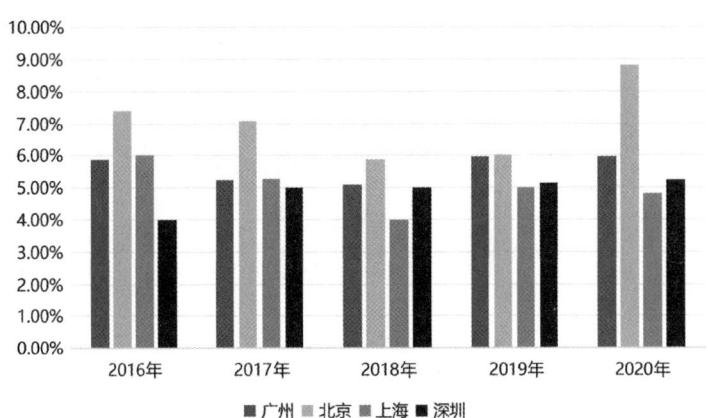

图4-18 北上广深保险深度：保险收入/GDP

资料来源：Wind数据库、《广州统计年鉴2020》。

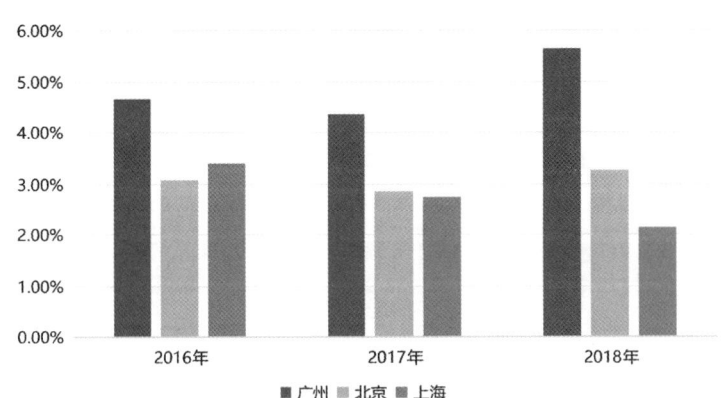

图4-19 北上广涉农贷款余额占各项贷款余额的比重

资料来源：Wind数据库、《广州统计年鉴2019》。

（三）广州普惠金融模式的特点

1. 完善的普惠金融配套政策措施

广州围绕国家和广东省关于大力发展普惠金融的决策部署，积极推进普惠金融政策环境的形成，仅 2019 年就先后制定印发《关于金融支持乡村振兴战略的实施意见》《关于推进广州市林权抵押贷款工作的指导意见》《关于支持我市民营上市公司稳定发展若干措施》《广州市科技型中小企业信贷风险损失补偿资金池管理办法》《广州市民营上市公司纾困风险补偿暂行管理办法》《广州市关于促进供应链金融发展的实施意见》等文件。针对中小微企业，通过政策引导金融机构和社会资本设立相关基金，拓宽民营上市公司融资渠道，引导鼓励社会资本纾解广州民营上市公司实际控制人股票质押融资面临的困难，从信贷、债券等渠道加大对小微企业融资的支持，引导更多资金向普惠金融领域倾斜；针对乡村振兴，解决了广州市林业融资难、变现难的问题，此外从金融服务支持力度、货币信贷政策、多层次资本市场、综合保险体系等方面鼓励金融机构完善农村金融服务体系，引导资源向农村地区流入。

财政引导方面，2017 年，广州市财政安排支持农村金融建设资金 1970 万元、政策性涉农保险保费补贴 1248.03 万元、农业产业化贷款贴息 2091 万元；2018 年，广州市财政下达 2000 万元专项资金，对农业龙头企业、种业企业、"菜篮子"企业、农民合作社等农业生产的经营主体贷款进行贴息，扶持农业产业化发展；2019 年，广州市本级财政共投入专项资金 80.75 亿元支持包括民营企业、小微企业等各类企业发展，其中，安排投入 5 亿元设立再担保机构，每年安排 1.5 亿元资金为广州市中小微企业融资提供普惠式贴息和补助。

此外，广州一直着重发展政策性保险，截至 2019 年，广州已有政策性保险 20 余种，覆盖水稻、水果、畜牧、水产等。截至 2019 年 12 月底，政策性农村住房保险承保农户数 636024 户，承保保费 322.85 万元，合计为农户提供 553.2 亿元的住房风险保障,年度保险覆盖率达到 99.99%;蔬菜投保面积 2.33 万亩,为蔬菜种植户提供了 1.12 亿元的风险保障。①

2. 多层次的普惠金融供给体系

广州作为经济较发达的城市之一,金融组织和机构丰富,在政府引导作用下,形成了多层次的普惠金融供给体系。

银行机构方面,广州推动地区银行机构针对民营和小微企业设立专营服务部门,工商银行等设立了普惠金融事业部,中国银行、建设银行和浦发银行等设立了科技金融服务中心,中国银行、广州银行、平安银行、招商银行和中信银行等设立了多家科技支行,广州银行和广州农商银行等设立了小微企业金融部等,各银行的金融专营机构使得小微企业的金融服务更精细化。广州银行将支持民营小微企业发展作为总行战略目标,从制度建设、考核体系、信贷资源、融资成本、团队服务、产品创新等多方面支持普惠金融的发展,截至 2019 年 9 月末,广州银行小微贷款余额近 800 亿元。②中国农业银行广州分行形成"三农+小微"双轮驱动的普惠金融服务体系,截至 2019 年 10 月,近三年投放三农、涉农贷款超过 580 亿元,为小微企业提供了 300 多亿元信贷支持。③中国工商银行广州分行对小微企业客户给予重点倾斜和支持,并优先满足广大小微企业的融资需求,截至 2019 年 6 月底,中国工商银行广州分行小微客户融资余额已超过 350 亿元。④目前,广州地区银行大都对普惠金融重点

---

① 除特别说明,本小节数据与资料均来源于 2017—2020 年广州金融白皮书。
② 新浪财经.广州银行推动普惠金融大发展 助实体经济腾飞 [EB/OL].(2019-12-17) [2020-08-09].http://finance.sina.com.cn/roll/2019-12-17/doc-iihnzhfz6350993.shtml.
③ 新浪财经.农业银行广州分行普惠金融服务,"三农+小微"双轮驱动 [EB/OL].(2019-10-18)[2020-08-09].http://finance.sina.com.cn/roll/2019-10-18/doc-iicezzrr3011208.shtml.
④ 新浪财经.工商银行广州分行满足小微融资需求,推动普惠金融发展 [EB/OL].(2019-10-18)[2020-08-09].http://finance.sina.com.cn/roll/2019-10-18/doc-iicezuev2965718.shtml.

领域贷款给予相应内部资金转移的价格优惠。

其他机构方面，非银行金融机构、小额贷款公司、担保和再担保机构、村镇银行、资金互助合作社等金融组织形成了综合地方普惠金融组织体系。截至 2019 年 12 月底，广州市共有小额贷款公司 112 家，贷款余额 242.1 亿元，累计投放 490 亿元，累计投放笔数 705.5 万笔，平均贷款年利率约 14.6%；广州融资担保机构在保余额 310.12 亿元，其中小微企业和涉农融资担保余额 33.98 亿元、户数 43870 户；广州市 2 家资金互助合作社运行 5 年多累计放贷金额超 8200 万元，服务社员超 280 户。①

3. 创新多样的普惠金融产品

由于多层次的普惠金融供给和丰富的金融组织机构，广州的普惠金融产品具有创新多样、覆盖面广的特点。

浦发银行广州分行针对小微企业收到票据后融资难、融资贵问题，推出"票据贷"，针对中标政府采购项目的小微企业群体推出"投标易"等金融产品，此外，还推出了让不动产变成流动资金的"房抵快贷"。②

中国农业银行广州分行推出"数据网贷""链捷贷""微捷贷""税银通""结算通""工资贷"等六大创新信贷产品，为超过 3000 个小微企业提供信贷支持，2018 年成功落地"荔枝 e 贷"等 9 个快农贷项目，并创新推出"天禾农资惠农 e 贷"信贷模式，解决农民融资难问题。③

中国工商银行广州分行相继推出"网贷通""经营快贷""税易通""e 抵快贷"等线上智能融资产品，针对不同小微企业客户需求，创新推出"江南果蔬贷""花都助保贷""国际轻纺贷"等具有个性化的融资服

---

① 数据来源：《2020 年广州金融白皮书》。

② 新浪财经.浦发银行广州分行持续发力普惠金融　全面支持广东实体经济实现高质量发展 [EB/OL].(2019-04-11)[2020-08-09]. https://www.sohu.com/a/307207939_122877.

③ 新浪财经.农业银行广州分行　普惠金融服务，"三农+小微"双轮驱动 [EB/OL].(2019-10-18)[2020-08-09]. http://finance.sina.com.cn/roll/2019-10-18/doc-iicezzrr3011208.shtml.

务产品。截至 2019 年 6 月末,"e 抵快贷"累计为超过 2500 户小微客户提供了融资支持,"江南果蔬贷"等融资服务产品已累计为超过 130 户小微企业提供近 5 亿元的融资支持。①

中信银行广州分行推出的"票据贷"产品从发起普惠商票质押申请到放款最快可以在两天内完成,较好地解决了小微企业收到票据后的融资难、融资贵的问题;"政采贷"产品推动了银行、政府、企业的三方深入合作;"银税贷""科创贷""无还本续贷"等产品则从小微企业担保、科技型初创企业贷款、小微企业续贷期间资金压力等方面解决小微企业面临的困境。②

华夏银行广州分行在 2020 年疫情期间,针对因疫情影响造成企业复工困难的问题推出"复工贷"产品,为受困企业复工提供保障。针对受困企业在薪资支付等方面存在暂时困难,可能导致员工队伍流失的问题推出"放心贷"专项产品,为企业稳定员工队伍保驾护航。③

广州银行针对战略性新兴产业提出"科技贷""知易贷"等产品。针对科技型企业轻资产经营、缺少抵押品的情况,推出科技型小微企业免抵押专项融资产品"科技贷",以及专利权质押融资产品"知易贷";结合粤港澳地区内各地市差异化的科技信贷政策,推出"广州知易贷 5311 模式""中山知易贷""东莞科技贷""东莞知易贷"等符合当地风险补偿政策的科技金融创新产品。④

---

① 新浪财经. 工商银行广州分行满足小微融资需求,推动普惠金融发展 [EB/OL].(2019-10-18)[2020-08-09].http://finance.sina.com.cn/roll/2019-10-18/doc-iicezuev2965718.shtml.

② 新浪财经. 中信银行广州分行通过全渠道产品体系加快推进普惠金融发展 [EB/OL].(2018-12-14)[2020-08-09].http://yuqing.ycwb.com/2018/12/14/content_30152606.htm.

③ 新浪财经. 华夏银行广州分行全面实施普惠金融十项举措 [EB/OL].(2020-03-02)[2020-08-09].https://www.xkb.com.cn/article_606861.

④ 新浪财经. 广州银行推动普惠金融大发展 助实体经济腾飞 [EB/OL].(2019-12-17)[2020-08-09]. http://finance.sina.com.cn/roll/2019-12-17/doc-iihnzhfz6350993.shtml.

三、普惠金融创新案例

（一）凯得小贷"信用+创投"的投贷联动模式

1. 案例介绍

广州凯得小额贷款股份有限公司（以下简称"凯得小贷"）成立于2013年，是由广州开发区管委会直属国有企业广州开发区控股集团有限公司发起，联合市属国有企业及开发区内民营龙头企业共同设立的金融创新服务机构。凯得小贷坚持以打造广州市标杆小贷为目标，以服务实体经济、服务中小企业为己任，围绕"普惠贷款、投贷联动、金融增值服务"三大业务主线，实现了"标准化"与"投贷联动"协同发展的特色业务模式，建立起规范有序的类金融管理制度体系。在广东省（不含深圳）2020年度小额贷款公司"楷模"监管评级中，凯得小贷获评"AAA"机构；在广州市2020年传统小贷各项指标排名中，凯得小贷共有六项指标进入前十排名榜，其中贷款余额、利润总额两项指标排名第一。

凯得小贷以金融创新理念突破传统小贷模式，实现"从非标贷款向标准化贷款转型"和"从传统贷款向投贷联动模式转型"，创新搭建投贷联动业务模式、标准化产品体系、全面标准化风控体系及标准化营销形态。其中"信用+创投"的投贷联动模式创新开拓债股结合新市场，为科技型中小企业高质量发展提供了有力金融支持，该模式也被列为2020年"广州市信用创新应用案例"。

凯得小贷的投贷联动业务模式以成长型高科技企业为服务对象，采用"债权融资（凯得创投贷产品）+股权投资（子公司为主体）"的模式，由小贷公司为企业提供债权融资，企业提供股权的优先认购期权，在企业未来1~3年内（行权期视情况而定）的任一轮股权融资，凯得小贷的全资子公司均享有优先认购的权利（如图4-20）。

（1）设立投资功能子公司

在坚持主业的基础上，利用注册资本的 20% 开展投贷联动等股权投资业务，为了有效隔离风险，参照银行等金融机构的债股结合运作模式，通过已成立的子公司广州凯金创业投资有限公司（以下简称"凯金创投"）为主体进行投资。

（2）依靠贷款业务基础进行客户选择

通过主业经营过程积累了对企业初创期的资金需求、现金流结构、业务指标体系、风险类型、生态网络数据和投资等大量经验，同时，在对科技创新企业充分熟悉的基础上，进一步加深了对科技企业生命周期的深入认识和理解。针对有较为明确发展前景的创新成长型科创企业，向其提供附带优先入股权的贷款或授信的融资安排，以服务企业未来高速成长。

（3）尽职调查及项目实施

目标企业如果有通过投贷联动进行融资的意向，小贷公司便成立项目组深入了解企业的生产、经营情况，评估其发展潜力，明确合作细节，提出相应的投资建议并制定投资方案，经投资决策委员会审议通过后双方签订合同，公司与企业正式建立信用债权联结关系，由小贷公司发放贷款，同时客户向小贷公司的全资子公司提供股权的优先认购期权，即在未来 1~3 年内（视情况而定行权期）的任一轮股权融资中均享有优先认购股权的权利。

（4）贷后管理及期权行使

项目组在行权期内保持对企业经营的高度关注，如果出现问题及时提出对应解决方案并经批准后实施。若在行权期内企业经营成果满足股权投资条件，小贷公司选择行权，将企业债权融资转化为股权直接融资。

（5）投后管理及项目退出

利用小贷公司的专业知识、业务经验及丰富的相关产业资源，为企业提供相关增值服务，如组织架构设计、发展战略规划、核心成员辅导、薪酬或股权激励机制建立等，使得融资支持能力进一步增强，促使年轻科创企业之间探索合作联盟的形成，辅助企业更快更好发展。时机成熟或触发回购条件时，拟定退出方案，提交投资决策委员会审议通过后执行。

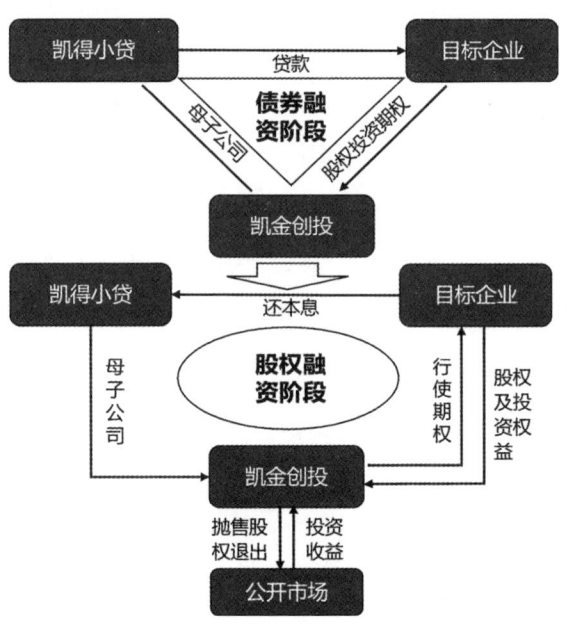

图 4-20 凯得小贷投贷联动业务模式流程图

以某电子公司项目为例。该公司在经营销售过程中均须垫付大额的资金，资金需求量极大。但该公司初创期因缺乏资产抵押，难从银行获得债权融资，同时从其 2015 年的经营数据来看没有估值优势，难以进行股权融资。凯得小贷自 2015 年就开始与该公司合作，对其提供多次债权融资。2016 年，该公司产品市场需求量激增，有着良好的发展前景，但是由于资金规模的限制，其业务量难以提升。在初设创投信用贷产品的背景下，凯得小贷以长期合作中对该公司的深入了解为基础，认为该公司的核心技术、产品、团队均具有很强市场竞争力，在不断向好的政策环境下，未来升值可能性极大。因此为其配置了"创投信用贷"产品，以2年期的优先股权投资权为前提向其发放1年期500万元贷款。及时的资金支持使该公司抓住政策红利，经营业绩迅速提升，突破了长久以来的发展瓶颈，业务量迈上一个新台阶。该公司2016年实现净利润同比增长142%。2017年，在投贷联动业务模式下，凯金创投对其投资880万元，投前估值3.5亿元；2018年由国家大基金领投1.5亿元，凯金创投追加2000万元投资，投后估值11.5亿元；2019年该公司启动上市计划；2020年9月完成股改，12月完成了上市前的最后一轮融资1.1亿元，投后估值23.1亿元，相较于凯金创投第一次投资时公司整体估值增长6倍，其投资方除了凯金创投外，还包括华登国际、国家大基金（华创）、粤财、小米等。目前该公司已办理辅导备案登记，预计2021年申报上市。若上市成功，将对公司业绩带来较大的积极影响。

凯得小贷自成立至2021年7月，累计发放贷款近40亿元，累计发放贷款笔数超2100笔，为超千家中小微企业及个人提供融资支持及服务，解决企业各种难题，有利于减轻企业压力，竭力为促进区域经济发展、扶持科技企业发展发挥功效。

表4-10　2018年至2021年6月凯得小贷贷款余额情况

时间	在贷余额（万元）	在贷笔数（笔）
2018年12月	36403	324
2019年12月	48137	472
2020年12月	50364	494
2021年6月	50532	459

新冠肺炎疫情期间，凯得小贷坚持奋战金融抗疫一线，第一时间推出系列"暖企"措施，助力企业平稳复工复产。

一是创设专属产品"抗疫贷""扶困贷"，扶持企业对抗疫情平稳复工；降低产品贷款利率，按现有同类产品标准下调20%利率（在区贴息政策下利息最高不超10%），降低企业资金成本；建立快速审批绿色通道，在资料齐全的情况下，从申请到放贷可在三个工作日内完成，帮助企业进行快速生产周转。

二是自动顺延，做好普惠金融服务。因疫情不便还款造成的逾期，进行顺延贷款期限调整，以正常类贷款处理，不视为违约，不收罚息及违约利息；对受疫情影响严重的客户，灵活调整还款安排，执行合理延后还款期限、分期偿还、减免利息罚息及复利等帮扶措施，其中对受疫情影响无法按时还利息的客户，1—6月均免收罚息。

三是主动回访原客户群体和区内企业受疫情冲击的情况，为其做好金融服务，如宣传申报补贴政策、申请相关银行补助贷款等金融咨询服务，为企业提供有温度、有速度的一站式金融顾问服务。

截至2020年12月，凯得小贷已发放"扶困贷""抗疫贷"5笔，为所有受疫情影响客户免收逾期付息复利，免收近70家客户逾期还贷罚息，为约50家客户申请展期，项目金额共计近2亿元。

2. 案例分析

作为一家小额贷款公司，凯得小贷面对不断变化的市场环境，始终有清晰的发展思路，经过七年来的经营，在开展小额贷款业务的基础上，打造出独具特色的商业模式，开拓出迈上资本市场的转型发展道路，进一步发挥区域科技金融服务功能，给小额贷款行业的发展探索出一条新的途径。

凯得小贷致力于为中小微企业提供融资服务，有效缓解金融配置失衡问题，优化金融资源的配置。其"信用+创投"的投贷联动业务模式解决了小额贷款公司发展中的两大问题（如图4-21）。

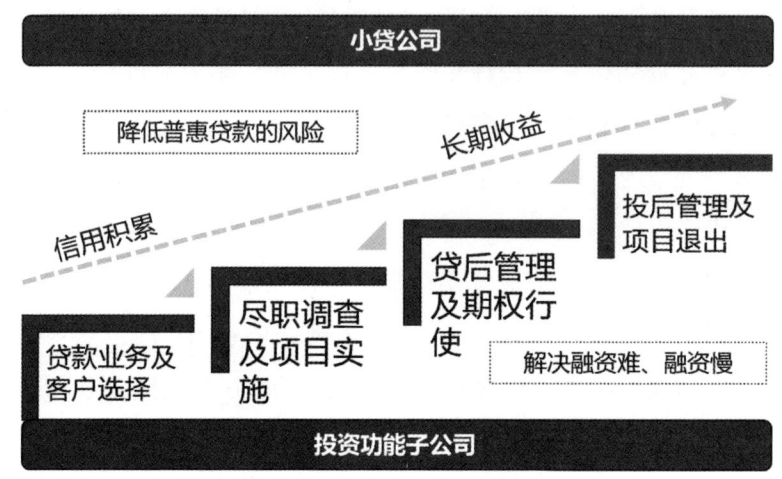

图4-21 凯得小贷投贷联动模式分析

第一，促进了小贷公司与企业的紧密联系，助力优质企业解决融资难、融资慢的问题。很多初创型科技企业具备核心技术、发展前景良好，却由于轻资产而无法取得银行贷款，同时又因为不具备股权融资的条件而处于困境之中。凯得小贷以这些高新技术、科技型、研发型等高成长性企业为对象，建立以信用为基础的新型债股结合的融资模式，给优质企业提供了新的融资渠道。对信贷机构而言，凯得小贷"信用+创投"的投贷联动业务模式的两种业务模式下的信息相互验证可以有效降低信息不对称性，进而降低交易成本，提高资源配置效率，同时充分发挥债权灵活进入、退出的特点。该模式下小贷公司与投资功能子公司紧密合作，实现了风险偏好与目标企业的一致性，大大缩短了决策流程。因此"信用+创投"的投贷联动模式成为初创企业融资的优选方式。

"创投信用贷"债权融资发放额超2.5亿元。凯得小贷创新推出"投贷联动"业务模式，实现了"债权与股权投资并行"的股债结合模式。截至2021年7月，凯得小贷已在该模式下为科创型企业发放"创投信用贷"债权融资支持超百笔、金额超 2.5 亿元。公司在成功突破自身业务模式的同时，竭力发挥了服务金融科技创新的功能。

表 4-11　2018—2021 年 6 月凯得小贷"创投信用贷"产品发放情况

时间	2018 年	2019 年	2020 年	2021 年 6 月
发放金额（万元）	7100	7690	6960	3550
发放笔数（笔）	32	38	24	13

"投贷联动"已投项目预期收益良好。凯得小贷的投贷联动业务模式有效突破了传统小贷经营模式，在扩展公司利润空间的同时也给中小微企业贷款模式提供了新的解决方案。该模式推行以来，已投项目预期收益良好。

表 4-12　凯得小贷投资项目预期收益

序号	项目名称	投资额（万元）	投资截至 2021 年 7 月估值（万元）	预计收益率
1	某电子公司	2880	7697	267.26%
2	某智能装备公司	820	—	—
3	某工业公司	985	1918	194.72%
合计		4685	9615	

第二，有效降低了普惠贷款的风险，提升了小额贷款公司的可持续发展性。长期以来，初创型企业由于资产轻，缺乏信用信息，而小额贷款公司为其提供贷款面临较大的风险，凯得小贷"信用+创投"的投贷联动业务模式挣脱了债权式投资与股权式投资的束缚，其核心是用企业高速发展过程中获得的投资收益抵补小贷公司贷款投放过程中的风险，

债权与股权动态结合可以规避企业投资中的大部分风险。

"投贷联动"已储备的投资期权具有较大发展潜力。截至2021年7月，凯得小贷投贷联动模式储备投资期权13家公司，合计已签署储备投资额1.1亿元；拥有的期权标的公司涵盖生物制药、电子科技、高端制造、互联网+、新能源等多个高新技术行业，科技含量较高。以下简述两个储备期权的企业。

一是某科技有限公司，储备期权金额1000万元。该公司是一家定位于为移动开发者服务的移动互联网广告营销服务提供商，致力于为移动互联网开发者提供全方位的生命周期服务，满足开发者多样化服务需求。2019年成功入选广州"未来独角兽"创新企业。

二是某科技有限公司，储备期权金额400万元。该公司是国内数字政府建设领域的自主创新型国家级高新技术企业，主营业务覆盖智能政务装备、5G+AI智能政务中心、政务信息化解决方案、信创政务产业、开发咨询和外包等领域；与阿里巴巴、腾讯、华为、中国电子等企业深入开展合作，并成为数字广东的战略生态伙伴，也是自助服务终端国家标准核心起草单位。

3. 经验借鉴

凯得小贷"信用+创投"的投贷联动业务模式可以有效缩短决策流程、降低投资风险和交易成本、提高资源配置效率、扩大融资规模，创新性地解决了普惠贷款的可持续发展问题，给中小微企业贷款模式提供了新的解决方案，广州大量的中小微企业需要解决融资的痛点，需要更多的普惠型贷款加入，凯得小贷的"信用+创投"的投贷联动业务模式给广州小额贷款行业的发展提供了启示。

第一，设立可联动的投资子公司，注重母子公司的密切合作，实现信贷流程与风投流程更紧密的结合。广州发展小额贷款行业可借鉴凯得小贷母子公司合作模式，从整体的风险与收益特征出发，如母公司凯得小贷与子公司凯金创投通过密切合作，实现信贷流程与风投流程同步结合，股权投资的投入退出与信贷融资相互配合，降低科创企业融资成本的同时提高投贷联动的成功率。

第二，以信用债权联结科技型初创企业，解决科技型小微企业发展过程中的融资痛点。广州小额贷款行业可借鉴凯得小贷通过债权的介入与企业建立直接、高效的信息对称机制，以优先期权投资为条件，可为企业提供信用债权融资，解决了企业因轻资产无法进行债权融资，且产品研发初期收入及利润未形成规模，如进行股权融资无法得到合理估值的难题。

第三，股权投资估值时点延后实现企业股权估值最大化。通过优先期权的融资模式，为企业提供资金支持的同时，将股权投资估值时点延后，在往后任意轮融资，资金提供方均有优先投资权利；而目标企业又可以在关键发展时点获得及时的资金支持。通过此方式，双方均可待企业发展前景明朗时进行股权估值及融资，从而使企业股权估值最大化。

（二）浙江网商银行基于生态场景的普惠金融发展模式

1. 案例介绍

网商银行作为中国首批试点的民营银行之一，自 2015 年成立就主要立足于服务小微客户和农村市场的普惠金融发展战略，网商银行没有实体营业网点，业务均借助互联网技术开展，其依托互联网大数据和人工智能技术的优势，解决小微企业和个人创业者融资难、融资贵以及农村地区金融服务匮乏的问题。作为一家互联网银行，网商银行一直在积极探索小微金融服务的新模式和新技术，为大量难以从传统金融机构获得支持的小微企业和农村提供金融服务。网商银行的普惠金融模式主要有两大特点：一是其自身定位的互联网模式；二是其独特的生态场景模式。

作为一家互联网银行，网商银行主要依托的是金融科技技术，其主要业务是小额贷款，客户对资金的需求频率高、额度小，在践行普惠战略的过程中，网商银行不断强化科技建设，增强科技能力，为客户提供便捷、快速、简单的金融服务。网商银行的产品主要有网商贷、旺农贷、余利宝等（如表4-13），其推出的"310"小微企业金融服务模式实现了3分钟申贷，1秒钟放款，全程0人工干预。另外，手机移动服务以及无线下网点的模式使得网商银行的服务可得性较强，运行成本低，商业可持续性得到了增强。而针对农村金融方面，网商银行利用科技逐步积累可用于信贷的涉农数据，并不断提升涉农数据化风控水平，有效解决了农村授信难、信贷风险大的问题。

表4-13　网商银行主要产品服务

产品类别	产品	主要业务
借款	网商贷	给电商平台卖家等小微企业提供贷款
	旺农贷	面对农村金融市场的服务产品
	信任付	由网商银行提供给小微企业经营者"先拿货、后付款"的采购后付服务
理财	余利宝	针对电商平台卖家提供的理财服务
票据贴现	网商贴	面向小微企业提供的电子银行承兑汇票在线贴现服务，个人支付宝扫码开通后，企业登录网商贴查得当前贴现利率，通过其他银行企业网银，向浙江网商银行在线发起贴现申请，贴现款项将直接打到客户持票账户
供应链金融	自保理	基于采购商对供应商的应付账款，对供应商提前结款的服务
	回款宝	基于供应商对采购商需要的应收账款，可快速提供资金回款的服务，有助于盘活资金，增加收益

说明：课题组整理。
资料来源：网商银行官网。

网商银行为阿里巴巴集团生态体系中的一员，是其最独特之处，也是其核心的竞争力。网商银行依托阿里巴巴集团生态体系（如图4-22），主要针对的是阿里巴巴 B2B（企业对企业）、淘宝、天猫、蚂蚁金服、支付宝等电子商务平台大量的小微商户和农村客户，向其提供网商贷、余利宝、网商贴等产品，而阿里巴巴、蚂蚁金服丰富的线上电子商务平台和线下支付宝收钱码等支付交易场景积累的大量日常经营数据有助于网商银行建立商户的风险模型，建立完善的征信体系，健全信贷授信机制，让这些通常无法在传统金融渠道获得经营性贷款的小微客户获得"金额小、期限短"的纯信用小额贷款及提供综合金融服务。

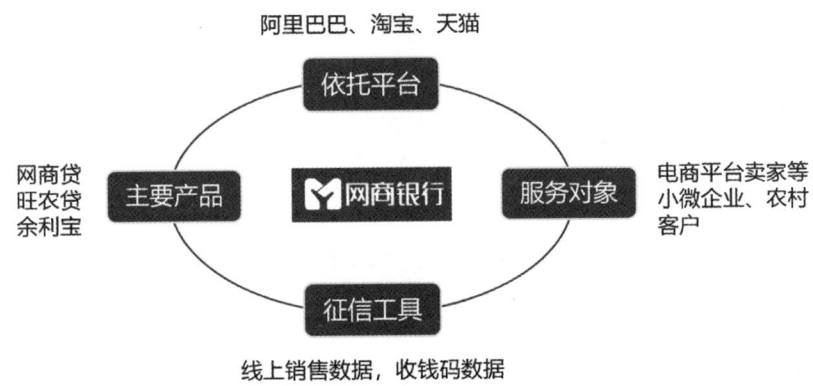

图 4-22　网商银行基本情况

说明：课题组绘制。
资料来源：相关公开资料。

网商银行 2020 年度报告显示（如表 4-14），截至 2020 年末，网商银行累计服务小微企业和小微经营者 3507 万户。其贷款余额 1269.08 亿元，不良贷款率 1.52%，资本充足率 11.89%。

表 4-14　2020 年网商银行基本财务情况

财务指标	数据
资产总额（亿元）	3112.56
负债总额（亿元）	2972.67

(续表)

财务指标	数据
存款余额（亿元）	1646.89
贷款余额（亿元）	1269.08
营业收入（亿元）	86.17
净利润（亿元）	12.86
不良贷款率（%）	1.52
资本充足率（%）	11.89

资料来源：网商银行2020年度报告。

2. 案例分析

与其他银行相比，网商银行主要围绕阿里巴巴的电商体系进行金融服务，同时作为一家互联网银行，网商银行既有着互联网银行普遍的优势，也有其独特的发展之道。

第一，网商银行突破"二八定律"，真正覆盖了"长尾用户"。从覆盖用户来看，传统的商业银行遵循"二八定律"，即80%的利润来自20%的主要客户来制定决策，在这个定律下，还有80%的客户较难获取金融服务，特别是一些"长尾用户"甚至从来没有获得过贷款，网商银行真正做到给"长尾用户"提供金融服务。网商银行自成立以来，服务的小微客户数量不断增加，2020年末已超过3500多万人（如图4-23），其中80%的客户从未在其他银行获得过经营性贷款。[1]和传统金融服务行业相比，网商银行服务的小微客户规模较小，但数量却很庞大，是真正的实体经济"毛细血管"。

---

[1] 澎湃新闻.网商银行：加大开放力度，未来5年发3000亿贷款的免息券[EB/OL].(2020-06-30)[2020-08-09]. https://baijiahao.baidu.com/s?id=1670903081301798429&wfr=spider&for=pc.

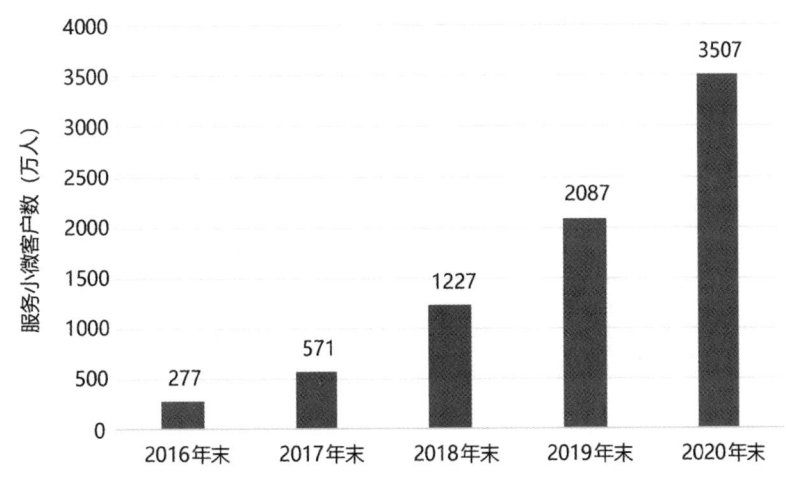

图 4-23　网商银行累积服务小微客户数

资料来源：网商银行 2016—2020 年度报告。

"长尾用户"的覆盖，主要得益于网商银行依托阿里巴巴、淘宝、支付宝等平台构建了完善的征信体系，根据罗煜等（2020）的研究，网商银行的授信数据来源包括两个方面：一是来自阿里巴巴、淘宝、天猫等电商平台的经营和交易数据。商家的经营数据可以帮助网商银行评估商家的盈利能力，据此评估其还款能力，而消费者的购买情况数据则可以反映出其消费能力，从而评估出个人的经济实力。二是来自支付宝的支付数据，一方面，消费者的支付数据可以作为授信依据，另一方面，扫码收款收集的线下交易流水数据能够构建商家的授信依据，这些因为体量小、线上数据缺乏等原因无法被准确评估信用的小微客户也日益能够获得相应的信贷服务。网商银行的征信模型主要采用依据小微企业的种类、历史交易、经营情况、同业地位等信息来推测其融资需求与未来还款能力的"水文模型"和从历史、行为、履约能力、人脉、身份五个维度来综合评估个人信用状况的"芝麻信用"体系。从户均贷款余额来看（如图4-24），至2020年6月末网商银行的户均贷款余额仅为3.6万元，这说明贷款客户还款及时，违约现象较少。

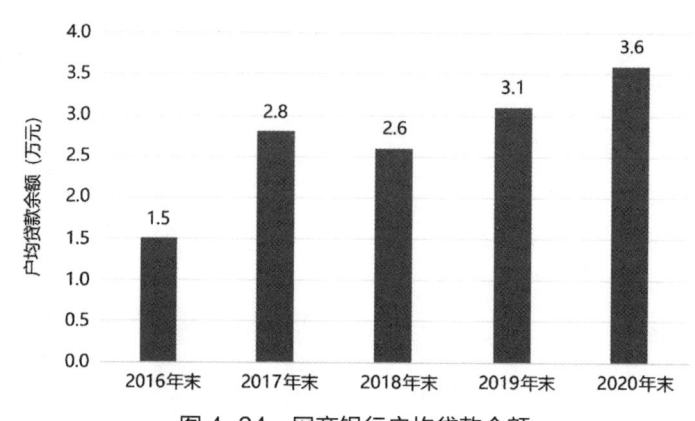

图 4-24 网商银行户均贷款余额

资料来源：网商银行 2016—2019 年度报告，2020 年 6 月数据来源于相关新闻报道①。

第二，网商银行依托金融科技手段，极大地简化了金融服务流程。首先，网商银行依托互联网开展业务，通过电脑或手机等移动客户端就能进行金融服务的申请，办理流程全自动化，全程无人工介入，且消费者在任何时间、任何地点都可以申请互联网存款、贷款以及其他金融服务。其次，网商银行的贷款实行的"310"模式，极大地简化了贷款流程，提高了贷款效率，能有效增加客户满意度。

第三，推动了自身商业可持续性的发展。一方面，网商银行完全在线上运行，无线下实体经营点，和传统银行相比，不仅节约了网点房租装修和固定资产等成本，还不需要雇佣太多服务人员来扩张和发展业务，极大地降低了金融服务成本。另一方面，依靠淘宝等电商平台的交易数据和支付宝的支付数据，网商银行借助人工智能技术能更全面地对服务对象进行授信，从而降低了违约风险。

3. 经验借鉴

浙江网商银行是典型的互联网银行，借助互联网大数据和人工智能

---

① 澎湃新闻.网商银行：加大开放力度，未来5年发3000亿贷款的免息券[EB/OL].(2020-06-30)[2020-08-09]. https://baijiahao.baidu.com/s?id=1670903081301798429&wfr=spider&for=pc.

技术提供金融服务，从服务的效率、"长尾用户"服务和商业可持续性来看，互联网银行都有着独特的优势。网商银行通过金融科技手段助力普惠金融发展，有很多值得广州借鉴的经验。

一方面，要深化"长尾用户"的金融服务，解决小店、农户等贷款难的问题，需要有广覆盖的征信体系。浙江网商银行依托阿里巴巴、支付宝、淘宝等电商平台的数据优势，建立了根据商户的资金交易数据进行授信的机制，突破了传统银行业的"二八定律"，为给社会的弱势群体提供金融服务提供了依据。广州要扩大金融服务覆盖面，首先就要完善征信体系，目前，广州成功上线运行了广东省征信查询安全管理平台，不断接入小额贷款公司、融资担保公司等小微金融机构，降低了小微金融机构的运营风险，也使得其可以给更广泛的客户提供服务，但要全面建成覆盖面较广的征信系统，广州还任重道远。

另一方面，广州目前没有互联网银行落户，但是传统银行业的转型，开放银行的大力建设是广州运用金融科技增强金融服务实体经济能力的重要机遇。浙江网商银行不仅是一家互联网银行，也是一家金融科技公司。运用金融科技，金融机构能够高效快速地完善金融产品供给。目前，广州注重金融科技的发展，金融科技也能有效提升普惠金融发展水平，是未来发展普惠金融的重要手段，广州在缺乏大型互联网科技公司的支持下，只能不断推进传统金融机构的转型升级，推动科技公司和金融机构的深入合作，以更好地提供金融服务。

（三）国家普惠金融改革试验区兰考县"一平台四体系"模式

1. 案例介绍

长期以来，农村地区因为信息不对称、缺信用、缺抵押陷入了融资难、融资贵的困局，金融服务受到了很多限制，大部分农村人口信用记录空白，除了储蓄业务，几乎从未获得过其他金融服务，这极大地限制了农村地区的产业发展和经济增长，也影响了脱贫致富，实现全面小康的国家战略推进。因此，让农村地区金融弱势群体能够享受到及时有效的金融服务，是一个亟待解决的问题。

2016年12月，国务院批准在河南省兰考县建设全国首个国家级普惠金融改革试验区[1]，经过不断地探索，兰考试验区在贫困农村地区的普惠金融发展上面走出了一条"以数字普惠金融综合服务平台为核心，以金融服务体系、普惠授信体系、信用信息体系、风险防控体系为基本内容"的"一平台四体系"普惠金融道路，基本达成了建立"多层次、广覆盖、有差异、可持续发展的金融组织体系"的预期目标。[2]

（1）构建数字普惠金融综合服务平台

兰考试验区利用线上数字普惠金融科技，建设了市场化运营的"普惠通"APP数字普惠金融综合服务平台。通过与银行、保险、证券、银联等机构合作，向全部金融机构开放，"普惠通"APP促进了农村金融服务的多元开放性，扩宽了普惠金融服务半径，丰富了金融业务场景，极大提升了农民的金融服务可选择性，有效解决了普惠金融落地过程中成本高、效率低、风控难的"最后一公里"问题。截至2019年9月，中国邮政储蓄银行兰考县支行、兰考农商行、中原银行兰考县支行的获客成本分别下降了15%、33%和23%，据中原银行兰考县支行测算，通过平台办理农民贷款业务，经营管理成本可以下降20.4%，通过平台申请，在符合贷款条件的情况下，比线下办理时间节省28.6%。[3]

---

[1] 中华人民共和国中央人民政府.全国首个普惠金融改革试验区落户兰考[EB/OL].(2016-12-29)[2020-08-09]. http://www.gov.cn/xinwen/2016-12/29/content_5154242.htm.

[2] 找寻破解普惠金融困境的有效途径——河南兰考县普惠金融"一平台四体系"模式的探索实践[EB/OL].(2019-07-17)[2021-07-30].https://www.12371.cn/2019/07/17/ARTI1563347508899516.shtml.

[3] 搜狐网.打破金融可得性"恶性循环"——普惠金融的"兰考模式"[EB/OL].(2019-09-26)[2020-08-09].https://www.sohu.com/a/343524479_481887.

截至 2019 年 11 月末,"普惠通" APP 下载量达 390 万人次,已上线 180 余家银行(含地方法人机构)的金融产品 900 余款,范围涵盖贷款、保险、理财、支付缴费、金融消费者权益保护等领域。[①]

(2)县、乡、村三级普惠金融服务体系

农村地区一般较偏远,金融知识的普及率不高,金融网点的建设成本高,这导致只有县、乡两级才有相应的银行网点,金融机构覆盖率低,金融需求得不到充分的满足。在农村地区构建完善的金融服务体系,为农村地区的普惠金融创造有利的外部环境,有助于推动农村产业发展,经济提升。针对上述问题,兰考试验区打造出县、乡、村三级普惠金融服务体系(如图 4-25),在县行政服务中心、乡镇便民服务中心、各行政村的党群服务中心分别设立普惠金融服务站,构造出"基层党建 + 就业扶贫 + 普惠金融"三位一体服务平台,集中提供包含基础金融服务、信用信息采集更新、风险防控协助、金融消费权益保护以及其他特色金融服务的"4+X"服务,提升服务效率。

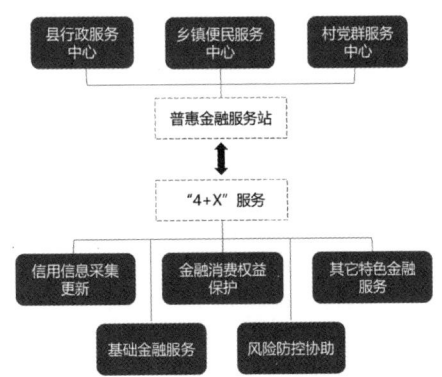

图 4-25　县、乡、村三级普惠金融服务体系

说明:课题组绘制。
资料来源:相关公开资料。

① 广州市普惠金融协会.普惠金融"兰考模式"入选中组部编写的《贯彻落实习近平新时代中国特色社会主义思想在改革发展稳定中攻坚克难案例》[EB/OL].(2019-12-31)[2020-08-09].https://www.gzphjr.org/zuixinzhcngce/xiaoexindai/505.html.

截至 2019 年 8 月末，兰考县已在党群服务中心建成"4+X"功能的村级服务站 454 个，基本实现"村村全覆盖"。普惠金融服务站办理现金取款业务 123.6 万笔 4.9 亿元，转账业务 2.7 万笔 7348.5 万元，小额人民币兑换业务 1.7 万笔 12.9 亿元，向企业、农户推荐贷款 2.6 万笔，协助银行入户调查近 6 万笔，协助银行贷后管理 5.2 万笔，发放普惠授信贷款 1.3 万笔 4.8 亿元，普惠授信不良贷款率为零。①

（3）创新普惠授信体系

农村地区多数居民未享受过金融服务，信用信息欠缺，兰考试验区基于"宽授信、严启信、严管理"的原则创新推出普惠授信产品，传统的"信用+信贷"模式需要信用信息，无法在农村地区开展，而普惠授信以"信贷+信用"的模式有效解决因信用数据缺乏而无法享受金融服务的现象。兰考针对符合条件的农户进行无条件、无差别的授信，先给予农户一定额度，如果农户需要资金发展生产就可以申请贷款，而对到期及时还贷的客户提高其信用额度，对违约用户由政府和银行进行联合惩罚，这种守信联合激励和失信联合惩罚的信用信贷相长机制有效解决了农村地区的信贷问题。

截至 2019 年 8 月末，兰考已有 16.03 万户（占 92.3%）农户信息、5708 户中小企业信息录入河南省农村和中小企业信用信息系统，并借助系统累计发放贷款 1.26 万笔、金额 4.75 亿元；已评定信用户 13.97 万户、信用村 318 个。2019 年 6 月末，兰考县金融机构不良贷款率为 2.16%，低于河南省平均水平 3.27 个百分点。②

---

① 搜狐网.打破金融可得性"恶性循环"——普惠金融的"兰考模式"[EB/OL].(2019-09-26)[2020-08-09].https://www.sohu.com/a/343524479_481887.

② 搜狐网.打破金融可得性"恶性循环"——普惠金融的"兰考模式"[EB/OL].(2019-09-26)[2020-08-09]. https://www.sohu.com/a/343524479_481887.

（4）优化农村信用环境

兰考试验区在普惠授信数据的基础上，发挥信用信贷相长机制，将地区居民纳入信用体系，在农户"用信"的过程中，完成相关信用信息的采集和更新，构建农村地区的信用体系，并与上一级政府机构以及相关金融机构合作，完善农村的征信机制，进而优化农村信用环境。截至 2019 年 11 月底，兰考已通过农村和中小企业信用信息系统录入 16.03 万农户信息、5708 户中小企业信息，92.3% 的农户有了电子信用档案。①

（5）建立分段风险防控体系

农村地区经济不发达，农业生产周期大，居民的金融安全意识淡薄，因此，金融机构在农村地区开展普惠金融工作成本高，风险大。为解决这一问题，兰考试验区通过建立"四位一体""分段分担"的新型风险分担机制，分摊了普惠授信过程中的风险，扫除了金融机构的后顾之忧。"四位一体"指的是银行、政府、保险、担保共担的贷款模式，通过向保险公司投保，由政府成立的风险补偿基金作为担保，使得银行提高相关信贷。"分段分担"机制将贷款不良率划分为 4 段（2% 以内、2%~5%、5%~10%、10% 及以上），在各个区间，银行、政府、保险、担保四个主体分别承担不同比例风险（如图 4-26），降低了银行的风险，保障了银行的利益，提高了普惠金融的可得性和持续性。

---

① 广州市普惠金融协会.普惠金融"兰考模式"入选中组部编写的《贯彻落实习近平新时代中国特色社会主义思想在改革发展稳定中攻坚克难案例》[EB/OL].(2019-12-31)[2020 08-09].https://www.gzphjr.org/zuixinzhengce/xiaoexindai/505.html.

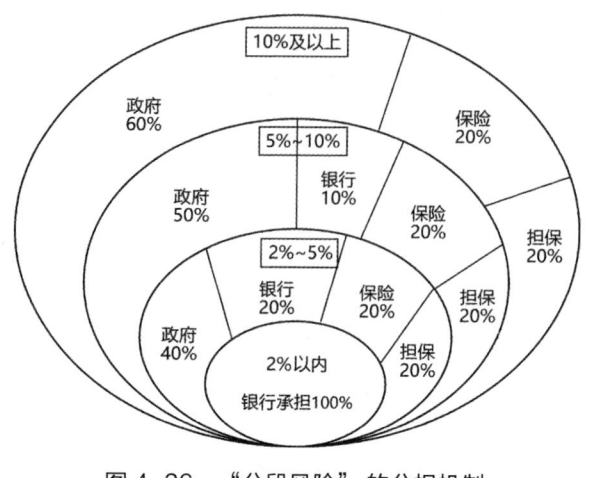

图 4-26 "分段风险"的分担机制

资料来源：孟令华（2019）。

截至 2019 年 11 月底，兰考县金融机构不良贷款率为 2.19%，低于河南省平均水平 1.15 个百分点。①

2. 案例分析

兰考试验区"一平台四体系"普惠金融模式具有多层次、广覆盖、有差异、可持续发展的特点，其创新性破解了很多长期困扰普惠金融发展的痛点、顽疾，真正打通农村普惠金融的"最后一公里"。"一平台四体系"通过聚合多方资源，精准发力，以数字普惠金融为核心，有针对性地解决了农村地区金融基础设施不足、信贷难、征信水平低、风险大的问题，扩大了金融服务的可得性、使用度和满意度。中国人民银行郑州中心支行的数据显示，2015 年兰考普惠金融指数在河南全省县（市）排名第 22 位，2017 年一跃至第一位②，2019 年 9 月末，兰考普惠金融指

---

① 广州市普惠金融协会.普惠金融"兰考模式"入选中组部编写的《贯彻落实习近平新时代中国特色社会主义思想在改革发展稳定中攻坚克难案例》[EB/OL].(2019-12-31)[2020-08-09].https://www.gzphjr.org/zuixinzhengce/xiaoexindai/505.html.

② 大河网."兰考模式"为普惠金融破题[EB/OL].(2018-11-01)[2020-08-09].http://newpaper.dahe.cn/dhb/html/2018-11/01/content_292275.htm.

数为 0.54，仍居河南省第一位。兰考的普惠金融道路独具特色。

一是提高了兰考普惠金融服务的覆盖面和可得性。通过建设数字普惠金融综合服务平台，破解了传统金融"成本高、效率低、风控难"等先天不足问题；通过在农村党群服务中心建设普惠金融服务站，实现普惠金融与基层党建的高效结合，破解了线下金融服务不足问题。

截至 2019 年 11 月末，河南省在数字普惠金融综合服务平台建设上成效显著，"普惠通" APP 累计下载 390 万余人次，180 余家银行上线各类普惠类产品 900 多款，兰考总体实现综合授信放款近 1.42 亿元。在普惠金融服务站建设上，已建成普惠金融服务站 454 个，其中数字化服务站 2 家，办理现金存取款业务 315.05 万笔，向企业、农户推荐贷款业务 2.83 万笔。①

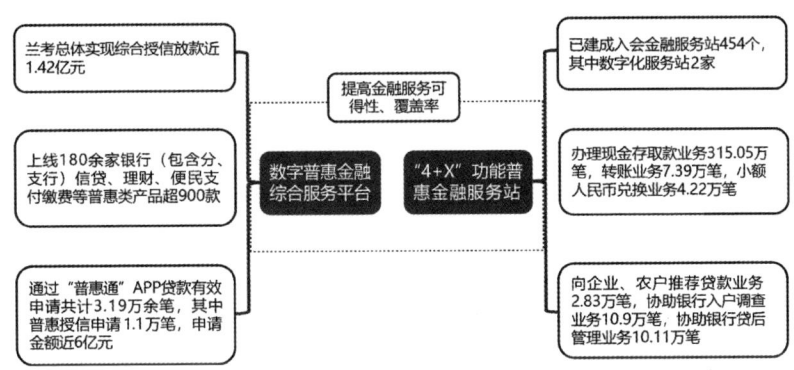

图 4-27　兰考提高金融服务覆盖面和可得性的方式

说明：课题组绘制。

资料来源：相关新闻报道②。

二是解决了农村信用体系建设难题。通过推出"普惠授信"，提高了农村小额信贷的可获得性（如图 4-28），破解了农村地区贷款难、贷款

---

① 大河财立方. 兰考模式普惠金融改革试验区三周年发展成绩单[EB/OL].(2019-12-26)[2020-08-09].https://mp.weixin.qq.com/s/rgp9_OuttsY1b1Hg_-jucA.

② 大河财立方. 兰考模式普惠金融改革试验区三周年发展成绩单[EB/OL].(2019-12-26)[2020-08-09].https://mp.weixin.qq.com/s/rgp9_OuttsY1b1Hg_-jucA.

贵的难题；通过实施信贷信用相长行动计划，破解了信贷信用的顺序问题，实现信贷信用互促相长，完善了农村信用体系。

截至 2019 年 11 月末，在"普惠授信"上，兰考县互贷率为 40.88%，已发放 3.96 万户农户小额贷款 34.95 亿元，完成基础授信有 15 万余户，发放普惠授信贷款 1.45 万笔，共计 5.61 亿元。在完善信用体系上，信用信息中心已录入农户信用信息 16.03 万户，中小企业信用信息 5708 户，评定 13.97 万户信用户，318 个信用村。①

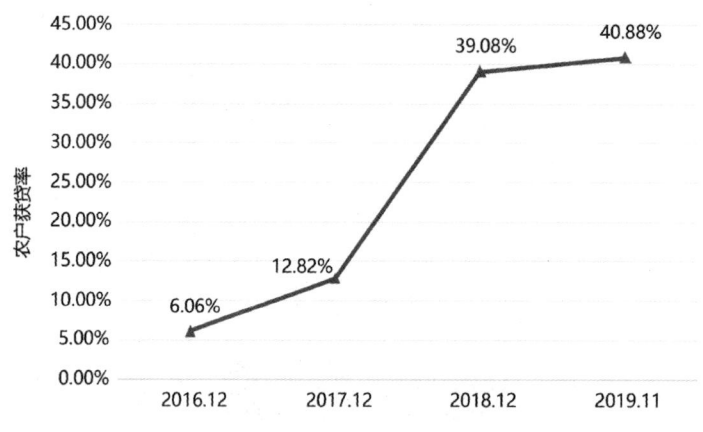

图 4-28　截至 2019 年 11 月兰考农户获贷率

资料来源：相关新闻报道②。

三是通过建立"分段、多元"分担和信贷"隔离"机制，破解了传统信贷风控难题，推动了普惠金融的商业可持续发展。截至 2019 年 11 月末，在风险防控上，兰考有风险补偿金 7575 万元到位，周转金 3000 万元③，金融机构各项贷款余额显著增加（如图 4-29）。

---

① 大河财立方. 兰考模式普惠金融改革试验区三周年发展成绩单 [EB/OL].(2019-12-26)[2020-08-09].https://mp.weixin.qq.com/s/rgp9_OuttsY1b1Hg_-jucA.

② 大河财立方. 兰考模式普惠金融改革试验区三周年发展成绩单 [EB/OL].(2019-12-26)[2020-08-09].https://mp.weixin.qq.com/s/rgp9_OuttsY1b1Hg_-jucA.

③ 大河财立方. 兰考模式普惠金融改革试验区三周年发展成绩单 [EB/OL].(2019-12-26)[2020-08-09].https://mp.weixin.qq.com/s/rgp9_OuttsY1b1Hg_-jucA.

图 4-29　2015—2020 年兰考金融机构各项贷款余额及增速

资料来源：《2020 年兰考县国民经济和社会发展统计公报》。

3. 经验借鉴

兰考逐步探索形成的"以数字普惠金融综合服务平台为核心，以金融服务体系、普惠授信体系、信用信息体系、风险防控体系为基本内容"的"一平台四体系"普惠金融模式，为全国县域探索出一条多层次、广覆盖、有差异、可持续、可复制、可推广的普惠金融发展之路。截至 2019 年，广州乡村人口数量为 207.24 万人，占比 13.54%[①]，在农村普惠金融的发展上，兰考模式值得借鉴。

一是要解决线下金融服务不足的问题，提高金融服务可得性和金融服务覆盖面。兰考模式从构建数字普惠金融综合服务平台和"基层党建+就业扶贫+普惠金融"三位一体的服务平台方面出发，成效显著。广州作为一线城市，金融科技更发达，可利用的平台更加多样化、多元化。一方面，广州可以构建数字普惠金融综合服务平台，解决因传统金融机构以物理网点、人工服务为主开展普惠金融而存在的成本高、风控难、效率低问题，实现金融服务"触手可及"。另一方面，广州可以建设具有多功能的普惠金融服务站，推动普惠金融与便民政务高效结合，延伸金

---

① 数据来源：广州市统计局。

融服务半径，增强基层党组织服务群众的能力。

二是要解决农村地区信贷和征信问题。农村地区贷款难、贷款贵实质上是缺信用、缺抵押，农村地区金融服务可获得性差，数据缺失导致信用记录空白，农村金融风险高。长期以来，农民信息收集难、成本高是农村信用体系建设中的难题，由于缺乏信用信息，金融机构不敢给农民贷款，普惠金融的发展陷入了死循环。要解决该问题，一方面，要针对不同情况创新授信方式，突破传统信贷难的问题。另一方面，要构建多层次征信体系，借鉴兰考经验，广州可加强各级政府与各金融机构、征信机构的合作，借助各金融机构和征信公司的力量构建从国家到基层的全方位征信体系。

三是要解决风控难题，提高普惠金融可持续发展能力。广州地区财政资金相对充足，金融机构比较多元化，借鉴"兰考模式"，广州可根据自身特点构建多元分担机制，政府在自己分担范围内，聚合多方力量共同分散风险，增强政府的风险防控能力，提高普惠金融的可持续发展性。

四、广州普惠金融的发展对策与建议

（一）强化配套政策和财政资金引导作用

为深入贯彻落实国家和广东省关于大力发展普惠金融的决策部署，推动金融支持产业发展，促进新发展格局的形成。广州要继续强化政府部门的引导工作，完善普惠金融配套政策和财政引导机制，加强政策措施的统筹协调。一是通过配套政策，让参与普惠金融建设的各主体明晰普惠金融工作的监督管理、法律责任、扶持政策、服务内容和具体受众，从宏观角度把控好普惠金融发展方向，保证普惠金融不走偏，实现高效快速发展。二是通过配套政策和财政措施，鼓励引导金融机构创新普惠金融服务模式，丰富普惠金融产品，与中小微企业和农村地区深度对接，为金融机构和小微、三农企业融资提供平台，有效解决中小微企业和农村地区融资贵、融资难的问题。三是通过配套政策和财政措施，引导资金流向金融服务匮乏的地区，改善农村金融基础设施环境，推动农村地区金融服务水平提升。此外，要加大丰富政策性保险内容，为农业生产，农村建设保驾护航，落实乡村振兴战略。

广州要从全市的战略高度加强协调统筹，通过定期报送工作进展、召开协调会、举办普惠金融培训会或论坛等形式，收集工作建议，解决工作问题，加强广州市相关职能部门之间的协调合作，凝聚力量，细化职责，确保工作及时顺利推进，推动政策无缝衔接和高效落实，同时通过完善政策支持文件、落实财政补贴、推广先进经验等有效激励引导金融机构以商业可持续的方式支持普惠金融发展。

发挥好财政资金支持引导作用，建立完善普惠金融风险分担机制。通过设立普惠金融风险补偿专项资金，加大政府部门参与力度，聚合相关组织机构的作用，构建有效的风险分担机制，解决金融机构后顾之忧，支持金融机构敢贷、能贷的长效机制，优化小微企业和农村地区的金融服务机制和发展环境，提高弱势群体的金融服务可获得性，增强普惠金融商业可持续性。

（二）加强金融基础设施建设

金融基础设施能为各类金融活动提供基础性公共服务的系统及制度安排，是金融市场稳健高效运行的基础性保障。广州要不断加强金融基础设施建设，提高普惠金融持续发展的基础性保障。一方面，在人口集中的区域加强对金融机构网点等金融服务基础设施的建设，在经济发展水平较高的区域建设能提供征信服务、保险服务等多样化金融服务的基础服务设施。另一方面，在人口密度不高，经济发展水平较落后的区域，加强对普惠金融政策的宣传，加快对当地居民的金融知识普及，提高其金融认知水平，扩大欠发达地区的金融需求。

农村地区较偏远，金融基础设施建设成本高，广州应加大财政补贴力度，鼓励和引导多方金融机构到金融服务匮乏地区建设金融基础设施，努力实现全市金融服务全覆盖。已经建成的社区金融服务站、农村金融服务站提质增效，优化基础服务站的金融服务功能、服务内容和服务方式。此外，可以多方合力推进普惠金融知识进社区、进农村、进校园等活动，提高金融常识的普及程度以及农村居民金融风险识别、风险自担和自我保护的意识和能力。

继续引导广州银行机构推进内部体制改革，鼓励以需求为导向进行金融产品与服务创新，提供多样化、适当匹配的金融服务。加强广州民间金融街、广州中小微企业金融服务区、广州股权交易中心等金融平台的建设，支持小额贷款、融资性担保、融资租赁、商业保理等类金融机构加快发展、做大做强，引导各类金融机构或组织集聚发展，为中小微企业提供多样化的金融服务。

（三）不断完善征信体系，营造良好普惠环境

社会信用体系的建设，是发展普惠金融的重要保障。一方面，广州要做好社会信用体系建设工作，要健全企业、机构等的信用信息体系，做到信息质量高、查询速度快、监管严、较规范；另一方面，广州还要完善个人征信体系，特别是经济不发达地区的个人征信体系，要做到信用数据覆盖全，诚信意识流传广，降低金融机构服务风险，提高弱势群体金融服务的可获得性。

推广应用好广东省征信安全管理平台、广州中小微企业信用信息及融资对接平台等现有信用信息平台。一方面要完善平台建设，维护系统的稳定运行，减少服务流程，提高金融服务效率，最大程度发挥征信系统在防范信用风险中的基础性作用。另一方面要加大各政府部门的联合，共同提供企业信用数据，提高金融机构对小微企业的风险识别能力。同时政府部门要推动小额贷款公司、融资担保公司、互联网金融公司等小

微金融机构接入信用信息平台，利用信用信息平台降低信用风险，增加金融服务的多样化。

加强信用信息服务渠道的建设，积极推广信用报告柜台查询，互联网查询和自助查询机查询，完善服务机制提升服务效率。

要推动金融机构利用金融科技创新，同时加强金融机构与微信、支付宝等合作。一方面，金融机构可以充分发展自身金融科技水平，运用区块链、大数据、云计算等信息技术开发具有自主知识产权的信用产品，增加征信覆盖面，增强信用信息获取的便捷性；另一方面，可以和已有金融科技公司深入合作，如利用微信支付、支付宝支付等广泛使用的支付工具征集个人信用信息，并提供信用信息服务。

农村地区经济不发达，金融资源匮乏，而诚信意识的缺乏也使得各金融机构在农村地区提供金融服务的代价很高。广州一方面可以发挥市、区、乡镇、村等各级政务服务中心的力量，推动政府部门和金融机构深度合作，把金融服务网点设立在各级政务服务中心里面，缩减金融机构设立网点成本，提高金融服务可获得性；另一方面，要加大对金融产品的创新力度，特别是信用产品，立足金融服务的弱势群体，改变传统获取金融服务的方式方法，给"长尾用户"提供更容易获得金融服务的途径。

政府要加大对诚信意识的宣传，并完善好信用奖惩机制，提高全社会的诚信意识。一方面，要针对电子商务、社区服务、公共资源、商品贸易等信用服务应用领域，拓宽信用信息的征集范围，丰富社会化、市场化信用奖惩制度，为普惠金融的发展营造良好的信用环境。

（四）利用金融科技助推普惠金融发展

金融科技的发展，弥补了传统金融服务的很多不足。一方面金融科技手段能够减少金融服务的成本，降低金融服务风险；另一方面，对于客户而言，金融科技手段扩大了金融服务覆盖面，提高了金融服务效率。

广州有高水平科技发展的基础，对于金融服务方向，要支持金融机构运用大数据、云计算等互联网科技创新产品，优化金融服务模式，提供更多金融服务的可能性，最大限度增大金融服务的可获得性和覆盖面。要持续推动广州数字普惠金融的发展，力求进一步提高金融服务质量、增加金融服务效率、减少提供服务成本、降低金融服务风险，为金融机构的数字化转型持续赋能，提升金融服务服务实体经济的效能。

除了提高自身金融科技水平，广州可以推动金融机构与阿里巴巴、腾讯等互联网公司进行数据合作共享。要支持各方机构深入合作，共同为民众提供更高效便捷的金融服务。一方面，大型银行自身拥有相对高质量的账户数据和来自政府部门的政务数据；另一方面，互联网巨头自身商业体系信用数据使征信覆盖面更广，双方进行信用数据的共享有利于构建完善的信用体系。

引导金融机构利用好金融科技手段，有效提升金融风险防控水平。一方面，鼓励运用大数据、人工智能和生物识别等手段加强金融交易监控能力，有效预防高风险的金融服务，提高金融机构抗风险能力；另一方面，金融机构要利用好金融科技手段弥补传统金融的薄弱地方，提高抗风险能力的同时扩大金融服务覆盖面，提供更广泛的金融服务，进一步促进普惠金融的发展。

引导金融机构运用金融科技提升金融风险防控水平。鼓励金融机构运用大数据、人工智能、生物识别等技术加强金融风控，有效甄别高风险交易，智能感知异常交易，提高金融风险技防能力。

政府机构要利用金融科技手段加强对金融的监管。有效引导互联网金融的规范性发展，防范金融风险。一方面，提高金融机构服务的规范和质量；另一方面，保护好消费者的合法权益，充分发挥金融服务服务实体经济的能力。

参考文献

陈志炎. 普惠金融指数的构建及其应用研究 [D]. 广州大学, 2019.

孟令华. 兰考县普惠金融模式研究 [D]. 郑州大学, 2019.

廖展浩, 原彰, 张文龙, 李伟铭, 郜笑颖. 普惠金融对经济发展的影响研究——基于广东省 21 个市面板数据的实证分析 [J]. 特区经济, 2019(06):76-81.

刘璐瑶, 朱颖, 刘娟伶, 郑卓慧, 杜金向. 农民信用等级划分下的普惠金融信用体系的完善——以河南省兰考县为例 [J]. 山西农经, 2020(09):148-151+154.

罗煜, 黄钰文, 徐蕾. 大数据信贷的"第三条道路" [J]. 经济理论与经济管理, 2020(05):9-21.

逯彦萃, 叶松. 普惠金融之花盛开中原大地 [N]. 河南日报, 2018-12-27(003).

徐诺金. 普惠金融的兰考实践及思考 [J]. 中国金融, 2019(20):36-38.

杨明婉, 张乐柱, 颜梁柱. 普惠金融发展的测度体系与影响因素研究——以广东省为例 [J]. 金融监管研究, 2019(01):69-80.

杨望, 穆蓉, 杜超. 普惠金融发展水平测度及其影响因素研究——基于中国省级面板数据分析 [J]. 甘肃金融, 2020(02):52-56+35.

尹志超, 彭嫦燕, 里昂安吉拉. 中国家庭普惠金融的发展及影响 [J]. 管理世界, 2019, 35(02):74-87.

中国人民银行成都分行课题组, 龚智强, 蒋敬强. 金融科技视角下互联网银行风险特征与发展制约 [J]. 西南金融, 2020(08):3-12.

第五章

广州融资租赁服务创新

融资租赁是现代经济的重要产业和新型的投融资工具，在国际上已经发展成为仅次于银行信贷的第二大间接融资渠道和企业进行设备投资的主要手段。它与实体经济紧密结合，围绕租赁物为实体企业开展专业化融资服务，具有融资便利、期限灵活、财务优化等特点，在推动产业升级和经济结构调整方面具有积极的作用。在新发展阶段和"双循环"新格局下，有不少领域和行业的现金流特征和融资租赁业务高度匹配，因此推动融资租赁发展创新，对于促进经济生活高质量发展具有重要意义。

广州市政府自2014年下发《关于加快推进融资租赁业发展的实施意见》后，一直致力于打造中国融资租赁第三极及区域金融中心。有关融资租赁支持政策相继出台，广州的融资租赁业也取得了快速增长，融资租赁成为广州又一个超千亿元的产业，广州已成为华南地区融资租赁集聚中心。近年来，广州市服务领域不断拓宽，集聚效应日益凸显，行业逐渐向健康正规化发展，对广州市完善基础设施建设、增强综合交通枢纽功能、推动先进制造业升级、促进经济社会作出了积极贡献。据《2020年广州金融白皮书》显示，截至2019年底，广州市注册的融资租赁公司数量达2458家，集聚了全省超过二分之一和全国五分之一的融资租赁企业，而全市88%的融资租赁企业活跃于广州南沙区。

作为广州内外资融资租赁行业管理体制改革试点地区，南沙扮演着"尖兵"的角色。在推进融资租赁产业集聚和创新发展的过程中，南沙自贸区开创了多项国内、省内融资租赁业务先河。2016年，首单船舶离岸租赁业务在广州南沙开展，此后相继推出了全国首单美元结算的跨境船舶租赁资产交易、船舶租赁资产跨境保理业务以及以人民币为交易货币的租赁船舶境外交易等创新案例，创造了巨大的船舶交易额，影响力已辐射到中东及欧洲地区。2019年3月，南沙启动国内首个绿色融资租赁线上平台"绿色银赁通"，2021年南沙创造性地完成了华南地区首单利用FT账户（自由贸易账户）实现境外船舶交易业务。广州南沙自贸区不断提升南沙融资租赁业竞争力，服务范围延伸至全国各省、市及"一带一路"沿线国家城市。

在高质量发展主题和"双循环"新格局下，内需驱动、消费升级、城镇化建设、新旧产能转换等将为融资租赁行业发展带来新的机遇和使命。从总体上看，广州融资租赁业仍然处于初级发展阶段，功能作用发挥尚不充分。为促进融资租赁业高质量发展，服务经济社会发展大局，2021年1月，广州市印发了《关于促进广州市融资租赁业高质量发展的实施意见》，该意见明确提出"发挥融资租赁促进投资功能，服务大湾区建设""引导融资租赁服务民生领域，激发消费潜力""发展跨境融资租赁，巩固外资外贸传统优势"等9个方面23条扶持融资租赁业高质量发展的政策措施。该文件对于开展关于广州融资租赁创新研究具有重要指导意义。

本章主要内容安排如下：第一节分析广州融资租赁业的总体发展现状，并分别从融资租赁机构、市场发展等方面对作为"尖兵"的南沙融资租赁发展现状进行分析，指出广州在发展融资租赁中存在的问题。第二节研究广州融资租赁发展与实体经济投资的关系。第三节选取租赁企业ABS和飞机跨境转租赁两个产品创新案例进行分析并归纳经验。第四节根据以上分析结果给出广州融资租赁发展的对策和建议。

一、广州融资租赁业的发展概况

（一）政策背景

我国融资租赁行业起源于改革开放初期，正值国内经济百废待兴之际，当时国内经济迫切需要资金和技术发展生产。融资租赁凭借其融资与融物的双重特性和独特优势发挥了"引资引技"的桥梁作用。彼时融资租赁在国际上已经发展成为仅次于银行信贷的第二大间接融资渠道和企业进行设备投资的主要手段，而在我国目前还是一种新型融资方式。在我国，天津是最早提出系统性支持融资租赁行业发展的地区。2014年以来，上海、广州、深圳前海等地均以天津融资租赁业的发展作为蓝本参考出台了相关支持融资租赁行业发展的措施，在各主要经济带形成了各自的融资租赁集聚中心。作为最贴近实体经济资金需求的融资工具，融资租赁围绕租赁物为实体企业开展专业化融资服务，对于稳增长、调结构、促转型具有重要作用。

2019年2月，国家发展改革委发布《粤港澳大湾区发展规划纲要》。在这部指导粤港澳大湾区当前和今后一个时期合作发展的纲领性文件中，有三个板块提及租赁业务：一是在"构建现代化的综合交通运输体系"中表示"支持香港发展船舶管理及租赁""发展高增值货运、飞机租赁和航空融资业务"；二是在"加快发展现代服务业"中表示"支持澳门发展租赁等特色金融业务"；三是在"打造广州南沙粤港澳全面合作示范区"中提及强化金融服务实体经济本源，着力发展飞机船舶租赁等特色金融。从中可以看出融资租赁在粤港澳大湾区发展战略下将重点服务于船舶航空等融资租赁领域。

继2019年8月发布《中共中央国务院关于支持深圳建设中国特色社会主义先行示范区的意见》，广州推出"四个出新出彩"方案，其中《广州市推动现代化国际化营商环境出新出彩行动方案》紧紧扭住粤港澳大湾区建设的"纲",聚焦减流程、减成本、优服务等企业关切的环节,为融资租赁业的发展塑造了一个良好的营商环境。

2020年5月,中国人民银行、银保监会、证监会、外汇局四部门联合发布《关于金融支持粤港澳大湾区建设的意见》,其中提及"推进粤港澳资金融通渠道多元化,促进金融市场和金融基础设施互联互通",支持港澳发展租赁等特色金融产业服务"一带一路"建设;促进粤港澳大湾区跨境贸易和投融资便利化,提升本外币兑换和跨境流通使用便利度以支持粤港澳大湾区内地金融租赁公司、汽车金融公司等非银行机构与港澳开展跨境业务。政策利好的持续释放,为横跨金融与产业领域的融资租赁业带来了新的发展机遇。

2021年1月,广州市地方金融监督管理局印发《关于促进广州市融资租赁业高质量发展的实施意见》,将发展融资租赁业放在广州市经济社会工作整体布局中统筹考虑。该实施意见以"建设安全稳定、专业高效、充满活力、配套完善、具有市场竞争力的现代融资租赁服务体系,为广州奋力实现老城市新活力、服务'四个出新出彩'、构建双循环新发展格局、推动共建粤港澳大湾区国际金融枢纽贡献力量"为目标,针对行业发展,明确提出"发挥融资租赁促进投资功能,服务大湾区建设""引导融资租赁服务民生领域,激发消费潜力""加强和改进融资租赁监管,防范化解风险""加强基础建设,优化融资租赁发展环境"等9个方面扶持行业高质量发展政策措施,具体细化为23条,为融资租赁企业具体发展方向提供指引。

为引导融资租赁公司明确市场定位,回归租赁业务本源,促进融资租赁行业规范发展,2018年5月14日,商务部发布《关于融资租赁公司、商业保理公司和典当行管理职责调整有关事宜的通知》,规定由银保监会对融资租赁公司统一行使监管权,因监管部门不同导致的金融租赁公司、内资试点租赁公司及外商租赁公司划分从此画上句号。此同时,之前划分在租赁和商务服务业项下的融资租赁服务列入"金融业"门类,与金融租赁服务合并，新的统计指标为"金融业—非货币银行服务—融资租赁服务"。2020年5月26日，银保监会正式发布《融资租赁公司监督管理暂行办法》，确定融资租赁公司由银保监会制定经营规则和监管规则，监管指标已参考金融租赁公司的监管指标来制定。2021年6月10日，国务院国资委发布《关于进一步促进中央企业所属融资租赁公司健康发展和加强风险防范的通知》，要求"中央企业原则上只能控股1家融资租赁公司（不含融资租赁公司子公司），控制2家及以上融资租赁公司的中央企业应当科学论证、统筹布局"[①]，有利于防范金融风险，促进融资租赁行业健康发展。2021年5月，广东省公开征求《广东省融资租赁公司监督管理实施细则》意见，提出新注册融资租赁公司不得兼营商业保理业务，现有融资租赁公司不得新增商业保理业务，旨在"规范监督管理，引导融资租赁公司合规经营，推动全省融资租赁行业高质量发展，更好服务实体经济"。

（二）广州融资租赁行业总体发展情况

从机构总量上看，广州具有融资租赁机构数量多、纳税能力强的特点。截至2020年12月底，全国31个省、市、区都设立了融资租赁公司，在地区分布上呈现集聚效应，主要分布在东部沿海一带，企业总数合计12156家，较2019年底的12130家增加了26家，主要来源于天津、广东、上海。如图5-1所示，广东、上海、天津三地在册融资租赁公司占全国比重高达70%，广东省以占全国三分之一的比重遥遥领先，合计4278家，而其中有超过二分之一的融资租赁企业集聚于广州。截至2019年底，广州市融资租赁公司工商口径注册企业共有2458家，其中内资试点融资租赁企业15家，金融租赁公司2家，纳税金额达4.2亿元，贡献了全行业九成以上的税收。

---

① 腾讯网.监管文件、黑白名单、定期抽查，监管正加速租赁行业合规经营步伐[EB/OL].(2021-07-12)[2021-07-15].https://new.qq.com/omn/20210712/20210712A09ZNS00.html.

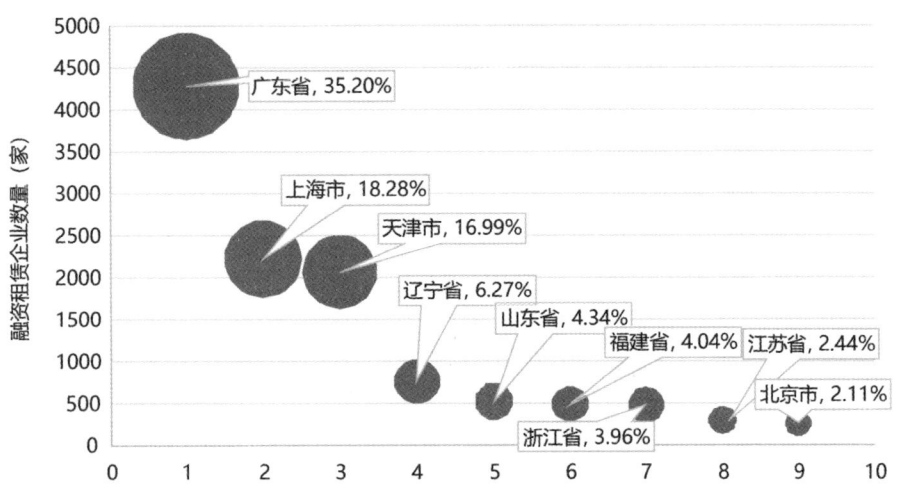

图 5-1　截至 2020 年末我国融资租赁机构数地区（排名前九）分布情况

资料来源：Wind 数据库。

从机构数量增速上看，广州融资租赁行业显示出强大的集聚增长势头。2018 年资管新规落地，租赁业在监管、会计准则、税收等层面产生重大变革，全国范围内业务、企业及资金总额增势较缓。但与全国总体增势较缓不同，广州融资租赁行业持续快速发展，以 2018 年初为分水岭，此前广州融资租赁机构量还只是以百位数缓慢增加，而从 2018 年开始猛增千家以上，2019 年广州的融资租赁机构量反超上海和天津（见图 5-2）。在过去多年中，广州的融资租赁业相较于其他城市并没有太多的优势，但自 2014 年广州市政府下发《关于加快推进融资租赁业发展的实施意见》后，广州融资租赁业经历了从几乎为零到融资租赁第三极的迅速发展。到 2017 年底，"广州全市融资租赁企业累计达 346 家，比 2013 年产业起步期增长超过三倍，注册资本达到 1000 亿元，成为广州又一个超千亿元的产业，广州已成为华南地区融资租赁集聚中心"[1]。

---

[1] 朱伟良. 广州融资租赁企业达到 346 家 企业注册资本超千亿，较 2013 年增长超过三倍 [EB/OL](2021-07-12)[2021-07-15].http://kb.southcn.com/content/2018-01/25/content_180571172.htm.

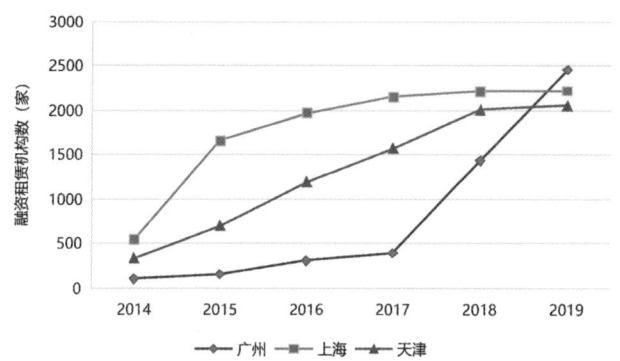

图 5-2　广州、上海和天津融资租赁机构数增长情况

资料来源：Wind 数据库、广州市地方金融监督管理局。

从融资租赁企业资产实力上看，广州融资租赁企业资本实力普遍不高，与上海、天津和深圳相比差距较大。截至 2019 年末，广州市融资租赁企业注册资金约有 1180 亿元，资产总额为 1597 亿元。在以注册资金为序的全国融资租赁企业 50 强入围的 107 家企业中，如图 5-3（a）所示，广东省共入围 18 家，排名全国前三，但其中深圳占了绝大多数，如图 5-3（b）所示，只有三家注册于广州，且注册资本金排序较后，分别是国信融资租赁（广州）有限公司（简称"国信租赁"）、广州越秀融资租赁有限公司（简称"广州越秀租赁"）和中交融资租赁（广州）有限公司（简称"中交租赁"），均落户于南沙区。

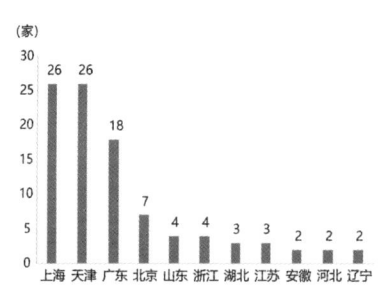
（a）全国融资租赁企业前 50 强地区分布

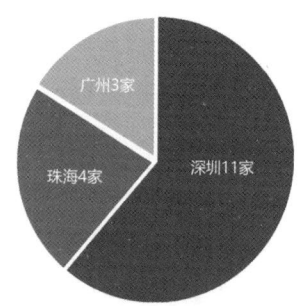
（b）广东省全国融资租赁企业前 50 强企业分布

图 5-3　全国融资租赁企业前 50 强在全国及广东省地区分布

资料来源：课题组根据朴觅鑫猎头咨询绘制。参见 https://3g.163.com/news/article_so/FATKJCQ60518X3MD.html。

从业务投放领域上看，广州融资租赁业务投放领域主要是基础设施建设、现代服务业和先进制造业，涵盖飞机、船舶、能源、交通、医疗、文旅、环保等多方面。以在广州的全国融资租赁50强企业为例，国信租赁主要是为自来水供应和污水处理、医院等燃气热力、国内地方政府公用事业平台公司提供融资租赁服务，广州越秀租赁以绿色民生工程为基础，重点开展环保水务、文旅、交通物流和健康医疗等领域的融资租赁业务，中交租赁则重点布局重大交通、信息技术、新能源等基础设施建设和重大装备业项目服务。

从行业监管上看，广州市融资租赁行业风险总体可控。2019年广州市收到关于融资租赁企业的各类投诉件约40件，多数为租金费用纠纷投诉问题，对18家重点企业现场检查的结果显示没有发现非法集资等重大违法违规行为。随着监管文件、黑白名单、定期抽查等监管工作的推行，租赁行业合规经营步伐加快，进入2020年，广州融资租赁行业发展规模放缓。2021年初，广州市地方金融监督管理局抓紧排查非正常经营类融资租赁企业，其中第一批被列入"失联""空壳"的非正常经营融资租赁企业共有1818家。把控行业风险，推动融资租赁服务实体经济实现高质量发展成为融资租赁行业的发展基调。

（三）南沙自贸区融资租赁业发展现状

对于立志夯实华南融资租赁聚集中心、中国融资租赁第三极的广州而言，南沙扮演着"尖兵"的角色，是广州内外资融资租赁行业管理体制改革试点地区。在大力促进融资租赁产业集聚和创新发展的过程中，南沙自贸区开创了多项国内、省内融资租赁业务先河，融资租赁业务得到迅速增长，打造南沙融资租赁集聚区成效明显，已成为华南地区最大融资租赁集聚地之一，也是粤港澳大湾区最大的飞机船舶租赁集聚区，初步形成融资租赁"南沙模式"。

融资租赁机构发展方面。广州市南沙区高度重视融资租赁发展，南沙累计注册融资租赁公司从 2015 年初的不到 30 家增加到 2020 年底的 2208 家①，注册资金总额超 5000 亿元②。在这 2208 家融资租赁企业（含金融租赁）中，大部分是台港澳与境内合资企业，约占七成，其中包括中船租赁、广州越秀租赁、南粤租赁等港澳资企业。在广东省融资租赁公司注册资本排行前十的名单中，属于广州地区的均注册于南沙。截至 2020 年底，南沙融资租赁企业数量约占全国 20%，占广州市 80% 以上，吸引了深圳、长沙、南昌、成都、贵阳、昆明等地区的国企、上市公司在南沙设立融资租赁公司，大批有产业背景的融资租赁公司在南沙落户并开展业务。在全市 2458 家融资租赁企业中，活跃企业 386 家，其中有 340 家来自南沙区。

融资租赁市场发展方面。截至 2020 年底，融资租赁企业累计业务合同余额超 5000 亿元，较 2019 年增加 1500 亿元，其中机械设备约占 40%。截至 2020 年底，累计开展 158 架飞机租赁业务（较 2019 年新增 24 架）和 80 艘船舶租赁业务（较 2019 年新增 16 艘），业务合同额累计达 4500 亿元人民币。③截至 2021 年 5 月，通过 SPV 方式累计交付飞机 168 架。南沙已经成为华南地区最大的飞机船舶租赁集聚中心。2020 年融资租赁贡献进口约 112 亿元人民币，来自主要融资租赁企业的税收达 14 亿元，增长 25%④，融资租赁企业已迅速成为南沙新的税源增长点。

融资租赁业务拓展方面。一是融资租赁业务领域多元化。目前南沙

---

① 2020 年广州南沙区国民经济和社会发展统计公报 [EB/OL].(2021-05-10) [2021-06-13]. http://www.gzns.gov.cn/zwgk/tjsj/index.html.

② 广州南沙经济技术开发区金融工作局.南沙加快金融改革创新 探索形成融资租赁"南沙模式" [EB/OL].(2021-05-14)[2021-07-13].http://www.gzns.gov.cn/gzjg/gwhqzfgzbm/jrgzj/nsrzzl/zldt/content/post_7283144.html.

③ 中国新闻网.广州南沙自贸区创新融资租赁模式与港澳互设机构 [EB/OL].(2020-01-22) [2020-06-13].http://district.ce.cn/newarea/roll/202001/22/t20200122_34176772.shtml.

④ 2020 年广州南沙区国民经济和社会发展统计公报 [EB/OL].(2021-05-10) [2021-06-13]. http://www.gzns.gov.cn/zwgk/tjsj/index.html.

自贸区融资租赁业务涉及飞机、船舶、高端装备制造、工程机械、高科技设备、医疗设备等多个产业类别。二是融资体系日渐丰富，开展了跨境融资、资产证券化、债券融资、保险资金资产支持等多种融资方式。三是以飞机租赁为重点并不断创新业务模式。在海关、口岸、税务、外管、行政审批、市场监管、商务等相关部门的大力支持下，南沙自贸区积极探索并成功开展了资产包跨境转让、离岸租赁、跨境保税转租赁、联合租赁、出口租赁等多项飞机租赁创新业务，交易模式日趋成熟；吸引众多国内外知名租赁公司在南沙完成飞机租赁业务，目前，南航国际租赁、天合国际租赁等大型专业航空租赁企业总部已落户南沙，渤海租赁、昆仑金租、交银金租、浦银金租等大型租赁公司在南沙设立 SPV 公司开展飞机租赁业务，合作的航空公司包括南方航空、海南航空、首都航空、红土航空以及柬埔寨澜湄航空、俄罗斯航空、阿联酋航空等。

2020 年 6 月，南沙开展首单"天津—广州"保税区之间飞机融资租赁"保税流转 + 异地委托监管"业务。2021 年 6 月，开通 FT 离岸结算账户实现境外船舶交易业务便利化和高效化，有效推动了广州国际航运枢纽和南沙粤港澳大湾区全面合作示范区的建设。2021 年 7 月 8 日，全国首个碳中和融资租赁服务平台在南沙正式上线，首期超过 10 亿元的项目已接入平台，创新建立融资租赁费用与承租人碳排放量挂钩的浮动机制，支持国家"碳达峰、碳中和"战略目标实现。这是继 2019 年首次启动国内首个绿色融资租赁线上平台"绿色银赁通"后的又一个重大绿色金融创新。

融资租赁政策支持与制度创新方面。南沙自贸区位于粤港澳大湾区地理几何中心，自贸试验区、国家自主创新示范区、唯一由国家发展改革委牵头的国家级新区等国家战略在这里叠加实施，政策优势十分明显。以广州市为依托，广州高度重视融资租赁行业发展，赋予南沙区以"排头兵""尖兵"角色，大力推动融资租赁业发展成为广州重要的金融主导产业：出台系列相关政策鼓励融资租赁企业落户及增资，设立专项资金奖励相关人才，相关的扶持政策包括了财税支持、融资支持、公共服务完善、人才扶持、放宽企业准入和经营条件、特定领域业务扶持、中小微企业支持和头部企业扶持等；专门制定针对南沙自贸区的工作措施，给予其更多自主管理权，旨在以南沙为试点而后推广融资租赁发展经验于全市（见图5-4）。2021年初，广州市印发《关于促进广州市融资租赁业高质量发展的实施意见》，明确融资租赁公司同等享受广州市金融业扶持政策，延续实施广州市9000万元融资租赁产业发展事项资金支持行业发展。

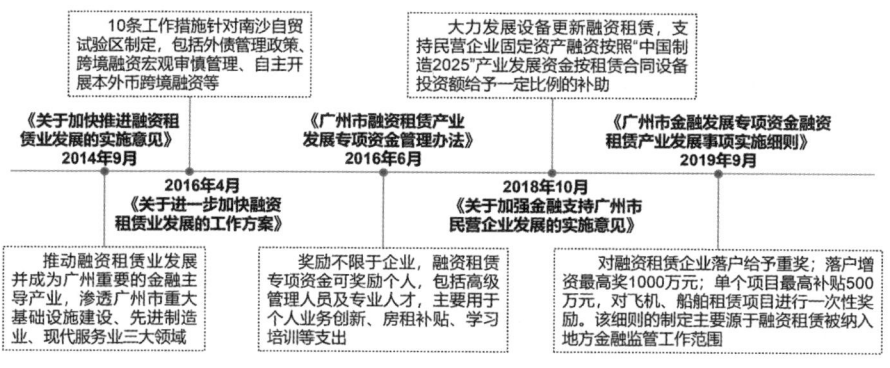

图5-4　广州市支持融资租赁行业发展相关政策

资料来源：课题组绘制。

自2014年国务院赋予南沙的金融创新"15条"专项支持政策正式发布以来，南沙自贸区以深化粤港澳合作为重点，以金融开放创新为抓手，推动融资租赁跨越式发展，在制度创新上与上海自贸区差距越来越小，在开放水平上甚至高于上海自贸区（陈德宁等，2017）。一是南沙自贸区制定了"1+1+10"产业扶持政策体系，从经济发展贡献、高端人才以及企业上市等多个方面对融资租赁企业给予支持，对融资租赁企业骨干人才和高管人才进行奖励补贴；二是从多方举措便利投资贸易，包括实施外商投资负面清单、实行异地委托监管以提高通关效率、全面落实增值税差额征税等优惠政策，推行"一企一策"的个性化税务服务、在全国率先实现企业"一照一码走天下"等等。

（四）广州融资租赁业发展存在的问题

广州融资租赁行业在近几年确实取得较快的发展，但未足以确立起大湾区融资租赁中心的地位，融资租赁业的发展还存在一定问题。主要体现在以下方面。

1. 融资租赁企业多而不大，业务规模拓展受限

从融资租赁企业自身的资产实力来看，广州市融资租赁业存在企业多而不强问题，业务规模拓展相对受限。广州市融资租赁企业数量虽在2019年时就超过上海、天津和深圳，但从融资租赁企业自身的资产实力看，广州市存在企业自身实力不大，业务规模发展受限问题。截至2019年末，广州市融资租赁企业数达到2458家，合计注册资金仅有1180亿元，而天津在2016年底融资租赁企业虽只有1193家，但注册资本却达到了5019亿元。这种注册资本上的差距一定程度上限制了融资租赁业务的开展——融资租赁企业购置固定资产的资金主要来源于注册资本金和银行信贷，对于注册资金较少规模较小的融资租赁企业，由于融资租赁合同期限较长、资金回流速度慢，其自身股东背景实力和背景不足又难以获得较高的银行授信，当其完成首笔业务后，往往发现后续拓展变得较为艰难，从而难以做大做强业务。2019年全国融资租赁企业50强中，上海、天津和深圳分别占有26家、26家和11家，而广州仅有3家。天津市和上海市陆家嘴融资租赁资产规模分别早在2016年底和2018年底就超过了万亿元，而广州融资租赁资产总额到2019年底仅有千亿元。2019年广州发放的融资租赁贷款余额仅有176亿元，而同年天津高达4422亿元，深圳达到1614亿元，上海仅2018—2020年这三年新增的融资租赁贷款就达到了800亿元。

2. 融资渠道相对较窄，客观上受限于区域金融发展水平

对于融资租赁公司来说，融资渠道和资金是公司的生命线，融资租

赁本身基于设备的业务模式，要求公司具有长期且巨大的资金支持。

从政策支持上看。2015年国家出台的《关于加快融资租赁业发展的指导意见》就明确指出要拓宽融资租赁公司的融资渠道，鼓励银行、基金等金融机构加大对融资租赁公司的支持力度，同时鼓励融资租赁公司通过发行债券、股票和市场证券化等方式筹措资金。广州对融资租赁产业的支持力度一直比较大，特别是在直接的资金支持上，但在融资渠道拓宽上似有欠缺。比如，2014年出台的《关于促进广州市融资租赁业高质量发展的实施意见》中就指出要设立融资租赁产业发展基金，但目前在互联网上尚未搜到有关启动租赁产业基金的资讯，而天津早在2011年就开始运作租赁产业基金，2019年设立东疆租赁创新产业基金助推租赁企业租赁资产证券化；上海市租赁行业协会于2017年启动融资租赁产业基金；浙江省则在2015年建立了国内首支市场化融资租赁产业基金。近年来广州设立的政府引导资金对促进基础设施和先进制造业发展起到了重要作用，但侧重面（培育引新）与融资租赁有较大区别，也未显示出与融资租赁产业的优势互补的合作战略意图，因此与融资租赁产业基金并不是替代关系，广州应加快探索合适的融资租赁产业基金模式。

从融资租赁公司实际的市场资金来源上看。如图5-5所示，广州市的金融机构本外币贷款余额与上海相比差距甚远，2018年突增到接近深圳，一定程度上解释了广州市融资租赁机构数量在2018年末突增千家的特点，也暗示了广州的融资租赁行业规模发展或将受限于区域金融发展水平。当前广州融资租赁企业多半是港澳合资有限责任公司，在资金来源上除了来自股东高额的注册资本金及增资扩股外，基本上只能靠银行信贷，且多为短期信贷，这与设备租赁业务特点不相匹配，而通过发行企业债券等社会集资渠道还不通畅或开发不足。

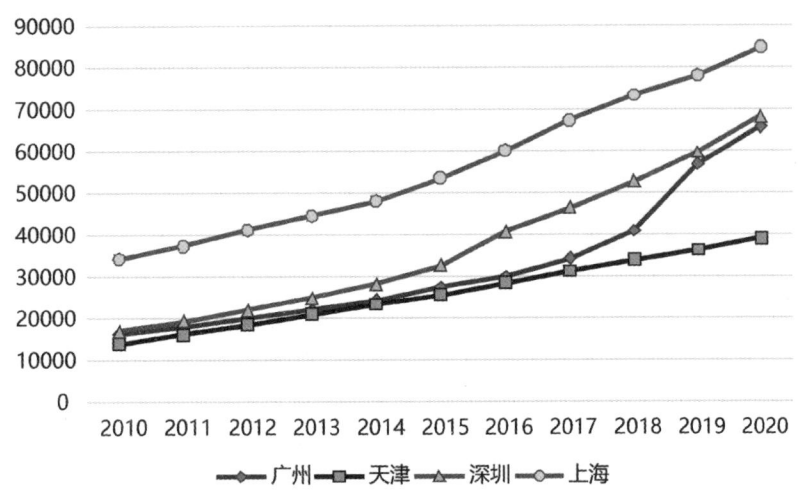

图 5-5　2010—2020 年国内部分重点城市金融机构本外币贷款余额及其增长情况

资料来源：各市统计局统计年鉴及 2020 年国民经济和社会发展统计公报。

对于金融租赁公司，其资产普遍饱和，由于受监管力度大，境外融资、资产证券化等需层层审批，程序烦琐，不利于其庞大存量总资产的流动；对于中小融资租赁公司，由于股东实力及背景不够，往往得到的银行授信较低，资金来源渠道更为狭窄，难以启动租赁项目；而对于厂商租赁及内资租赁公司，则受注册资本金限制和风险资产的约束限制，在开展制造业和民生工程租赁业务时显得力不从心。虽然这几年通过资产证券化、发债等方式解决了部分租赁公司的再融资问题，为拓宽融资渠道起到了积极的推动作用，但 ABS、发债的门槛较高，要求融资租赁公司具有较高的资质和规模，否则可能要承担较高的融资成本，与上海、天津和北京相比，包括广州在内的粤港澳大湾区内地城市的租赁 ABS 项目发行数量差距悬殊。2020 年，作为粤港澳大湾区核心城市的广州累计仅发行了 6 个租赁 ABS 项目，深圳也仅发行了 10 个，而上海和天津在基金业协会备案的原始权益人为租赁公司的 ABS 项目仅 2019 年就分别发行了 73 个、28 个（见表 5-1）。因此诉诸银行信贷反而成为更好的融资渠道，而广州市的金融机构本外币贷款余额与上海相比差距甚远，债券、证券市场的不充分发展也成为制约广州融资租赁公司拓展融资渠道瓶颈。

表 5-1 上海、天津和北京三市租赁 ABS 项目发行数量情况

单位：个

城市	总计	2015	2016	2017	2018	2019
上海市	265	15	54	40	48	73
天津市	104	13	17	11	21	28
北京市	50	11	11	7	8	7

资料来源：Wind 数据库中在基金业协会备案的原始权益人为租赁公司的 ABS 项目统计，时间截至 2020 年 8 月 8 日。

3. 融资租赁产业基础设施和服务体系尚不完善，亟待建立健全

配套设施的完善对于产业良性发展、持续发展至关重要。近年来广州加快建设和完善融资租赁产业配套设施，但仍存在以下不足或问题。一是融资租赁协会信息化建设缺乏，协会作用发挥不足。广州早在 2013 年就成立了全国为数不多的融资租赁产业联盟，创办初衷是构建政府与企业、企业与企业之间信息互动平台，宣传相关法律法规和优惠政策等。广州市融资租赁产业联盟无疑对行业交流有所促进，但仍未完全发挥出行业协会应有作用，突出表现在：在互联网高度发展的时代，广州市融资租赁产业联盟尚未发现有上线官网服务，对于促进融资租赁行业经验分享、解决企业诉求、宣传推介等方面影响面有限。广东省在 2015 年也创办起省级融资租赁行业协会，但"会研"功能尚还在开发中。相比之下，同在 2015 年成立的深圳市融资租赁行业协会官网已经建设得相对完善。二是缺乏相应配套的产业发展服务中心。开展融资租赁业务需要资产评估、税务筹划、会计、法律和其他专业服务的知识和经验，自身融资时发行 ABS 同样需要信用评级等专业服务，中介服务的环境结构集聚必然大大促进融资租赁高效率和良性发展。上海于 2018 年正式成立融资租赁产业发展服务中心（平台），为融资租赁企业提供一站式服务，天津也在

加速建立和完善租赁人才联盟、租赁指数等产业配套基础设施。目前广州已建成金融发展服务中心这一综合型金融服务平台，但还满足不了作为华南融资租赁中心的配套服务需求。三是重登记轻流转，针对性的融资租赁"二级市场"建设进度缓慢。租赁资产登记平台和流转平台具有不同的性质和功能，登记平台在于公示权属，主要由监管部门推进和管理，流转平台主要为了服务租赁资产交易，提高效率，发现价值，可依法交由市场主体进行建设和管理。上海在 2014 年就启动了融资租赁产权交易平台，天津在 2021 年也成立了租赁资产交易中心，但广州目前还未有开发针对融资租赁资产交易的平台，没有这个"二级市场"，融资租赁公司在资产流动、资金募集、资本规划等方面都容易面临障碍。2020 年12 月，广东省国资委主导建设的"粤易租"企业资产租赁管理平台上线，对于破除该障碍具有重要意义。

4. 融资租赁机构分化明显，外部信用风险不容忽视

近几年在经济下行和监管环境趋严趋紧的情况下，广州市融资租赁业规模爆发式增长的一些弊端也显露出来。一方面，广州市的融资租赁机构存在明显的分化和发展不均衡，2000 多家融资租赁企业中实际有或者能开展业务的只有几百家，且这几百家大部分分布在南沙区，多为资信较好的大型企业。另一方面，资信评级较低的中小型融资租赁公司业务规模呈现持续下滑趋势，在租赁行业环境不容乐观的情况下更易受到外部环境的冲击，行业内竞争分化会更为明显，同质化竞争严重导致项目收益下降，融资租赁企业逾期坏账和承租人恶意处置租赁资产现象增多，给整个融资租赁行业增加了风险。2020 年，银保监会印发《融资租赁公司监督管理暂行办法》为规范融资租赁行业提供严格指导，2021 年初，广州市地方金融监督管理局抓紧排查非正常经营融资租赁企业，其中第一批被列入非正常经营融资租赁企业达 1818 家，而截至 2021 年 6月末，上海披露的非正常经营融资租赁公司仅计 579 家。广州对融资租赁行业监管转向以审慎监管为主导，广东省地方金融监督管理局也提示融资租赁公司原则上不鼓励开展跨省（区、市）业务。过于严格的监管，可能会削弱该行业的灵活性，特别是限制融资租赁对于扩大汽车市场的作用。在双循环新发展格局下，应坚持适度监管与审慎监管相结合。

5.融资租赁市场专业人才不足，亟须提升本土人才"造血功能"

人才、资金和风险控制被业内人士认为是融资租赁的三大核心。融资租赁属于专业性和综合性强的金融业态，涉及范围广，涵盖交通、运输、能源等领域，加之南沙自贸区跨境融资租赁业务要与世界接轨，需要具备经济、法律、金融、财税、外贸等知识，对于从业人员的专业素质要求较高。广州近几年融资租赁企业数量和业务规模都呈现爆发式增长，由此也产生了对融资租赁专业人才的强烈需求。从行业人才流动速度来看，虽然融资租赁从业人员流动性较其他金融行业较高，但随着中国经济发展进入"新常态"，经济增速趋于放缓，从业人员在工作变动上趋于保守，公司间人才流动速度放缓，加之行业核心人才数量稀缺、同行竞争激烈、地域限制等重重障碍，暗示广州亟须培养本土人才。京津冀地区有首都经济贸易大学、南开大学、中国民航大学、中央财经大学、天津商学院等多所知名院校开设了融资租赁相关课程，还建立了金融专硕租赁人才培养基地，长三角地区有浙江大学、上海交通大学等机构也开设了融资租赁培训班，而在大湾区内陆地区尚无一所高校开设融资租赁相关课程。目前，融资租赁人才已经被广州列为境外稀缺人才类别。租赁人才的培养周期长，成本也非常高，广州除了通过和香港联合合作培养和引进境外人才外，还需发挥高校和融资租赁公司自身的"造血功能"。

综上，广州不管是法规、政策、资本市场、人才市场等层面都还不健全，也未把南沙自贸区融资租赁发展创新经验成功复制推广到各区，形成多点支撑空间布局。广州融资租赁行业发展仍处于初级阶段，可谓任重道远。

二、广州融资租赁发展与实体经济投资的关系研究

融资租赁涉及国民经济的主要行业,形成了数量庞大的企业主体和体量巨大的租赁资产,它与实体经济特别是中小企业紧密融合,成为我国金融体系不可或缺的有生力量。本节将从实证的角度,研究广州融资租赁的发展是否促进了其基础设施建设和先进制造投资?作用效果如何?广州的融资租赁发展具有怎样的宏观经济效应?

(一)融资租赁相关研究理论

融资租赁是一种资源配置的契约安排,是经济发展到一定阶段的产物,它在产业结构转型和设备更新升级的压力刺激下应运而生,在经济社会投融资需求的驱动下发展并壮大起来。根据定义,融资租赁是指租赁公司根据承租人的请求,负责购置承租人所需设备,并将其交付给承租人使用,同时定期向承租人收取一定租金的金融模式。根据设备来源和到期后设备处理方式的不同,融资租赁可以分为直接租赁、经营租赁和售后回租等多种模式。图5-6显示了融资租赁的基本交易结构。

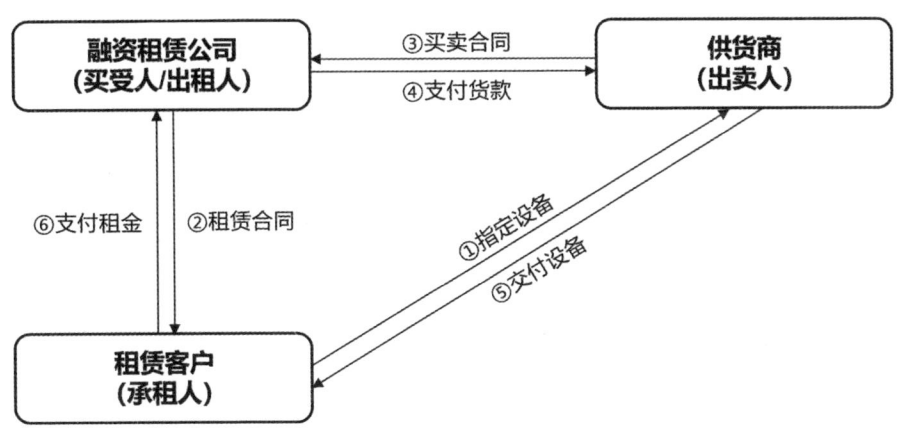

图5-6 融资租赁基本交易结构图

资料来源:课题组绘制。

在直接租赁模式下，租赁公司出资购买设备供承租人使用，在租期结束后将租赁物所有权转移给承租人，租赁公司从中收取租金。金融租赁公司收取租金业务与银行贷款按期收取利息很相似，都是以占用融资成本的时间计算收益，在金融机构的本外币存贷款主要项目表中表现为融资租赁贷款，但与传统的银行信贷相比，融资租赁降低了对承租企业特别是中小企业的信用门槛。从融资租赁的法律关系看，由于租赁物的租赁期间所有权归出租人所有，承租人仅有使用权，这使得租赁公司在债权基础上，又拥有保护债权的物权，当承租人破产时，租赁公司（出租人）从承租人手中收回租赁资产，比有担保的贷款人（银行）收回或取消抵押品的赎回权更为容易。回收租赁资产的优势意味着租赁资本有更高的负债能力，从而融资租赁公司可以比银行提供更多的信贷。从融资租赁的会计处理上看，通过融资租赁公司购买设备，租赁客户不用一次性花费大额资金购置资产，在财务报表上反映租金支付即可，从而降低了资产负债率，改善企业的负债能力。当面临严格的财务约束时，企业倾向于通过融资租赁获取额外的债务能力（Eisfeldt and Rampini，2009）。

在售后回租模式下，租赁客户既是承租人也是设备出卖人，租赁客户先将其自有设备按市场价格卖给融资租赁公司，再以租赁方式租回原来设备。这样承租人既拥有原来设备的使用权，又能获得一笔现金流。售后回租盘活了现金流约束企业的存量固定资产，满足了其融资需求。目前，融资租赁已成为解决企业融资问题的普遍方法。在供应链系统中，相对面向消费者的下游销售商采用贸易信贷融资，上游生产设备商倾向于通过与融资租赁企业整合实现融资（Wang等，2020）。Zhang等（2019）在实证融资租赁水平是否影响了全球市场银行贷款与经济增长之间的关系时表明，银行贷款与经济增长之间存在融资租赁门槛效应，指出在不同经济体中，对传统和新型融资工具的利用应基于一国的经济结构和金融中介体系。

通过融资租赁，企业无需抵押标的物，在不用一次性投入大量资金的情况下便可获得生产设备的使用权，有效降低了投资者自有资金比例和投资门槛。在"以租代销"的模式下，企业可以获得金融服务，亦可以将闲散设备转入资本市场而获得增值，有利于社会总资金的加速周转；同时可以扩大产品销路，在国内外市场获得更多竞争力。朱成科和李虹含（2015）在研究融资租赁、设备投资与经济增长的关系时，指出在我国中西部地带，融资租赁对设备投资具有显著的促进作用；融资租赁每增加1%，中部地带的设备投资增加0.20%，西部地带则增加0.13%。而租赁设备投资带来的基建问题、安装问题和使用问题又将刺激一系列配套服务需求，体现在：一是增加就业机会，进而带动生活消费；二是设备生产产生的厂房和运输服务需求，拉动房地产和汽车行业的增长；三是融资租赁交易中涉及出资人、运输、保险、公证、会计、律师、经纪等服务机构，带动了相关服务行业的发展。基于生产设备的投融资行为，融资租赁有效促进了生产性需求和消费需求的双重增长，同时在银行信贷等金融合作支持下，将居民的储蓄存款转化为租赁消费，有利于经济社会稳定发展。

国内外有关融资租赁的研究主要从企业微观层面，研究税收、法律等因素对企业融资决策的影响及相关案例研究，也有少数学者关注融资租赁的宏观经济效应。在这一方面，主流观点认为，设备投资对促进经济增长具有显著作用，而融资租赁通过促进设备投资支持了经济增长（朱成科，李虹含，2015）。中外众多研究表明，固定资产投资对经济增长具有正的相关性。He和Xu（2019）通过提出一种新的非参数技术变系数路径识别方法，验证了设备投资因素对经济增长的决定性作用。De Long和Summers（1991）研究发现设备投资与国民经济生产总值之间存在因果关系，设备投资增加1%，将带动GDP增长3%。Madsen（2002）进一步研究设备投资与经济增长的格兰杰因果关系，发现设备投资受供应驱动作用于经济增长。Wang等（2020）基于VAR模型，运用格兰杰因果检验等计量经济学方法，分析了1991—2017年我国固定资产投资与产业结构之间的关系，认为固定资产投资通过形成资本存量和需求影响产业结构，第二产业增加值与其固定资产投资具有正的双向因果关系。邱冬阳等（2020）等基于我国2013—2017年省级面板数据，探讨在创新驱动背景下我国固定资产投资结构对经济增长的影响，结果表明我国固定资产投资对经济增长具有显著的促进作用，但产出弹性系数在逐渐变小，其中房地产开发投资和制造业投资对我国当期经济增长具有显著的积极作用，而基础设施投资则未表现出显著的促进作用。朱成科和李虹含（2015）在已有研究基础上，将全国分为东部、中部和西部三个地带，通过建立PVAR模型研究分析2004—2013年间融资租赁、设备投资与GDP增长的关系，发现融资租赁对各个地带的经济增长都有显著的促进作用，但与中西部地带不同，东部地区设备投资没有起到促进东部经济增长的作用。这种结论差异通常是由所研究的国家和地区经济生产水平差异或者变量指标的选取和时间跨度上不同等原因造成的。

国内有不少学者探讨了融资租赁与设备投资的关系，但有关实证研究还比较少，主要是受限于融资租赁数据获取困难等原因，由此造成指标选取针对性不强、样本量不足等问题。关于融资租赁和设备投资关系的实证研究，国内学者并没有得到一致的结论。王晓耕（2010）对1987—2008年我国融资租赁业对固定资产投资的影响做了实证研究，结果表明，固定资产投资与租赁额存在协整关系，两者相互促进。然而，朱成科和李虹含（2015）基于2004—2013年中国省级的数据，发现融资租赁对设备投资的促进作用在东部地带并不显著；基于全国整体层面做类似研究的结果显示，融资租赁和设备投资之间在短期内不存在格兰杰因果关系，但长期来看融资租赁是设备投资的格兰杰原因，即融资租赁促进了设备投资。周凯和史燕平（2016）基于设备投资和融资需求视角，采用2013—2014年我国31个省的截面数据研究融资租赁业快速发展的驱动因素，得到"设备投资对融资租赁行业规模增长的影响显著为负"的结果，并认为我国融资租赁行业规模的增长主要受融资需求驱动。

融资租赁被业内认为是传统制造业转型升级最为重要的融资方式，也是工程机械行业转型升级的重要影响因素之一（邓晓虹，黄满盈，2015）。在大多数工业现代化程度高的国家，融资租赁是设备投资的主要方式，其新增的设备投资有20%～30%的比重是由融资租赁实现的（陈鹏君等，2014）。传统制造业转型升级一般需要大额的设备投资和生产线建设资金，投资周期往往比较长。融资租赁结合融资与技术服务，以设备投资为担保，具有大额、期限长、租金支付灵活的融资特点，其业务模式和对设备的筛选机制，恰好匹配设备投资和技术改造的需求。长期内，发挥融资租赁在引入设备及技术的作用对我国高技术产业发展和整体技术进步具有重要意义（吕苏榆，刘晓焕，2016）。

融资租赁与基础设施建设具有很高的契合度。首先，基础设施建设投资具有资金需求量大、周期长、回收稳定、直接经济回报不高等特点，且由政府引导，满足融资租赁对项目未来现金流稳定、安全的要求。其次，融资租赁租期能够完全覆盖租赁公司的融资成本及设备使用寿命。在国家加大清理地方政府融资平台力度和稳健货币政策背景下，基础设施建设面临融资困难和资金压力，对于已建成的基础设施，借助融资租赁的售后回租方式可以盘活存量资产和沉淀资金，减轻财政压力，进而开展城市轨道交通等更多基础设施建设。

关于基础设施投资与经济增长的关系，绝大多数研究表明，基础设施投资对区域经济增长具有显著的正向促进作用，但其效应因地区的不同经济发展水平表现出差异，如王立平和余小婷（2020）实证表明基础设施完善助推了地区经济增长；胡晨光等（2020）在研究大城市带基础设施、城市规模与城市经济增长关系时发现城市规模构成基础设施促进城市经济增长的中介变量，但这一中介效应在中国环渤海、长三角、华南三大都市带存在差异；孙早等（2015）以中国2003—2012年间的面板数据估计基础设施建设投资与地区经济增长之间的关系，结果表明，与东、中部地区的实证结果相反，西部地区经济增长与基础设施建设投资的关系之间不存在倒 U 型关系，"高强度的基础设施建设投资对经济增长产生了抑制作用"。现有研究认为，基础设施投资影响经济增长的机制主要有两种：一是作为生产投资要素，通过乘数效应直接作用并放大经济增长；二是通过科、教、文、卫等领域投资形成的人力资本间接促进经济增长（方福前等，2020）。李强等（2012）利用 1980—2010 年的数据通过误差修正模型验证了要使基础设施投资能够起到促进经济增长的作用，应提高教育支出占比和人力资本，使基础设施和人力资本投资相互促进。

基础设施、先进制造和现代服务业是广州市引领融资租赁服务投资的三大重点领域，本部分主要对广州融资租赁发展是否支持了基础设施和先进制造业固定资产投资进行了实证研究。考虑到"工业是国民经济的命脉，机械又是工业的基础"，本节就融资租赁、先进制造固定资产投资和工业经济增长之间的关系进行了拓展探讨。汽车、船舶、航空、医疗设备租赁等融资租赁是支持广州现代服务业体系建设的新型金融手段，而融资交易的完成也离不开会计、律师、咨询等服务机构的支持，本部分也研究了融资租赁对第三产业的经济效应。

（二）研究设计与数据说明

1. 变量指标选取及数据来源

选取融资租赁交易额、基础设施投资和先进制造业投资（依次记为 FL、BI 和 MI）作为研究变量对融资租赁与实体经济投资的关系进行实证分析，同时选取工业经济增加值（IDP）和第三产业增加值（GDP_3）两个变量指标研究融资租赁发展与经济增长的关系。本节选取样本时间的范围为 2011 年 1 月初至 2019 年 12 月末，以月份为频度①，变量指标单位均变换为亿元人民币。

（1）融资租赁交易额（FL）

融资租赁额交易额采用融资租赁贷款作为其代理变量，该指标于 2011 年开始增设于金融机构本外币存贷款主要项目表中。与以往学者采用的"租赁和商务服务业"固定资产投资额作为其代理变量相比，采用融资租赁贷款额更能体现融资租赁业务的交易特征，即融资租赁交易合同中的租金属于债务部分（租赁负债），也符合金融租赁交易额占融资租赁交易总额较大比重的实际。数据来源于中国人民银行广州分行发布的广东省本外币贷款运用项目下的融资租赁数据。

（2）基础设施投资（BI）

基础设施投资变量采用广州市统计局公布的基础设施固定资产投资额数据，选用电力、燃气及水的生产供应业，交通运输、仓储和邮政业，信息传输、软件和信息服务技术服务业，水利、环境和公共设施管理业四大行业固定资产投资额之和。数据来源于广州市统计局进度报表。

（3）先进制造业投资（MI）

根据 2017 年国民经济行业分类，先进制造业包括装备制造业、钢铁冶炼及加工和石油及化学三大行业。以上三大行业的固定资产投资额目前只能获取到年度数据。同样，考虑样本量大小及保持数据统计口径统一，这里采用汽车制造业、电子信息制造业和石油化工制造业的固定资产投资之和作为先进制造业投资代表。事实上，汽车制造业、电子信息制造业和石油化工制造业是广州制造业的三大支柱。2014 年广州市政府下发的《关于加快推进融资租赁业发展的实施意见》就将先进制造业作

---

① 2020 年因全球遇上新冠肺炎疫情，GDP 增长和实体投资遭遇负面冲击，故本节将下限时间设定为 2019 年末，以规避该非正常影响。

为融资租赁业主要支持发展的领域之一，涉及汽车、精细化工、电子信息、装备制造等制造业的改造提升。

（4）工业增加值（IDP）和第三产业增加值（GDP₃）

工业增加值选用规模以上工业增加值作为其代理指标，为月度数据；第三产业增加值为季度数据，在研究其与融资租赁贷款的相互作用关系时，融资租赁贷款相应地变换为季度数据。数据均采自广州市统计局官方发布的进度报表。

2. 研究方法

本节首先通过协整检验探讨变量之间是否存在长期均衡关系。如果存在协整关系，则可以构造协整方程，得到误差修正项，通过构建估计向量误差修正模型（VECM）考察变量间的动态关系。

（1）协整检验

标准回归技术如普通最小二乘（OLS），要求变量是协方差平稳的。但多数经济变量随着时间的推移会呈现一种随机游动的走势，如果将多个经济变量的变化趋势放在一起观察，会发现它们存在着某种运动相似性，并实现长期均衡，协整分析提供了这样一种估计和解释非平稳时间序列的框架，排除伪回归情况，确定变量之间是否存在长期均衡关系。如果时间序列 $\{y_t, \chi_t\}$ 存在协整关系，且协整系数为 $\{1, -\theta\}$，则相应的协整方程为

$$y_t = \phi + \phi \chi_t + z_t \qquad (5.1)$$

其中，$z_t \equiv y_t - \theta \chi_t - \phi$ 为平稳过程，ϕ 为常数项。协整关系检验采用 Johansen 的最大似然估计（MLE），Stata 15 和 R 软件都自带有相应的操作函数。

（2）误差修正模型

协整方程反映的是变量之间的长期均衡关系。若要估计$\{y_t, \chi_t\}$之间的短期动态关系（短期参数），则需要建立误差修正模型（ECM）。格兰杰表述定理表明，如果一组变量之中存在协整关系，必定存在一个相应的误差修正模型。

对于存在多阶滞后的向量自回归（VAR）系统，当向量y中各变量同阶单整时，可建立如下形式的VECM：

$$\Delta y_t = r + a\,ecm_{t-1} + \sum_{i=1}^{p-1} r_i \Delta y_{t-i} + \in_t \quad (5.2)$$

$$ecm_t = \beta' y_t + r \quad (5.3)$$

式（5.2）中，a是调整系数矩阵，表示向均衡调整的速度，β是协整向量矩阵，ecm_{t-1}为误差修正项，反映对长期均衡的偏差，其表达式见式（5.3）。在此模型中有两个因果关系的来源，一个是来自差分滞后动态项$\Delta y_{t-1}, \Delta y_{t-2}, \Delta y_{t-i}$，当$r_i \neq 0$反映短期关系；另一个来自滞后误差修正项$ecm_{t-1}$，当$a \neq 0$反映长期关系。

如果$\{\chi_t, y_t\}$之间的关系由一个自回归分布滞后模型（ADL）给出，$\{y_t, \chi_t\}$均为一阶单整过程I（1），如$y_t = \psi_0 + \psi_1 y_{t-1} + \tau_0 \chi_t + \tau_1 \chi_{t-1} + \in_t$，则对应的ECM为：

$$\Delta y_t = \tau_0 \Delta \chi_t + (\psi_1 - 1)(y_{t-1} - \phi - \theta \chi_{t-1}) + \in_t \quad (5.4)$$

在"$\{y_t, \chi_t\}$存在协整关系"的前提下，将$\hat{z}_t \equiv y_t - \hat{\phi} - \hat{\theta}\chi_t$残差代入上式，可得

$$\Delta y_t = \psi_0 \Delta \chi_t + (\psi_1 - 1)\hat{z}_{t-1} + error_t \quad (5.5)$$

使用 OLS 估计上式，即可得到短期参数的估计。

（3）格兰杰因果关系检验和弱外生性检验

对于由 y_1, y_2 组成的二元 VAR 系统，检验要求估计以下两个回归模型：

$$\begin{cases} y_{1t} = v_1 + \sum_{i=1}^{p} \theta_i y_{1t-i} + \sum_{i=1}^{p} \delta_i y_{2t-i} + \mu_{1t} & (5.6a) \\ y_{2t} = v_2 + \sum_{i=1}^{p} \tau_i y_{2t-1} + \sum_{i=1}^{p} \lambda_i y_{1t-i} + \mu_{2t} & (5.6b) \end{cases}$$

其中，模型（5.6a）为了检验 y_2 对 y_1 的影响，检验的基本逻辑为：如果模型中 $\delta_1, \delta_2 \ldots \delta_i$ 中只要存在一个系数检验显著不为零，那么就可以认为 y_2 是 y_1 的格兰杰原因；模型（5.6b）检验 y_1 对 y_2 的影响，检验逻辑与模型（5.6a）同理。

如果变量向量间存在协整关系，那么在 VAR 模型应加入误差修正项转换成为 VECM，以检验变量之间的因果关系。格兰杰（非）因果关系检验试图回答这样的问题，"是否 y_1 的变化（记为 Δy_1）引起了 y_2 的变化（记为 Δy_2）"，其检验基于两个变量之间先导—滞后关系（并不表示真正存在因果关系），从统计上考察这种关系是单向的还是双向的，即是一个变量过去的行为在影响另一个变量的当前行为，还是双方的过去行为在相互影响对方的当前行为？

对于变量之间是否存在短期因果关系，通过 F 检验对误差修正模型中各方程滞后项系数的显著性进行联合检验可以判定各变量之间的短期格兰杰因果关系。对于变量之间是否存在长期因果关系，采用弱外生性检验来识别，即通过似然比统计量对调节系数施加零约束进行检验。如果检验结果拒绝是弱外生变量的原假设时，则认为变量之间存在长期因果关系。

3. 数据预处理

（1）缺失值处理

在融资租赁与实体经济投资的实证研究中，相关研究变量指标为融资租赁贷款、基础设施固定资产投资额和先进制造业固定资产投资额，样本时间范围均为2011年初至2019年末，时间频度为月度，共计108个观测值，其中：融资租赁贷款为当月值；基础设施固定资产投资额和先进制造业固定资产投资额由原始月度累计值转换为当月值，各年的1月份缺失值由第一季度(即原始数据中的3月累计值)均值填充，2015年2月份累计值缺失，采用当年3月份的累计同比增长率计算得到。

在融资租赁与经济增长关系的研究中，涉及变量指标有融资租赁贷款、规模以上工业增加值和第三产业增加值，其中：在融资租赁与工业经济增长的协整关系实证中，融资租赁贷款和规模以上工业增加值均采用月度数据，时间跨度均为2011年初至2019年末，合计108个观测值，规模以上工业增加值2017年12月数据缺失，采用当年11月的累计同比增长率计算得到12月累计值，再减去11月份的累计值得到当年12月份的数据；在融资租赁与服务业经济增长关系实证中，由于只能获取到第三产业的季度值，故将融资租赁贷款换算为季度值，合计共36个观测值。

（2）季节调整

以上选取的数据指标中，除融资租赁贷款无季节特征外，其他指标均显著存在季节特征。本节采用国际公认的最合理的季节调整方法X-12进行季节调整，通过R软件运行得到的调整结果如图5-7所示，后缀"d_11"表示季节调整后时序。

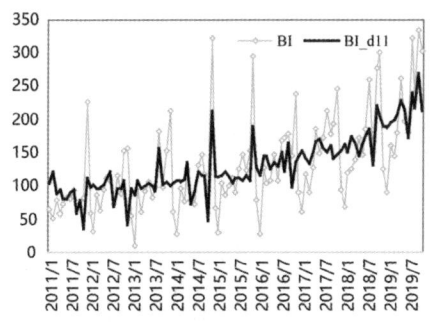
(a)基础设施固定资产投资额季节调整前后时序图

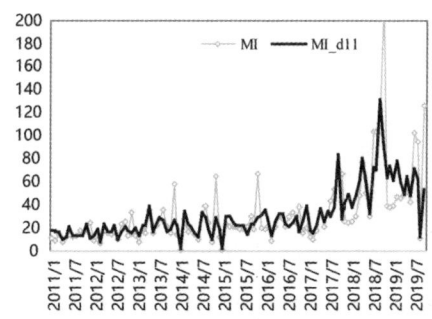
(b)先进制造业固定资产投资额季节调整前后时序图

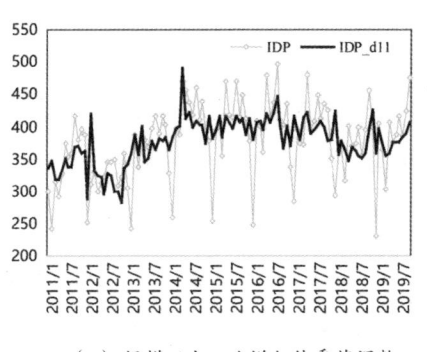
(c)规模以上工业增加值季节调整前后时序图

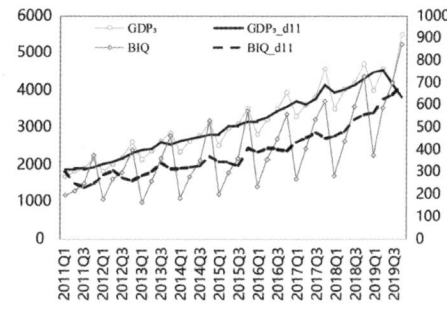
(d)季度基础设施投资和第三产业增加值时序图

图 5-7 实证相关变量指标季节调整前后时序图

4. 时间序列单位根检验

为避免"伪回归",在进行协整回归和建立误差修正模型前需对各时间序列进行单位根检验,确定它们的单整阶数以及是否同阶单整。单位根检验过程及结果如表 5-2 所示,从表 5-2 中可知,各有关时间序列均为一阶单整过程,可进行下一步协整分析。

表 5-2　各时间序列的单位根检验结果

变量	检验形式 (C,T,N)	ADF 检验值 $([\phi,\delta])$	5% 临界值	单位根
FL	$(C,1,1)$	(−0.729, 1.847)	(−3.43, 6.49)	1
D.FL	$(C,0,1)$	−4.058	−1.95	0
BI	$(C,1,4)$	(−1.650, 2.619)	(−3.43, 6.49)	1
D.BI	$(C,0,3)$	−9.187	−2.88	0
MI	$(C,1,4)$	(−1.966, 1.933)	(−3.43, 6.49)	1
D.MI	$(C,0,3)$	−9.792	−2.88	0
IDP	$(C,1,2)$	(−2.489, 3.136)	(−3.43, 6.49)	1
D.IDP	$(C,0,3)$	−7.201	−2.88	0
lnFLQ	$(C,1,4)$	(−2.815, 4.101)	(−3.50, 6.73)	1
D.lnFLQ	$(C,1,1)$	(−3.646, 6.967)	(−3.50, 6.73)	0
$\ln GDP_3$	$(C,1,2)$	(−2.423, 4.748)	(−3.50, 6.73)	1
$D.\ln GDP_3$	$(C,1,1)$	(−7.917, 31.369)	(−3.50, 6.73)	0
lnBIQ	$(C,1,4)$	(1.528, 7.842)	(−3.50, 6.73)	1
D.lnBIQ	$(C,1,3)$	(−6.891, 23.755)	(−3.50, 6.73)	0

注：①ADF 单位根检验的备择假设为该时间序列平稳；② D 为其后变量的一阶差分值；③检验形式中，C 为带有常数项（漂移项），T 为有趋势项，N 为滞后阶数，最优滞后阶数由赤池(AIC)信息准则确定；④单位根中"1"表示有或存在，"0"表示无或没有。

（三）实证过程与结果分析

1.融资租赁贷款、基础设施投资与第三产业经济增长

（1）融资租赁贷款对基础设施投资的影响分析

第一，协整关系检验。根据各类信息准则选择最优滞后阶数 4 进行

Johansen 协整检验，结果如表 5-3 所示，得到协整向量为 (1, −0.09)，即融资租赁贷款和基础设施投资之间存在一个长期均衡，融资租赁贷款每增加 1 个单位，基础设施固定资产投资将增加 0.09 个单位。

表 5-3　Johansen 协整秩次检验结果

原假设	FL 和 BI		lnFLQ 和 lnGDP$_3$		lnBIQ 和 lnGDP$_3$	
	迹统计量	5% 临界值	迹统计量	5% 临界值	迹统计量	5% 临界值
r = 0	21.48	17.95	30.99	19.96	31.49	19.96
r ≤ 1	3.34*	8.18	9.23*	9.24	8.32*	9.24

注：* 表明检验得到的协整秩次，即协整向量个数。

第二，误差修正模型及因果关系分析。如表 5-4 和表 5-5 所示，在以 ΔFL 为响应变量的方程中，除常数项外没有一个系数是在 5% 水平下显著的，且关于 ΔBI 滞后项系数的联合检验在 5% 水平下也是不显著的；在以 ΔBI 为响应变量的方程中，误差修正项的系数（调节系数）估计为 −0.818，相应的 t 统计量为 −4.272，在 5% 的显著水平下显著，同时也通过了弱外生性 LR 检验，但关于 ΔFL 滞后项系数及其联合检验在 5% 水平下均不显著。由此说明，在短期内融资租赁贷款和基础设施投资不存在互动因果关系，这与基础设施固定资产投资周期长特点相匹配；长期来看，融资租赁贷款显著促进了基础设施投资，但不会对其与基础设施固定资产投资之间的不均衡做出调整，即融资租赁发展是导致基础设施投资增长的原因，但基础设施投资不是导致融资租赁贷款变化的原因。

表 5-4　Johansen 误差修正模型参数估计

变量	ΔFL(1) 和 ΔBI(2) 的 ECM 估计		ΔlnFLQ(1) 和 ΔlnGDP$_3$(2) 的 ECM 估计		ΔlnBIQ(1) 和 ΔlnGDP$_3$(2) 的 ECM 估计	
	系数(1)	系数(2)	系数(1)	系数(2)	系数(1)	系数(2)
ect1	−0.159	−0.818	−0.082	−0.1	−0.081	−0.134
	(−0.787)	(−4.272)***	(−3.361)***	(4.048)***	(−1.331)	(−5.114)***
Const	22.632	35.183				
	(2.667)***	(4.382)***				
(1).l1	0.149	0.05	0.058	−0.247	0.295	−0.155
	(1.427)	(0.505)	(0.308)	(−1.315)	(−1.804)*	(−2.204)**
(1).l2	−0.105	−0.001	−0.196	−0.016	0.22	0.047
	(−0.951)	(−0.006)	(−1.071)	(−0.088)	(−1.450)	(0.722)
(1).l3	−0.095	−0.088			−0.450	0.116
	(−0.844)	(−0.826)			(−3.040)***	(1.814)
(2).l1	−0.077	−1.160	−0.014	−0.679	−0.126	−0.841
	(−0.738)	(−11.809)***	(−0.082)	(3.907)***	(−0.305)	(−4.716)***
(2).l2	−0.064	−1.093	0.039	0.42	0.329	−0.723
	(−0.414)	(−7.434)***	(0.197)	(−2.124)***	(0.677)	(−3.455)***
(2).l3	−0.082	−1.033			0.165	0.038
	(−0.447)	(−5.959)***			(0.330)	(0.177)
$\overline{R}^2$	0.2902	0.5756	0.712	0.571	0.37	0.714
F 统计量	6.314***	18.63***	17.32***	9.772***	3.688***	12.41***

注：①***、**和*分别表示系数在 1%、5% 和 10% 的水平下显著；② 系数估计的括号内数字为系数 t 统计量；③ 列 2"系数（1）"表示以 ΔFL 为响应变量的 ECM 中的各变量系数估计，列 3"系数（2）"表示以 ΔBI 为响应变量的 ECM 中的各变量系数估计，列 4 至列 7 的含义依此类推；④ 列"变量"中，ect1 表示修正误差项滞后项，Const 为常数项，".l1"".l2"和".l3"分别表示该符号前面变量的一阶滞后、二阶滞后和三阶滞后项。

表 5-5　格兰杰因果关系和弱外生性检验结果

因变量	ΔFL 滞后项的 F 统计量	ΔBI 滞后项的 F 统计量	ect1 的 LR 统计量
ΔFL		0.3294 (0.804)	0.670 (0.41)
ΔBI	0.221 (0.88)		18.098 (0.00)
因变量	ΔlnFLQ 滞后项的 F 统计量	ΔlnGDP$_3$ 滞后项的 F 统计量	ect1 的 LR 统计量
ΔlnFLQ		0.873 (0.43)	11.187 (0.00)
ΔlnGDP$_3$	0.029 (0.97)		15.206 (0.00)
因变量	ΔlnBIQ 滞后项的 F 统计量	ΔlnGDP$_3$ 滞后项的 F 统计量	ect1 的 LR 统计量
ΔlnBIQ		0.367 (0.78)	2.191 (0.14)
ΔlnGDP$_3$	4.137 (0.02)		22.911 (0.00)

注：括弧中的数字为边际显著性水平。

（2）融资租赁贷款对第三产业经济增长的影响分析

第一，协整关系检验。各类信息准则均选择最优滞后阶数4，选择带常数项的协整模型进行协整秩次检验，迹检验结果显示存在一个协整关系，协整向量（1nGDP$_3$, 1nFLG）=（1, -0.805）或（1nFLQ, 1nGDP$_3$）=（1, -1.241），融资租赁贷款每增长1%，将带动第三产业经济增长0.8%。

第二，误差修正模型及因果关系分析。如表 5-4 和表 5-5 所示，两个方程的误差修正项系数估计 t 统计量均在 5% 的显著水平下显著，同时也均通过了弱外生性 LR 检验；而有关差分滞后项系数的联合检验在 5% 水平下均不显著，说明融资租赁贷款发展与第三产业经济增长在存在相互作用的长期均衡关系，但短期内两者的动态变化不存在相互因果关系。

（3）基础设施投资对第三产业经济增长的影响分析

第一，协整关系检验。各类信息准则均选择最优滞后阶数 3，选择带常数项的协整模型进行协整秩次检验，迹检验结果显示存在一个协整关系，协整向量（$lnGDP_3$, $lnBIQ$）=（1, −0.806）或（$lnBIQ$, $lnGDP_3$）=（1, −1.242），基础设施投资每增长 1%，将带动第三产业经济增长 0.8%，该作用强度与融资租赁贷款对第三产业经济增长的作用强度非常接近。

第二，误差修正模型及因果关系分析。在以 $\Delta lnBIQ$ 为响应变量的方程中，除 $\Delta lnBIQ$ 自身滞后项外没有一个系数是在 5% 水平下显著的，且关于 $\Delta lnBIQ$ 滞后项系数的联合检验在 5% 水平下也是不显著的；而以 $\Delta lnGDP_3$ 为响应变量的方程中，调节系数估计为 −0.134，相应的 t 统计量在 5% 的显著水平下显著，同时也通过了弱外生性 LR 检验，但 $\Delta lnBIQ$ 差分滞后项系数的联合检验在 5% 水平下不显著，说明短期内基础设施投资与第三产业经济增长不存在动态因果关系，长期来看基础设施投资是第三产业经济增长的原因，而第三产业经济增长不是基础设施投资增长的原因。

综合以上分析结果，可以得到结论：短期内融资租赁发展与基础设施投资和第三产业经济增长之间不存在相互的动态因果关系，这与基础设施固定资产投资周期长的特点相匹配；但长期来看，广州融资租赁发展通过促进基础设施投资进而促进了第三产业经济增长（见图 5-8）。

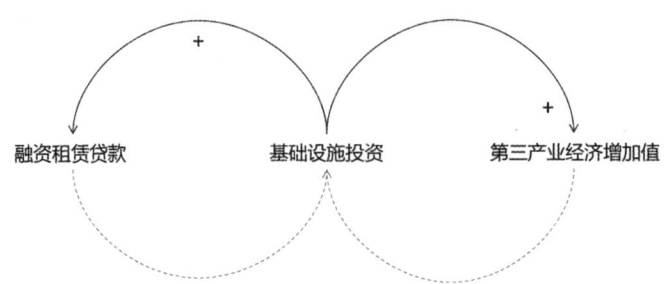

图 5-8 融资租赁贷款、基础设施投资与第三产业经济增加值的长期作用关系图

注：图中短虚线表示实际不存在此关系。

2. 融资租赁贷款、先进制造业投资与工业经济增长

（1）融资租赁贷款对先进制造业投资的影响分析

下面对融资租赁贷款与先进制造业投资进行协整分析，探讨它们之间的长期均衡关系，在协整关系基础上建立误差修正模型，以探讨它们之间短期的动态关系。

MI 和 FL 所组成的二元 VAR 在各参数下各信息准则下选择的最优滞后阶数均为 1。运用 EG-ADF 两步法进行协整检验。第一步运用 OLS 来估计协整系数 θ，采用不带截距项的回归结果为 $\widehat{MI}_t = 0.031 FL_t$（调整后的拟合优度为 0.885）或写成 $\widehat{FL}_t = 27.568 MI_t$。

第二步对 $\hat{z}_t = 27.568 MI_t - FL_t$ 做带漂移项的单位根检验，得到的 ADF 检验值 -4.40 小于 5% 临界值 -1.95，可以拒绝其含有单位根的原假设，从而判断 FL 和 MI 之间存在协整关系，即融资租赁贷款和先进制造业投资之间存在一个长期均衡，融资租赁贷款每增加 1 个单位，先进制造业固定资产投资将增加 0.03 个单位。融资租赁贷款对先进制造业投资的作用比其对基础设施投资的作用要小得多。

构建误差修正模型，观察融资租赁贷款和基础设施投资之间的短期动态变化关系。将误差修正项 $\hat{z}_{t-1}$ 的滞后项加到 ΔMI 和 ΔFL 的分布滞后模型（ADL）中，相应误差修正模型估计为：

$$\begin{cases} \widehat{\Delta FL}_t = 14.812 + 0.038\Delta MI_t + 0.007\hat{z}_{t-1} \\ \quad\quad\quad (5.629)\quad (0.225)\quad (0.972) \\ \widehat{\Delta MI}_t = 4.322 + 0.013\Delta FL_t - 0.025\hat{z}_{t-1} \\ \quad\quad\quad (2.587)\quad (0.225)\quad (-7.284) \end{cases} \quad (5.7)$$

式（5.7）中的两个方程的残差均通过单位根检验，即残差平稳。在第一个方程中，除截距项外其他变量均未通过 t 检验 5% 显著水平；在第二个方程中，误差修正项系数估计为 –0.025，t 统计量 –0.284 在 5% 显著水平下显著，但差分项 Δ FL 系数不显著，说明短期内融资租赁贷款增长不是促使先进制造业投资增长的格兰杰原因，但长期来看融资租赁贷款对先进制造业投资具有正向的促进作用；而先进制造业投资增长无论从短期还是长期来看都不是导致融资租赁贷款增长的原因。

（2）融资租赁贷款对工业经济增长的影响分析

按照选择最优滞后阶数、协整检验和估计误差修正模型的步骤，相关结果如下：① 采用三阶滞后带常数项的 Johansen 协整秩次检验结果表明，FL 和 IDP 之间存在一个协整关系，协整向量为 (1,–0.105)，即融资租赁发展与工业经济增长之间存在正向的长期均衡关系，融资租赁贷款每增加 1 个单位，将促进工业经济增长 0.1 个单位。② 响应的误差修正模型及因果关系检验表明，短期内融资租赁贷款增长与工业经济增长不是彼此的格兰杰原因，长期来看融资租赁发展与工业经济增长存在单向的因果关系，融资租赁贷款促进了工业经济增长，但工业经济增长对融资租赁贷款增长没有显著的调节作用。

（3）先进制造业投资对工业经济增长的影响分析

下面探讨先进制造业投资对工业经济增长的影响。根据 AIC、HQIC 和 FPE 信息准则选择三阶滞后进行 Johansen 协整秩次检验，发现无论选择带常数项还是趋势项，实证结果均不显著，检验结果均为 MI 和 IDP 之间不存在一个协整关系；采用EG-ADF两步法检验，OLS回归的方程和系数检验均无法通过5%显著性水平，可以认为先进制造业投资与工业经济增长之间不存在长期均衡关系，一定程度上验证了朱成科等（2015）的研究结论，即"设备投资在东部没有起到促进经济增长的作用"。窦子欣等（2020）也研究指出"先进制造业新产品市场化程度较低，市场竞争性没有体现，销售渠道难以扩宽"，这样设备投资转化为经济效益的作用就受到了制约。

综合以上分析，可以得到以下结论：广州融资租赁发展的同时促进了先进制造业投资和工业经济增长，但先进制造业投资没有转化为工业经济增加值，工业经济增长也不依赖于先进制造业投资，图5-9直观展示了三者之间的长期作用关系。由此可以说明：一方面，广州的融资租赁发展满足了资金约束企业购置设备等固定资产的需求，发挥了对先进制造业的投资功能，同时通过融资租赁的促销功能增加了设备供货方的销售商收入，由此带动工业经济增长。另一方面，广州工业经济增长已不是主要受供应驱动，在行业产能过剩的情况下，增加固定资产投资对促进工业经济增长没有显著作用。

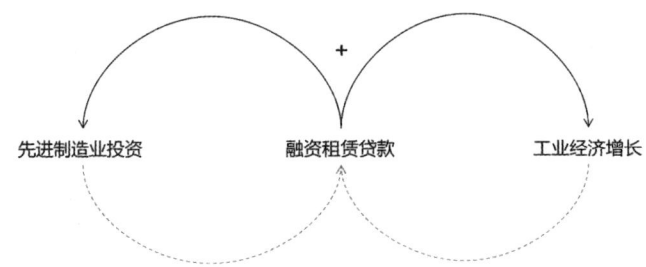

图5-9　融资租赁贷款、先进制造业投资与工业经济增长长期作用关系图

注：图中短虚线表示实际不存在此关系。

（四）结论和启示

本节运用协整检验和建立误差修正模型，从产业结构角度实证研究

广州的融资租赁发展对实体经济的影响，基于 2011—2019 年的数据，分别探讨了融资租赁发展、基础设施投资与第三产业经济增长关系和融资租赁发展、先进制造业投资与工业经济增长关系。主要研究结论如下：

第一，长期来看，广州融资租赁发展对实体经济的影响存在这样一个作用传导机制：融资租赁发展通过促进基础设施投资进而促进第三产业经济增长。

第二，广州融资租赁发展促进了先进制造业投资，但相对于促进基础设施投资的强度要弱得多；融资租赁发挥了其促销功能带动了工业经济增长。

第三，广州的先进制造业的固定资产投资没有转化为工业经济增长，说明在当前行业产能过剩的情况下，增加固定资产投资对促进工业经济增长没有显著作用，应同时增加需求消费将工业投入转化为经济增加值。

根据以上研究结论，为广州服务粤港澳大湾区建设和融资租赁发展提供以下政策建议：

第一，加大对融资租赁的资金支持，发挥广州融资租赁在基础设施领域的经验优势。总结并推广广州融资租赁服务基础设施建设的成功经验，继续引导城市轨道交通、海运和航运、医疗卫生设施等设备租赁。一是服务大湾区内基础设施互联互通；二是探索创新跨境融资租赁模式，服务国家"一带一路"建设，加快沿线国家基础设施联通，为提高贸易便利化水平、促进"走出去"和"引进来"提供重要支撑。

第二，融资租赁提升先进制造要精准发力，扩大有效投资需求；在大湾区经济运行仍存在产能过剩的情况下，同时还要通过促进出口消费带动投资转化为工业经济增长。在参与大湾区建设之际，既要通过融资租赁引进国外先进设备，又要促进先进制造转型升级增强发挥广州国际商贸中心功能，畅通"双循环"；在参与"一带一路"建设中，开拓国际市场，通过跨境融资租赁推动汽车等高端设备出口。

第三，融资租赁对于第三产业经济增长具有积极的拉动作用，应大力发展融资租赁服务于现代服务业，同时通过完善现代服务体系为融资租赁发展提供配套支持。以打造广州南沙粤港澳全面合作示范区为契机，与香港共建专业服务机构，促进会计审计、法律、管理咨询等专业服务发展，发挥澳门与葡语国家的联系优势和法律信息等专业服务功能，促成跨境融资租赁交易，巩固融资租赁行业领先地位，充分彰显融资租赁在粤港澳大湾区特色金融地位。

三、融资租赁产品创新案例

（一）科学城租赁成功发行首单大湾区制造业 ABS

1. 案例介绍

租赁资产证券化，是指以租赁公司作为发起人或原始权益人发行设立的将租赁资产（租赁债权）转换成可以在金融市场上自由出售和流通的证券产品的过程。根据发起主体经营性质的不同，主要分为融资租赁 ABS 和金融租赁 ABS。前者可在交易所、保交所和银行间债券市场发行企业 ABS 和 ABN（资产支持票据）；后者仅可在银行间债券市场发行信贷 ABS，并由银保监会进行监管审批。资产证券化有效增强了租赁公司资产的流动性，为租赁企业开辟了新的融资渠道，打破了融资租赁行业一直面临融资渠道单一、融资困难的局面。

2019 年 11 月 7 日，在广州市黄埔区政府、开发区管委会、科学城（广州）投资集团有限公司以及各合作机构的支持下，科学城（广州）融资租赁有限公司（简称"科学城租赁"）正式成功设立"国君资管—科学城租赁大湾区制造业一期资产支持专项计划"。该专项计划的发行既是科学城（广州）投资集团有限公司及旗下子公司在 ABS 融资渠道上的先行探索，也是全国首单以"大湾区制造业"为概念的融资租赁 ABS 产品。

"国君资管—科学城租赁大湾区制造业一期资产支持专项计划"是

科学城租赁在资本市场的首次公开亮相。该专项计划于 2019 年 7 月 1 日正式立项启动，经过中介机构入场尽调，于 9 月 11 日于深交所取得挂牌发行的无异议函，11 月 7 日，该专项计划成功设立发行，从启动到发行历时仅 4 个月，实现了科学城租赁从无到有的开创性突破。根据 Wind 数据库显示，近三年来广东省发行的企业租赁资产证券化产品仅有 12 个[①]，"国君资管—科学城租赁大湾区制造业一期资产支持专项计划"是自 2018 年以来广东省发行的第 6 个融资租赁 ABS 产品。而科学城租赁于 2017 年 11 月才开始正式运营，正处于起步阶段，这次大湾区制造业融资租赁 ABS 的发行对科学城租赁来说无疑是一个重要的里程碑，也是大湾区内其他融资租赁公司的学习标杆，具有继往开来的引领作用。

（1）专项计划基本情况

2019 年 11 月 7 日，科学城租赁作为原始权益人发起的"国君资管—科学城租赁大湾区制造业一期资产支持专项计划"在深圳证券交易所成功挂牌（证券代码：138088-138091）。该专项计划是科学城租赁首个租赁资产证券化项目，也是广东省自 2018 年来发布行的第 6 支资产支持专项计划。该计划发行规模为 6.14 亿元，以租赁租金作为基础资产，由优先 A 级（AAA）和优先 B 级（AA+）及次级证券构成，由上海国泰君安证券资产管理有限公司担任计划管理人。

（2）专项计划基本条款

国君资管—科学城租赁大湾区制造业一期资产支持专项计划根据底层资产的期限分为优先级三档，各档的基本条款如表 5-6 所示。专项计划根据底层资产的期限分为优先级三档，其中优先 A1 档发行规模为 2.5 亿元，评级为 AAA，发行利率为 4.20%；优先 A2 档发行规模为 1.43 亿元，评级为 AAA，发行利率为 4.25%；优先 B 档发行规模为 1.91 亿元，评级为 AA+，发行利率为 5.00%。

---

① 截至 2020 年 8 月 8 日，下同。

表 5-6　国君资管—科学城租赁大湾区制造业一期资产支持专项计划基本条款

产品分层	优先 A1	优先 A2	优先 B	次级
发行规模	2.5 亿元	1.43 亿元	1.91 亿元	0.31 亿元
信用等级	AAA	AAA	AA+	—
期限	0.6904	1.2027	2.4521	4.6932
到期日	2020年7月16日	2021年1月19日	2022年4月20日	2024年7月16日
发行利率	4.2%	4.25%	5.0%	—
还本付息方式	按季付息，到手还本	同优先 A1	同优先 A1	到期一次还本付息
偿还顺序	A1	A2	B1	C1

资料来源：Wind 数据库。时间截至 2020 年 8 月 9 日。

（3）专项计划主要参与方

如表 5-7 所示，该专项计划的原始权益人为科学城（广州）融资租赁有限公司，以上海国泰君安证券资产管理有限公司及国泰君安证券股份有限公司为计划管理人及代销机构、中国民生银行股份有限公司为托管银行、广州农村商业银行股份有限公司为监管银行，中诚信证券评估有限公司为信用评级机构，分别由致同会计师事务所（特殊普通合伙）和北京市汉坤律师事务所提供会计和法律服务。相关参与方具体介绍如下：

表 5-7　国君资管—科学城租赁大湾区制造业一期资产支持专项计划参与方

参与方性质	参与方名称
原始权益人/资产服务机构	科学城（广州）融资租赁有限公司
计划管理人/销售机构	上海国泰君安证券资产管理有限公司
代理销售机构	国泰君安证券股份有限公司
监管银行	广州农村商业银行股份有限公司
托管银行	中国民生银行股份有限公司
信用评级机构	中诚信证券评估有限公司
律师事务所	北京市汉坤律师事务所上海分所
会计师事务所	致同会计师事务所（特殊普通合伙）

科学城（广州）融资租赁有限公司。科学城（广州）融资租赁有限公司是科学城（广州）投资集团有限公司联合香港中楷证券共同成立的国有控股外资融资租赁公司，注册资本3亿元，是科学城投资集团金融板块的重要一员，通过售后回租、直接租赁等模式为众多优质企业提供了设备融资服务。其以黄埔区、广州开发区为业务立足点，辐射珠三角范围，以医疗、节能环保、生物医药、高端装备制造、新材料、医疗器械、

新一代信息技术等高新技术行业为产业投向重点，支持实体经济发展。2019年2月26日，在广州外商投资企业协会召开的"2018年广州市融资租赁先进企业"颁奖大会上，科学城租赁被评为"最佳进步企业"。

上海国泰君安证券资产管理有限公司。上海国泰君安证券资产管理有限公司在原国泰君安证券资产管理总部基础上组建而成，作为国泰君安证券股份有限公司的全资子公司，是目前国内注册资本最大的证券资产管理公司，注册资本20亿元，为上海市国有企业，2019年其信用评级维稳在AAA级。其客户包括大型国企、事业单位、企业集团及财务公司、企业年金等社会保险类资金、一般机构以及富裕的个人客户；业务合作伙伴包括银行、保险、信托、租赁公司等金融企业。[1]

中国民生银行股份有限公司。中国民生银行股份有限公司成立于1996年，总部位于北京市，是中国第一家主要由民营企业发起设立的全国性股份制商业银行，也是严格按照中国《公司法》和《商业银行法》设立的一家现代化金融企业。

广州农村商业银行股份有限公司。广州农村商业银行股份有限公司的前身为广州市农村信用合作社。2009年12月，广州农村商业银行股份有限公司成立并开业，注册资本金81.53亿元，注册地为广州黄埔区，下辖373个支行，263个分理处，630余个营业网点遍布广州城乡，网点数位列广州地区银行同业机构首位。

中诚信证券评估有限公司。中诚信证券评估有限公司为中外合资信用评级机构，于2006年8月正式成为穆迪投资者服务公司成员，目前是国内规模最大、全球第四大评级机构。经中国人民银行总行批准，1992年10月，中诚信国际成立，成为中国第一家全国性的从事信用评级、金融债券咨询和信息服务的股份制非银金融机构。2003年5月30日，在中国保监会发布的《保险公司投资企业债券管理办法》中，中诚信国际

---

[1] 中国证券报.国泰君安资产管理公司18日成立[EB/OL].(2010-10-18)[2021-07-15]. http://news.10jqka.com.cn/20110929/c63485752.shtml.

被列为首位认可的信用评级机构。近三年广东省发行的 9/12 只融资租赁 ABS 的信用评级机构均为中诚信证券评估有限公司。

（4）专项计划交易结构

"国君资管—科学城租赁大湾区制造业一期资产支持专项计划" 交易结构图如图 5-10 所示。

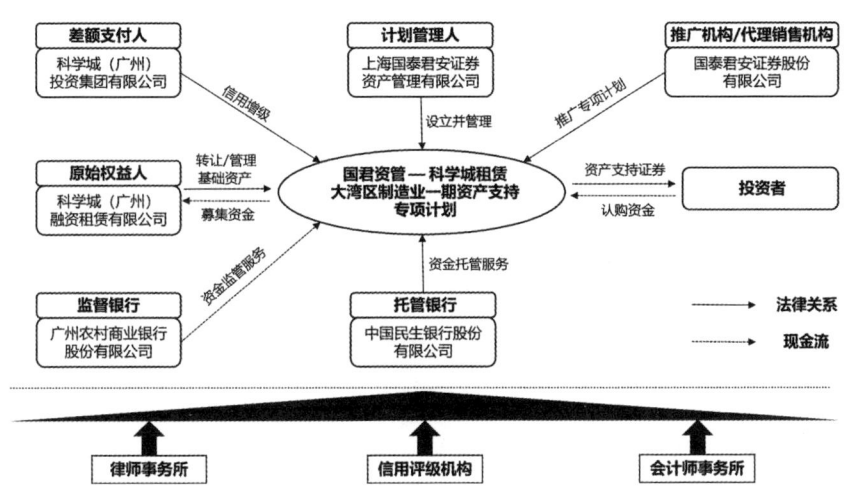

图 5-10　国君资管—科学城租赁大湾区制造业一期资产支持专项计划交易结构图

资料来源：课题组绘制。

在这个交易结构中，主干方为原始权益人（融资租赁公司）、SPV 公司（发起资产证券化的实体）和投资者（资产支持证券认购人）。交易过程大致为：首先，科学城租赁转让对承租人的租赁租金，与计划管理人签订《资产买卖协议》，通过计划管理人上海国泰君安证券资产管理公司包装成证券化资产，设立并管理资产支持专项计划；其次，计划管理人将专项计划募集资金用于向原始权益人购买初始基础资产，即原始权益人依据租赁合同对承租人所形成的租金、附属担保权益和租赁合同项下原始权益人享有的除所有权以外的其他权利；最后，投资者通过与计划管理人签订《认购协议》，将认购资金以专项资产管理方式委托计划管理人管理，计划管理人设立并管理专项计划，认购人取得资产支持证券，成为资产支持证券持有人。此外，为保证资金的可控性和安全性，计划管理人需要聘请第三方机构托管银行对认购资金给予托管服务、监管银行设立专有账户监管租金流动情况；为使投资者放心认购资产支持证券，聘请律师事务所对应收租赁款的真实性、合法有效性进行尽职调查并给出法律意见函，评级机构对资产质量及价值进行评估，会计师事务所出具现金流预测报告。

2. 案例分析

基础资产质量是影响融资租赁 ABS 成功发行的要素之一。除依靠第三方尽职调查反映公司底层资产的高质量水平外，该专项计划基础资产的一大亮点是其立足大湾区制造业，与实体经济紧密融合。该计划以医疗、节能环保、生物医药、高端装备制造、新材料、医疗器械、新一代信息技术等高新技术行业为产业投向重点，顺应广州推动先进制造业发展的政策导向，得到地方政府的支持，同时以较低的票面利率降低了融资成本。如图5-11所示，2013—2019年以租赁租金为基础资产的企业 ABS 的 A 档产品发行时票面利率大部分在 5% 以上，2019年的平均票面利率为 4.92%，而本专项计划 A1 档和 A2 档分别只有 4.20% 和 4.25%，处于较低区间，说明资本市场对科学城租赁底层资产高质量的认可；2020年新冠肺炎疫情期间，多家融资租赁公司以较低的票面利率落地疫情防控 ABS，进一步证明了融资租赁 ABS 成功发行的关键之一是其租赁资产应适应政策环境，满足实体经济需求，如湖南中宏融资租赁有限公司以 3.3% 的票面利率发行"三一高端制造1期融资租赁资产支持专项计划（疫情防控 ABS）成功落地"，发行利率创民营融资租赁 ABS 最低，其募集资金用于疫区基础设施建设，支持疫区企业复工复产；中远海运租赁有限公司发行的央企租赁公司首单疫情防控 ABS，发行利率低至 3.2%。

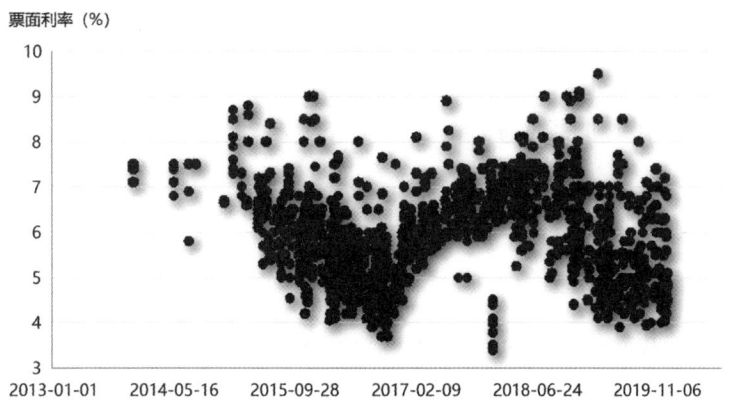

图 5-11　2013—2019 年以租赁租金为基础资产的企业 ABS（A 档）
发行数量及发行时票面利率

资料来源：Wind 数据库。

对基础资产进行信用增级是促使产品顺利发行的关键环节之一，使用增信措施更能符合证券需求者的要求，增加资产支持债券的流动性，促使产品顺利发行；还可以降低资产证券化的发行成本（莫攀，2019）。"国君资管—科学城租赁大湾区制造业一期资产支持专项计划"同时设置了内部增信和外部增信措施。一是设置了优先/次级安排，该措施是目前常见的内部增信方式，即在偿付顺序上级别高的支持证券享有优先受偿权，在计划终日次级证券持有人只有当优先级和次优级全部清偿后，才可继续分配剩余的资产，从而为投资者提供信用损失保护，即排名在后的证券档为高一级别的证券档提供了信用增信。该专项计划的结构设计中，设定了优先 A 和次优 B 级比例分别为 64% 和 31%，次级资产占 5%。二是采用差额支付，当基础资产现金流出现不足的时候，科学城租赁控股股东——科学城（广州）投资集团有限公司根据《差额支付承诺函》的约定对基础资金现金流不足部分进行补足，从而作为该专项计划的第二还款来源。三是严格的资金监管，专项计划在广州农村商业银行开设监管账户，同时作为监管银行对于公司的基础资产现金流回收款进行严格监管。综合来看，以上增信措施的实施有赖于完善的交易结构（见图 5-10）。

科学城租赁与各合作机构的支持共同推动了该专项计划的顺利发行。首先是得到广州市黄埔区政府和开发区管委会的支持，其次是选择与资深的券商等中介机构的通力合作，从正式启动专项机构，经过入场尽调等程序，历时仅4个月就实现了成功挂牌，其中计划管理人即上海国泰君安证券资产管理有限公司为租赁公司发行租赁资产支持项目的数量截至当前[①]位列全国第二，仅次于国金证券股份有限公司，评级机构为广州越秀融资租赁有限公司等知名融资租赁公司连续聘请的中诚信证券评估有限公司，聘请中国民生银行股份有限公司提供资金托管服务，根据Wind数据库，中国民生银行在2019年度资金保管机构排名中位居第10名，聘请的北京市汉坤律师事务所在2021年度LEGALBAND中国顶级律所排行榜中的银行金融版块排名第25位，而致同会计师事务所是中国最早的会计师事务所之一，具有丰富的业务经验。与以上机构共同合作保障了资产的质量和价值评估的可靠性，减少投资者认购ABS时对租赁基础资产的信息不对称的顾虑。

通过以上案例分析，我们也发现了科学城租赁ABS在销售过程中的痛点以及广州甚至整个大湾区的融资租赁企业在资产证券化过程中面临瓶颈。一是ABS夹层销售不畅。与"天风证券—比亚迪新能源汽车租赁绿色资产支持专项计划"、广州越秀融资租赁有限公司近三年发行的多只资产支持专项计划相比，"国君资管—科学城租赁大湾区制造业一期资产支持专项计划"的优先级占比偏低，仅有64%，而前者高达95%，相比之下其次优级占比高。从专项计划实际的认购情况来看，优先A1档最新余额已为零，A2档次接近售罄，但次优级B档却处于滞销状态，仍有超过八成的余额，销售难度较大。二是与上海、天津等市相比，广州融资租赁的配套服务能力有待提升。从广东省近三年发行的资产支持项目数量来看，包括广州在内的粤港澳大湾区各内地城市与北京、上海和天津

---

① 截至2020年8月9日。

差距悬殊，造成这种的差距的原因之一是其金融配套服务尚不完善，合作券商、聘请的信用评级机构、律师事务所等中介机构绝大多数为非本土注册企业，大湾区内地缺乏资深的融资租赁中介服务机构：截至2018年末，上海拥有证券公司25家和保险公司53家，而广州分别仅有3家和5家；上海拥有基金公司54家，而广州和深圳分别只有4家和8家。在Wind企业库中以关键词"广州：律师事务所"进行搜索，发现截至2021年7月30日，广州仅有110家律师事务所，而上海则有1024家；在Wind中介机构（100家律师事务所）排名中，广东仅有8家入列，且排名较后，北京和上海则有较多律师事务所且多数名列前茅，会计师事务所和资金托管机构等中介机构亦然。

3. 经验借鉴

融资渠道单一、融资困难是融资租赁行业一直面临的问题，融资租赁与资产证券化二者结合符合当前供给侧结构性改革要求和行业发展规律，有效盘活了存量融资租赁资产，为租赁企业开辟了新的融资渠道。"国君资管—科学城租赁大湾区制造业一期资产支持专项计划"不仅是科学城租赁在资本市场一次成功的融资，为资产证券化发行的积累了宝贵经验，同时也是融资租赁助力粤港澳大湾区制造业腾飞的缩影。通过以上对"国君资管—科学城租赁大湾区制造业一期资产支持专项计划"的案例分析，为广州市进一步开拓融资租赁资产证券化道路提供参考。

一是立足粤港澳大湾区规划蓝图，适应产业政策环境，与实体经济融合发展。作为全国首单以"大湾区制造业"为概念的融资租赁ABS产品，"国君资管—科学城租赁大湾区制造业一期资产支持专项计划"的成功发行为广州及整个大湾区融资租赁公司提供了资产证券化的风向标。大湾区A股公司以制造业为主，占比达60%以上，比例略高于A股全国上市公司的制造业比例，在制造业子行业中，通信和其他电子设备制造业、电子机械及器材制造业、专用设备制造业处于行业前三位，固定资产融资租赁渗透率低于全国水平。随着广州大力支持融资租赁服务先进制造业转型升级计划的推进和粤港澳大湾区世界先进产业集群建设，面向粤港澳大湾区实体产业的融资租赁市场潜力巨大。广州融资租赁企业应综合分析自身基础资产所在行业发展状况，研究国家行业政策，设计合适的资产证券化产品。

二是探讨降低租赁企业ABS夹层销售难度，加快租赁企业ABS夹层的销售速度。近三年广州已发行的以租赁租金为基础资产的企业ABS产品分档以优级/次级为主，次优级销售不畅，不利于租赁企业ABS的发行，发行规模受限。在这一点上，可借鉴天津东疆租赁的做法设立产业基金助推租赁企业资产证券化。广州市政府机构可助力融资租赁协会、中小融资租赁公司和大型融资租赁公司打造融资租赁共同体，设立产业资金，为企业ABS产品增信，打造优质资产，提升租赁企业ABS发行规模和速度。

三是完善融资租赁配套服务体系，为融资租赁企业发展提供良好的公共服务平台。融资租赁ABS的顺利发行离不开融资租赁企业与券商、银行和律师事务所等中介机构的合作以及政府机构等非营利机构的支持。鼓励优质券商等相关机构来广州发展，对帮助融资租赁企业发行资产支持计划的新进的相关机构给予奖励，促进融资租赁服务体系的壮大；加快建设融资租赁企业公共服务平台，提供政策指引、拓展渠道资源等服务。

（二）大湾区首单"香港+保税港区"双SPV飞机跨境转租赁

1. 案例介绍

飞机租赁是一种重要的飞机引进方式，目前国际航空和航运租赁业的普遍做法是通过设立SPV（Special purpose Vehicle，特殊目的载体）项目子公司为载体开展飞机租赁业务（章连标、杨文涛，2016）。2009年，天津东疆保税港区开始利用SPV项目子公司为载体开展保税区飞机租赁业务，打破了境外租赁公司垄断我国飞机租赁市场的局面。当前，全球航空市场的发展重心逐渐向亚太地区转移。① 随着《关于加快飞机租赁业务发展的意见》等利好政策的出台，我国飞机租赁业的发展环境得到显著改善，飞机租赁业进入了黄金发展时期。2017年7月，香港的新税务条例对飞机租赁业给予大幅税务宽减，致力于打造全球航空金融中心。2019年2月出台的《粤港澳大湾区发展规划纲要》中明确提出"打造广州南沙粤港澳全面合作示范区，着力发展飞机租赁等特色金融"。

南沙大胆尝试，联动香港，提高大湾区国际航空市场竞争力。2019年3月，国际领先飞机租赁商美国航空租赁公司（ALC）在香港设立的项目公司（SPV）将一架波音787-9梦想客机租赁给南沙保税港区SPV项目公司——南航二十六号租赁(广州)有限公司，再转租给中国南方航空股份有限公司使用。这是双SPV飞机跨境转租赁项目在南沙的成功试水，也是粤港澳大湾区首个"香港+保税港区"飞机跨境转租赁项目。

美国航空租赁公司在南沙落地全球首个"香港+保税港区"双SPV架构项目引起了其他国际飞机租赁商对该交易架构的关注，目前已有多家国际飞机租赁商向南沙了解"香港+保税港区"双SPV架构的具体方案设计并有意开展项目合作。此次项目的落地，助力了航空企业扩充机队规模，有效盘活了内地市场存量飞机，同时对粤港澳大湾区主导亚太地区航空市场，建设国际化湾区平台，逐步迈向世界航空市场舞台中央具有里程碑意义。

2. 案例分析

在租赁模式中，SPV是指租赁公司依据国家有关法律法规在境内保

---

① 广东省自贸办.案例一：全球首个"香港+保税港区"飞机跨境转租赁项目 [EB/OL]. (2019-04-22)[2002-08-09].http://ftz.gd.gov.cn/ztlm227/gdzmsyqsznzdcxzjalzt/jrkfcxzjal/content/post_2281820.html#zhuyao.

税地区为从事融资租赁业务并实现风险隔离功能所专门设立的租赁项目子公司。在飞机租赁交易中引入 SPV，以 SPV 作为名义出租人并持有租赁资产，可以实现租赁资产与母公司租赁机构的风险分隔，既缓解了母公司租赁机构所承担的业务风险，同时单个项目的租赁标的物也不受母公司租赁机构的经营恶化或其他债权的影响（章连标，杨文涛，2016）。由于 SPV 所在地的选择相对较为自由，如果能选择税收制度相对宽松的国家/地区设立 SPV 将能达到降低交易总体税负的目的。如在保税区设立 SPV 公司开展租赁业务，便可以享受保税区的较低的关税和进口增值税率等税收优惠政策。

  与境内航空公司直接与境外租赁公司开展飞机租赁业务不同，此次交易采用双 SPV 架构，引入境内转租人角色，并嵌入到保税区。此次"香港+保税港区" 双 SPV 飞机跨境转租赁模式如图 5-12 所示。主参与方包括美国航空租赁公司及其设立的 SPV 公司、南航二十六号租赁(广州)有限公司及其设立的 SPV 公司，以及转租赁承租人中国南方航空股份有限公司。交易流程主要包括两个环节：主租赁和转租赁环节。首先美国航空租赁公司就单个飞机租赁项目设立独立的 SPV，完成飞机资产的融资和采购流程，然后作为名义出租人将飞机出租给南航二十六号租赁(广州)有限公司设立的 SPV 公司（南沙保税区的 SPV）（主租赁），后者预付租金（境内租赁公司可能凭借转租赁合同向境内银行贷款融资），实现飞机入区报关。在转租赁环节，南沙保税港区的 SPV 再作为转租人与中国南方航空股份有限公司签订转租赁合同（转租赁），收取租赁租金，从中获取利差收益，最后实现飞机资产的完税出区。租赁资产租赁期满后，可以回收进行新的租赁交易或者利用香港成熟的二手飞机市场进行资产处置。

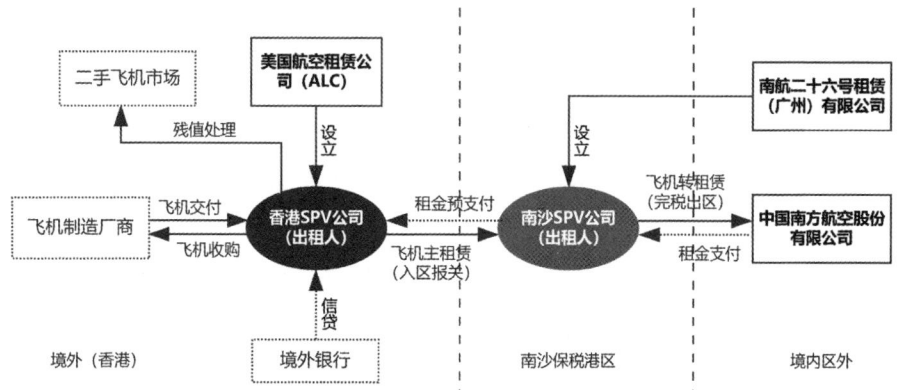

图 5-12 "香港 + 保税港区"双 SPV 飞机跨境转租赁模式

资料来源：课题组绘制。

南沙自贸区联合香港开展跨境保税转租赁业务，打通内地与香港在航空金融服务领域的合作渠道，实现内地与香港资金互通、市场互联，再一次刷新了粤港澳大湾区融资租赁生态的示范样板。

一是双 SPV 架构充分利用自贸区的税收优惠政策和香港的融资优势，使得租赁企业一方面可享受香港融资优势及飞机租赁新税收优惠，另一方面当飞机进入南沙保税港区后，境内项目公司又可以享受保税港区分期缴纳进口关税和便捷通关政策。此外，境内租赁公司在南沙自贸区设立 SPV 开展飞机租赁业务，能够享受南沙自贸区的财政支持政策。

二是充分利用香港成熟的二手飞机市场进行资产处置，有助于实现境内飞机资产的国际化流转。该架构下，飞机租赁资产所有权保留在香港，待租赁期届满后，可以在香港进行产权转让或新的租赁交易，从而延长飞机租赁服务期限，同时满足了飞机租赁资产"引进来"和"走出去"的市场需求。

三是在"香港 + 保税港区"双 SPV 框架下，既有利于境内融资租赁公司引进境外低成本资金，又能降低公司运营风险。资金紧张是融资租赁公司在扩大业务规模面临的瓶颈之一。通过双 SPV 转租赁方式能够在不占用自身授信额度的情况下，有效利用国外金融机构的资金开展飞机租赁业务。此外，根据《进一步推进中国（广东）自由贸易试验区广州南沙新区、珠海横琴新区片区外汇管理改革试点实施细则》，区内融资租赁类公司在向境内承租人办理融资租赁时，如果其用以购买租赁物的资金50%以上来源于自身的国内外汇贷款或外币外债，可以外币形式收取租金。这样，在南沙保税港区设立的SPV公司可以向中国南方航空公司收取外部租金，从而降低南航二十六号租赁（广州）有限公司向美国航空租赁公司支付外币租金时的汇兑风险。

3. 经验借鉴

"香港+保税港区"双SPV飞机跨境转租赁项目是《粤港澳大湾区发展规划纲要》实施后首单落实"打造广州南沙粤港澳全面合作示范区，着力发展飞机租赁等特色金融"的案例。根据以上案例分析，提出以下三条经验借鉴。

一是在保税港区设立SPV公司利用境外低成本资金引进飞机资产，为融资租赁公司开辟了新的境外融资渠道。由于该境外融资模式是基于租赁交易结构的创新，而不是依赖于融资租赁公司自身的融资能力，因此对于境内其他租赁公司的经验学习具有可推广性和实践操作的可复制性（杨文涛，2016）。

二是利用SPV所在地的选择相对自由优势，选择税收制度相对宽松的国家/地区设立SPV将能达到降低交易总体税负的目的。"香港+保税港区"架构充分利用自贸区的税收优惠政策和香港的融资优势，在保障承租人利益的同时降低了境内租赁公司的融资成本，更低的综合交易成本，具有明显的经济效应和示范作用，可推广至其他大型设备进口保税租赁业务。

三是利用粤港澳大湾区区域优势实现内地与香港人才流动、资金互通、市场互联。国内飞机资产的再销售和处置是个巨大的挑战，飞机的处置管理要求企业具备专业管理能力，但南沙尚欠缺飞机租赁管理专业人才；此外，飞机再处置还需要国内外航空市场的客户资源和人脉，利用香港大量的法律、金融人才及成熟的二手飞机市场无疑为内地飞机资产处置提供了一个出口。未来，随着"一带一路"建设不断推动沿线各国建设大规模港口、机场等基础设施的浪潮，南沙和香港如何发挥各自优势将是一个重要课题。

四、广州融资租赁发展对策与建议

（一）优化资金扶持，支持企业大而强、小而精

在直接资金支持上，降低对专注小微、三农、绿色等细分领域的中小融资租赁企业的项目补贴门槛，保证其持续有序开展融资租赁业务。根据《广州市融资租赁产业发展事项资金实施细则》，涉及飞机、船舶特色金融领域的项目不限最低合同额均可得到一定比例的补贴，而其他项目的融资租赁合同额单个或累计需达到2000万元才能得到一定比例的补贴。然而，实际能够开展飞机、船舶租赁的企业背后往往有实力较强的大股东资金支持，相关业务涉及金额较大，很容易达到项目补贴标准，反而是服务小微、三农、医疗、绿色等融资租赁业务的中小融资租赁企业，按照每个合同达到100万元的标准，一年里需要完成20次有效业务才能达到补贴标准，在其本身资金来源窄的情况下，很容易造成恶意竞争，在全国融资租赁合同纠纷案件中，有七成以上是标的额在50万元以下的。因此有必要对市内融资租赁业务开展的相关指标进行摸底调研和统计，为优化资金扶持提供决策参考。

在间接资金扶持上，积极研究多元化的租赁融资产品，加快探索合适的激励和分险模式。针对融资租赁企业资产证券化难问题，欧洲的经验是设立投资基金。一是采用增信激励模式：当租赁公司为中小企业融资后，政府性机构通过为租赁公司的证券化产品提供担保，并参与发行

证券的早期阶段、给予相应指导；二是采用代偿激励模式：租赁公司为中小企业提供资金后，若中小企业违约，则政府性机构会代为偿还一定比例的租金。国内的天津则设立了东疆租赁创新产业基金，该基金由中国融资租赁三十人论坛和知名证券公司联合发起。广州要积极发挥租赁协会联盟等机构的作用，加快确立合适的租赁产业基金运行机制，同时为避免企业集体性违约造成的财务负担，要研究制定列入扶持计划的融资租赁企业清单。加强产业协同合作，发展投租、债租、证租联动等模式，这些在业界都有成功的案例，广州可抓取典型案例进行细致探讨研究，以供在全市范围内学习推广并提供相关配套支持措施。

（二）加快完善融资租赁配套服务体系

第一，建设和完善融资租赁基础设施，发挥融资租赁企业公共服务平台功能，为租赁企业提供政策指引、拓展渠道和人脉资源等服务，加强融资租赁创新案例库学习，通过举办行业主题交流会总结和推广案例成功经验等。扩大广州市融资租赁产业联盟影响力，千方百计吸纳更多优质融资租赁企业，充分利用国内互联网、大数据发展的成果，建设完善信息平台，为行业发展营造良好的社会氛围。

第二，充分发挥融资租赁企业公共服务平台服务行业发展需求作用，促成项目对接。深入研究行业发展方向，有效发挥服务指导作用；搭建好信息互动管理功能，及时跟踪收集整理融资租赁企业与客户企业需求，形成双方信息清单，做好数据监测分析。

第三，充分利用南沙自贸区先行先试优势，探索制定专门的融资租赁法规条例，完善融资租赁税法，将税收优惠政策落到实处，营造更加良好营商环境，吸引更多企业在广州开展融资租赁业务。

第四，协调监管与协会平台服务职能，加强行业诚信建设，规范行业发展。促进相关部门信息共建共享，将许可审批、税务、海关、水电等各类融资租赁营业相关信息归集，形成信用信息一张网；鼓励融资租赁执业经纪人注册与信息披露，搭建融资租赁市场活动主体数据库；研究分析总结行业融资租赁合同纠纷案例特点及处理办法，发挥服务平台政策咨询与纠纷调解功能。

（三）投资与消费相结合，促进融资租赁业高质量发展

第一，引导融资租赁扩大对先进制造业有效投资，同时促进消费带动投资投入转化为实际效益。在当前行业监管趋严和健康规范化发展态势下，融资租赁业整体发展增速渐缓并开始向内涵化发展。融资租赁作为特色金融手段具有投资和融资功能，融资租赁业务产生的交易又有促进厂商设备销售的作用。融资租赁作为连接金融和实体经济的桥梁，在当前行业监管趋严和健康规范化发展态势下，需要通过自身提质增效、加大开放力度，往内涵化发展。一方面充分发挥自贸区优势和粤港澳三地法律税务优势，鼓励通过融资租赁实现低成本引进国外先进设备，提升国内技术装备水平，促进产业转型升级；另一方面在大湾区经济运行仍存在产能过剩的情况下，还需政策鼓励国内工业产品国内消费和促进国外消费出口，将投资转化为经济效益，通过投资—生产—消费的良性循环保证经济的可持续增长。

第二，发挥融资租赁服务基础设施建设功能，为促进"走出去"和"引进来"提供重要支撑。总结并推广广州融资租赁服务基础设施建设的成功经验，继续引导城市轨道交通的建设、海运和航运、医疗卫生设施等设备租赁，完善城际国际基础设施，提高贸易便利化水平，从而为强化广州国际商贸中心功能，促进产品和设备"走出去"和"引进来"。一是服务大湾区内基础设施互联互通建设，促进大湾区物流、人流和技术交流；二是探索创新跨境融资租赁模式，服务国家"一带一路"倡议，加快沿线国家基础设施联通。"一带一路"倡议构想之一是通过合作投资推动周边国家的基础设施建设，支持我国优秀的装备制造业开拓国外市场。在"一带一路"建设当中，加快基础设施联通是共建"一带一路"

的关键领域和核心内容，而基础设施投入不足是制约很多国家经济发展的瓶颈，当前"一带一路"软硬基础设施建设步履不停。此外，丝路基金的设立也为融资租赁企业提供投融资服务，人民币的高度国际化则避免了汇率结算的不便及风险。无疑，"一带一路"为广州跨境融资租赁带来新机遇。

第三，发展"融资租赁＋汽车出口"，将汽车存量融进全球汽车消费。汽车融资租赁是汽车行业的一种新兴发展方式。广州具有雄厚的汽车制造产业基础，在发展现代服务转型汽车融资租赁的体量庞大，广州可以汽车融资租赁为突破口，建立融资租赁业发展的标杆。随着国内汽车流通体系的不断完善及国内居民信贷消费的快速提升，目前中国的新车汽车金融渗透率不到40%，而全球范围的新车汽车金融渗透率在2014年大约为70%。[①] 我国汽车融资租赁发展空间较大，或将迎来快速发展时期，对于广州汽车融资租赁走向全国无疑是个很大机遇。2020年2月，广州出台全国首个汽车融资租赁收车工作规范，为汽车融资租赁行业营造了一个规范化发展环境，总之，广州有巨大的潜力建设全国最大的汽车租赁市场。可通过"以租代购"汽车租赁模式，扩大国内需求；探索汽车融资租赁出口模式，将汽车存量融入全球消费。广州可在参与"一带一路"建设中，开拓国际市场，通过跨境融资租赁推动汽车设备出口。发展汽车融资租赁对于广州构建"双循环"新发展格局具有重要意义。

（四）依托南沙粤港澳全面合作示范区，巩固融资租赁行业领先地位

发展融资租赁业务在《粤港澳大湾区发展规划纲要》中多处提及，是重点发展的特色金融业务之一，而广州南沙则被赋予了"打造广州南

[①] 智研咨询.2017年中国汽车金融行业贷款规模、新车金融渗透率及贷款比例分析[EB/OL].（2017-11-07）[2021-07-15].http://www.chyxx.com/industry/201711/580324.html.

沙粤港澳全面合作示范区"、"携手港澳建设高水平对外门户"和"建设金融服务平台"的使命，要求南沙强化金融服务实体经济的本源，着力发展航运金融、飞机船舶租赁等特色金融。依托南沙粤港澳全面合作示范区建设，充分发挥国家级新区和自贸试验区优势，加强与港澳深等地合作，对于建立现代融资租赁服务体系，引领和巩固广州融资租赁行业领先地位，具有作用意义。

第一，开拓国际市场，便利融资租赁交易。利用粤港澳三地税制差异特点，充分发挥自贸区税收优惠政策和香港融资优势，吸引国际企业在南沙开展融资租赁业务，同时降低设备和技术引进成本，不仅有利于粤港澳大湾区开拓国际市场，也有利于带动大湾区产业升级；强化香港全球离岸人民币业务枢纽地位，便利飞机租赁"引进来"和"走出去"，同时巩固香港国际航空枢纽地位。发挥澳门与葡语国家的联系优势，发挥"一带一路"丝路基金作用，促进人民币国际化，推动大湾区基建、汽车、文旅融资租赁企业及其业务"走出去"。增强广州综合门户服务功能，推动广州融入大湾区和"一带一路"基础设施互联互通建设，与香港、深圳形成优势互补、互惠共赢的港口群。

第二，促进金融合作，建设金融服务重要平台。支持与港澳金融机构合作，研究探索在南沙自贸试验区内设立粤港澳大湾区国际商业银行，扩大融资租赁企业资金来源，壮大融资租赁交易规模。促进资本市场和金融资源流通，构建粤港澳融资租赁资产交易中心平台，解决租赁资产流动性问题。推动共建粤港澳大湾区金融监管协调沟通机制，倡导构建跨境融资租赁平台、加强国际企业审查和信息监管、提高利率和汇率风险管理，跟踪和及时更新资金和融资租赁交易信息，防范跨境融资租赁风险。

第三，共建融资租赁配套服务合作区，增强融资租赁国际影响力。支持香港成为解决"一带一路"建设项目投资和商业争议的服务中心，为跨境融资租赁提供法律、财务、争议解决、管理咨询等国际专业化服务；

支持香港发展海事保险、船舶管理、海事法律、仲裁及争议解决等高端航运服务业，既巩固提升香港航运中心地位，又为南沙船舶租赁提供售后保障。共建融资租赁交流合作平台，引进国际先进技术、管理经验和高素质人才，举办融资租赁国际论坛，扩大广州南沙融资租赁影响力。

参考文献

陈鹏君，陶永诚，温苗苗.融资租赁服务实体经济的功能[J].中国金融，2014 (22): 83-84.

邓晓虹，黄满盈.我国工程机械行业转型升级的相关文献综述[J].经济问题探索，2015 (11): 174-180.

方福前，田鸽，肖寒.基础设施对中国经济增长的影响及机制研究——基于扩展的 Barro 增长模型[J].经济理论与经济管理，2020(12)，13-27.

胡晨光，孙久文，王婷婷.大都市带基础设施、城市规模与城市经济增长——一个中介效应与调节效应的综合分析框架[J].中国软科学，2020(10)，85-95.

李强，郑江淮.基础设施投资真的能促进经济增长吗？——基于基础设施投资"挤出效应"的实证分析[J].产业经济研究，2012 (03): 50-58.

吕苏榆，刘晓焕.融资租赁对中国技术引进的影响分析——以高新技术产业发展为例[J].工业技术经济，2016, 35(01): 12-18.

邱冬阳，彭青青，赵盼.创新驱动发展战略下固定资产投资结构与经济增长的关系研究[J].改革，2020 (03): 85-97.

孙早，杨光，李康.基础设施投资促进了经济增长吗——来自东、中、西部的经验证据[J].经济学家，2015 (08): 71-79.

王立平，余小婷.金融发展、基础设施与区域经济增长[J].工业技术经济，2020,39(05):31-37.

王晓耕.中国融资租赁业经济影响的实证分析及发展对策研究[J].经济问题，2010(06): 36-40.

王晓明.天津融资租赁业在创新中发展[J].中国金融，2019 (19): 136-137.

周凯，史燕平.我国融资租赁业快速发展的驱动因素研究——基于设备投资与融资需求视角的分析[J].上海经济研究, 2016 (09): 64–72.

朱成科，李虹含.融资租赁、设备投资与经济增长[J].金融论坛, 2015, 20(09): 38–47.

朱成科，李虹含.融资租赁中的设备投资与经济增长——基于我国2004—2014年数据的实证检验[J].技术经济与管理研究,2015(09): 13–17.

窦子欣，孙延明.区域城市先进制造业现状分析与发展策略研究——基于粤港澳大湾区珠三角9市[J].科技管理研究,2020,40(17):68–74.

章连标，杨文涛.基于双SPV模式的飞机跨境经营性转租赁研究[J].财会通讯, 2016(34)：18–21.

杨文涛.中法两国金融机构共同参与国际飞机租赁业务的模式创新——基于法税租赁模式的分析[J].对外经贸实务,2016(07):68–71.

DE LONG J B, SUMMERS L H. Equipment investment and economic growth[J]. The Quarterly Journal of Economics, 1991, 106(02): 445–502.

EISFELDT A L, RAMPINI A A. Leasing, Ability to Repossess, and Debt Capacity[J]. Review of Financial Studies, 2009, 22(04): 1621–1657.

HE Q, XU B. Determinants of economic growth: A varying-coefficient path identification approach[J]. Journal of Business Research, 2019, 101: 811–818.

MADSEN J B. The causality between investment and economic growth[J]. Economics Letters, 2002, 74(02):157–163.

WANG R, QI Z, SHU Y. Multiple relationships between fixed-asset investment and industrial structure evolution in China - Based on Directed Acyclic Graph (DAG) analysis and VAR model[J]. Structural Change and Economic Dynamics, 2020, 55: 222–231.

WANG W, FENG L, LI Y, et al. Role of Financial Leasing in A Capital-constrained Service Supply Chain[J]. Transportation Research Part E: Logistics and Transportation Review, 2020, 143: 1-21.

ZHANG Y, ZHAI L, SUN H. Does the level of financial leasing matter in the impact of bank lending on economic growth: Evidence from the global market (2006‑2016)[J]. Finance Research Letters, 2019 (30): 352-359.

第六章

广州股权投资服务创新

改革开放以来，我国金融市场体系建设稳步发展，多层次的资本市场逐步建立起来，直接融资比重稳定提高。在新冠疫情深刻影响全球经济发展的背景下，完善资本市场建设在构建新发展格局中发挥着战略支撑作用。从宏观上看，只有不断提高资本市场与实体经济"双循环"的适配性，为股权基金顺利退出提供更多便利，才能扎实推进我国资本市场高水平发展，助力国家"双循环"战略。

本章主要介绍直接融资中的股权投资在广州的现状、瓶颈、创新发展案例以及发展建议。本章主要涉及两个主体——股权投资基金与广东股权交易中心（由原广东金融高新区股权交易中心和原广州股权交易中心合并）。股权投资基金作为股权投资中的资金提供方，直接投资于发展前景良好的中小微企业，为其提供了充足的资金与企业发展、管理的经验。广东股权交易中心作为一个服务于股权投资中的双方的平台，为股权投资基金提供股权转让、风险投资退出等服务，为中小微企业提供了挂牌展示、股权托管、路演融资等服务。两个主体共同构成广州股权投资服务体系，两个主体的创新共同推动着广州股权投资的发展。

本章所讲的股权投资基金，为广义的股权投资基金，即覆盖种子期、初创期、发展期、扩展期、成熟期和Pre-IPO（上市前）各个时期企业的投资，区别于狭义的股权投资（PE），即创业投资后期的私募股权投资部分。参考清科私募通数据库的基金类型分类，股权投资基金根据其资本的投资阶段及投资特点可以大致分为早期基金、创业基金、成长基金、并购基金、房地产基金和基础设施基金。

表6-1 股权投资基金类型

基金类型	特点
早期基金	主要投资于种子期的公司，投资金额一般较小，投资行业更青睐具有长期性的科技型项目，管理机构一般为早期投资机构
创业基金	主要投资初创期的公司，一般以中小企业和新兴企业，尤其是高新技术企业为投资对象，管理机构一般为风险投资（VC）机构
成长基金	主要投资扩张期和成熟期的公司股权投资基金，一般以发展处于中后期的企业为研究对象，实现资本长期增值的目标，管理机构一般为私募股权投资（PE）机构
并购基金	是专注于对目标企业进行并购的基金，其投资手法是：通过收购目标企业股权，获得对目标企业的控制权，然后对其进行一定的重组改造，持有一定时期后再出售
房地产基金	一般指专注于房地产领域的私募股权基金，通过集合投资制度间接从事房地产投资，包括房地产的收购、开发、管理、经营和营销等
基础设施基金	指专注于投资城市基础设施领域的私募投资基金。其设立目的是集中社会闲散资金，直接参与重点基础设施建设项目，从而可以有效地解决基础设施建设资金不足，缓解政府财政支出压力过大等问题

资料来源：私募通。

本章主要内容安排如下：第一节分析广州股权投资的总体发展现状，并分别从广州股权投资政策背景、私募股权投资基金现状以及广东股权交易中心现状进行分析，指出广州在发展股权投资中存在的问题。第二节横向对比分析广州与国内核心城市的股权投资水平，并基于宏观经济数据，结合政府产业基金与广东股权交易中心的发展，分析广州股权投资发展的特点。第三节选取广州创投小镇与国内首个大学生创业板两个创新案例进行分析并归纳经验，最后根据以上分析结果给出广州股权投资发展的对策和建议。

一、广州股权投资发展现状

（一）股权投资政策背景

"十三五"时期，在市委、市政府的正确领导下，广州着力打造金融发展平台，完善现代金融服务体系。这一时期，广州多层次资本市场体系快速发展并取得重大突破：广东股权交易中心落户广州，广州期货交易所获批设立；金融改革持续深化，金融创新走在全省前列，金融业持续保持高质量发展水平。而在广东股权交易中心落地的过程中，为了更好地优化资本市场、股权投资市场建设的政策一直持续更新，表6-2为近几年广州市人民政府及广州市人民政府办公厅关于发展广州股权投资的政策内容梳理。

表6-2 近年来关于发展广州股权投资的政策内容梳理

发布时间	政策文件	涉及的政策内容
2015年 1月29日	《广州市人民政府办公厅关于推进互联网金融产业发展的实施意见》	引导社会资本设立互联网金融产业投资基金，对处于种子期、初创期、成长期的互联网金融创新项目加以培育
2015年 2月16日	《关于促进广州股权投资市场规范发展的暂行办法（修订）》	股权投资类企业的行业管理、股权投资类企业的登记管理、加大对股权投资类企业的支持力度（等）
2015年 5月25日	《2015年广州金融创新发展重点工作实施方案》	加快发展创业及股权投资市场，进一步优化服务，简化注册登记等工作流程，吸引更多股权投资机构和相关人才来穗集聚发展

(续表)

发布时间	政策文件	涉及的政策内容
2016年4月2日	《广州市构建现代金融服务体系三年行动计划（2016—2018年）》	1. 大力发展创业及股权投资机构。积极推进广州市股权投资市场规范发展，促进科技、金融与产业融合发展，设立科技企业孵化器天使投资引导基金和科技成果转化引导基金，对创业及股权投资机构投资孵化期、初创期科技企业给予一定补助 2. 大力发展政府产业投资基金。支持广州基金进一步撬动更多社会资本，搭建天使投资、VC投资（风险投资）、PE直投（私募股权投资）等全链条基金管理体系 3. 引导风险投资、私募股权投资等支持制造业企业创新发展
2016年11月22日	《广州市金融业发展第十三个五年规划（2016—2020年）》	1. 加快发展政府产业投资基金。推动各区设立由政府主导的产业投资基金，放大财政资金引导效应，激活社会资本投资，加强与政策性银行的对接合作，推进产业转型升级 2. 积极发展私募基金。创造良好政策条件和发展环境，促进天使投资、创业风险投资、并购重组投资等各类私募股权投资机构在穗聚集发展。充分利用中国（广东）自由贸易试验区、南沙新区金融改革创新政策，鼓励外资股权投资机构在穗创新规范发展，开展境内外股权投资 3. 大力发展创业及股权投资市场。加大政策扶持。落实《促进广州股权投资市场规范发展暂行办法》《关于促进科技、金融与产业融合发展的实施意见》，设立科技企业孵化器天使投资引导基金和科技成果转化引导基金，对创业及股权投资机构投资孵化期、初创期科技企业给予一定的补助 4. 鼓励各市的创业及股权投资机构开展合作，支持高新技术企业创新发展

(续表)

发布时间	政策文件	涉及的政策内容
2016年12月18日	《关于引导广州市银行业金融机构加强服务实体经济的工作方案》	支持银行业金融机构设立科技支行，与股权投资、创业投资、科技保险等机构合作，创新服务方式，支持科技型企业发展
2017年11月8日	《广州市人民政府办公厅关于促进全市经济技术开发区转型升级创新发展的若干意见》	支持开展投贷联动试点，由银行机构与创业投资、股权投资机构合作筛选创新企业，开展"股权+银行贷款"和"银行贷款+认股权证"等融资创新。支持加大对风险投资机构的政策扶持，打造风险创投中心
2017年12月1日	《广州市风险投资市场规范发展管理办法》	风险投资市场的行业管理、风险投资市场的扶持政策、营造良好风险投资市场环境（等）
2018年8月10日	《广州市鼓励创业投资促进创新创业发展若干政策规定》	1. 支持创业投资类管理企业联合境外创业投资类管理企业或境外创业投资资金来穗设立创业投资、天使投资等基金 2. 支持创业投资类管理企业与运营良好的在穗备案的产学研协同创新联盟、新型研发机构共同设立创业投资基金 3. 推动建立投贷联动机制，鼓励创业投资类企业（包括创业投资企业、创业投资管理企业、股权投资企业、股权投资管理企业等）投资的在穗注册科技型中小企业申请纳入广州市科技型中小企业信贷风险补偿资金池备案企业库（等）

(续表)

发布时间	政策文件	涉及的政策内容
2019年1月8日	《关于支持广州区域金融中心建设的若干规定》	1. 扶持资金可用于奖励新设股权投资机构 2. 对利用资本市场融资发展的广州地区企业按以下标准给予补贴： （1）对在境内外证券市场新上市的企业及从外地迁入的上市公司，给予300万元的一次性补贴 （2）对进入全国中小企业股份转让系统挂牌交易的企业及从外地迁入的全国中小企业股份转让系统挂牌的创新层企业，给予100万元的一次性补贴 （3）对进入广东股权交易中心、中证报价私募股权市场等平台挂牌交易的股份制企业给予30万元的一次性补贴 （4）对在交易所市场、银行间市场、机构间私募产品报价与服务系统等平台新发行债券的企业给予发行费用10%的一次性补贴；在区域性股权市场新发行债券的企业给予发行费用20%的一次性补贴。以上补贴最高不超过50万元，认定为绿色债券的，最高不超过100万元 （5）在区域性股权市场进行股权质押融资的企业，获得债务融资金额300万元（含）以上的，给予融资金额1%的一次性补贴，当年最高不超过10万元
2019年7月16日	《广州市人民政府办公厅关于促进广州绿色金融改革创新发展的实施意见》	引导小额贷款、小额再贷款、融资担保、融资再担保、融资租赁、商业保理、私募股权投资等地方金融机构结合自身特点和行业需求，开展特色绿色金融业务创新，支持绿色初创企业、中小企业发展

(续表)

发布时间	政策文件	涉及的政策内容
2020年4月2日	《广州市加快打造数字经济创新引领型城市的若干措施》	支持各类风投创投机构设立数字经济领域投资基金，投向初创期数字经济企业。支持社会风投机构与政府性引导基金开展合作，依托产业集聚发展，引导社会资本加大投入数字经济产业领域
2020年8月5日	《广州市风险投资市场规范发展管理办法》	风险投资市场的行业管理、风险投资市场的扶持政策、营造良好风险投资市场环境（原有基础修订）
2020年9月11日	《关于贯彻落实金融支持粤港澳大湾区建设意见的行动方案》	开展私募股权投资基金跨境投资试点。允许港澳机构投资者通过合格境外有限合伙（QFLP）参与投资粤港澳大湾区内地私募股权投资基金和创业投资企业（基金）。有序推进合格境内有限合伙人（QDLP）和合格境内投资企业（QDIE）试点，支持内地私募股权投资基金境外投资。对上述QFLP、QDLP/QDIE试点实施宏观审慎管理，由内地监督管理机构建立健全联合评审制度，加强事中事后监管。根据收支形势适时逆周期调节，防范跨境资金流动风险

资料来源：课题组整理。

区域股权交易市场的主要政策经历了两段时期。2011年到2016年，区域性股权市场的政策重心在于整顿与监管。在地方政府的推动下，区域性股权市场经历了快速扩容和规模扩张，但也存在各地股权交易市场业务规则和风控尺度各异、业务开展乱象丛生等问题。为进一步引导区域性股权市场的健康发展，国务院、证监会等出台了一系列规章制度和规范要求。自2017年国务院办公厅《关于规范发展区域性股权市场的通知》和证监会《区域性股权市场监督管理试行办法》印发以来，区域性股权市场逐步规范化，历史问题得到基本解决，基础制度不断健全，业务风险总体可控，服务支持了一大批民营企业和小微企业。2018年，中国证券业协会发布《区域性股权市场自律管理与服务规范（试行）》，强调了券商在区域性股权市场上的相关作用。2019年，证监会发布《关于规范发展区域性股权市场的指导意见》，从准确把握市场发展定位、严格实施分类分层管理、做实做精股权融资业务等十个方面提出了进一步促进区域性股权市场健康发展的具体要求。

表6-3 近年来区域股权交易中心相关政策梳理

发布时间	政策文件	涉及的政策内容
2011年11月11日	国务院发布《关于清理整顿各类交易场所切实防范金融风险的决定》	明确一系列的禁止性规定，确定区域性股权交易市场的监管归属地方政府。不得采取集中竞价、做市商等集中交易，不得将权益按照标准化交易单位持续挂牌交易，投资者买卖时间间隔得少于5个交易日，权益持有者累计不得超过200人等禁止性规定
2012年7月12日	国务院办公厅发布《关于清理整顿各类交易场所的实施意见》	从事权益类交易的交易场所，原则上不得设立分支机构开展经营活动。确有必要设立的，应当分别经该交易场所所在地省级人民政府及拟设分支机构所在地省级人民政府批准，并按照属地监管原则，由相应省级人民政府负责监管

(续表)

发布时间	政策文件	涉及的政策内容
2012年8月23日	证监会发布《关于规范证券公司参与区域性股权交易市场的指导意见（试行）》	监管部门首次正式肯定区域性股权交易市场的存在，明确区域性股权交易市场是多层次资本市场的重要组成部分。提出证券公司可以出资建设、业务参与符合条件并验收合格的区域性股权交易市场
2015年6月25日	证监会发布《区域性股权市场监督管理试行办法（征求意见稿）》	从市场定位、功能、监管体制、监管底线、市场规则及支持措施六个角度发布原则性监管规定，采用负面清单的监管模式。监管细则由各地方政府出台
2017年1月26日	国务院办公厅发布《关于规范发展区域性股权市场的通知》	明确省级人民政府实施监管、证监会负责进行指导、协调和监督的监管体制。同时，禁止跨区域经营，明确行政区域内设立的运营机构不得超过1家。禁止做市商和集合竞价的方式转让股权
2017年5月3日	证监会发布《区域性股权市场监督管理试行办法》	将区域性股权市场纳入多层次资本市场的监管体系并依托证监会及其派出机构监管指导，提高地方金融监管部门的监管能力，重点是加大证监会及其派出机构的监督指导职能，实行双线监管。同时明确不得变相公开发行产品、建立合格投资者标准和穿透核查制度、明确信息披露标准等具体要求
2018年2月12日	证监会《区域性股权市场信息报送指引（试行）》	规范了区域性股权市场信息报送工作，明确了企业在区域性股权市场发行证券、挂牌转让证券等各类情形下的信息报送指引

(续表)

发布时间	政策文件	涉及的政策内容
2018年8月17日	证券业协会发布《区域性股权市场自律管理与服务规范（试行）》	进一步强调了券商在区域性股权市场上的相关作用，明确了券商从业细则，同时在部分条款上解除了原有的限制，鼓励券商在区域性股权市场发展上发挥更加积极作用的政策导向
2019年7月2日	证监会发布《关于规范发展区域性股权市场的指导意见》	主要包括十条：准确把握市场发展定位、严格实施分类分层管理、做实做精股权融资业务、平稳开展交易转让业务、规范发展可转债业务、认真做好登记托管服务、积极发展合格投资者、全面落实监管责任、切实防范化解风险、营造良好发展环境
2020年4月9日	证监会清整办《关于进一步明确区域性股权市场可转债业务有关事项的函》	区域性股权市场可转债业务快速发展，一定程度上缓解了民营和中小微企业融资难题。同时部分地区可转债增长速度过快，出现了盲目发展的倾向，存在较大的风险隐患。各省、自治区、直辖市、计划单列市地方金融监督管理局应当切实履行属地监管主体责任、妥善化解存量风险隐患、规范开展可转债业务

资料来源：课题组整理。

（二）广州私募股权投资基金的现状

在广州股权投资市场管理办法相继实施，各类扶持政策相继出台后，广州各类金融机构和金融人才积极响应政府的号召，成立股权投资机构，设立股权投资基金，对未上市的中小微型企业进行权益性投资，提供资金支持。广州股权投资市场发展至今，市场体制不断完善，基金规模不断扩大，逐渐成为广州经济创新稳健发展不可缺少的动力。然而近几年，由于经济增速放缓和管理机制趋于严苛等因素，广州股权投资基金的规模增速有所放缓，进入平稳发展时期。本小节从基金募资端、基金投资端、投资退出端对广州股权投资基金的现状进行阐述。

首先是基金募资端，股权投资基金的募资情况是反映股权投资市场规模和发展潜力的重要指标。2015年之前，广州股权投资基金一直处于低速发展状态，每年募资金额均低于100亿元，这一状态在2015年发生了改变。随着《关于促进广州股权投资市场规范发展的暂行办法（修订）》的发布，越来越多股权投资机构落户广州，广州股权投资基金实现了实质性的飞跃，基金募资规模首次突破100亿元，达到478.25亿元，是以往的7倍。随后，为了推动广州股权投资市场进一步发展，广州市政府和各区政府在2016年10月发布了一揽子股权投资机构发展扶持政策。各类奖励机制的出台，推动广州股权投资基金规模迅速扩大。2017年，广州股权投资市场共成立人民币基金237只，为2016年的4倍；总募集金额达到2373.93亿元，约为2016年的4倍。由于前期发展势头过热过快，广州股权投资基金的规模达到饱和。在此之后，广州股权投资市场的发展进入冷静期，新募基金数量也不断下降。2019年广州股权投资基金募资规模283.07亿元，为近五年来的最低水平。除此之外，基金数量也随之下降，基金平均募资金额约为2亿元，为近七年来的最低水平。

图 6-1 2012—2020 年广州股权投资基金募资情况

资料来源：私募通。

其次是基金投资端，投资端是股权投资基金实现自身价值，支持企业发展的重要一环。投资端作为"募、投、管、退"的中间步骤，深受募资基本量、项目成本和退出渠道的影响。相较于基金募资端，广州股权投资市场基金投资端近几年并未出现大幅波动，原因在于往期累计的资金相对充沛并且投资者对市场有足够的信心。2016 年相当于一个分水岭，2016 年之前投资金额集中在 10 亿元附近，但受 2015 年募资资本突增的影响，2016 年广州股权投资基金的投资金额也突增至 88.34 亿元，约为 2015 年的 4 倍，也是近 5 年的峰值。随后，投资端在 2017 年募资端剧增和 2018 年资管新规的双重影响下，虽然投资案例数量略有上升，但投资金额始终稳定于 50 亿元附近。2020 年上半年受到新冠肺炎疫情影响，投资进度大幅放缓，但疫情得到控制后，全国生产生活、各类商业活动恢复迅速，加之境内资本市场深化改革提振市场信心，2020 下半年投资活跃度回暖，整体金额和案例数量激增。

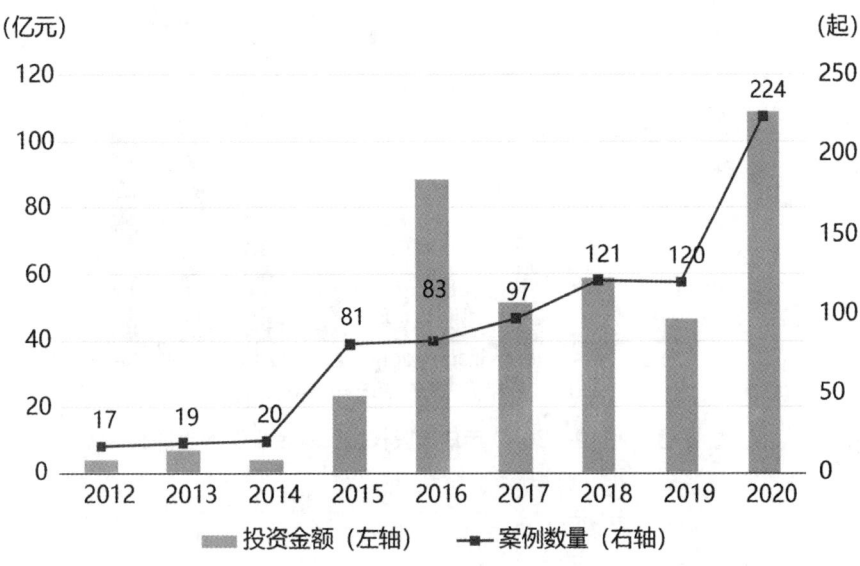

图6-2　2012—2020年广州股权投资基金投资情况

资料来源：私募通。

最后是投资退出端，股权投资基金进入投资退出端意味着项目的结束和收益的产生。而资本市场是否健全是否成熟，影响着退出渠道是否多元、是否完善、是否能体现项目实际价值。总体来看，随着资本市场的逐步完善，股权投资机构的日趋成熟，虽募资端和投资端都存在大大小小的波动，但广州股权投资基金的投资退出端稳步扩大，似乎并未受到市场波动和政策实施的影响。和大多数城市一样，IPO（首次公开募股）退出和并购退出是广州股权投资基金实现投资退出的主要方式，一直以来都占到退出总次数的六成以上。近两年受资管新规的影响，为代替IPO退出，并购退出次数迅速增长。值得注意的是，2014年的新三板扩容似乎并没有直接改变广州股权投资机构对投资退出方式的选择，但在2019年有2个投资项目通过新三板成功退出，也表明投资退出渠道趋于多元化。

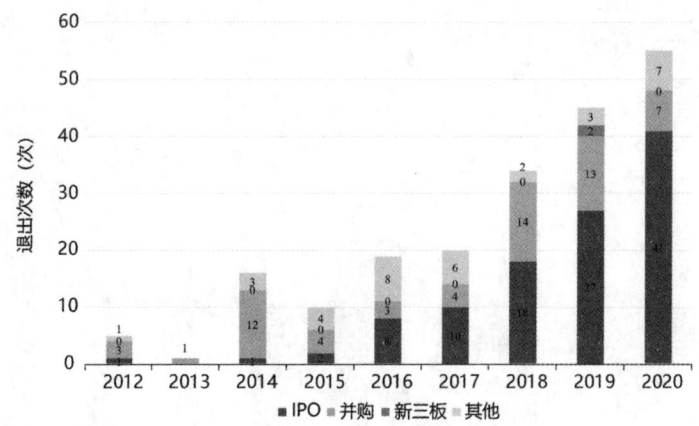

图 6-3　2012—2020 年广州股权投资基金投资退出情况

资料来源：私募通。

（三）广东股权交易中心的现状

在资本市场上，不同的投资者与融资者都有不同的规模大小与主体特征，存在着对资本市场金融服务的不同需求。投资者与融资者对投融资等金融服务的多样化需求决定了资本市场多层次的表现特征。健全的资本市场应该满足不同阶段、不同层次的企业的需求。

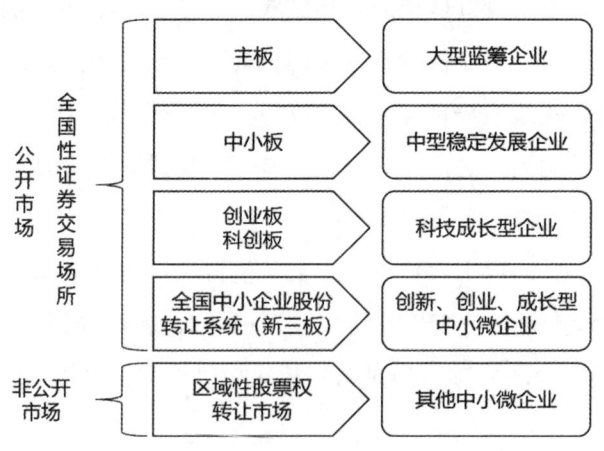

图 6-4　我国多层次资本市场结构

资料来源：项目组绘制。

区域性股权市场主要服务于所在省级行政区域内的中小微企业。与"新三板"市场比较，它对企业入市门槛要求宽松，故又被称为"四板市场"。截至 2022 年 1 月 7 日，全国已经成立 35 家区域性股权市场运营机构，形成"一省一市场"的格局，累计挂牌展示托管企业超过 10 万家，融资额约 9900 亿元。

广东股权交易中心是根据《国务院办公厅关于规范发展区域性股权市场的通知》《区域性股权市场监督管理试行办法》有关要求，在原广东金融高新区股权交易中心、原广州股权交易中心的基础上新组建的广东省（深圳市除外）唯一合法的区域性股权市场运营机构，是广东省重要的地方金融基础设施平台和中小微企业综合金融服务平台。其成立旨在拓宽中小微企业直接融资渠道，创新企业投融资方式，推动产业、科技与金融资本融合发展，增强金融服务实体经济和防控金融风险能力，健全多层次资本市场体系，打造全国领先、具有强大影响力和竞争力的区域性股权市场。

广东股权交易中心为中小微企业提供挂牌、展示、登记托管、股权与债权融资等综合金融服务。

一是挂牌。企业在广东股权交易中心挂牌，意味着企业已经进入了资本市场，将享受资本市场带来的融资发展、股权流转和价值发现等好处。挂牌不同于上市，上市需经中国证监会批准并在上海证券交易所、深圳证券交易所公开发行股票，以及在中国登记结算有限公司办理股份的登记托管；而挂牌是经广东股权交易中心批准并报送当地金融主管备案，挂牌后的发行及交易如果通过广东股权交易中心实施也需经批准，在实施过程中遵循"卖者有责，卖者自负"的市场准则，广东股权交易中心不会对挂牌公司的股权/股份价值或投资者的收益作出实质性判断或者保证。

二是展示。企业可利用广东股权交易中心信息发布渠道，开展企业形象展示、品牌和服务宣传等展现活动的业务。注册展示企业需由推荐机构进行推荐并提交相关材料，通过广东股权交易中心内部审核后即可在广东股权交易中心进行展示，无需向金融主管部门备案挂牌。同时此类企业由广东股权交易中心与推荐机构共同孵化培育，使其更好、更快地进入资本市场发展。

三是登记托管。股权集中登记是指登记托管机构接受非上市企业委托，为其设立和管理股东名册，对股东持有股权的事实进行确认，对股权转让、质押等变更事项进行规范登记的法律行为。股权托管是指登记托管机构接受股东委托，为其保管所持股权，并根据变动情况进行记录、维护的法律行为。

四是融资。广东股权交易中心安排专业团队，对有融资需求的挂牌企业在尽职调查基础上，根据企业的经营禀赋、发展阶段、财务状况、项目推进等特点，协助企业确定合理的融资需求，明确融资目的、融资方式、融资期限和进度、融资金额、融资成本等融资要素。

截至2020年12月31日，广东股权交易中心挂牌企业累计4462家，存量3862家。其中挂牌股份公司累计680家，存量614家；挂牌有限公司累计3782家，存量3248家。注册展示企业累计16239家，存量14725家。托管企业累计4638家，存量4028家。其中纯托管的企业累计175家，存量165家；托管的挂牌企业累计4462家，存量3862家；托管的展示企业累计1家，存量1家。累计融资额达1218.95亿元。

行业分布方面，软件与服务、资本货物以及商业和专业服务分别占24.3%、16.6%和10.5%，是广东股权交易中心挂牌企业的主要行业类型。材料、技术硬件与设备、耐用消费品与服装、零售业和消费者服务分别占7.5%、6.3%、5.8%、4.1%和4.1%。剩余行业占比之和约20%。

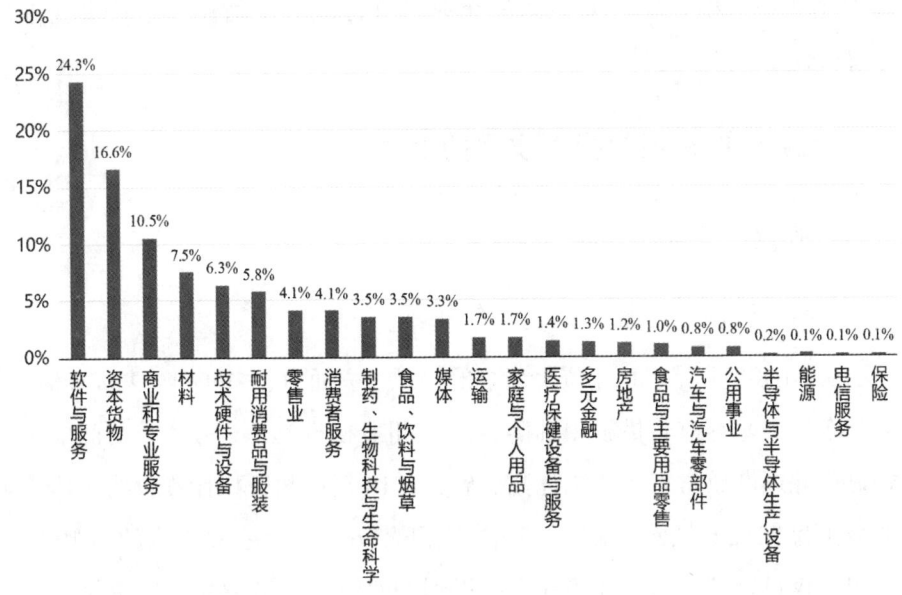

图 6-5 广东股权交易中心挂牌企业行业分布

资料来源：Wind 数据库。

根据企业类型、特征的不同，广东股权交易中心下设了 6 个特色板块，分别为华侨板、科创板、高校双创板、青创板、人才板以及高成长板。其中，华侨板面向广东省内中小微企业，尤其是粤东地区中小微企业以及侨资企业，服务企业累计 477 家。科创板更好地整合了科技与金融服务资源，以提供专属的挂牌展示、股权托管、股权融资、债权融资、价值管理、资本运营、财务顾问等综合性金融服务，服务企业累计 338 家。高校双创板为各高等院校师生创新创业项目提供投融资对接、路演培训、宣传展示、入驻孵化器等各项服务，成为新时代大学生创新创业的助推器和加速器，服务企业累计 115 家。青创板为我国众多青年大学生创新创业项目及青年企业提供孵化、托管等一站式金融服务，将成为国内多层次资本市场的重要组成部分，服务企业累计 318 家。人才板的服务对象主要为各类创新创业人才团队及其创办的初创型企业，服务企业累计 128 家。高成长板是专为全省高成长性企业、专精特新企业、工业规模以上企业和"小升规"重点入库企业量身打造的特色板块，服务企业累计88家。

（四）广州股权投资发展的瓶颈

1.股权投资基金发展瓶颈

（1）募资难度加大，资金使用不充分

从2018年开始，由于资管新规的出现，去通道、去杠杆、去资金池、消除多层嵌套等监管措施相继落实，广州股权投资基金募资难的问题开始显现并逐渐成常态。从统计数据看，2018年广州股权投资机构整体募资金额为728.56亿元，较2017年同比下滑69.3%，在接下来的2019年广州股权投资基金募资环境并没有得到有效的改善，募资金额继续下降至283.07亿元。同时，在募资难度加大的环境下，不仅基金规模受到直接的打击，而且基金发展也有潜在问题。在这样的市场上，机构头部化趋势出现，即只有少数头部投资机构能够依靠过往出色的投资业绩、退出表现以及LP（有限合伙人）的信任，成功募集资金，而中小型投资机构的基金则面临着融资困境，甚至因此出局，致使整个行业缺乏有效竞争，不利于行业健康发展。更进一步，在资本寒冬的大环境下，投资机构的资金也会向头部企业集中，因为其更愿意将大量资金投向头部、并且可看到稳定回报的优质项目。

除了近几年出现的资本募集问题，广州股权投资市场资金的使用也并不充分。股权投资市场为总体经济发展提供的动力就是投资，投资中小微型企业，创造新的需求、新的财富，才能真正体现股权投资市场存在的意义。而无论是广州市政府还是广州的投资机构都对此关注度过少，近三年广州股权投资基金共募集资金近3000亿元，而实现的总投资额才近150亿元，说明广州股权投资市场存在着潜在且大量的资金池，如何挖掘出这一部分并推动其有效被利用，是广州股权投资市场实现自身价值的关键。除了受到募资端的影响，投资端自身的风险因素也不可忽视。广州股权投资机构，特别是中小型投资机构，尚未建立起较完善的信用风险管理体系，因此整体投资信心不足，信用风险增加。

（2）退出渠道不健全，转板通道相对闭塞

股权投资基金的退出一直是股权投资行业的重点及难点问题。完备的退出渠道可以激励机构投资市场，同时可以为不同类型的企业提供差异化的支持。但目前我国股权投资基金的退出渠道并不健全，广州股权投资基金也深受影响。股权投资基金的资金退出方式主要有四种：IPO、并购、回购股份和破产清算。其中，IPO是目前股权投资资金退出的最主要和理想的方式。其原因主要是相较于其他退出方式，IPO投资回报率最高。然而，这种退出方式也存在一定的问题，如退出费用高昂，锁定期的存在使得企业和投资者都面临较大的不确定性，且监管趋于严苛，信息披露要求高。与此相比，并购、回购股份以及破产清算的投资回报率并不高，相关法律法规也不够完善。以并购的方式退出市场容易使企业失去自主权，对企业而言，找寻合适的并购方，选择合适的并购时机，对公司进行合理估值等都是不小的挑战。此外，新三板作为我国多层次资本市场的重要组成部分，也为股权投资基金的退出提供了新的选择方式。其机制灵活、条件宽松，但发展不充分、流动性较低。因此股权投资基金退出机制不完善的主要原因在于主板资源有限、新三板缺少流动性以及场外市场欠发达，建立广州多层次资本市场势在必行。

除了建立和完善资本市场，资本市场间通畅性也影响着各个新型板块的有效性。目前我国各板资本市场之间尚未真正实现互联互通，转板机制不够完善。尽管一些在新三板挂牌上市的企业在创业板、中小板得以上市，但这是通过走完IPO的所有程序，而非板块之间的转换机制。同时，借壳上市但经营绩效差的公司始终得不到降级，很少能以退市等合理的方式处理，因此板块退出渠道并不健全。

(3)投资存在短期行为,发展理念缺乏创新

股权投资创造实际价值需要较长的投资周期,为了缓解资金压力,股权投资基金的资本最好大多是长期资本。但在实践中,广州股权投资基金的长期资本比重较小,慈善捐赠等社会公益基金出资占比合计仅为百分之零点几,远低于美国各类养老金计划32.7%的出资占比。此外,机构投资者的参与受到很大限制。尽管广州金融机构数量较多且资金量庞大,但是相关法律和规定对金融机构参与股权投资的要求高,例如商业银行不允许将资金投入股权投资,保险公司进入股权投资的资金比例有严格限制。在这种情况下,为了维护自身利益,投资机构往往采用分阶段投资的策略,侧重于短期收益的实现。

投资机构的投资发展理念,直接影响着被投资公司和整个行业的发展方向和创新能力。短期投资方式导致被投企业倾向于短期业绩目标,影响企业长期战略的实现,同时短期收益的需求也降低了投资机构对投资技术领域的积极性。从目前广州股权投资基金的发展情况来看,对于被投资公司,一些股权投资基金虽然基本上会重视企业的现实发展,但在发展的过程中并没有进行深入的研究和探索,在具体的投资过程中也缺乏针对性和有效性。同时,投资机构更没有对投资模式进行有效研究,导致涉足领域不多,因此影响了投资收益。对于发展理念缺乏创新这一现象,最根本的原因在于一些股权投资基金在发展的过程中只重视眼前利益,而缺乏长远打算。对于行业投向,广州股权投资基金更倾向于投资应用层项目,而非更早期的基础层和技术层项目。这种实用主义的取向对股权投资基金参与基础创新,带来了负面作用。

(4)私募监管机制不健全,专业投资管理人才匮乏

自2014年中国基金业协会发布《私募投资基金管理人登记和基金备案办法(试行)》以来,股权投资基金在相对宽松的监管环境下得到了极大的发展。然而非法集资活动逐渐猖獗,违规募集成为股权投资基金乱

象之源，对行业的正常发展产生了极其恶劣的影响。随着2016年备案新规与2018年资管新规的出台，监管才趋于严格。但此时国家监管层面大多停留于事中事后监管，存在着很大的滞后性，违法违规行为也得不到根本遏制。

在股权投资基金的迅猛发展与宽松监管下，股权投资基金出现良莠不齐的现象，截至2019年底，广州虽已有上千家公司完成了股权投资基金管理机构登记工作，但质量参差不齐，公司治理、投资业务等能力尚显不足。究其原因，主要在于专业投资管理人才的匮乏。创投和私募股权投资要求管理人具备熟练的行业和股权投资相关知识和技能，更需要丰富的理论与实践经验。但就目前来看，广州股权投资机构人员专业知识单一化，缺乏整体思维与实战经验，矛盾主要体现在日益增长的私募基金数量与紧缺的专业资管人才之间的不匹配。总体来看，专业投资管理人才的缺乏是制约广州股权投资行业发展的重要因素。

2. 股权交易中心发展瓶颈

（1）顶层设计缺乏影响行业发展前景

自2012年以来，不乏关于促进资本市场发展的政策文件及法律法规，且多次涉及加快发展区域性股权交易市场的相关内容。然而，顶层设计对股权交易中心缺乏明晰的市场定位及整体规划，更没有一致的监管准则，这是阻碍行业发展的重要因素。

（2）中小企业参与股权交易市场的积极性不高

尽管近年来政府鼓励和辅导中小企业积极参与资本市场的政策力度有所加强，但普遍来看，中小企业仍然不能有效参与和利用区域股权交易市场。根据陈丽（2016）对广东19个地市389家非上市企业关于区域性股权交易市场了解程度的问卷调查，不了解的占61.95%，一般了解的占36.76%，一年内无在此挂牌打算的占97.56%。

(3) 市场融资功能发挥不充分

一是参与股权融资的中小企业数量有限。以广州股权交易中心为例，截至2021年6月末，广东股权交易中心挂牌、展示企业21594家，通过增资扩股、股权质押、知识产权质押获得融资的企业仅721家，占比3.34%，参与股权融资的中小企业数量十分有限。二是针对中小企业的服务产品及手段有限。目前广东股权交易中心主要提供股权及债权融资、股权转让、企业路演等服务，而企业专门课程培训服务、政策运用、金融咨询、行业研究分析、并购重组等综合性金融服务功能有待进一步完善。综上所述，无论是从参与股权融资企业的数量还是参与股权融资市场的深度来看，都反映出四板市场的融资功能尚未得到充分发挥以更好地服务于中小企业。

二、广州股权投资水平与特点

（一）广州与国内核心城市股权投资水平比较

广州股权投资市场的发展情况和规模水平仍有提升的空间。总体来看，2017—2020年，广州新募基金数量在200只附近徘徊，与北京相似，略低于上海，远低于深圳新募基金数量，620只附近，而在基金募资金额方面，广州基金募资金额也并没有达到其他三座城市的规模，仅在发展势头最猛的2017年略超上海。从变化情况来看，从2017年开始，受资管新规的影响，四座城市的股权投资基金募资情况均有不同程度的下滑，反映着中国股权投资市场总体发展势头的冷却，同时就基金募资金额来看，北京和上海变化幅度较小，而广州和深圳变化幅度较大，可以看出前两座城市的股权投资市场体制较完善、发展较稳健，后两座城市受政府、市场等周边因素影响较大。

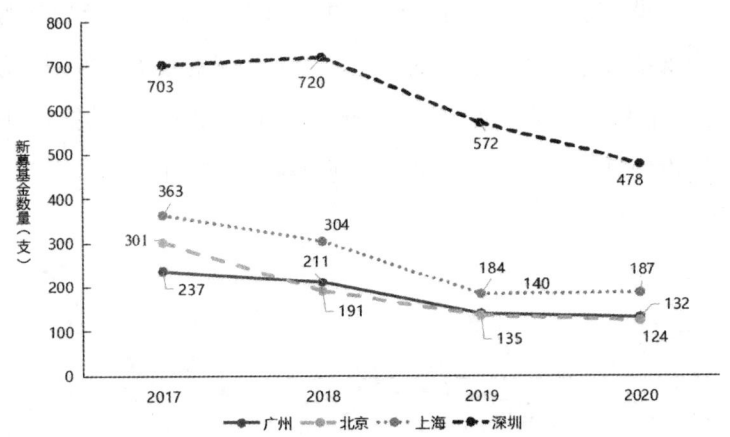

图 6-6　2017—2020 年北上广深股权投资基金数量

资料来源：私募通。

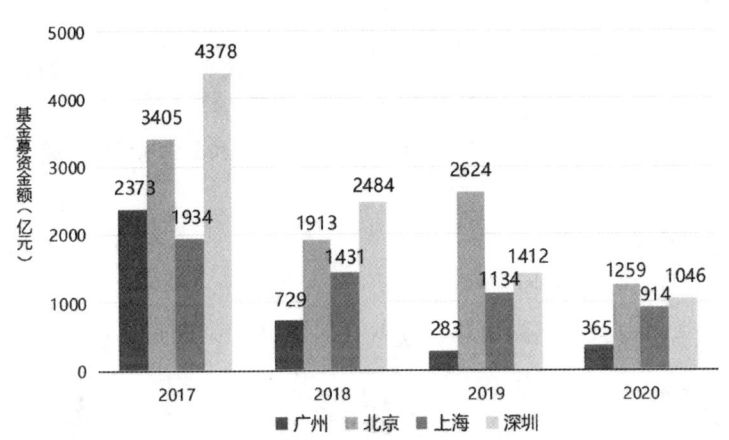

图 6-7　2017—2020 年北上广深股权投资基金募资金额

资料来源：私募通。

受募资端资本量的影响，广州股权投资市场的投资活跃度和投资规模与其他三座一线城市相比还是存在一定差异。首先在每年的投资案例数上，广州的投资案例数仅在 100 起附近徘徊，2020 年在整体涨势的情况下增加至 224 起，而深圳的投资案例数峰值达到 826 起；其次投资金额方面，深圳作为中国股权投资市场的重要集聚地，在资管新规的压力下，依然保持着超过 200 亿元的投资量，而广州的投资金额则略显不足，处在 50 亿元附近，因此可以看出广州依然存在很多潜在的投资机会，其股权投资市场对经济发展的促进作用还有很大的提升空间。

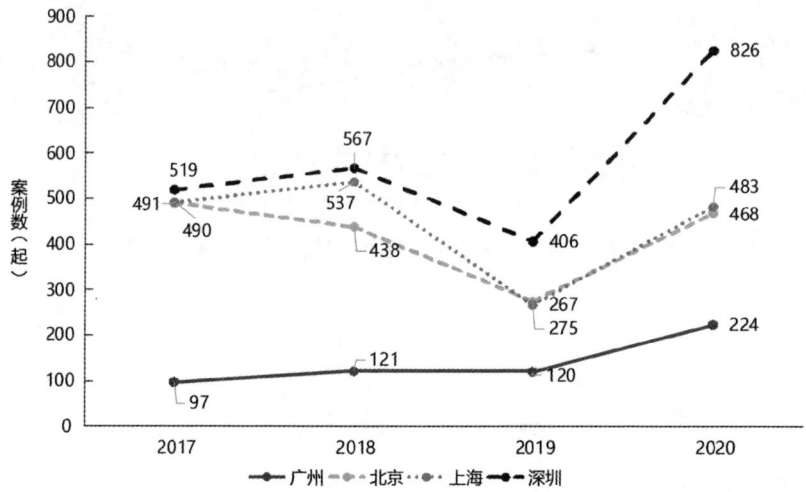

图 6-8　2017—2020 年北上广深股权投资基金投资案例数

资料来源：私募通。

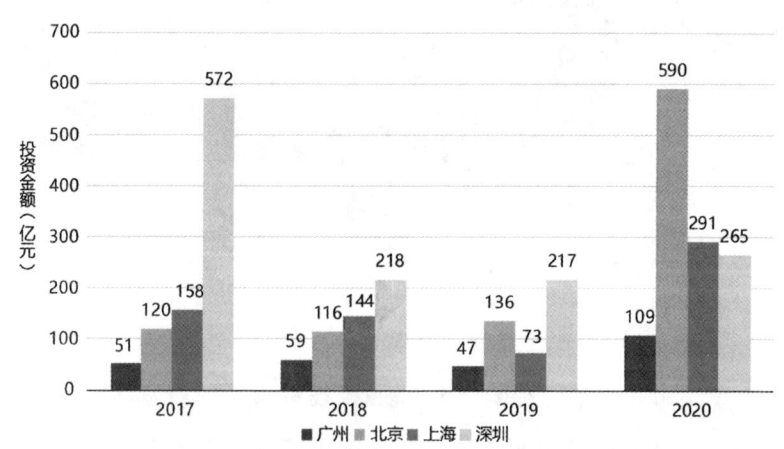

图 6-9　2017—2020 年北上广深股权投资基金投资金额

资料来源：私募通。

就 2017—2020 年四座城市的基金投资退出次数而言，广州股权投资基金投资的退出次数较少。这是因为广州股权投资市场的发展还处于初级阶段，加之股权投资的投资周期一般为三到五年，仍有许多投资项目并未走到退出端口，未来退出次数会持续增长。相比之下，北京、上海和深圳股权投资市场中的项目更多，并且随着企业得到充分的支持和发展，项目也更有价值。从平均回报倍数来看，北京股权投资基金的回报表现比较突出，最高在 2019 年达到近 7 倍的回报倍数，而同年其他三座城市的则均在 3 倍附近徘徊。

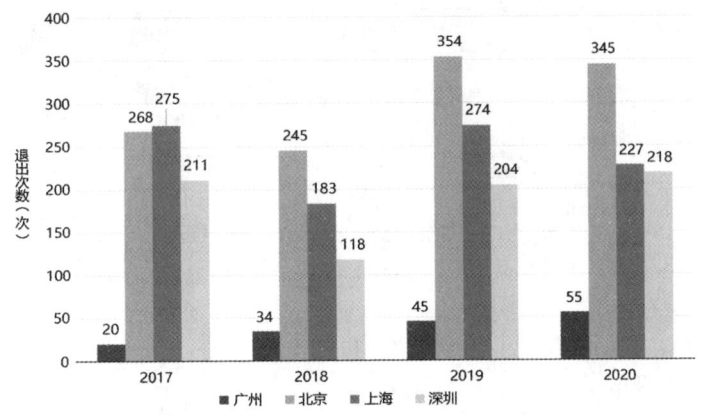

图 6-10 2017—2020 年北上广深股权投资基金投资退出次数

资料来源：私募通。

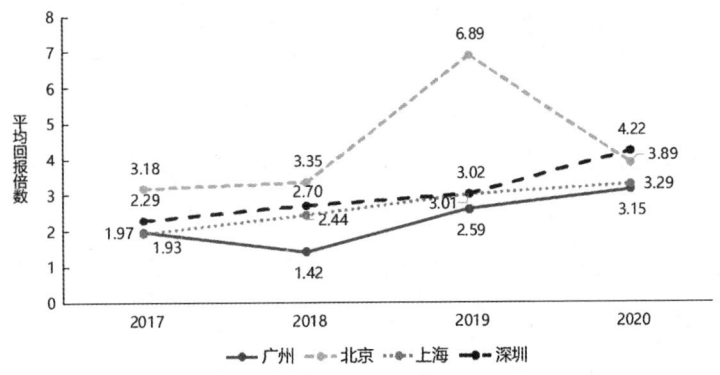

图 6-11 2017—2020 年北上广深股权投资基金投资回报倍数

资料来源：私募通。

从投资行业分布（表6-4）来看，生物技术/医疗健康与半导体及电子设备两大行业是股权投资领域的热门行业，其中广州股权投资基金对生物技术/医疗健康行业的投资占总投资金额的12%，四座城市的股权投资基金对IT行业的投资占比均超过9%。从2020年广州股权基金投资情况来看，行业分布较为分散，布局合理，无明显偏倚。

表6-4　2020年北上广深股权投资基金投资活跃前四大行业
（投资金额占比）

城市	第一大行业	第二大行业	第三大行业	第四大行业
广州	机械制造（16%）	电信及增值业务（15%）	生物技术/医疗健康（12%）	半导体及电子设备（12%）
北京	半导体及电子设备（37%）	能源及矿产（23%）	IT（12%）	生物技术/医疗健康（9%）
上海	半导体及电子设备（39%）	生物技术/医疗健康（19%）	机械制造（14%）	IT（9%）
深圳	生物技术/医疗健康（35%）	IT（22%）	半导体及电子设备（19%）	互联网（9%）

资料来源：私募通。

区域性股权交易中心挂牌企业数量方面，广东股权交易中心挂牌企业数在全国排名第四，挂牌的企业数占全国约6.2%，仅次于深圳的前海股权交易中心（占比12.7%），上海股权托管交易中心（占比9.31%）以及浙江股权交易中心（占比6.25%），但优于北京四板市场。总体而言，广东股权交易中心的挂牌企业数在全国处于较为领先的水平，但仍与同为一线城市的深圳、上海有一定的体量差距。

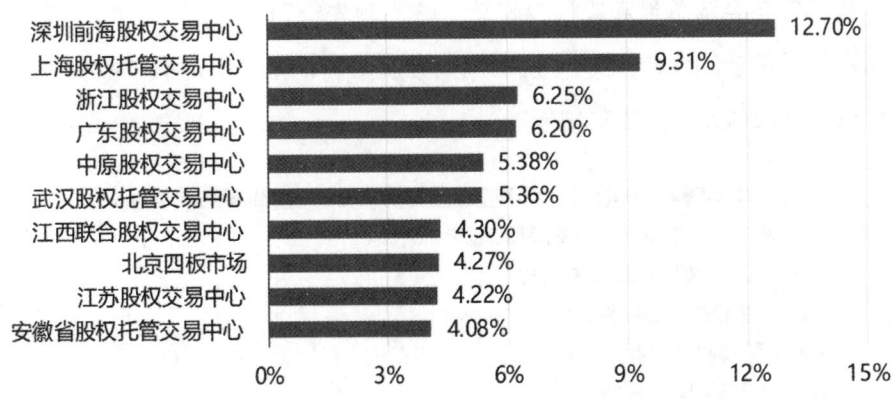

图6-12 国内核心城市股权交易中心挂牌企业数量分布

资料来源：Wind数据库。

（二）广州股权投资的特点

1. 多维宏观经济数据彰显广州股权投资基础

本节将以地区生产总值与投资总量、专利授权量与战略新兴行业、居民收入与消费等相关领域为切入点，分析我国各省市的股权投资与地区基础数据之间的多维度关联，凸显广州股权投资发展的坚实基础。

从地区生产总值的角度看，广州股权投资占地区生产总值比例较高，较高的第三产业产值是股权投资的坚实基础。从2019年各省市股权投资与地区生产总值的比例来看，北京、上海、广州、深圳与天津位于前五，股权投资占比分别达到5.24%、2.64%、2.12%、2.03%与1.31%，头部集中效应明显。通过将各省市地区生产总值与股权投资数量进行对比，发现二者存在一定的相关性。进一步，可以发现相较于第一、第二产业，第三产业产值与股权投资数量的相关性更加显著，这一特征体现出股权投资对于产业结构调整及优化升级的重要作用。课题组进一步分析了全国主要省市的第三产业产值与股权投资案例数之间的关联，根据2019年各省市在第三产业产值与股权投资案例数分布图中的聚合特征可发现，广州不仅在经济总量和股权投资总量方面领先全国绝大部分省市,且数据点位于拟合均线的上方,说明广州在现有经济基础上的股权投资发展程度较其他部分省市更为领先。

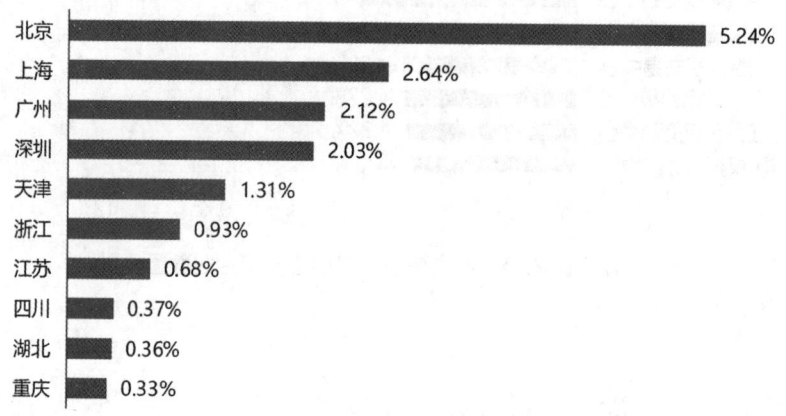

图6-13 2019年各省市股权投资额占地区生产总值之比

资料来源:私募通、国家统计局。

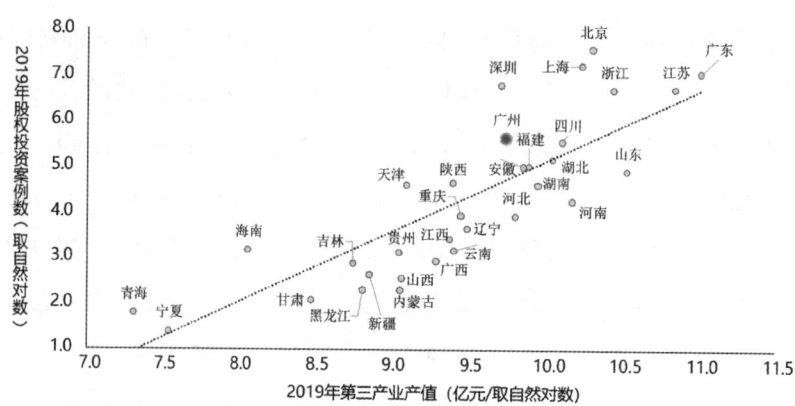

图6-14 2019年各省市第三产业产值与股权投资数量关系

资料来源:私募通、国家统计局。

从科研实力的角度看,广州专利申请授权量较高,科创能力强,但战略性新兴产业股权投资数量较少,转化能力仍需加强。专利申请授权量指标是反映一个地区科研水平的重要考量,战略性新兴产业股权投资数量直接反映了创意思路转化和落地能力。根据清科研究中心的一级行业分类，战略性新兴产业包括私募通数据库一级行业中的9个：IT、互联网、生物技术/医疗健康、清洁技术、电信及增值业务、机械制造、半导体及电子设备、广播电视及数字电视和娱乐传媒。课题组分析了全国主要省市的专利申请授权量与战略性新兴产业投资数量的关系，观察分布图的集中特征可以看出，广州高于拟合均线，说明广州在单位专利申请授权量上的战略性新兴产业投资数量高于全国平均水平，转化能力较强，但低于北京、上海、深圳等一线城市。尽管广州科研实力强，但对于战略性新兴产业的股权投资仍有待加强，未来在战略性新兴产业上的投资空间较为广阔。

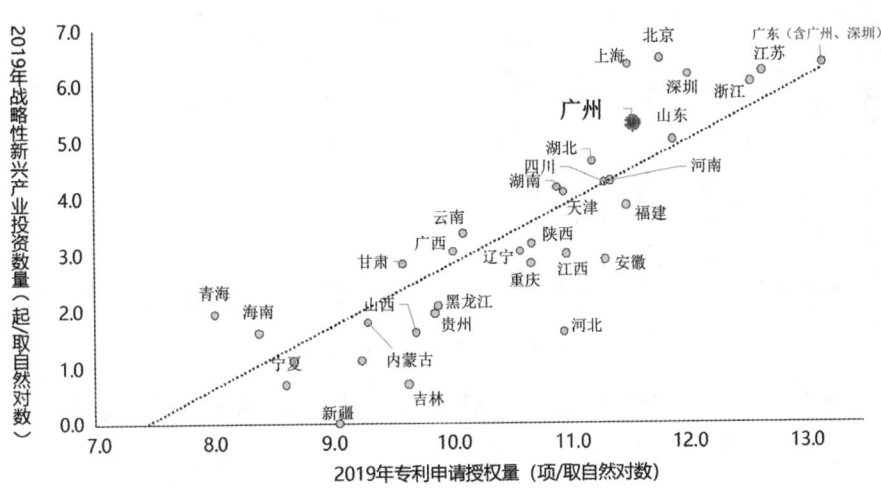

图6-15　2019年各省市专利申请授权量与战略性新兴产业股权投资数量关系

资料来源：私募通、国家统计局。

从消费能力的角度看，广东（含广州、深圳）在大消费领域股权投资数量与人均消费支出均较高，且属于消费行业投资强势型地区。课题组分析了全国主要省市的居民人均消费支出与大消费领域行业（包括娱乐传媒、生物技术/医疗健康、食品&饮料、汽车、纺织及服装）股权投资数量之间的关联，根据2019年各省市在人均消费支出与大消费领域行业股权投资数量分布图中的聚合特征，将其划分为两类：趋势线以左为投资主导型地区，以右为消费主导型地区。通过观察可以发现广东远离坐标原点，说明居民人均消费支出高，但位于趋势线以左，表明广东的消费领域的股权投资案例数更多，属于投资主导型地区。对于消费类企业的发展而言，广东在消费领域的股权投资相对活跃，是培育消费类企业的良好土壤。

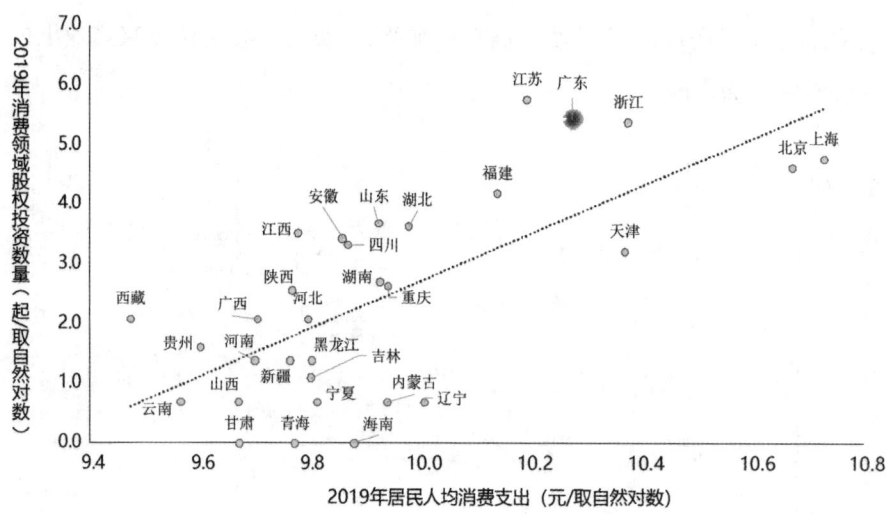

图6-16　2019年各省市居民人均消费支出与大消费领域股权投资数量关系
资料来源：私募通、国家统计局。

2.政府引导基金引领广州股权投资发展

为积极培育发展战略性新兴产业、加快推动我国产业转型升级以及鼓励中小企业尤其是科技类企业创新发展，政府引导基金在培育新经济、发挥新动能方面的作用愈发显现。

作为全国最早探索设立政府引导基金的城市之一，广州市于2010年初步设立了广州市创业投资引导基金。如今，经过多年的发展，广州市已形成"市+区"两层政府引导基金体系。服务范围主要涵盖工业发展、科技创新、产业转型升级、人才创新创业、中小企业等领域。从基金类型来看，基金种类丰富多样，包括工业转型升级、新兴产业、中小企业发展、创业投资等不同领域投向的引导基金；从规模来看，广州市政府引导基金规模主要为 1~100 亿元；市级引导基金大多位于 25~100 亿元之间；区级则主要分布于 5~28 亿元之中。从注册地要求来看，广州市政府引导基金要求参股子基金必须在当地注册，而对子基金管理机构的注册地一般没有硬性要求。

作为广州地方政府的主力产业投资基金之一，广州产业投资基金管理有限公司（简称"广州基金"）是广州市委、市政府为推进产业转型升级、放大财政资金引导效应、带动社会投资、强化区域金融中心地位而专门成立的产业投融资平台。自成立以来就迅速发展，目前，其业务范围已涵盖政府基金管理、私募股权投资（PE）、风险投资（VC）和其他金融平台等领域，并打造了天使投资、风险投资、PRE-IPO、私募基金、并购基金、城市发展基金、政府基金、互联网金融、固定收益等金融全产业链，资产管理规模在 2020 年底达到 1600 亿元。

广州基金引导股权投资基金促进地方产业发展。在广州市发展改革委员会的指导下，广州基金积极发挥受托管理广州产业转型升级引导基金（简称"引导基金"）的功能，以母基金的方式与国内外优秀股权投资管理机构合作发起设立子基金，子基金再与社会资本进行配资，由此为优势产业及朝阳行业吸引了大量社会资本，大大推动了广州产业的发展。相较于过去财政拨款的直接形式，借助引导基金促进产业发展的模式更多偏向于市场化运作机制。此种模式不仅能更好地保障本金的回收，还能放大投资效应。据广州市政府印发的《广州市战略性主导产业发展资金管理暂行办法》测算，每年 8 亿元的引导基金能够有效发挥财政资金的杠杆作用，并且能撬动 4 倍以上的社会资本设立相关产业领域投资基金。

3. 广东股权交易中心为股权投资提供服务平台

在 2017 年中国风险投资论坛上,广州强调了风险投资市场建设的重要意义,提出打造"中国风险投资之都",简化风险投资机构办理手续,不断完善政策服务体系,致力于为各类股权投资、风险投资机构营造良好市场环境。其中,广东股权交易中心(含原广州股权交易中心)作为股权投资的中介平台,不断完善现有服务,加强创新,为广州打造"中国风险投资之都"提供强有力的平台支持。

广东股权交易中心打造风险投资退出平台,完善风险投资退出模式。风险投资中,项目退出环节是关键要素,直接关系到投资变现与机构的生存发展。目前,我国风险投资机构普遍存在退出渠道单一、流动性不足等问题。国内 IPO 与新三板退出占整个股权投资退出案例的 70% 以上,相比之下,全球私募股权投资退出主要以并购重组业务为主,IPO 占比不到 20%。由此,完善项目退出机制,畅通退出渠道,既是我国风险投资行业的难题,也是广州打造"中国风险投资之都"的关键。要改善风险投资退出渠道的问题,需要克服包括工商登记变更登记互联、估值定价、交易方式、善意第三人等重点问题。为此,广州市金融局指导广东股权交易中心打造风险投资退出平台。平台化私募股权交易场所更有利于完善风投生态圈,创设新型交易工具,政府监管介入以及风投行业内部的自律管理。

在广州市地方金融监督管理局、广州市市场监督管理局的大力支持下,广东股权交易中心自 2016 年底开始成为国内首个试点开展 LP(有限合伙人)份额出质登记业务的区域性股权市场,通过近 3 年的摸索与努力,已在全国区域性股权市场率先打造 LP 份额出质登记的"广州模式"。LP 份额出质登记有效盘活有限合伙企业(特别是私募基金的资产),提高份额流动性,有效填补有限合伙企业出质登记空白,率先与市场监督管理部门实现出质登记信息互通,防范份额的另质押、另转让,降低交易风险，维护出质人和质权人权益。

2020年，广东股权交易中心共新增托管省内有限合伙企业15家，超过2020年前托管有限合伙企业总数的50%；托管总财产份额109.12亿元，是2020前年托管财产份额总数的20.59%；质押登记12笔，是2020年前总数的85.71%；质押份额25.47亿元，是2020年前质押份额总数的72.38%；实现对应融资金额42.92亿元，是2020年前融资金额总数的近四倍。其中，2020年新增托管广州市有限合伙企业14家，托管财产份额108.98亿元，质押登记11笔，质押份额25.43亿元，实现对应融资金额41.56亿元。

托管企业、托管份额逐年增加，出质登记业务稳步发展，为广州成为私募股权投资基金最有吸引力的城市之一、吸引私募基金及金融人才聚集产生效应，为广州营造良好的私募投资环境提供有力的基础保障。下一阶段，广东股权交易中心将基于"广州模式"经验，在省内私募股权投资机构集聚主要地推广"广州模式"，并与当地市场监督管理机构探索信息共享机制，建立"填补登记空白、风险防范、助力监管、完善区域性股权市场业务体系"的服务模式，实现监管机构、私募投资市场参与者及区域性股权市场多方共赢目的。

三、广州股权投资创新案例

（一）广州创投小镇的发展与特色

1. 案例介绍

广州创投小镇坐落于广州新中轴线南段，毗邻国家级湿地公园海珠湿地公园，园区占地面积12万平方米，周边产业基础雄厚、交通条件良好、生态环境优越。广州创投小镇的前身是一个传统批发市场，在经过近一年的规划设计、管网改造、道路绿化后，才成为了今日为广州创新发展提供动力的新兴金融产业园区。广州创投小镇于 2017 年 6 月正式揭牌，在挂牌三个多月的"广州创投周"上，吸引了超过 1500 家科技企业、500 家机构、8000 人次，优秀项目与投资机构面对面交流对接，逾 100 家科技企业获得机构投资意向。2018 年，广州市金融工作局、广州市科技创新委联合印发《促进广州创投小镇发展行动计划（2018—2020）》，进一步明确了广州创投小镇三年行动要求、重点任务和保障措施，计划打造在转型升级、创投集聚、双创优选三方面先行示范的小镇。

广州创投小镇不仅集聚各类创业投资项目，还吸引了科技和时尚产业，并配置了综合配套服务。园区挂牌以来，已累计引进企业和机构近 300 家。其中，广新新兴产业投资基金、中大科创等知名风投机构集聚于创投版块。除此之外，广聚生物、智伴机器人、牛犊秀、乐拓科技等近百家属于 IAB[①] 和 NEM[②] 范畴的企业入驻科技与时尚版块；综合配套服务版块拥有中国风险投资研究院、广东省创投协会等一众专业服务机构，以提供创新的金融服务、充足的资本支持以及匹配的人才资源。除了对三个功能区的培育，广州创投小镇还承接了如广州创投周、中国创新创业大赛（广东·广州赛区）、广州高科技高成长 20 强暨广州明日之星颁奖典礼、广州科技金融路演中心企业投融资常态化路演、2018 广州文交会暨金牛奖大赛、粤港澳大湾区区块链产业（广州）论坛等 300 多场双创活动，超过 4700 家企业参加路演，4 万多人次参与活动，涉及股权投资意向超 20 亿元，落实的科技信贷规模 200 多亿元。

园区始终践行低碳环保的理念，室内照明系统均采用配有自动感应节能控制系统的节能灯，室外路灯使用新材料石墨烯以达到最大程度省电功效。小镇所有植物采用微灌、低压管灌等方式，绿化用水量节约近 30%，大大缓解了一线城市水资源供应紧张问题。除此之外，创投小镇积

---

① IAB 即发展新一代信息技术（IT／ICT）、人工智能（Artificial Intelligence）、生物医药（Biopharmaceutical）等战略性新兴产业。

② NEM 即新能源、新材料产业。

极以科技创优，率先引入国内首家基于车载式的科技创客共享教育平台以提供更广泛优质的教育服务。2019—2020年，广州创投小镇获得2019中国基金小镇行业年度杰出贡献top20，2020年中国最佳基金小镇以及示范产业园等荣誉。

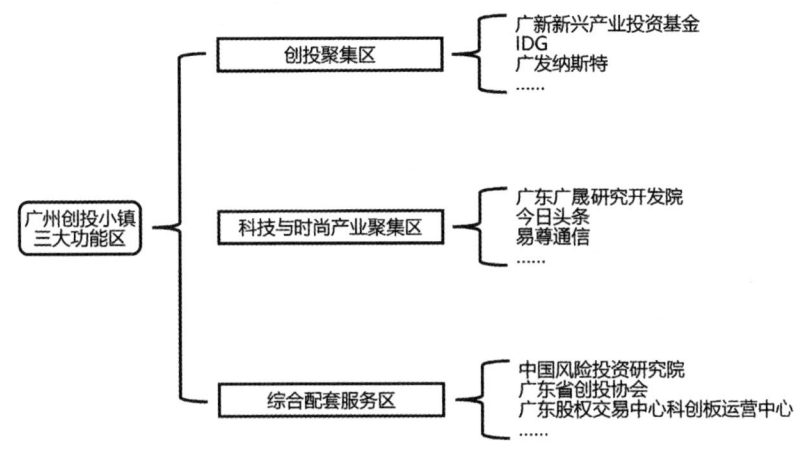

图6-17　广州创投小镇的三大功能区

资料来源：广州创投小镇官网。

2. 案例分析

广州创投小镇是广州传统专业市场转型升级的领头羊。目前广州创投小镇有着各种各样的"黑科技"散发着浓厚的创新氛围，但曾经这里是广州传统批发市场华南汽贸城。在繁荣发展20年后，汽车销售市场渐显颓势，这里沦为二手车卖场，仅靠租约维持，同时汽贸城的汽油、洗车水等污染着周围的环境，因此转型势在必行。广州创投小镇董事长黎名准先将其转为广州华南（国际）鞋业贸易中心，后转为电商产业园，最终在2015年着手打造集科技、产业和资本为一体的创投小镇，同时海珠区政府制定了实施创新驱动发展战略行动计划纲要以及创新园区和孵化器扶持办法等9个配套政策，积极引导传统批发市场转型升级，广州创投小镇才得以落成。转型过程中困难重重，不仅要舍弃前期的租金收入，还需要后期大量资金的持续投入。从 2016 年下半年创投小镇项目筹备至今，仅在园区的环境改造提升方面就投入了数千万元。

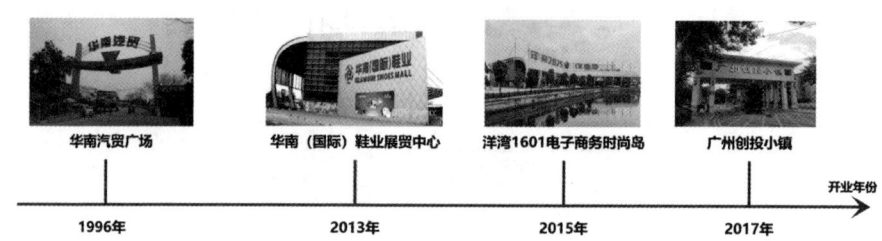

图 6-18　广州创投小镇项目转型年鉴

资料来源：世方商业地产。

广州创投小镇同时也是带有产融结合特点的股权投资集聚区。如何做好资本与市场的对接一直是各行各业的企业家热烈讨论的问题，而广州创投小镇从地理位置上对这一问题发出自己的声音。广州创投小镇设有三大功能区，分别是创投聚集区、科技与时尚产业聚集区、综合配套服务区，分区设置使得实体企业和投资机构可以聚集在一起，实体企业在与投资机构对接时能够得到平台和协会提供的全方位服务，有效提高了产业、技术与资本的对接效率，真正实现了投资人、小镇业主与创新型企业三方深度合作。近年来，国内的基金小镇风起云涌，但不少地方的产业和资本是脱离的。而广州创投小镇在引进各类基金的同时，也引进了科技与时尚企业，营造活跃开放的投资氛围，旨在增加对社会资本的吸引力。同时广州创投小镇的发展是纯粹的，是重视创新的，坚决不引入酒楼、银行等租金丰厚却喧嚣浮躁的传统商业项目，让创新业态充分享受小镇的配套服务。投资机构的聚集，创新企业的聚集，逐渐培育起良好的创投氛围，使广州创投小镇真正达到促进广州创新发展的要求。

广州创投小镇是助力广州经济创新发展的新兴小镇。"创新"一直是广州创投小镇的发展重点和特点：一是科技产业区直接帮助小镇引进了众多科技企业。二是小镇一直把构建创新生态全链条作为发展目标，不但全方位支持创新企业的发展，而且从自身出发，不断开创新的企业交流活动，建立新的企业发展平台。三是在互联网高速发展的今天，不论是"网红经济"还是"直播带货"都成为新的风口，从2019年的"网红直播"迎来黄金爆发期到2020年疫情阴霾下直播被推上浪尖，创投小镇也紧抓住新风口趋势，在洋湾岛建筑体中规划了共三层超6000平方米的洋湾超级供应链直播基地，旨在为更多的本土传统实体企业打开直播销售之路。目前该"超级直播基地"主要用于为电商传媒机构或需要直播的公司提供一个可供直播与简易办公的场所，并提供一部分直播相关服务以把握新媒体营销趋势。

3.经验借鉴

股权投资市场的发展离不开政府的扶持，股权投资是一个高风险高收益的行业，如果缺乏专业的股权投资机构的积极参与，股权投资市场未来发展举步维艰。各级政府对股权投资市场的扶持方式以奖励为主，例如对注册股权投资机构的奖励，对股权投资项目的奖励和对股权投资基金管理人的奖励。这些奖励直接快速地帮助股权投资市场拓展规模，但并不能有效改变股权投资市场的投资环境和投资效果。而政府引导建设股权投资机构集聚区可以改善这一问题，广州创投小镇就是一个很好的示范。集聚区使投资机构可以高效地对接实体企业、交易平台与管理部门，减少运营成本的同时提高投资积极性，极大改善了股权投资机构的运营环境，促进了股权投资市场的发展。

股权投资市场的发展不能脱离实体经济，股权投资机构将社会资本投资到有潜力的中小型机构，实现资本的增值，才是股权投资市场的意义所在。如果股权投资市场中的资金并不能进入实体企业而是在资本市场空转，既不利于资本市场的发展，也不利于经济的发展。因此将资金真正落实到项目上，是市场发展的关键所在。对此，不仅需要投资管理人积极主动拓展项目，也需要为投资管理人提供便捷畅通的市场项目渠道，例如将实体企业引入投资小镇，通过各类项目交流会消除信息壁垒。同时，项目的后续发展也离不开股权投资机构的跟进和引导。而投资小镇可以降低实体企业与投资机构沟通的难度，为双方创造了一个更加公开透明的发展环境。最后，由于市场有各自不同的具体特点，股权投资机构应该具备因地制宜的战略布局，股权投资小镇的发展也应该适应自身情况的个性特质，才能以独特价值吸引真正适合的企业以更好地助力地方经济发展。

股权投资市场的发展应顺应中国经济发展规划。目前，我国经济发展面临重大转型，打造"以国内大循环为主体、国内国际双循环相互促进的新发展格局"成为我国新阶段的发展目标。当前，以新产业、新模式、新技术、新业态为代表的新经济逐渐成为我国经济转型发展的重要推动力。在此背景下，股权投资市场应该与科技创新紧密融合。相比传统行业，科技创新行业的投资周期长、风险高，因此以银行信贷为主的间接融资体系难以满足其融资需求。而股权投资能够实现融资方与投资者风险共担、利益共享，能够很好地适应科技创新行业投资的特点，是提升资本市场对科技创新产业服务能力的有效方式。同时政府也需持续引导股权投资行业健康发展，让资本逐步进入创业投资领域，积极发挥作用。

（二）国内首个大学生创业板的创设与发展

1. 案例介绍

2014年5月，广州股权交易中心（广东股权交易中心前身）联合共青团广东省委推出了全国首个为青年创业项目和企业提供综合金融服务的板块——"青年大学生创业板"（简称青创板）。优秀大学生创新创业项目不仅可以在此接受专业的挂牌辅导、孵化培育，还能无缝对接社会资本。青创板自设立以来，就得到共青团中央的高度重视和充分认可，曾被写入《关于高校共青团积极促进大学生创业工作的实施意见》。

青创板提供"创业导师"服务。为建立完善的辅导培育和孵化机制，广州股权交易中心在投资、银行、财务、法律、企业管理等领域聘请具有丰富行业经验的专家担任"青年创业导师"，为挂牌的创新项目及创业企业提供规范运营管理、创业咨询、规划、资源对接等培育辅导支持，帮助创业团队克服创业阶段的管理和资本运作瓶颈。

青创板提供创新融资模式以及专属融资服务。大学生无稳定资金来源，创业面临个人信用空白的问题，无法从银行得到足额有效的创业资金。青创板为大学生打造"互联网股权众筹"平台，初创公司可以通过出让部分股份给投资机构的方式以获取早期资金，有利于提高融资成功率、降低信息采集传递处理成本。其中，青创板的"领投基金"重点关注早期投资和天使投资，在早期阶段为大学生创新创业项目提供资金支持和技术指导。除此之外，广州股权交易中心具有丰富的挂牌企业、投资者和人才资源，借助平台通过资源整合及开发利用能够为青年项目提供更具个性化的产品服务，以应对"融资难、融资贵"等问题。

青创板成立以来成果丰富。2014年11月，青创板平台作为全国平台正式上线发布，并更名"中国青创板"。2016年2月17日，广东省政府正式出台文件，提出重点关注服务创新，建设科技金融支撑体系。其中，依托广州股权交易中心建设"中国青创板"被重点强调，作为科技金融创新领域的"广州经验"向全国推广。服务成果方面，从2014年至今，青创板上板项目及融资额不断增加。截至2020年5月20日，青创板上板项目累计数量达2998个，实现融资对接额累计达3.43亿元人民币。于2020年12月，青创板创业者年会上线上生态平台上线，为青年创业项目上板提供了更加便捷的服务通道。线下服务站点方面，2016年8月19日，广州股权交易中心举行了"中国青创板"第二批服务站授牌仪式，广州南沙、深圳前海、韶关、河源、梅州、东莞、中山、阳江、湛江、清远、揭阳等11个地市服务站得到授牌。截至2020年5月，广东及部分省市建立线下服务站点 35 个。成果转化方面，2020 年 8 月 28 日，"应急供电资源服务共享平台"与石家庄思凯电力建设公司签署成果转让协议，标志着青创板首个项目正式落地转化。

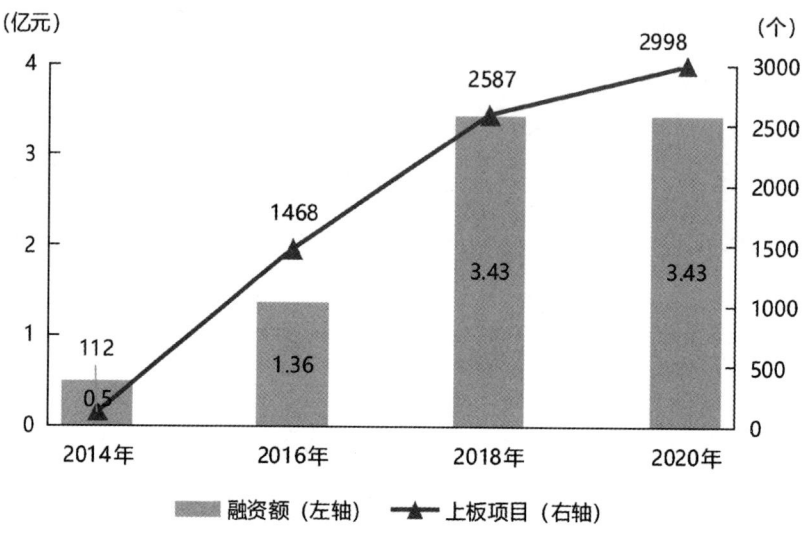

图 6-19 青创板上板项目与融资额

资料来源：根据相关新闻整理。

2. 案例分析

青创板的设立源于大学生创业比赛的痛点。过去大学生创业比赛仅仅停留于竞赛阶段，极少真正接触市场。并且青年创意思维与资金不足、融资难、融资贵问题的矛盾也成为许多创业项目不了了之的关键原因。近年来，各级政府陆续出台一系列政策支持大学生创新创业工作，但始终缺乏一个衔接大学生和资本市场，并为青年提供创业辅导与运营的市场化平台。在这样的情况下，青创板应运而生。

青创板在推动大学生创新创业上实现了四大创新。一是创业工场，旨在帮助早期阶段的创业公司顺利启动，为初创公司提供场地、设备、工商办理、管理咨询等所需的一揽子服务。二是专业增信平台，通过第三方专业认证为创业项目提供可信度：一方面，有利于提高自身信用等级,降低融资成本;另一方面,也能提振投资者的投资信心,保护投资者利益。三是市场炼金炉,通过市场投资者与融资者的反应以及产生的经济信息传递、反馈给当事人,以价格调节、供求调节、竞争调节等形式自动调节社会经济的运行,推动创业市场良性竞争,优化资源配置。四是融资服务加速器。青创板既拓宽了青年创新创业项目的融资渠道,拓展了直接融资对初创企业的覆盖面,丰富了融资形式,也为天使投资等早期资金的进入提供了有效信息和市场环境。

青创板打通青年创业与资本市场的"最后一公里"。中国青创板为全国青年大学生创新创业项目和企业提供孵化、托管、增信、融资、交易和退出等各项综合金融服务,并进入全国创业生态布局阶段,一度被称为中国第四板。

青创板助力港澳青年创新创业,成为大湾区青年双创融资第一站。中国青创板是在全国范围内(包括港澳),首创性地为青年提供创业金融服务,为创业青年解决最需要的金融支持问题的平台。因青创板立足广东,与本地政府、企业、金融机构、高校有着紧密的合作关系,其专业化的运营模式和丰硕的成果得到了多方的认可。故此,在《关于加强港澳青年创新创业基地建设的实施方案》等多份省级文件中,青创板都被选为港澳青年赴大湾区创业的金融服务和融资平台。根据相关文件精神,青创板将把设在广州南沙粤港澳(国际)青年创新工场、深圳前海深港青年梦工厂、珠海横琴·澳门青年创业谷的线下站点,打造为粤港澳青年创新创业示范基地。而共青团广东省委也通过举办一系列活动,选拔出港澳创业人才和创业项目,把他们推介到"中国青创板"平台进行项目融资。或举办融资对接活动,为港澳创业项目提供优质展示平台。

3. 经验借鉴

一直以来,通过准入条件、补贴政策、融资服务以及资源倾斜等方面的差异化,设置不同的挂牌板块,是广东股权交易中心进行创新的主要路径。青创板的设立较好地调动了全国大学生的创业热情，提高了初创企业申报挂牌、接受服务、融资的积极性，有效地化解中小企业参与的积极性不高，对区域股权交易市场知之甚少的发展瓶颈。板块设置的创新体现了广东股权交易中心对不同企业的特点、需求更清晰的认知，帮助广东股权交易中心更加精准地服务各类有股权融资需求的企业，同时也为专业股权投资机构提供了更多更好的选择，极大地支持了实体经济的发展。

板块的创新与完善仍是广东股权交易中心未来工作仍需坚持的方向。板块的创新工作仍在不断地进行，如 2019 年 11 月推出由广东省工业和信息化厅、广东股权交易中心共建，专为全省专精特新企业、高成长性企业、工业规模以上企业和"小升规"重点入库企业量身打造的"高成长板"；2020 年 4 月推出面向有潜力的科技创新类企业的科技创新专板。在板块创新的同时仍需注意板块内服务的完善，广东股权交易中心需根据特定板块内企业的需求，推动增值服务供给体系的具体措施，如改制辅导、管理培训、管理咨询、财务顾问、路演推介、信息提供、证券交易居间服务、股权债权融资等细化下沉。青创板的创业导师服务以及创新融资模式"互联网股权众筹"等都良好地体现了广东股权交易中心对创新板块服务的完善，为后来的板块创新提供了良好示范。

四、广州股权投资发展对策及建议

（一）广州股权投资基金的发展对策及建议

第一，加强股权投资基金风险管理。股权投资基金的风险主要体现在投资管理人的道德风险、投资项目风险、流动性风险等，因此机构首先应该加强风险管控，提高资金利用质量。在具体的实施过程中，应当将风险管理作为一项重要的公司战略施行，贯穿管理层、执行层以及基层工作人员。特别地，创新风险管理模式，例如利用大数据、云计算、人工智能等技术应用于风险管理，加强调查、测算和分析"风险点"的准确度，更有效地防范和控制风险。其次，高度重视信用风险管理工作，动态监测、调查和分析目标企业信用情况，尤其是加强对信誉不佳的企业的关注。最后，加强股权投资基金操作风险管理工作，完善内部控制制度，强化管理人员的风险意识，培育合规和内控企业文化，有效结合外部监管和内部审核措施和优势。

第二，拓宽股权投资基金的退出渠道。筹资和退出是股权投资基金运作的关键环节，高门槛和严厉限制都在一定程度上阻滞了股权投资基金的资金供给，而退出机制不完善和退出渠道单一均在一定程度上束缚了股权投资基金的持续发展。因此，培育多层次交易市场，拓宽股权投资基金的筹资退出渠道，建立完善成熟的退出资本市场体系，健全配套服务生态势在必行。股权投资机构也应当做到具体问题具体分析，充分考虑自身条件，在投资初期向被投资企业积极明确退出方式。此外，为了进一步促进资源配置，机构也应主动参与创新，丰富退出方式，例如借壳上市和买壳上市等。

第三，鼓励长期价值投资的投资理念。市场上的基金管理团队通常只负责对项目退出阶段的并购进行推介，牟取短期利益，而并不重视被投企业的长期战略发展。因此，对价值型投资者应保持鼓励和支持的态度，并积极培育中长期资金管理机构，合理分配机构相关管理人的角色和职责，发挥相互制约、共同协作的功能。同时，广州股权投资市场应该积极参与到科创板和注册制的落成和发展。其中，科创板是我国多层次资本市场的重要组成部分，也是 PE、VC 的新的价值投资退出渠道，有利于完善资本市场结构。区别于在我国 A 股市场持续实施近三十年的审批制和核准制，实质性的注册制能够打造优胜劣汰的市场，促进企业合理退市，使得市场生态发生质变，有助于创业投资市场形成真正的闭环。对于股权投资机构而言，注册制的实施意味着无法以赚取一二级市场估值价差为主要的盈利方式，而是要重点关注企业基本面，挖掘内在价值，以长期价值投资为主要目标。

第四，注重培育高素质复合型专业投资管理人才。专业的风险管理团队是股权投资基金管理人在市场竞争中脱颖而出的关键要素。然而，鉴于当前行业的核心人才大多来自其他金融子行业，人才来源不具有稳定性。此外，基金存在投资期和退出期，其收益分配需要在基金完全退出抑或存续期满之后才能开展，导致许多基金的激励机制不够灵活，人才很难参与基金全过程，从而导致了综合性经验人才的匮乏。由此，应当创新激励机制，注重培育综合型人才，与此同时，也应制定并完善从业人员的考核标准，发挥竞争机制的功能，融合激励措施和约束机制的优势，通过人才端促使创投和股权投资市场的规范化，推动市场向高质量发展迈进。

（二）广东股权交易中心的发展对策及建议

第一，在国家层面创建转板培育机制。统筹规划好转板工作，有序创建"先挂牌，后上市"的转板培育机制，既要发挥区域市场的基础功能，又要鼓励释放区域市场对整个资本市场体系的补充作用。以转板培育机制带动原本围绕着IPO的各类金融要素下移，再通过下移要素的集聚推动新三板和区域性股权市场的发展。

第二，鼓励金融机构业务创新，积极解决中小微企业融资问题。在鼓励银行、证券等各类金融机构推出金融产品创新服务的过程中，应积极发挥金融监管部门的有效职能。监管部门在建立健全全面风控体系的基础上，应建立对金融机构业务创新的考评性政策，尤其是关于解决中小微企业融资问题的服务模式的考核。另外，在全面审查的基础上，推动区域性股权交易市场中一部分开展挂牌推荐、证券投资咨询等业务的投资公司，成为专门服务于区域性股权交易市场的小型券商。

第三，建立健全"证监会+地方政府"监管体系，形成监管合力。

证监会与区域性股权市场所在地省级人民政府要明确各自的监管范围、细化监管内容，制定权威有效的统一监管规则。首先，要理顺证监会和地方政府双重监管关系。在确保证监会对地方监管工作的指导和引领作用的基础上，由省级人民政府及其具体部门承担日常监管职责，并按照各地的具体情况强化监督审查，落实监管要求。其次，要建立风险监测信息系统，研究建立完备的信息共享系统、金融风险监测预警系统，借助信息技术手段维护资本市场平稳发展。

第四，建立转板机制，加强跨市场联动。鼓励区域性股权市场与全国股转系统、交易所在管理程序、业务规则等方面实现对接，提高挂牌企业治理水平和能力，为其登陆更高层次资本市场提供更多便利条件。具体包括：一是探索新三板与四板市场的企业双向流动的转板机制。二是充分发挥区域性股权市场的渠道作用，促进上市公司并购重组，推动资源整合，优化市场配置，促进企业扩张，实现规模经济。三是牢牢把握沪深交易所在信息披露管理等方面的优势，建立区域性股权市场与沪深交易所的直接联动机制。在此基础上，探索区域性股权市场与沪深交易所的直接转板机制，打造多元化交互式发展，流通性强的多层次资本市场体系。

参考文献

陈琪,刘卫.发展我国区域性股权市场研究[J].上海经济研究,2017(01):32-40.

高小雪.我国区域股权市场发展模式现状分析[J].商业会计,2017(23):79-80.

洪磊.私募股权投资基金与多层次资本市场[J].新金融评论,2019(03):68-74.

李桂初.关于国内私募股权投资基金发展现状分析及对策探讨[J].现代营销(经营版),2019(10):197-198.

林泗新.我国私募股权投资基金的发展现状与建议[J].财经界.2019(30):51-52.

凌云.区域性股权交易中心发展问题探讨——以齐鲁股权交易中心为例[J].甘肃金融,2020(05):20-22.

罗霞.我国私募股权投资基金发展现状与前景探讨[J].现代管理科学,2019(09):112-114.

涂满章,万元春,陈继,詹圣泽.多层次区域股权投资市场体系研究:创新创业的视角[J].金融理论与实践,2018(08):94-101.

清科季报:2018年Q1私募股权投资市场募资积极但总规模下降,PE机构潜心布局新技术[J].科技与金融,2018(06):55-57.

冉桂林,陆晓佳.青创板建设模式选择与路径优化[J].海南金融,2019(02):55-64.

王小鹏,许晓初,许亦红.刍议我国区域性股权市场融资能力的提升[J].金融理论与实践,2019(05):72-79.

张晓飞.试论我国私募股权投资基金发展中存在的问题[J].现代经济信息,2015(22):251-252.

陈丽.广东区域性股权交易市场发展存在问题及建议[J].时代金融,2016(27):30.

中国证券业协会.2018年中国区域性股权市场发展综述[C]//中国证券业发展报告2019,2019:287-302.

第七章

广州财富管理服务创新

  "财富管理"概念起源于欧洲，在美国发展，指为客户提供专业化、个性化、高质量、深层次的综合理财服务，包括投资咨询、人生理财规划、资产保值增值等方面。与普通的"理财"业务不同的是，财富管理以客户为中心，不仅限于银行业，各类非银行金融机构都有推出财富管理业务，且包括对企业、机构的资产管理，服务对象更广。

  2021年5月6日，中国人民银行广州分行、深圳市中心支行，银保监会广东监管局、深圳监管局，证监会广东监管局、深圳监管局联合发布通知，就《粤港澳大湾区"跨境理财通"业务试点实施细则（征求意见稿）》公开征求意见。5月21日，《粤港澳大湾区"跨境理财通"业务试点实施细则（征求意见稿）》结束征求意见，其间共收到政策咨询114条和修改建议143条，其中修改建议主要集中在投资产品范围、投资额度、账户开立、投资者权益保护等方面，实施细则在9月正式落地实施。跨境理财通试点的正式开启，是国家支持粤港澳大湾区建设、推进内地与香港澳门金融合作的重要举措，也是我国资本市场对外开放的又一重大里程碑事件，不仅有利于粤港澳大湾区居民个人跨境投资便利化，拓宽了大湾区居民的资产配置渠道，还有利于促进我国金融市场对外开放，促进内地与港澳社会经济共同发展。在此背景下，广州财富管理市场既迎来了挑战，也被赋予了新的发展机遇。探索广州财富管理服务的新模式有利于吸引各类金融机构入驻，继续推动地方金融机构改革发展，提升金融服务竞争水平，进而加快推进金融机构战略转型，为广州金融中心的建设与发展提供新动力，全面提升广州金融业发展水平。同时，财富管理服务创新将会带动和推进金融机构业务的扩展和金融工具的创新，进而推动科技创新、资讯传播、多层次金融市场的构建与现代服务业的发展，打造优质生活圈。因此，推动广州财富管理服务创新是打造粤港澳大湾区的重要举措之一，具有重要的实践意义。

本章首先从金融发展基础、区位优势与政策支持三方面分析广州发展财富管理服务的必要性与可行性，并分行业介绍广州财富管理服务的发展现状，提出广州发展财富管理服务现存的问题；其次，通过构建财富管理水平竞争力指标体系，对广州财富管理发展水平进行客观、综合地评价，并与北京、上海与深圳三个一线城市的测算结果比较，从各个分项指标的维度比较分析四个城市在财富管理方面的竞争力差异；再次，对两个广州财富管理业务创新案例进行分析，以期对广州创新发展财富管理服务有所启示；最后，结合上文针对广州创新发展财富管理服务提出三条创新突破路径。

一、广州财富管理服务发展概况

广州拥有数量可观的金融机构与良好的金融生态体系,具备发展创新、高质量的财富管理服务的基础。本节从金融发展基础、区位优势与政策支持三方面分析广州发展财富管理服务的必要性与可行性,并从银行业、证券业、基金业与信托业的角度介绍广州财富管理服务发展现状,据此提出广州发展财富管理服务现存的问题。

(一)发展广州财富管理服务的必要性与可行性

广州作为广东省的政治、经济、科技、教育和文化的中心,在改革开放40多年的发展过程中,积累了大量财富。同时,《粤港澳大湾区发展规划纲要》《关于构建"一核一带一区"区域发展新格局促进全省区域协调发展的意见》《中共广东省委全面深化改革委员会关于印发广州市推动"四个出新出彩"行动方案的通知》等纲领性与指导性的政策文件相继出台,对广州在打造现代化国际营商环境、创新金融服务、便利化跨境投融资、强化金融风险防控等方面提出了具体要求,也为广州财富管理市场的发展提供了有力支撑。广州具备经济、金融、政策环境等各方面的基础,探索广州财富管理服务创新模式是广州经济结构转型发展的大势所趋,同时也有助于实现广州经济低碳发展,助力广州产业结构低碳转型。

1. 金融发展基础良好

经过改革开放40多年的发展,广州实现了经济社会发展的历史性跨越,经济建设取得了显著成效,积累了大量财富,拥有良好的金融机构规模与金融生态体系,为迈向高质量发展新阶段夯实了基础。广州市地方金融监督管理局统计数据显示,2020年广州市金融业增加值2234.06亿元,同比增速8.3%,金融业增加值占广州GDP的比重为8.9%,拉动GDP增长0.7%。

从金融机构聚集程度来看，截至 2020 年底全市有法人金融机构 56 家，持牌金融机构 326 家。其中，广州的机构规模优势主要来源于银行业，银行营业网点众多，基础金融覆盖能力较好。根据广州市地方金融监督管理局发布的《2020 年广州金融发展形势与展望》，广州共有银行业法人机构 25 家。此外，总部设在广州的证券公司、基金公司、期货公司和保险公司分别有 4 家、4 家、7 家和 5 家，证券分支机构和期货营业部分别为 350 家和 97 家。①

从财富管理需求来看，2019 年广州市人均 GDP 也已突破 16 万元，全年城市居民人均可支配收入 68304 元，增长 5.0%；农村居民人均可支配收入 31266 元，增长 8.3%。有一定数量可投资资产的中等收入群体，面对日趋复杂的经济形势以及逐渐多样化的资产类别，对专业化财务管理的需求日益增加。

2. 区位优势明显

广州作为广东省的省会，是省级监管机构的所在地，是广东省政治、经济、科技、教育和文化的中心，也是我国重要的交通、通信枢纽和对外贸易口岸。从区位交通来看，广州地处中国南部，位于西江、北江、东江三江汇合处，濒临南海，是国家中心城市、国际综合交通枢纽、国家综合性门户城市，也是全国改革开放前沿地、海上丝绸之路发祥地，有中国"南大门"之称。便利的区位优势为促进广州与港澳的金融服务合作及吸纳海外投资者提供了重要的基础条件，让广州在发展独具特色的财富管理模式方面迎来了新的历史机遇。在粤港澳大湾区发展建设背景下，广州作为大湾区核心城市和"一带一路"的重要枢纽城市，是大湾区联系内地、辐射内地的桥梁和纽带，航运、汽车、高新技术产业发达，基础建设完备。

---

① 资料来源：《2020 年广州市国民经济和社会发展统计公报》。

3. 政策支持力度大

自2008年12月以来，中央和广东省地方相继出台了《广州区域金融中心建设规划（2011—2020年）》《关于加快建设广州区域金融中心的实施意见》《广州南沙新区发展规划》《关于支持广州南沙新区深化粤港澳台金融合作和探索金融改革创新的意见》，赋予了广州市建设区域金融中心的使命，并提出了建设广州区域金融中心的规划和实施方法。在《广东省建设珠三角金融改革创新综合试验区总体方案》中明确提出广州要加快建立财富管理中心。《广州市金融业发展第十三个五年规划（2016—2020年）》更是29次提到财富管理，明确提出要以建设"千年商都、财富名城"为目标，将广州建设成为华南财富管理中心。

2020年4月10日，中国人民银行广州分行发布《金融支持广州市实现老城市新活力和"四个出新出彩"的若干意见》，提出推进粤港澳大湾区"跨境理财通"试点，支持银行机构与港澳银行互相代理销售对方发行或承销的理财产品。2020年7月31日，广东省地方金融监管局、广东银保监局、广东证监局等共同印发了《关于贯彻落实金融支持粤港澳大湾区建设意见的实施方案》，针对《关于金融支持粤港澳大湾区建设的意见》提出的26项工作任务，结合广东实际提出80条具体落实措施，其中明确提出要做好"跨境理财通"试点方案的准备工作，促进"跨境理财通"试点落地。该方案涵盖促进粤港澳大湾区跨境贸易和投融资便利化、扩大金融业对外开放、深化内地与港澳金融合作、推进粤港澳资金融通渠道多元化、进一步提升粤港澳大湾区金融服务创新水平、切实防范跨境金融风险五大方面，为广州发展跨境财富管理提供了新动力与新方向。

2020年6月9日，中国人民银行、香港金融管理局、澳门金融管理局决定在粤港澳大湾区开展"跨境理财通"业务试点，支持粤港澳大湾区居民个人跨境投资大湾区银行销售的理财产品。2021年9月10日,《粤港澳大湾区"跨境理财通"业务试点实施细则》正式印发，对于银行展业条件、投资者门槛要求、可投资产范围、交易额度等问题逐一作出规定。试点业务的开展，有利于拓宽广州居民个人跨境证券投资的渠道，促进广州跨境投资便利化，为进一步深化广澳港金融交流合作带来机遇。

表7-1汇总了近十年来，广东省政府及广州市政府有关广州发展财富管理的相关政策内容。

表7-1 近年来广东省政府及广州市政府关于发展广州财富管理的政策内容梳理

发布时间	政策文件	涉及的政策内容
2011年 5月19日	《关于加快建设广州区域金融中心的实施意见》	1. 加快形成区域财富管理中心、股权投资中心、产权交易中心、商品期货交易中心 2. 打造财富管理中心，大力培育和发展私人银行、证券投资基金、风险投资基金、创业投资基金、股权投资基金、资产管理等财富管理机构，丰富理财产品，满足企业和居民对"专业化、差异化、高端化"财富管理服务的需求，将广州打造成为全国性的财富管理中心
2012年 1月20日	《广州市人民政府关于印发2012年市政府重点工作及其责任分工的通知》	积极发展股权投资市场，建设股权投资中心和财富管理中心
2012年 4月23日	《广州市服务业发展第十二个五年规划》	1. 实施"金融强市"战略，加快发展形成区域财富管理中心、股权投资中心、产权交易中心和商品期货交易中心 2. 在越秀区长堤大马路建设集资金借贷、财富管理、支付结算、信息发布为一体的广州民间金融街 3. 推进企业上市"双百工程"，打造证券市场的"广州板块"，打造区域股权投资中心和财富管理中心

(续表)

发布时间	政策文件	涉及的政策内容
2013年6月17日	《广州市金融业发展第十二个五年规划》	1. 初步形成并加快发展区域财富管理中心、股权投资中心、产权交易中心、商品期货交易中心 2. 规范发展证券、期货、财富管理等投资咨询服务机构 3. 在越秀区长堤大马路建设集资金借贷、财富管理、支付结算、信息发布为一体的民间金融服务一条街 4. 鼓励金融机构开展财富管理业务创新，推动理财产品多样化 5. 支持金融机构在广州设立营业管理部等专门机构，以及研发创新、财富管理等机构
2015年1月29日	《广州市人民政府办公厅关于推进互联网金融产业发展的实施意见》	大力发展互联网金融产业，对于完善普惠金融服务体系、打造财富管理中心、提升区域金融中心集聚辐射力、支撑实体经济发展、促进产业转型升级等具有重要意义和作用
2016年3月16日	《广州市国民经济和社会发展第十三个五年规划纲要（2016—2020年）》	加快发展互联网金融、科技金融、财富管理，探索发展碳金融等新业态
2016年4月8日	《广州市人民政府关于印发广州市供给侧结构性改革总体方案及5个行动计划的通知》	鼓励市场机构在制度指导下对直销银行、在线账户管理和支付、小微网络借贷、网络财富管理、互联网产业投贷等方面进行积极的探索和创新

(续表)

发布时间	政策文件	涉及的政策内容
2016年11月22日	《广州市金融业发展第十三个五年规划(2016—2020年)》	1. 支持广州银行加快网点布局和业务拓展，着重发展财富管理、科技金融、消费金融等业务 2. 支持粤财信托、大业信托积极开发人民币信托产品，发展公益信托、信托基金和以家族信托为代表的财富管理业务 3. 大力发展财富管理。以建设"千年商都、财富名城"为目标，加快集聚国内外各类财富管理机构，发展壮大财富管理市场，完善财富管理综合服务体系，营造市场化国际化法制化的财富管理环境，将广州建设成为华南财富管理中心 4. 培育发展财富管理专业机构和平台。支持各类财富管理机构通过广州金融资产交易中心开展信贷资产、理财产品、票据等各类金融资产的托管、交易和证券化服务；构建审计、律师、会计、咨询等财富管理高端中介服务体系；培育金融IT技术、互联网金融技术、网络信息安全等财富管理关联行业 5. 加强穗港澳财富管理合作。以构建粤港澳优质生活圈为契机加强穗港澳财富管理合作；引进港澳先进的财富管理模式；利用广东自贸区南沙现代金融创新服务区的政策优势；发展跨境财富管理 6. 营造良好的财富管理发展环境。建设华南财富管理中心业务撮合交易平台；加强培育和引进各类财富管理人才；定期举办财富管理高端论坛，提升广州作为财富管理中心的话语权和影响力；提升金融机构财富管理投资信誉度；面向社会公众普及理财知识，营造财富管理的良好氛围；发展高端财富管理，建设金融小镇 7. 番禺区发展财富管理、交易平台，积极争取国家在跨境人民币创新业务、绿色金融、科技金融、产业金融、商贸金融、财富管理等领域的先行先试政策；根据行业需要积极新设一批金融类社会组织，包括广州市普惠金融协会、广州市财富管理协会、广州金融慈善会等，充分发挥社会组织的监督协调作用

(续表)

发布时间	政策文件	涉及的政策内容
2016年12月18日	《关于引导广州市银行业金融机构加强服务实体经济工作方案》	鼓励银行机构发展财富管理业务和私人银行业务，促进存款稳健增长
2019年11月29日	《中国（广东）自由贸易试验区条例》(2019年修正)	鼓励在自贸试验区设立各类金融法人机构、区域总部、业务总部、专业子公司、离岸金融中心、财富管理总部等
2020年4月20日	《广州市国民经济和社会发展第十四个五年规划和2035年远景目标纲要》	推动共建粤港澳大湾区国际金融枢纽，加快形成具有重要影响力的风险管理中心、财富管理中心和金融资源配置中心

资料来源：课题组整理。

此外，番禺万博基金小镇作为广州市推进粤港澳大湾区建设的重要展示平台，于2016年3月24日由广州市地方金融监督管理局授牌并落户番禺区南村万博商务区。《2020年广州金融发展形势与展望》显示，2019年万博基金小镇新增落户各类投资基金61家，同比增长23.92%；

投资基金数量增至316家，预计募集资金规模超1000亿元，实际募集资金规模219.26亿元。其中，投资基金管理机构147家，累计认缴注册资本52.49亿元；股权投资基金169家，认缴募集资金149.55亿元。

2016年10月18日，由广州市地方金融监督管理局指导、从化区人民政府主办的"广州温泉财富小镇授牌暨财富论坛活动"在从化区温泉镇举行。广州温泉财富小镇服务中心按照"金融+教育+科技"理念，着力打造华南地区财富管理集聚区和区域价值创新平台。《2020年广州金融发展形势与展望》显示，截至2019年，从化区温泉财富小镇入驻各类金融机构158家，其中投资或基金类企业68家，资产管理类企业74家，家族财富企业7家。注册资本57.3亿元，资产管理规模约600亿元。中国证券基金业协会备案私募基金管理机构24家，发行基金114只，发行基金规模260多亿元。

综上所述，探索广州财富管理服务的新模式是广州经济结构转型发展的大势所趋，同时也具备了经济、金融、政策环境等各方面的基础。专业的财富管理可以更好地发挥市场配置金融资源的作用，通过对实体经济中不同领域、不同产业、不同规模、不同发展阶段的资本进行优化配置，财富管理与资产管理将引导社会资金流向国民经济发展最需要和最有竞争力的环节，不仅有利于国民财富的增长，还能更好地满足当地实体经济的资金需求。广州应当抓住珠三角金融改革与粤港澳金融一体化的政策机遇，挖掘财富管理这一潜力巨大的市场，提高广大群众的理财意识，充分利用各自的资源优势发展金融产业，促进财富管理业的创新发展，使财富管理成为地区高效配置经济资源的重要保障，促进企业转型升级，实现高质量发展。

（二）广州财富管理服务发展现状

本节分行业介绍广州财富管理服务的发展现状，主要分为银行业、证券业、基金业和信托业。其中，广州银行业财富管理现状可以从私人银行发展情况、广州地区发行理财产品数量以及注册地在广州的银行理财子公司这三方面展开描述；广州信托业财富管理现状可以从广州地区发行信托产品数量的角度进行阐述。由于券商与基金公司往往在全国范围内开展财富管理业务，无法统计在具体城市的资产管理规模，本节在介绍广州证券业与基金业的财富管理发展现状时，将从注册地或常驻办公地在广州的券商以及基金公司近期财富管理业务的发展情况展开。

总部经济伴随着中心城市概念的提出而形成，企业总部数量作为总部经济中的重要衡量指标，可以在一定程度上反映城市的经济发展水平和功能结构水平。一方面，企业总部入驻城市会吸引高端服务业、人才、金融等资源要素，形成为总部服务的知识密集型服务产业链，其中就包括保险、基金、银行、证券等金融服务业以及法律、税务、会计等咨询服务业，并带动整个区域产业结构的优化升级。另一方面，只有在区域经济、政治、营商环境及要素资源等方面具有优势的城市，才能吸引更多的企业总部入驻（张萤雪，2018）。目前，全国各大城市均争相发展总部经济，其中北京与上海走在全国前列，很大一部分原因就在于其区域经济发展水平较高、财富管理生态价值链较为完善。因此，相关金融机构总部数量与财富管理发展有着密切的关系，本节就总部或主要办公地在广州的相关金融机构发展情况展开讨论，可以在一定程度上体现广州证券行业和基金行业财富管理业务的发展现状。

1. 银行业

2020年1月至2021年7月，共有26家商业银行在广州推出银行理财产品，其中在售理财产品总数最多的前三个银行分别为中国民生银行、中国银行和交通银行，产品总数分别为4789个，4330个和3796个，市场占比超过50%。表7-2展示了2020年1月至2021年7月，广州在售理财产品数量前十的商业银行及其市场占比。

表 7-2 2020 年 1 月至 2021 年 7 月广州在售理财产品
数量前十的商业银行

发行银行	产品总数（个）	市场占比（%）
中国民生银行	4789	19.34
中国银行	4330	17.49
交通银行	3796	15.33
中国建设银行	1570	6.34
中国农业银行	1407	5.68
渤海银行	1248	5.04
广州农村商业银行	1238	5.00
华夏银行	1171	4.73
招商银行	1122	4.53
其他	4087	16.51
总计	24758	100

资料来源：Wind 数据库。

自 2019 年 6 月 3 日首家银行理财子公司——建信理财正式开业，多个国有银行、股份制银行和城商行的银行理财子公司相继开业运营，正式拉开资产管理行业转型发展的帷幕。截至 2021 年 7 月，27 家银行理财子公司已获准筹建，广州还未有正式开业的银行理财子公司。目前，广州农村商业银行拟将理财子公司命名为珠江理财有限责任公司，正在等待筹建理财子公司的批复。广发证券旗下的理财子公司广银理财有限责任公司，正等待获得开业批复。表 7-3 为截至 2021 年 7 月全国已获得筹建或开业批复的银行理财子公司。可以看到，广银理财有限责任公司拟注册资金 15 亿元，但还未获得开业批复。

表 7-3 截至 2021 年 7 月全国已获得筹建或开业批复的
银行理财子公司情况一览

名称	筹建批准时间	开业批复时间	拟注册资本金（亿元）	地区
工银理财有限责任公司	2019-02-15	2019-05-28	160.00	北京市
建信理财有限责任公司	2018-12-26	2019-05-24	150.00	深圳市
农银理财有限责任公司	2019-01-04	2019-07-29	120.00	北京市
中银理财有限责任公司	2018-12-26	2019-07-01	100.00	北京市
交银理财有限责任公司	2019-01-04	2019-06-06	80.00	上海市
中邮理财有限责任公司	2019-05-28	2019-12-18	80.00	北京市
兴银理财有限责任公司	2019-06-06	2019-12-13	50.00	福州市
浦银理财有限责任公司	2020-08-04	待定	50.00	待定
平安理财有限责任公司	2020-01-02	2020-08-25	50.00	深圳市
招银理财有限责任公司	2019-04-16	2019-11-01	50.00	深圳市
信银理财有限责任公司	2020-06-12	2020-07-01	50.00	上海市
光大理财有限责任公司	2019-04-16	2019-09-25	50.00	青岛市
华夏理财有限责任公司	2020-04-26	2020-09-17	30.00	北京市
渝农商理财有限责任公司	2020-02-13	2020-06-28	20.00	重庆市
徽银理财有限责任公司	2019-08-21	2020-04-26	20.00	合肥市
南银理财有限责任公司	2019-12-09	2020-08-20	20.00	南京市
苏银理财有限责任公司	2019-12-19	2020-08-20	20.00	南京市
宁银理财有限责任公司	2019-06-26	2019-12-24	15.00	宁波市
青银理财有限责任公司	2020-02-06	2020-09-16	10.00	青岛市
汇华理财有限公司	2019-12-20	2020-09-27	10.00	上海市
贝莱德建信理财有限责任公司	2020-08-11	2021-05-13	10.00	上海市
杭银理财有限责任公司	2019-06-24	2019-12-20	10.00	杭州市
民生理财有限责任公司	2020-12-07	待定	50.00	待定
恒丰理财有限责任公司	2021-06-16	待定	20.00	待定
渤银理财有限责任公司	2021-04-25	待定	待定	待定
施罗德交银理财有限公司	2021-02-22	待定	10.00	待定
广银理财有限责任公司	2020-07-13	待定	15.00	待定

资料来源：课题组整理。

2. 证券业

注册地在广州的证券公司共有 4 家，分别为中信证券华南股份有限公司、广发证券股份有限公司、万联证券股份公司以及粤开证券股份有限公司。图 7-1 为 2015—2020 年注册地在广州的四家证券公司托管资金规模。可以看到，在 2018 年以前，广发证券受托资金规模在 2016 年达到近五年的峰值 7247.7 亿元，其余三家证券公司的受托资金规模也都处于增长的趋势；随着 2018 年资管新规意见稿和正式稿的发布，各券商资管规模持续收缩，四家证券公司受托资金规模均有不同程度的下降。尽管集合理财产品以及以通道业务为主的定向资管计划等业务受到影响，但头部券商的优势依旧明显。2020 年广发证券与万联证券的托管资金规模分别为 1565.03 亿元与 2428.72 亿元，中信证券（华南）以及粤开证券的数据尚无法获取，观其 2019 年及以前的受托资金规模，可以发现万联证券受 2018 年资管新规与资管市场向主动管理转型的影响相对较大。2017 年万联证券受托资金规模与中信证券（华南）相当，分别为 2009.50 亿元与 2400.88 亿元，而 2018 年万联证券受托资金大幅下降至 525.75 亿元，比中信证券（华南）的 1357.84 亿元低了超过 800 亿元人民币。

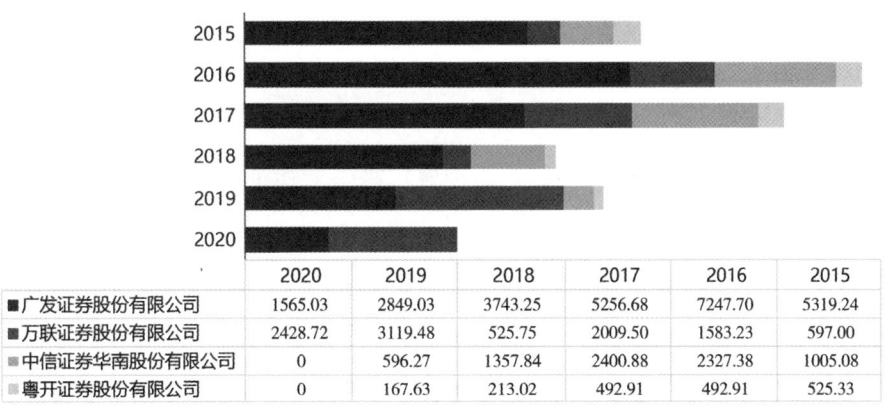

	2020	2019	2018	2017	2016	2015
■ 广发证券股份有限公司	1565.03	2849.03	3743.25	5256.68	7247.70	5319.24
■ 万联证券股份有限公司	2428.72	3119.48	525.75	2009.50	1583.23	597.00
■ 中信证券华南股份有限公司	0	596.27	1357.84	2400.88	2327.38	1005.08
■ 粤开证券股份有限公司	0	167.63	213.02	492.91	492.91	525.33

图 7-1　2015—2020 年注册地在广州的四家证券公司托管资金规模（亿元）

资料来源：Wind 数据库。

在资本市场改革全面提速、市场风险偏好提升的背景下，广州证券业整体回暖，各券商积极推进财富管理转型，提升资管业务主动管理能力。截至2021年第一季度，广发证券管理资管相关产品171个，资产净值合计达1212.15亿元，在四家证券公司中位列第一。表7-4为截至2021年第一季度四家注册地在广州的券商资产管理情况。

表7-4 截至2021年第一季度注册地在广州的券商资管情况

管理人名称	产品数量（个）	份额合计（亿份）	资产净值合计（亿元）
中信证券华南股份有限公司	5	25.18	25.21
粤开证券股份有限公司	6	14.16	14.49
万联证券股份有限公司	103	116.36	184.62
广发证券股份有限公司	171	966.46	1212.15

资料来源：Wind数据库。

2018年12月，中信证券宣布拟发行股份，作价134.6亿元收购广州证券100%股权。广州证券股份有限公司于1988年设立，是全国最早成立的证券公司之一，拥有位于粤港澳大湾区的区位优势与品牌知名度。根据中信证券的收购安排，收购完成后，广州证券成为中信证券的全资子公司，定位为中信证券在华南区域开展财富管理业务的专业子公司，原有投行、资管、证券自营等业务由中信证券统一管理，以处置存量为主，不再开展新增业务，体现出中信证券扩张华南地区业务版图的信心与决心。2020年1月8日，广东证监局在《关于核准广州证券股份有限公司变更公司章程重要条款的批复》中，核准广州证券更名为中信证券华南股份有限公司。根据《2020年度中信证券华南股份有限公司财务报告披露》，截至2020年末，中信证券（华南）资产管理业务营业收入8426.05万元，营业利润8278.55万元。

广发证券自1994年开始，其主要经营指标已连续26年稳居国内十大券商行列，2020年受托管理资产总收入118831万元，行业排名第七。[①]其财富管理业务板块主要包括融资融券业务、回购交易业务、融资租赁业务、零售经纪及财富管理业务。融资融券业务方面，截至2020年12月末，广发证券融资融券业务期末余额为843.10亿元，较2019年末上升68.61%，市场占有率5.21%。回购交易业务方面，截至2020年末，广发证券通过自有资金开展场内股票质押式回购业务余额为124.89亿元，较2019年末基本持平。融资租赁业务方面，截至2020年末，广发证券融资应收融资租赁及售后回租款净额为17.62亿元。零售经纪及财富管理业务方面，广发证券加快财富管理转型步伐，提升代销金融产品能力，丰富代销产品种类型。此外，广发证券自主开发的易淘金国际版交易系统，主要通过间接全资持股的子公司广发经纪（香港）向高净值人群及零售客户提供经纪服务，涵盖在香港联交所及国外交易所上市的股票、债券等金融产品，拓展海外财富管理业务。截至2020年末，广发证券代销金融产品保有规模同比增长47.50%，其2020年代理买卖证券业务的交易额、市场份额情况以及2020年代理销售金融产品情况分别如表7-5与表7-6所示。

---

① 数据来源：Wind数据库，中国证券业协会《2018年度证券公司经营业绩排名情况》。

表 7-5 2020 年广发证券代理买卖证券业务的交易额及市场份额情况

项目	2020 年 1—12 月		2019 年 1—12 月	
	代理交易金额（亿元）	市场份额（%）	代理交易金额（亿元）	市场份额（%）
股票	164286.4	3.97	105462.1	4.14
基金	9083.31	3.33	5253.6	2.87
债券	264017.3	4.3	207845.6	4.22
合计	437387.1	4.15	318561.3	4.16

资料来源：上交所官网，深交所官网，Wind 数据库。市场份额是指该类证券交易额占沪深两市该类证券同一时期交易总额的比例。

表 7-6 2020 年广发证券代理销售金融产品情况

类别	本期销售总金额（亿元）	本期赎回总金额（亿元）
基金产品	734.43	425.68
信托产品	106.05	94.79
其他金融产品	6247.67	6265.87
合计	7088.15	6786.34

资料来源：《广发证券2020年年度报告》。销售、赎回总金额包括场外、场内产品认购、申购、赎回、定投等，亦包括销售广发资管发行的资产管理产品。

万联证券有限责任公司是广州市属全资国有证券公司。剔除以自有资金投入推进大集合产品在过渡期的规范整改而产生的影响，2019年及2020年公司资产管理业务实现营业收入分别为18174.76万元及19864.54万元。① 在资管业务领域，万联证券荣获《每日经济新闻》中国金鼎奖"2020年度新锐券商资管"奖、"2020年度最具特色资管产品"奖，《中国基金报》2020中国券商资管英华奖"中国最佳券商资管创新产品奖"等奖项。

2019年初，广州国资旗下的广州开发区金融控股集团有限公司（开发区金控）实现了对联讯证券的控股，希望将其打造为"粤港澳大湾区一流精品特色券商"，以"实业—投资—投行"为主线，向开发区金控旗下园区企业提供一站式投融资综合服务。随后，联讯证券于2019年12月4日正式更名为粤开证券。2020年4月，粤开证券2019年股东大会审议通过了迁址广州的议案，公司新址为广州开发区金控中心。作为一家全牌照券商公司，粤开证券的迁入将为广州本土券商资管业务的发展注入新活力。根据粤开证券2020年年报数据显示，2020年末粤开证券总资产153.26亿元，较年初上升1.70%；实现营业收入9.49亿元，同比上升13.87%。此外，粤开证券设立锦盛安盈单一资产管理计划，成为首单集团委外混合类产品，规模达10亿元。

3. 信托业

2020年1月至2021年7月，广州地区共发行信托产品80个，发行规模合计449297万元，平均发行规模9169.33万元。其中，权益投资类信托产品最多，共有13个，其次是证券投资类信托产品和债券投资类信托产品，分别为12个和8个。图7-2为2020年1月至2021年7月广州地区发行信托产品种类及其个数。

---

① 数据来源：《万联证券2020年度财务报告披露》。

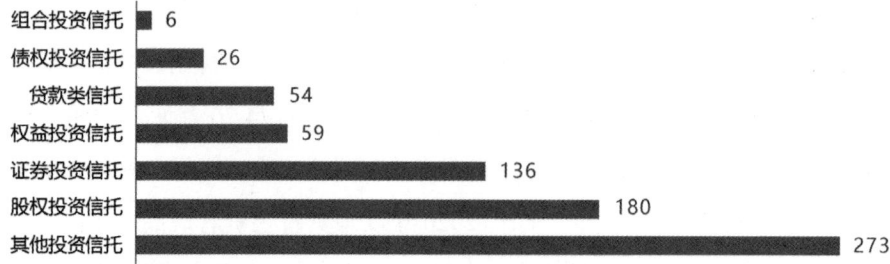

图 7-2　2020 年 1 月至 2021 年 7 月广州地区发行信托产品种类与个数

资料来源：Wind 数据库。

在广州地区发行信托产品数量最多的受托人为大业信托，受托产品数量为 50 个。此外，广东粤财信托和大业信托的注册地在广州。表 7-7 展示了 2019 年 3 月至 2020 年 6 月，广州地区发行信托产品受托人产品个数。

表 7-7　2019 年 3 月至 2020 年 6 月广州地区发行信托产品受托人产品个数

受托人	产品个数
大业信托	50
广东粤财信托	26
华润信托	3
兴业信托	1
总计	80

资料来源：Wind 数据库。

广东粤财信托作为广东省唯一省属国有信托机构，在大资管的背景下积极顺应行业趋势，不断提升主动管理能力，在财富管理业务上寻求新突破。截至 2020 年末，广东粤财信托利润总额 15.02 亿元，管理信托资产规模达 2705 亿元。[①] 大业信托有限责任公司是经中国银保监会批准，在重组原广州科技信托投资公司基础上重新登记的非银行金融机构。大业信托依托粤港澳大湾区建设和广东省的区位经济金融优势，将投资类信托业务作为重点发展方向。根据信托业务服务内容划分，大业信托的信托业务分为投资类、融资类和事务管理类三大部分。截至 2020 年 12 月 31 日，大业信托已成立的信托产品规模 6931.34 亿元，存续信托资产余额 596.27 亿元。2020 年公司信托业务实现收入 4.84 亿元。[②] 图 7-3 为 2015—2020 年大业信托与广东粤财信托受托资金规模及产品数量。

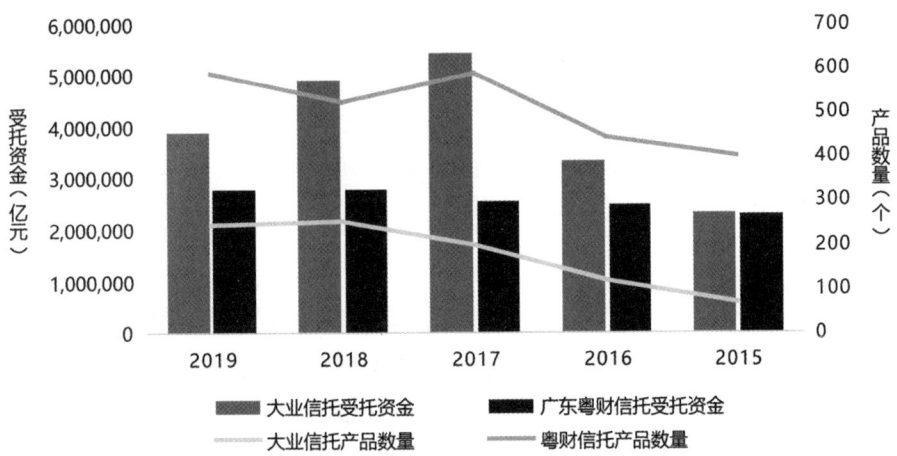

图 7-3　2015—2020 年大业信托与广东粤财信托受托资金及产品数量

资料来源：Wind 数据库。

4. 基金业

公募基金方面，相比于北京与上海，广州公募基金公司数量不多，但实力强劲。办公地在广州的基金管理公司共 5 家，分别为易方达基金管理

---

① 数据来源：《广东粤财信托有限责任公司 2020 年年度报告》。

② 数据来源：《大业信托有限责任公司 2020 年年度报告》。

有限公司、广发基金管理有限公司、金鹰基金管理有限公司、富荣基金管理有限公司和中科沃土基金管理有限公司。其中，中科沃土的注册地址为珠海横琴，另外四家基金公司的总部设立在广州。图 7-4 为 2015—2020 年办公地在广州的五家基金公司管理基金资产净值的变化情况。

易方达基金管理的基金资产净值从 2015 年的 5659.28 亿元增长至 2020 年的 12015.40 亿元，在近六年内一直位于五家基金公司之首；基金资产净值规模较大的还有广发基金，虽然在 2015—2017 年经历了轻微的下滑，但在 2017 年以后广发基金管理的基金资产净值逐渐回升，并于 2020 年达到 7479.16 亿元。2018 年资管新规出台，尽管各个基金公司都受到不同程度的影响，但规模较小的基金公司相较于头部基金公司而言，受到的影响普遍更大。金鹰基金管理的基金资产净值从 2018 年的 601.09 亿元下降至 2019 年的 373.4 亿元，下降幅度超过 30%，但 2020 年又回升至 434.23 亿元。富荣基金与中科沃土管理的基金资产净值规模较小，二者 2020 年管理的基金资产净值分别为 179.69 亿元与 8.19 亿元。

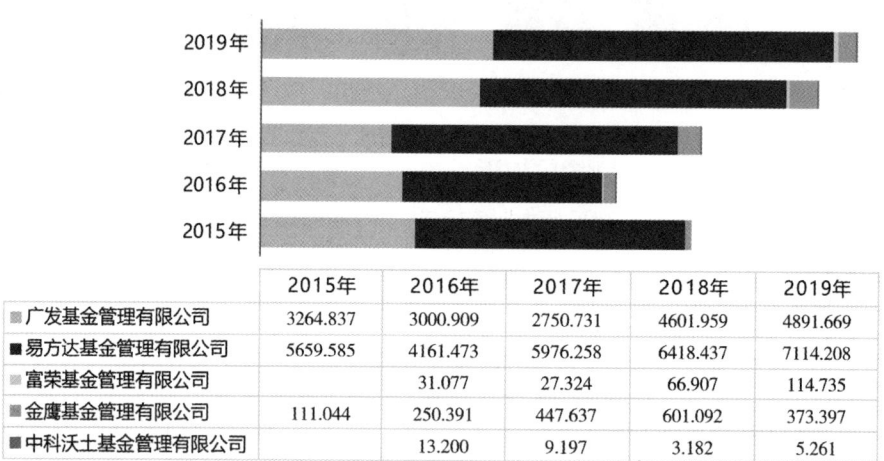

图 7-4　2015—2020 年办公地址在广州的基金公司管理基金资产净值（亿元）

说明：由于中科沃土与富荣基金分别成立于 2015 年 9 月、2016 年 1 月，因此没有二者 2015 年的资产净值数据。

资料来源：Wind 数据库。

据《2019年广州金融发展形势与展望》数据显示，2020年，广州4家基金管理公司（按办公总部统计）持续保持合规运作和稳健发展，经营业绩稳步增长，2019年末净资产201.59亿元，全年实现净利润28.39亿元，同比增长42.93%。

公募基金方面，2019年，广州基金管理公司新发行公募基金63只，发行募集总规模1000.07亿元。截至2019年底，广州基金管理公司管理公募基金434只，同比增13.91%；公募基金总份额11212.82亿份，占全行业的8.19%；基金资产净值12712.58亿元，同比增长7.47%。其中，货币市场基金资产净值4962.63亿元，占公募基金总规模的30.94%。按非货币理财公募基金月均规模统计，截至2021年第一季度，易方达基金以9277.88亿元排名全行业第一，广发基金以5705.52亿元排名全行业第三。表7-8为2021年第一季度全国基金管理机构非货币理财公募基金月均规模排名。

表7-8 2021年第一季度全国基金管理机构非货币理财公募基金月均规模排名

排名	公募基金管理人名称	非货币理财公募基金月均规模（亿元）
1	易方达基金管理有限公司	9277.88
2	汇添富基金管理股份有限公司	5766.55
3	广发基金管理有限公司	5705.52
4	华夏基金管理有限公司	5404.62
5	国富基金管理股份有限公司	4865.37

资料来源：中国证券投资基金业协会。非货币理财公募基金月均规模计算方式：一至三季度为本季度各月末规模算数平均，四季度为本年12个月末规模算数平均。各月末规模剔除了重复计算部分。

从基金规模来看，截至 2020 年 3 月在广州常驻办公的五家基金公司规模合计 1587.76 亿元。其中，货币市场基金不仅具有流动性好、资本安全性高、购买限额低、投资成本低等优点外，还可以用基金账户签发支票、支付消费账单。在当前资管新规的约束下，货币市场基金业进入转型整顿期，增速放缓，但其规模依旧不可忽视。截至 2020 年 3 月，广州地区基金份额最高的仍为货币市场型基金，共 6739.1 亿元。其次是偏股混合型和中长期纯债型，规模分别为 1872.09 亿元和 1828.56 亿元。表 7-9 显示了截至 2020 年 3 月办公地在广州地区的基金公司公募基金种类及规模。

表 7-9　截至 2020 年 12 月 31 日办公地址在广州的基金公司现存公募产品最新规模

产品数量单位：个

种类	富荣基金管理有限公司 最新规模（人民币/亿元）	产品数量	广发基金管理有限公司 最新规模（人民币/亿元）	产品数量	金鹰基金管理有限公司 最新规模（人民币/亿元）	产品数量	易方达基金管理有限公司 最新规模（人民币/亿元）	产品数量	中科沃土基金管理有限公司 最新规模（人民币/亿元）	产品数量
货币市场型	44.43	2	2360.48	19	237.17	5	3727.32	31	1.85	2
偏股混合型	2.76	4	1149.63	39	26.52	6	693.18	20	—	—
中长期纯债型	5.28	3	959.64	53	59.49	15	804.15	29	0.00	2
被动指数型	—	—	507.44	70	—	—	732.24	62	—	—
混合债券型（二级）	31.43	4	80.77	16	6.69	3	855.54	14	—	—
灵活配置型	15.81	4	247.87	52	30.98	20	657.18	60	1.70	7
普通股票型	—	—	212.50	12	14.99	6	705.21	6	—	—
被动指数型（债券）	—	—	367.86	14	—	—	137.48	12	—	—

(续表)

种类	富荣基金管理有限公司 最新规模（人民币/亿元）	产品数量	广发基金管理有限公司 最新规模（人民币/亿元）	产品数量	金鹰基金管理有限公司 最新规模（人民币/亿元）	产品数量	易方达基金管理有限公司 最新规模（人民币/亿元）	产品数量	中科沃土基金管理有限公司 最新规模（人民币/亿元）	产品数量
短期纯债型	13.28	2	127.53	12	26.87	4	79.22	7	0.26	2
国际(QDII)股票型	—	—	39.37	17	—	—	196.83	30	—	—
增强指数型	1.67	4	4.72	2	—	—	197.19	3	—	—
混合债券型（一级）	—	—	69.12	6	—	—	99.89	6	—	—
偏债混合型	—	—	63.05	17	13.54	7	79.47	16	—	—
商品型	—	—	—	3	—	—	54.46	3	—	—
平衡混合型	—	—	17.32	2	—	—	28.79	6	—	—
国际(QDII)混合型	—	—	—	—	—	—	33.44	2	—	—
股票多空	—	—	28.44	1	—	—	—	—	—	—
国际(QDII)另类投资	—	—	2.00	4	—	—	12.45	8	—	—
国际(QDII)债券型	—	—	1.58	6	—	—	6.74	4	—	—

资料来源：Wind数据库。

私募基金方面，根据《2020年广州金融发展形势与展望》，截至2019年底，广州基金管理公司管理非公募业务账户583个，资产规模7412.46亿元，同比增长18.39%。在广州地区登记备案的私募基金管理人860家；管理私募基金3742只，比2018年增加1501只；基金规模

3855亿元，比2018年增加819亿元。

目前，广州通过建设番禺区万博基金小镇、从化区温泉财富小镇等多个基金小镇，凝聚资本、技术、人才等金融高端要素，形成财富管理服务创新的示范效应，从而打造华南财富管理中心与广州财富城核心区。

作为广东省首个基金小镇，万博基金小镇南邻南沙自贸试验区，北邻广州金融中心珠江新城，是广州市推进粤港澳大湾区建设的重要展示平台。广州市番禺区政府编制的《万博基金小镇业态和功能规划》与《番禺区促进万博基金小镇建设扶持办法》提到，到2025年万博基金小镇将引进基金管理公司、基金及相关机构300家以上，基金认缴资本3000亿元以上，管理资产规模超过1万亿元。截至2019年底，该基金小镇已注册落户的各类投资基金企业约有300家，管理资产规模超1000亿元，并对5家投资基金管理机构进行奖励。

截至2019年，从化区温泉财富小镇入驻各类金融机构158家，其中投资或基金类企业68家，资产管理类企业74家，家族财富企业7家。注册资本57.3亿元，资产管理规模约600亿元。中国证券基金业协会备案私募基金管理机构34家，发行基金114只，发行基金规模260多亿元。

此外，广州市政府产业引导基金积极参与科创板项目企业投资，如2019年上半年即有10家科创板受理企业是广州市政府引导基金"新兴基金"子基金所投项目。

（三）广州财富管理服务发展存在的问题

1. 财富管理产品同质化严重

对于实体经济发展而言，丰富的财富管理产品可以灵活高效地配置各类社会资金，增强金融服务实体经济的能力；对于广大投资者而言，多元化的财富管理可以增加居民的配置选择，使居民投资理念更具综合性和专业性。然而，目前广州地区的财富管理产品在产品结构设计、期限安排以及目标群体定位等方面同质化较为严重，不仅无法充分发挥财富管理支持实体经济发展的功能，也无法满足日益差异化的个人财富管理需求。

在财富管理产品资金投向层面，少有财富管理产品或资产管理计划涉及广州优势或特色产业领域，如汽车产业、绿色产业、海洋经济等。汽车产业长期以来都是广州的支柱产业，资金需求长期存在。依托广州港与广州南沙自贸区的政策优势，广州的海洋经济与航运产业发展迅猛，由此催生出新的筹资需求。此外，绿色产业是推动生态文明建设的基础和手段，可以在生产过程中有效帮助制造业企业实现节能减排的目标。目前广州先进制造业的发展态势良好，近年来我国加快推动以环境保护优化经济增长，对制造业的能源使用要求不断提高，绿色产业发展需求也随之愈来愈大。这些重点产业与特色领域的资金需求往往都具有资金沉淀与投资回报期长的特点，然而，目前很少有财富管理产品将资金有效运用至这些特色产业领域，仅通过传统信贷与小规模发行债券很难满足这些行业的多元化需求。

作为财富管理产品的资金供给方，投资者对资产保值增值、风险对冲、财务规划等诸多财富管理业务的需求日益强烈。国外财富管理业务已发展相对成熟，其产品投资范围广泛，配置种类更为丰富，如单设账户、RPM账户管理、UCITS基金、风险资本投资工具（SICAR）、资产证券化、融资租赁等，都为当地财富管理机构提供了灵活多样的配置选择。而广州现阶段的财富管理产品种类单一，过于重视短期收益率，还无法满足投资者的个性化需求。

2. 财富管理生态体系基础薄弱

随着财富管理规模不断扩大，各类财富管理机构之间通过横向合作推出了各类新型业务模式，如私人银行+信托公司+慈善基金会的慈善信托模式，资金、人才、产品以及配套服务等各种要素逐渐形成财富管理生态链。目前，广州财富管理生态体系的发展基础薄弱，财富管理法人机构数量较少，相关高级人才缺口较大，配套服务机构供给相对不足。

金融机构法人数量是衡量财富管理发展水平的重要指标，尽管广州市的金融机构数量和网点密度居全国大城市前列，但是金融机构总部数量较少。随着广州证券被中信证券收购，总部设立在广州的证券公司只有广发证券和万联证券两家。除此以外便是粤开证券被广州开发区金控收购，不久将会搬迁总部至广州。但目前北京、上海和深圳分别拥有17家、16家和18家券商。与此同时，银行理财子公司与保险资产管理公司的注册地大部分选取在北京、上海和深圳。至2021年7月，除了总部位于广州的广发证券与广州农商银行的理财子公司正在等待筹建或开业的批复，广州还未有正式开业的银行理财子公司与保险资产管理公司。

2019年8月13日，广州市财政局、广州市科学技术局、广州市人力资源和社会保障局、国家税务总局广州市税务局印发的《广州市关于粤港澳大湾区个人所得税优惠政策财政补贴管理暂行办法》中指出，符合《广州市紧缺人才目录（2019版）》条件并在广州市行政区域范围内工作的紧缺人才，将享受相应的粤港澳大湾区个人所得税优惠政策，其中就包括特许注册金融分析师（CFA）、金融理财师（AFP）、注册会计师（CPA）、金融风险管理师（FRM）、国际注册会计师（ACCA）、国际金融分析师（CFA）、私人银行高端人才、金融产品研发设计人才、财富管理人才等。图7-5展示了截至2019年底北京、上海、深圳以及广州财富管理领域主要证书的持证人数情况，包括金融理财师（AFP）、国际金融理财师（CFP）、注册企业理财师（EFP）、私人银行家（CPB）以及特许金融分析师（CFA）。可以看到，北京作为全国金融监管中心，大量金融机构总部汇聚于此，金融人才聚集效应凸现，形成了规模可观且种类全面的金融人才队伍。相较于其他三个核心城市，广州位列第四，在高端金融人才方面存在着较大的缺口。

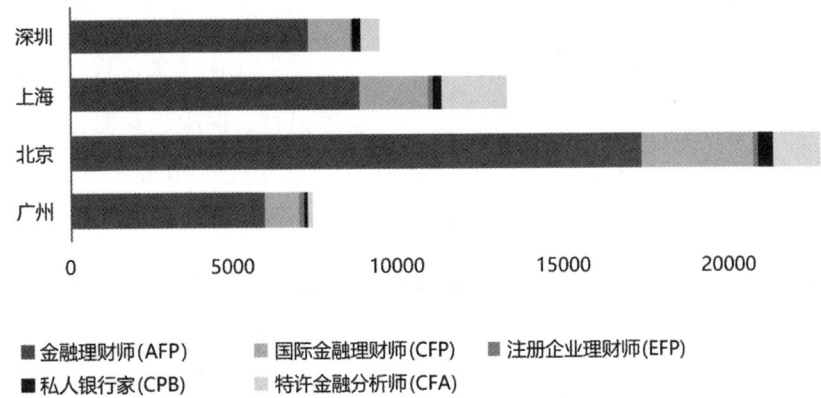

图 7-5 截至 2019 年 12 月底北上广深财富管理相关证书持证人数

资料来源：国际金融理财标准委员会(FPSB)以及中国 CFA 考员网。

除了财富管理机构、资金、人才、产品等主要要素外，要构建较为完善的财富管理产业链还需要各类担保服务公司、咨询服务公司、评估公司、会计师事务所以及律师事务所根据广州财富管理机构的需求提供配套服务。广州市人民政府于印发的《关于支持广州区域金融中心建设的若干规定》中提到要对符合规定的金融配套服务机构给予最高 500 万元的一次性奖励。然而，目前广州市会计、法律、担保、咨询、支付结算、票据以及服务外包等各类金融配套服务的供给缺口依然存在。

3. 缺乏大湾区视角的财富管理发展定位与顶层设计

青岛和杭州两地都针对财富管理领域推出了具体政策文件。青岛于 2014 年 2 月获批为全国首个以财富管理为特色的金融综合改革试验区，并于 2015 年设立合格境外有限合伙人试点，积极开展跨境财富管理。杭州于 2014 年 5 月出台《杭州财富管理中心 2014—2018 年实施纲要》，以私募金融服务为核心和龙头，以场外交易市场、财富管理中介为两翼，构建独具优势的杭州财富管理产业"金三角"。

北京和上海虽然没有出台针对性的财富管理规划方案文件，但两市分别为京津冀地区与长三角地区的金融中心，辐射地区不同，不存在由于定位不明或地理位置较近而造成的资源挤兑问题。北京作为首都，剑指"国际财富管理中心"，不仅拥有"一行两会"（中国人民银行、证监会、银保监会）等重要金融监管机构与众多银行、保险、券商、基金等金融机构总部，还有数量众多的高净值人士常住于此。2020年6月，《中共北京市委、北京市人民政府关于加快培育壮大新业态新模式促进北京经济高质量发展的若干意见》明确提出要发展全球财富管理，支持符合条件的资管机构参与 QFLP（合格境外有限合伙人）、QDLP（合格境内有限合伙人）、人民币国际投贷基金等试点，推动其申请 QDII（合格境内机构投资者）资格和额度。上海背靠长三角，拥有多家外资金融机构的总部以及上交所、中金所等具有全国影响力的重要交易所，近年来愈加注重互联网新型智能财富管理的发展。2020年4月，《上海市促进在线新经济发展行动方案（2020—2022年）》提到大力发展智慧财富管理，开发推广智能投顾、智能投研、智能风控、智能监管等。

与其他上述地区不同的是，珠三角地区拥有广州和深圳两个核心城市，以及南沙、前海、横琴三个自贸区。珠海在《珠海市现代产业体系规划（2017—2025年）》中提到要推动跨境财富管理发展。深圳拥有深交所，积极配合国家推进"深港通"和股票发行注册制改革，券商和基金实力强劲，于《深圳市国民经济和社会发展第十三个五年规划纲要》中明确提出要打造跨境财富管理中心。广州作为华南地区商贸中心与交通枢纽城市，近年来在财富管理领域方面的政策支持力度较大。早在2012年7月，《广东省建设珠三角金融改革创新综合试验区总体方案》就提出要在广州建立财富管理中心；2016年11月，《广州市金融业发展第十三个五年规划(2016—2020年)》多次强调要完善财富管理综合服务体系，将广州建设成为华南财富管理中心，同时加强穗港澳财富管理合作，发展跨境财富管理。可以看出，广深珠三地都在强调要加强跨境财富管理业发展，但三地协同发展跨境财富管理的具体规划尚不完善，也还没有基于大湾区视角的错位发展顶层设计。由于广深珠地理空间距离较小，而财富管理在发展过程中具有明显的资源聚集效应，三地跨境财富管理发展缺乏统筹规划，容易出现资源挤兑、优惠政策恶性竞争等问题，不利于大湾区有序推进跨境投融资便利化与资金融通渠道多元化。因此，妥善协调大湾区内各地的财富管理发展战略，对实现大湾区各市合作共赢、协同发展跨境财富管理有着重要意义。

二、广州财富管理竞争力分析

本节参考中国人民大学团队编写的《2018年中国财富管理发展指数报告》，中国银行、深圳大学深圳南特商学院合作编制的《中银粤港澳大湾区财富指数报告（2020年1季度）》以及区域财富管理发展的相关学术文献（袁义才等，2016；徐维军等，2015），并结合广州现实情况与数据可得性，构建广州财富管理评价指标体系。本节通过熵权法得到各指标的权重，测算北京、上海、深圳以及广州的财富管理竞争力水平，并将其结果与主成分分析得出的综合得分相比较。最后，通过与北京、上海以及深圳的测算结果进行对比，依据各指标多方面的横向比较分析广州与其他三市财富管理发展的优劣势，并依此在第四小节中给出广州财富管理服务创新发展的突破路径与建议。

（一）财富管理水平评价指标体系

基于数据真实性和可获得性，本节尽可能从多个维度，全面选择能够突出反映地区财富管理发展状况的指标。具体而言，该指标体系从行业背景、财富管理需求与财富管理市场三大维度展开，分为11个层级，共36个指标。行业背景可以细分为宏观经济、金融市场基本情况、金融开放程度和金融业相关支持性政策；财富管理需求包含地区财富状况、居民生活水平与客户质量情况；财富管理市场包含政策支持力度、财富管理机构数量、财富管理产品规模与相关人才。第三层级则将第二层级再一次细分为 CPI（消费者物价指数）、人均 GDP、城市居民存款规模、城镇居民人均消费支出等 36 个指标。表 7-10 展示了地区财富管理水平评价指标体系的具体指标设计。

表 7-10　地区财富管理水平评价指标体系

一级指标	二级指标	三级指标	标记
行业背景	宏观经济	消费者物价指数（CPI）	C1
		人均 GDP/ 人民币（元）	C2
		工业总产值 / 人民币（亿元）	C3
	金融市场基本情况	金融业增加值 / 人民币（亿元）	C4
		城镇金融行业从业人数 / 万人	C5
		股票筹资额 / 人民币（亿元）	C6
		债券筹资额 / 人民币（亿元）	C7
		（境内）上市公司数量 / 家	C8
	金融开放程度	外商直接投资实际使用额 / 人民币（亿元）	C9
		外资金融法人机构数量 / 家	C10
	金融业相关支持性政策	地方政府、金融工作局、金融服务办公室印发含有"鼓励金融机构"关键词的法律规章数 / 篇	C11
		地方政府、金融工作局、金融服务办公室印发含有"金融环境"关键词的法律规章数 / 篇	C12
		地方政府、金融工作局、金融服务办公室印发含有"金融人才"关键词的法律规章数 / 篇	C13

(续表)

一级指标	二级指标	三级指标	标记
财富管理需求	地区财富状况	财富家庭数量（600万元人民币资产）/户	C14
		常住富豪人数（20亿元人民币）/户	C15
	居民生活水平	住户存款余额/人民币（亿元）	C16
		城镇居民人均消费支出/人民币（元）	C17
		城市居民人均可支配收入/人民币（元）	C18
	客户质量情况	普通高校在读人数占比	C19
		存贷比	C20
财富管理市场	政策支持	地方政府、金融工作局、金融服务办公室印发标题含有"财富管理"关键词的法律规章数/篇	C21
	机构数量	银行法人机构数量/家	C22
		保险公司数量/家	C23
		证券公司数量/家	C24
		证券营业部/个	C25
		基金公司数量/家	C26
	产品规模	银行理财产品数量/个	C27
		保险资产管理规模/人民币（亿元）	C28
		券商资产管理规模/人民币（亿元）	C29
		基金管理规模（公募）/人民币（亿元）	C30
		信托受托资金规模/人民币（亿元）	C31
	人才数量	金融理财师（AFP）/人	C32
		国际金融理财师（CFP）/人	C33
		注册企业理财师（EFP）/人	C34
		私人银行家（CPB）/人	C35
		特许金融分析师（CFA）/人	C36

资料来源：课题组整理。

下面对指标体系中的各个指标及其资料来源进行具体说明。

1. 财富管理行业的背景基础

地区经济、金融业发展状况与金融业政策支持力度是财富管理市场发展的基础，开放的金融环境可以为财富管理高质量发展提供活力，而金融支持政策的深度与广度对地区金融业发展有着至关重要的影响，有利于促进金融资源聚集与财富积累。因此，本节选择从宏观经济、金融市场基本情况、金融开放程度以及金融业相关支持性政策四个方面去描述财富管理行业的发展背景。

宏观经济指标包括CPI、人均GDP以及工业总产值三个分项指标。CPI和人均GDP可以分别度量整体物价水平与地区经济发展水平。工业总产值是工业统计中最基础的一项指标，可以反映一定时间内地区工业生产的总规模。

在金融市场基本情况方面，由于筹资额的高低直接体现了资本市场对实体企业的支持效果，而地区股票交易额与债券交易额很大程度上受到是否拥有证券交易所的这一因素影响，本报告选择股票筹资额和债券筹资额来反映地区资本市场的运作情况。

金融开放程度使用外商直接投资实际使用额与外资金融法人机构数量来衡量。其中，外商直接投资实际使用额的范围要大于外商直接投资的概念，可以更全面地反映一个地区各级政府、部门、企业和其他经济组织实际执行的外商投资额。外资金融法人机构数量用银行、券商、保险、基金及信托等行业跨境机构的总部数量来表示。

地区金融业相关支持性政策以地方政府、金融工作局、金融服务办公室印发含有"鼓励金融机构""金融环境""金融人才"等关键词的法律规章数量作为代理变量。在鼓励金融机构发展与改善金融环境方面，上海作为处于开放前沿的国际金融中心，一直十分重视地区金融机构的自身发展及其支持实体经济的问题。在引进金融人才方面，广州自粤港澳大湾区概念提出以来愈发重视金融人才聚集，以期发挥本地高校与研究所数量的优势，补齐广州高层次金融人才的"短板"。图7-6展示了2015—2020年北上广深发布的相关法律法规数量。

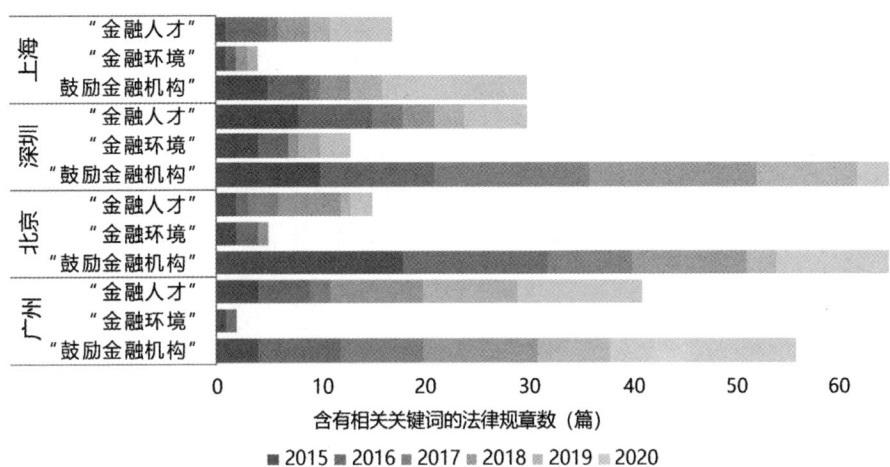

图7-6 2015—2020年北上广深含有相关关键词的法律规章数

资料来源：课题组根据北大法宝关键词搜索结果汇总得到。

2. 财富管理需求

地区财富管理需求使用地区财富状况、居民生活水平与客户质量来衡量。高净值人士与富裕阶层家庭对金融资产多元分散配置的需求是财富管理市场的重要影响因素，因此本报告使用常住富豪人数以及财富家庭数量来衡量地区财富状况，其中财富家庭以资产在600万元人民币以上为界限，并以个人资产在20亿元以上为界限来确定富豪人数。

随着我国居民收入的持续较快增长，居民对于财富管理的态度从简单的财富资产保值增值需求逐渐转向更加全面综合的财富管理需求，进而对财富管理市场产生影响。因此，使用居民存款、居民消费及其可支配收入来度量居民生活水平（如图7-7所示）。

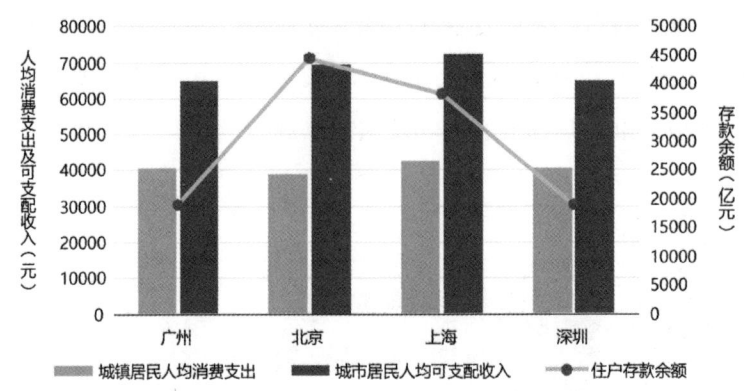

图 7-7 2020 年北上广深居民生活水平基本情况

资料来源:《广州统计年鉴 2020》、《北京统计年鉴 2020》、《上海统计年鉴 2020》、《深圳统计年鉴 2020》、Wind 数据库。

客户质量使用普通高校在读人数占比和存贷比来衡量。普通高校在读人数占比反映客户的学历状况,存贷比可以在一定程度上反映地区居民持有资产的质量情况。过高的存贷比意味着代表着居民负债率过高,不利于金融机构的持续经营;而过低的存贷比又意味着金融机构资金转化效率低下。因此,存贷比应该保持在一个适当的值。虽然现在央行及监管部门已取消了存贷比的强制规定,但可以参照过去的监管标准,将 75% 定为基准值。

3. 地区财富管理市场

地区财富管理市场发展情况使用政策支持、机构数量、产品规模以及人才数量来衡量。政策支持方向将决定财富管理行业整体的发展方向,良好的政策环境可以引导资源高效配置,帮助财富管理行业健康有序发展。产品规模以及资产管理规模可以直观地反映各地区财富管理规模,而相关金融机构数量与人才数量可以从基础设施与生态体系的角度反映地区财富管理发展情况。

参考中国人民大学团队编写的《2018 年中国财富管理发展指数报告》,本节将地区各政府部门印发标题含有"财富管理"关键词的法律规章数作为地区政策支持的代理变量，政策文件范围包括金融工作局、金融服务办公室等印发的金融类规章制度以及地方政府印发的法规规章。

机构数量的统计范围包含银行法人机构、保险公司、证券公司、证券营业部以及基金公司。财富管理产品规模以银行理财产品数量、保险资产管理规模、券商资产管理规模、公募基金管理规模以及信托受托资金规模衡量。其中，保险资产管理规模用计入投资账户的万能险与投连险之和来衡量。由于缺乏地区计入投资账户的万能险以及投连险的数据，本节根据地区保费收入占全国保费收入的比例进行了估算。资料来源于Wind宏观经济数据库中保险行业的保护投资新增款缴费和投连险独立账户新增缴费。

此外，券商资产管理规模根据Wind数据库"券商资管大全—券商专项数据"中的"受托资金"按注册地区加总而得；公募基金管理规模根据Wind数据库"专题统计—基金公司"中的"基金公司规模变化"按注册地区加总而得；信托受托资产规模根据Wind数据库"券商资管大全—信托公司规模"中的"规模合计"按注册地区加总而得。

财富管理人才采用金融理财师（AFP）、国际金融理财师（CFP）、注册企业理财师（EFP）、私人银行家（CPB）以及特许金融分析师（CFA）持证人数来衡量。

表7-11展示了各指标2020年的具体数据及其来源，难以从统计资料中找到的数据，则由现有最近一年的数据代替。

表7-11 各指标数据及其来源

标记	资料来源	指标来源
C1	各地区统计年鉴	《中银粤港澳大湾区财富指数报告（2020年1季度）》
C2	Wind	
C3	各地区统计年鉴	—

(续表)

标记	资料来源	指标来源
C4	Wind	《财富管理中心评价指标体系构建——对我国六个主要金融城市的比较与评价》
C5	各地区统计年鉴	
C6	各地区金融运行报告	—
C7	Wind	—
C8	各地区金融运行报告	《财富管理中心评价指标体系构建——对我国六个主要金融城市的比较与评价》
C9	Wind	
C10	Wind	《中银粤港澳大湾区财富指数报告（2020年1季度）》
C11	北大法宝关键词搜索	
C12	北大法宝关键词搜索	《2018年中国财富管理发展指数报告》
C13	北大法宝关键词搜索	
C14	胡润财富报告	《中银粤港澳大湾区财富指数报告（2020年1季度）》
C15	胡润财富报告	—
C16	Wind	《2018年中国财富管理发展指数报告》
C17	Wind	—
C18	各地区统计年鉴	—
C19	Wind	《2018年中国财富管理发展指数报告》
C20	各地区统计年鉴	《中银粤港澳大湾区财富指数报告（2020年1季度）》
C21	北大法宝关键词搜索	《2018年中国财富管理发展指数报告》

(续表)

标记	资料来源	指标来源
C22	各地区金融运行报告	《财富管理中心评价指标体系构建——对我国六个主要金融城市的比较与评价》
C23	各地区金融运行报告	
C24	中国证监会	
C25	中国证监会	
C26	中国证监会	
C27	Wind	
C28	中国银保监会	《2018年中国财富管理发展指数报告》
C29	Wind	
C30	Wind	
C31	Wind	
C32	国际金融理财标准委员会（FPSB）	
C33	国际金融理财标准委员会（FPSB）	
C34	国际金融理财标准委员会（FPSB）	
C35	国际金融理财标准委员会（FPSB）	
C36	中国CFA考试网	《中银粤港澳大湾区财富指数报告（2020年1季度）》

资料来源：课题组整理。

（二）广州财富管理服务竞争力水平测算

本节首先对数据做标准化处理，以消除各指标之间的量纲差异，并使最终得分更具有可读性；然后使用主成分分析法与熵权法分别测算北上广深四个城市的财富管理服务竞争力水平综合得分；最后，对两种方法得到的不同排名结果进行解释，并从各个分项指标的维度比较分析四个城市在财富管理方面的竞争力。

1. 数据标准化

为了使指标得分与地区实际发展情况始终保持正相关性，并消除各指标之间的量纲差异，本节首先对原始数据进行标准化。此外，本节在进行标准化时将所有指标转化为6~10之间，使最终的综合得分更易于理解。标准化具体方法如下：

$$z_i^{\chi} = \frac{v_i^{\chi} - v_i^{\min}}{v_i^{\max} - v_i^{\min}} \times 4 + 6 \qquad (7.1)$$

式中，z_i^{χ} 标准化后的原始数据，也是地区 χ 在第 i 个指标上的得分，v_i^{χ} 为地区 χ 在第 i 个指标上的原始数据，$v_i^{\max}$ 为所有地区在第 i 个指标中的最大值，为所有地区在第 i 个指标中的最小值。

存贷比应该保持在一个适当的值，参照过去的监管标准，将75%定为基准值。标准化方法为：

$$z_{\chi} = \begin{cases} \dfrac{V_{\chi} - 0.75}{V\max - V\min} \times 4 + 6, V_x \geq 0.75 \\ \dfrac{0.75 - V_{\chi}}{V\max - V\min} \times 4 + 6, V_x \leq 0.75 \end{cases} \qquad (7.2)$$

2. 熵权法

本节将使用熵权法来确定指标体系中各个指标的权重。熵权法的基本思路是根据指标变异性的大小来确定客观权重。某项指标的信息熵值越小，说明其指标的离散程度越大，该指标对综合评价的影响（即权重）就越大，如果某项指标的值全部相等，则该指标在综合评价中不起作用。

由于上文已经将原始数据标准化，本节直接根据下式计算信息熵 E_j，并以此作为计算权重的基础。假设共有 n 个地区，k 个指标，则第 i 个地区的第 j 个指标信息熵为：

$$E_j = -\frac{1}{\ln n} \sum_{i=1}^{n} p_{ij} \ln p_{ij} \qquad (7.3)$$

其中，

$$p_{ij} = \frac{Z_j^i}{\sum_i^n Z_j^i} \qquad (7.4)$$

各指标的权重 W_i 为：

$$W_i = \frac{1 - E_j}{k - \sum E_j} \qquad (7.5)$$

计算出各级指标权重的结果如表 7-12。行业背景、财富管理需求与财富管理市场的权重分别为 0.366，0.198 与 0.436，财富管理市场本身的发展情况影响最大，财富管理发展所依赖的宏观经济背景与金融市场环境次之，权重设置符合常规认识。

表 7-12 用熵权法确定的各级指标权重

一级指标	二级指标	三级指标	三级权重	二级权重	一级权重
行业背景	宏观经济	消费者物价指数（CPI）	0.025	0.080	0.366
		人均 GDP	0.032		
		工业总产值	0.023		
	金融市场基本情况	金融业增加值	0.030	0.138	
		城镇金融行业从业人数	0.027		
		股票筹资额	0.023		
		债券筹资额	0.034		
		（境内）上市公司数量	0.025		
	金融开放程度	外商直接投资实际使用额	0.029	0.056	
		外资金融法人机构数量	0.027		
	金融业相关支持性政策	地方政府、金融工作局、金融服务办公室印发含有"鼓励金融机构"关键词的法律规章数	0.029	0.093	
		地方政府、金融工作局、金融服务办公室印发含有"金融环境"关键词的法律规章数	0.040		
		地方政府、金融工作局、金融服务办公室印发含有"金融人才"关键词的法律规章数	0.023		
财富管理需求	地区财富状况	财富家庭数量（600万元人民币资产）	0.039	0.063	0.198
		常住富豪人数（20亿元人民币）	0.024		
	居民生活水平	住户存款余额	0.034	0.081	
		城镇居民人均消费支出	0.025		
		城市居民人均可支配收入	0.023		
	客户质量情况	普通高校在读人数占比	0.028	0.054	
		居民存款与贷款比值	0.026		

(续表)

一级指标	二级指标	三级指标	三级权重	二级权重	一级权重
财富管理市场	政策支持	地方政府、金融工作局、金融服务办公室印发标题含有"财富管理"关键词的法律规章数	0.032	0.032	0.436
	机构数量	银行法人机构数量	0.040	0.136	
		保险公司数量	0.025		
		证券公司数量	0.023		
		证券营业部	0.026		
		基金公司数量	0.022		
	产品规模	银行理财产品数量	0.023	0.126	
		保险资产管理规模	0.023		
		券商资产管理规模	0.026		
		基金管理规模（公募）	0.025		
		信托受托资金规模	0.029		
	人才数量	金融理财师（AFP）	0.030	0.141	
		国际金融理财师（CFP）	0.029		
		注册企业理财师（EFP）	0.030		
		私人银行家（CPB）	0.025		
		特许金融分析师（CFA）	0.028		

资料来源：课题组整理。

3. 测算结果

根据计算出的各指标权重，可得出四个核心城市的综合得分，计算公式如下：

$$S_i = \sum_{j=1}^{k} W_j p_{ij} \tag{7.6}$$

其中，S_i 为各城市综合得分，W_j 为第 j 个指标的权重，p_{ij} 为第 i 个城市在第 j 个指标上所占的比重。

上海的综合得分 8.64，位居第一，其次为北京和深圳，广州排名第四，综合得分分别为 8.51、7.17 和 6.62。两种方法评价结果的差异主要与两种方法所确定的权重差异、结果数据的处理差异、方法理论差异等有关。表 7-13 列出了北上广深财富管理服务竞争力的各个二级指标测算结果。可以看到，广州与其他三个核心城市的差距主要在于财富管理发展依赖的宏观经济发展与金融基础设施建设方面，如金融市场基本运行、金融开放程度、财富管理机构数量以及相关人才数量。

表 7-13　北上广深财富管理服务竞争力水平测算结果

一级指标	二级指标	广州		北京		上海		深圳	
		得分	排名	得分	排名	得分	排名	得分	排名
行业背景（36.6%）	宏观经济	0.62	3	0.54	4	0.65	2	0.66	1
	金融市场基本情况	0.94	4	1.32	1	1.15	2	1.02	3
	金融开放程度	0.45	2	0.39	3	0.48	1	0.35	4
	金融业相关支持性政策	0.68	2	0.56	4	0.87	1	0.61	3
财富管理需求（19.8%）	地区财富状况	0.38	4	0.63	1	0.55	2	0.45	3
	居民生活水平	0.64	3	0.68	2	0.75	1	0.52	4
	客户质量情况	0.54	1	0.35	4	0.37	3	0.39	2
财富管理市场（43.6%）	政策支持	0.19	4	0.32	1	0.21	3	0.30	2
	机构数量	0.82	4	1.19	2	1.35	1	1.00	3
	产品规模	0.83	4	1.15	1	1.14	2	0.95	3
	人才数量	0.96	4	1.38	1	1.12	2	0.93	3
综合得分		6.62	4	8.51	2	8.64	1	7.17	3

注：课题组整理。

（三）广州与其他发达城市的比较分析

根据测算结果（表7-13所示），上海的金融产业竞争力水平综合排名第一，在金融开放程度、政策支持以及财富管理机构数量方面优势明显；排名第二的是北京，其金融市场发展状况相比于其他城市较为突出，同时聚集着更多的高净值人士与富裕家庭，彰显了北京作为首都的区位优势；深圳财富管理服务竞争力水平综合排名第三，得益于深圳证券交易所的设立，深圳的创新氛围浓厚，资本市场实力强劲。

广州在大部分二级指标上落后于其他三个一线城市，但在某些方面依旧具有一定的比较优势——广州在客户质量方面占据优势，在四个城市中排名第一。客户质量直接反映投资者素质，在大力创新财富管理服务的背景下，投资者素质是广州防控风险、稳定发展财富管理的重要因素。广州的高校学生占比位于四个一线城市之首，优势来源于其作为省会的政治优势与交通便利的区位优势。广州作为大湾区重要的人才培养基地，拥有大量的高校和科研院所，已培养了大量的高等人才服务本地金融业或对外输出。此外，广州在金融相关政策支持方面位列第二，在《粤港澳大湾区发展规划纲要》出台之后，广州在经济上的地位愈发受到重视。《广州市推动综合城市功能出新出彩行动方案》明确要求广东省委办公厅、省政府办公厅要参照支持深圳建设先行示范区模式，并强调让广州享受到了与深圳同样的政策待遇。在这种情况下，广州应当发挥其区位优势，抓住大湾区政策机遇，以银行业为发展重点，加快推进南沙自贸区离岸财富管理业务的发展，形成与深圳错位互补发展的格局。

目前，粤港澳大湾区的经济成长高于全国平均水平，分布有两大证券交易所，拥有三套金融市场监管体系，具有较为完备的多功能、多层次的市场体系，能够为打造财富管理中心提供优质高效的配套服务。2018年大湾区的GDP生产总值超过十万亿元，比2017年增长7.43%。在高净值人数上，广东多年来位于第一梯度首位，在全国各省市中稳居第一。根据福布斯的《2019年福布斯中国富豪榜》的相关数据，前一百名富豪中来自粤港澳大湾区的共有33位。其中深圳最多，共有21位；其次是香港，共有5位；来自佛山和广州的分别有4位和3位。

香港作为全球离岸人民币业务的枢纽和国际资产管理中心，是亚太地区中最大的离岸财富管理中心，具有多层次的财富管理市场，相关产品种类齐全，可投资币种丰富，在服务中国和亚洲其他地区的高净值个人方面有着深厚的经验。根据香港证监会发表的2020年资产及财富管理活动调查结果，2020年香港私人银行及私人财富管理业务的管理资产达113160亿港元。从管理资产来源的角度看，来自香港与中国内地的资产规模位列前二，分别为48%与16%，也有一部分资产来源于北美、欧洲等地区。图7-8为截至2020年12月按来源划分的香港私人财富管理行业资产管理规模。

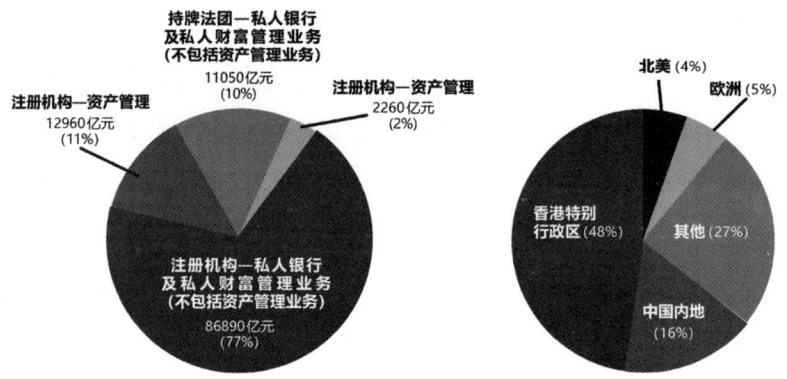

图7-8 截至2020年12月按来源划分的香港私人财富管理行业资产管理规模（港元）

资料来源：香港证监会（SFC）《2020年资产及财富管理活动调查》。

《粤港澳大湾区发展规划纲要》将香港定位为全球金融和资产管理中心，越来越多的香港财富管理机构将粤港澳大湾区视为进入中国内地市场的重要渠道。香港私人财富管理公会与毕马威共同发布的《2019年香港私人财富管理行业报告》显示，有79%的受访成员机构认为放宽粤港澳大湾区资金流向香港私人财富管理投资产品的自由度，将有助于巩固香港国际财富管理中心的地位，同时64%的受访机构成员已经或计划在未来12个月内为粤港澳大湾区制定专门战略和业务。图7-9为受访机构认为能够促进香港私人财富管理行业发展的方法。相信在未来会有更多针对粤港澳大湾区的、以人民币计价的离岸财富管理产品出现，进一步便利大湾区居民跨境配置资产，助力加快人民币国际化进程。

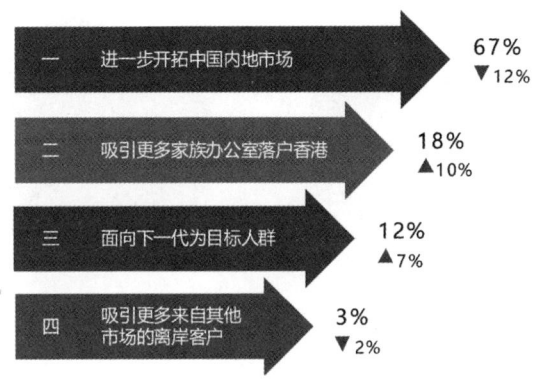

图7-9 受访成员机构认为能够促进香港私人财富管理行业发展的方法

资料来源：香港私人财富管理公会、毕马威《2019年香港私人财富管理行业报告》。

财富管理业务目前是澳门重点发展的两大特色金融之一，《2018年澳门施政报告》专门提出要积极发展以融资租赁及财富管理业务为重点的特色金融，其主要业务内容是推动邮轮游艇、私人飞机、公务机等休闲旅游产品与财富管理产业结合，引进国外信托机构发展大湾区家族信托产业，引进人民币国际投贷基金等新型财富管理机构，开发面向大湾区高净值人群的理财产品。根据《2019年澳门经济适度多元发展统计指标体系分析报告》，截至2019年底，澳门银行报称财富管理客户共313320个，投资组合的市场价值达2436亿澳门元。2019年全年，澳门银行从财富管理业务所获取的手续费及佣金收入近5亿澳门元，占整体银行业非利息收入的6.3%。

从澳门财富管理客户常居地来看，澳门财富管理的客户主要来源于澳门本地居民（包括特区政府），于2019年底的客户数目占比为93.3%，而跨境客户仅占6.7%，其中非居民客户主要来自广东省（4.7%），其次为香港（1.6%），与2018年持平；与2017年相比，2019年澳门居民占澳门财富管理业务客户的比重有所增加，而相应的来自广东和香港居民占比则有下降（见图7-10）。

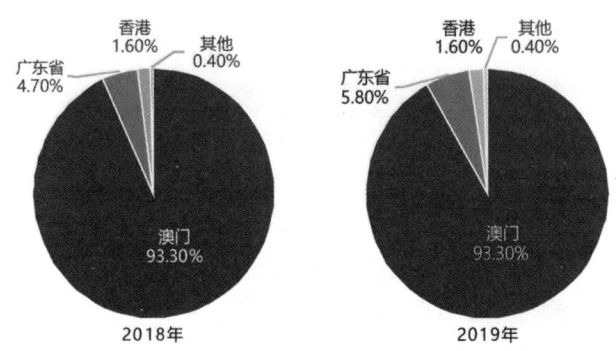

图7-10　2018年及2019年澳门财富管理客户的常居地
资料来源：澳门统计暨普查局。

根据澳门金融管理局数据显示，在投资组合方面，澳门的财富管理客户偏向投资在流动性较高的资产类别。从2019年的投资情况来看，澳门的投资工具主要为资金类及存款，截至年底其金额达1421亿澳门元，占整体的58.3%；其次为证券及基金，金额达998亿澳门元，比重为41.0%。

在区域合作方面，澳门在中央支持下与横琴开展全面深度合作，横琴也在积极建设粤澳跨境金融合作示范区。2019年3月，横琴推出跨境办公试点，初期以横琴总部大厦为载体发展跨境金融，引进涵盖融资租赁、财富管理、金融科技等涉澳特色金融类企业以及相关行业协会、服务机构等。① 2020年6月29日，澳门金融管理局、香港金融管理局及中国人民银行联合发布在大湾区开展"跨境理财通"业务试点的《联合公告》，为配合有关政策措施尽快落实，澳门金融管理局已启动后续的相关准备工作。

---

① 综合开发研究院.把握"三个精准" 推动澳门特色金融发展.[EB/OL].(2019-12-23)[2021-08-19].https://www.thepaper.cn/newsDetail_forward_5317227.

三、财富管理创新案例

（一）香港友邦理财类保险产品创新

中国人民银行、香港金融管理局以及其他相关监管机构也在不断探索推动粤港澳大湾区跨境财富管理服务发展的模式，为香港财富管理机构进入中国内地市场带来了大量发展机遇。以"粤港澳大湾区保险售后中心"为例，中国人民银行、银保监会、证监会、外汇局于2020年5月14日发布《关于金融支持粤港澳大湾区建设的意见》，支持符合条件的港澳保险机构在深圳前海、广州南沙、珠海横琴设立经营机构，合作开发跨境医疗保险等更多创新产品，并提到在内地与香港、澳门关于建立更紧密经贸关系的安排（CEPA）协议框架下设立香港、澳门保险售后服务中心。随后出台的方案进一步落实了促进粤港澳大湾区跨境贸易和投融资便利化的实施细节，也为在内地建立港澳保险售后服务中心奠定了良好的基础。

在这种背景下，加强与香港财富管理机构的合作与交流，借鉴香港财富管理产品设计思路与业务模式，有利于广州探索基于粤港澳大湾区的跨境财富管理新模式，建立特色财富管理服务产品创新体系，发展具有广州特色的财富管理业务。

1. 案例介绍

香港友邦保险（AIA）作为全球最大的独立上市人寿保险集团，总部设立于香港，业务覆盖亚太区内18个市场，截至2018年12月31日总保额达1.58万亿美元。[①] 目前，友邦推出的美元储蓄分红保险产品有"简爱·延续3"保障计划、"爱无忧"长享计划3、易达终身保、"充裕未来3"系列计划和"财富恒裕"寿险计划等。

---

① 资料来源：香港友邦保险官网．https://www.aia.com.hk/zh-cn/about-aia.html．

"简爱·延续"系列保险是香港友邦保险于2013年推出的一种美式分红储蓄保险,可以为客户提供保障现金价值、非保证周年红利与非保证终期红利。2013年12月18日,友邦推出"简爱·延续2",每年的分红实现率达到100%。2020年1月20日,友邦修改了目标资产组合与预期回报条款,推出了"简爱·延续3",将整付保单的保单缮发时退保价值从"简爱·延续2"的69%提升至75%。①

"简爱·延续3"在简易投保以及意外事故赔偿条款方面与"简爱·延续2"相同,保费总和少于或等于400万美元即无需健康审查,若首12个月内受保人不幸身故,该产品可以额外支付等于已付基本保费总和的赔偿金额。同时,产品有三种保费供款期可选择,分别为整付、5年与10年。表7-14为"简爱·延续3"在三种不同的保费供款期下保证回报率及预期回报率。

表7-14 "简爱·延续3"三种不同的保费供款期下保证回报率及预期回报率

退保价值	一次性整付		五年缴清		十年缴清	
缮发时	75%		—		—	
年度	保证回报率	预期回报率	保证回报率	预期回报率	保证回报率	预期回报率
5年	−4.85%	1.51%	−12.42%	−12.42%	−20.00%	−20.00%
10年	0.00%	3.41%	−3.28%	2.20%	−6.06%	1.47%
20年	1.01%	4.00%	0.07%	4.17%	−0.28%	4.19%
30年	1.18%	4.34%	0.80%	4.56%	0.69%	4.60%
40年	1.26%	4.46%	1.01%	4.80%	0.89%	4.79%
60年	1.34%	4.63%	1.12%	5.04%	1.15%	4.97%
80年	1.38%	4.76%	1.19%	5.18%	1.22%	5.03%
100年	1.40%	4.76%	1.23%	5.22%	1.28%	5.01%
保证回本期	10年		20年		23年	
预期回本期	5年		10年		10年	

资料来源:香港保险资讯网。

---

① 保险资讯网.香港友邦保险(AIA)推出"简爱·延续"保障计划3.[EB/OL].(2020-01-26)[2021-08-19].https://www.hkinsu.com/company/aia/19023.html.

不同的是，"简爱·延续 3" 在第 11 个保单周年日起派发周年红利，并在第 5 个（整付保单）或第 10 个（非整付保单）保单周年日起派发终期红利，而"简爱·延续 2" 从第 1 个保单周年日起就开始派发周年红利。此外，"简爱·延续 3" 在保证固定收益的同时兼顾预期收益，将债券及其他固定收益资产的投资比率下限从 60% 降至 50%，并将股票类资产投资比例上限从 50% 降至 40%。表 7-15 为"简爱·延续 2" 与"简爱·延续 3" 的目标资产组合投资比例调整情况。

表 7-15 "简爱·延续 2" 与"简爱·延续 3" 的目标资产组合投资比例调整情况

产品	资产类别	目标资产组合投资比例
简爱·延续 2	债券及其他固定收益类	50%~80%
	股票类资产	20%~50%
简爱·延续 3	债券及其他固定收益类	60%~80%
	股票类资产	20%~40%

资料来源：香港保险资讯网。

2. 案例分析

"简爱·延续 3" 在产品设计方面主要有两点创新之处。第一个创新点是该产品首创初生婴儿受保人选项，父母在孩子出生前就可以进行投保，前提条件是初生婴儿的出生日期必须在保单的申请日期之后以及第 1 个保单周年日之前。假设现在有一对新婚夫妇投保了"简爱·延续 3"，希望为还未出生的孩子提供稳定的资金规划与保障，那么他们可以在投保时就将婴儿设定为受益人，也可以在以后需要的时候将孩子改为保单受益人。保单现金总额的使用情况如下图 7-11 所示，可以看到，受益人在第 31 个保单年度之后即可享受每年 9000 美元的按揭供款资助，在退休之后还可以定期提取一笔现金总额余额作为部分退休收入来源。当然，实际可支付的现金总额取决于保险公司的经营表现,其金额很可能在保单期内发生变更。

第二个创新点是该产品可以从第一个保单周年日起更改两次受保人(如图7-12),做到家族财富传承,同时保单价值不受影响。假设一个投保人希望通过"简爱·延续3"滚存家族资本以提升潜在保单价值,他可以在投保后更改两次受益人,将保单传承给后两代。图7-12为预期退保金额发还金总额增长情况,可以看到,保单现金总额在第100个保单年度可以达到1042万美元,家族第三代可以将所有保单现金总额提取出来,进行下一步的家族财富规划。

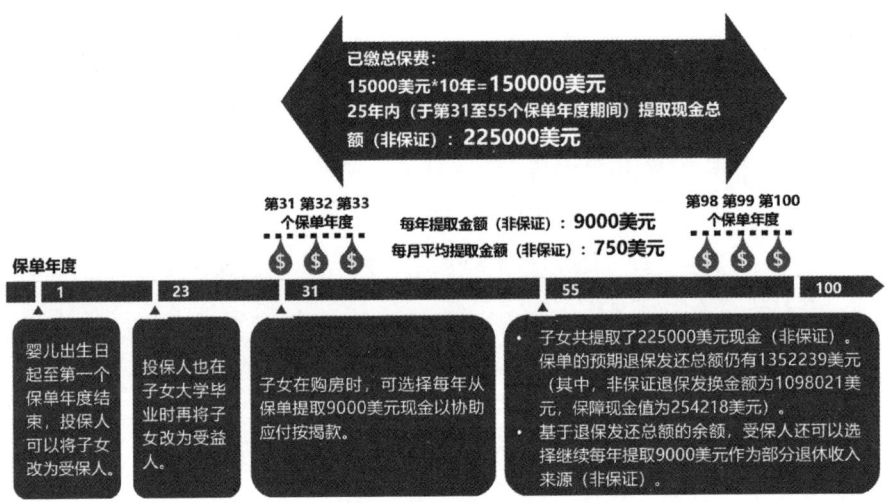

图7-11 "简爱延续3"保单现金价值提取情况

说明:假设投保夫妇与孩子在第31个保单年度之前并未提取现金,而是让退保发还金额在保单内继续滚存。退保发还总额为保证现金价值、累积非保证周年红利、利息与非保证终期红利之和,根据现时红利率及周年红利积存息率(每年4%)计算。现时红利率及存息率并不反映未来表现,业务过去及现有表现并不能解读成未来表现的指标。实际支付的周年红利、积存息率及终期红利可能会在保单期内发生变更,其金额由友邦保险全权决定。提取全部退保发还总额后,此保单将会终止。假设整个保单年期内没有保单贷款,并且假设所有保费于到期时已被全数缴付。保单持有人须于特定保单年度终结时退保方可获取以上所示金额。

资料来源:友邦保险(国际)有限公司《"简爱·延续保障计划3"计划书》。

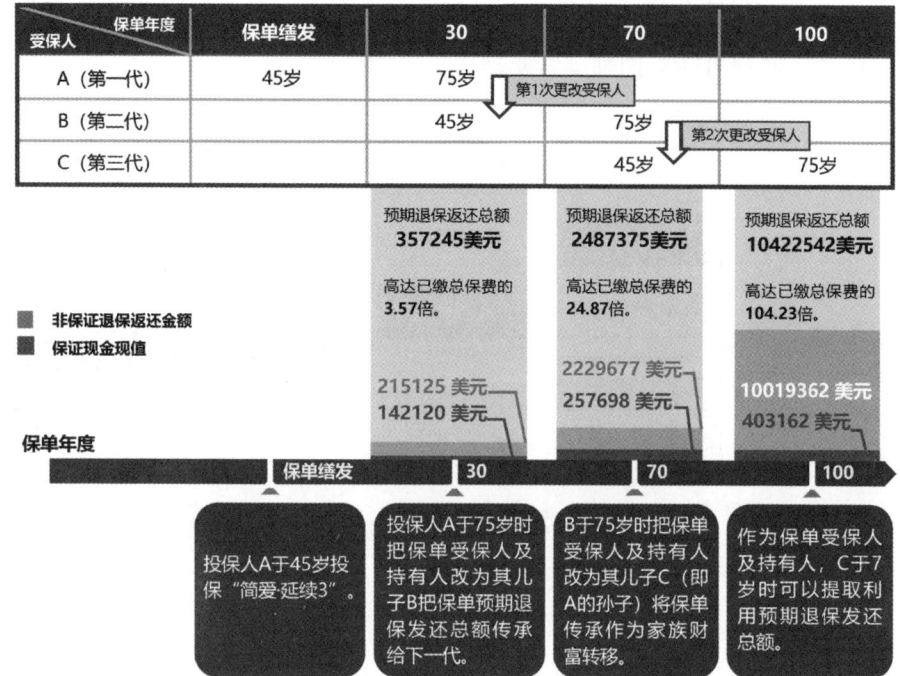

图 7-12 "简爱·延续 3" 预期退保金额发还金总额增长情况

说明：假设投保人及其后两代受益人从未提取现金并且整个保单年期内没有保单贷款，所有退保发还金都在保单内继续滚存。实际支付的退保发还总额可能会在保单期内发生变更，其金额由友邦保险全权决定。提取全部退保发还总额后，此保单将会终止。

资料来源：友邦保险（国际）有限公司《"简爱·延续保障计划 3" 计划书》。

3. 经验借鉴

保险是消除未来不确定风险损失影响的保障机制，是市场经济体制下风险管理的重要手段，是现代化金融的重要组成部分。按保险对象分类，保险产品可以分为人身保险、财产保险、责任保险与信用保险（如图 7-13）。其中，储蓄分红保险作为投资理财型的一种人寿保险，不仅保留了传统寿险的身故赔偿保障功能，还将储蓄功能与分红性质相结合，可以在约定时间内向客户支付保险收益与年终红利。其保险收益包括保证及非保证两部分，保证部分是保险公司承诺将会兜底支付的部分，非保证部分为保单持有人共享保险公司经营成果的部分，即年终红利。分红实现率与保险公司的经营能力与和投资水平紧密相关,若保险公司经营惨淡,客户可能会面临分红实现率为零的情形。

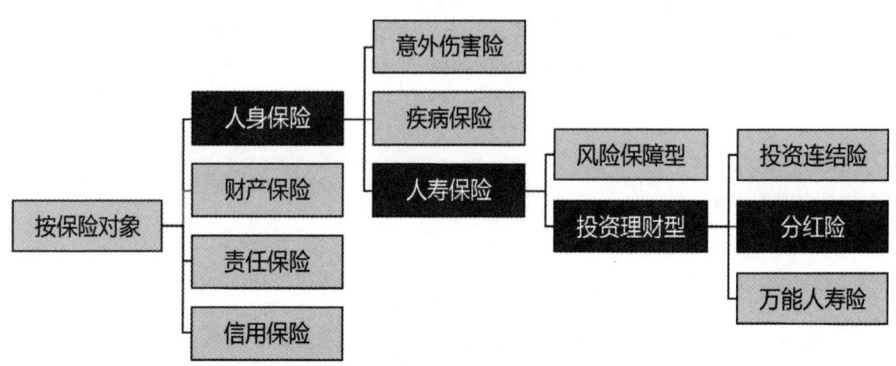

图7-13 保险产品分类(按对象分类)

资料来源:香港保险资讯网。

香港的储蓄分红保险统一以美元计价,可以对冲人民币贬值风险,同时资产配置选择范围广并且投资策略限制小,中长期权益类资产的投资比例可以达到60%。其中比较具有代表性的有友邦"简爱·延续"系列与"充裕未来"系列、保诚"隽升"系列、万通"富饶传承"系列等。相比于内地的年金类保险,香港储蓄分红保险中长期收益率更高,常常用来建立专项教育金与养老储备金,适合财富家庭用来进行海外资产配置,合理制定家族财产传承计划。因此,香港的储蓄分红保险成为近些年许多内地高净值人士中长期投资的热门选择。

目前,内地的理财类保险产品以"分红年金险+万能险"形式为主。与香港的储蓄分红保险类似,内地分红年金保险会在约定的年度向客户返还生存金,同时产生一笔共享保险公司经营成果的分红,若客户不领取生存金与分红,这笔资金将直接进入万能账户复利生息。表7-16展示了内地保险公司2020年以来推出的较为热门的分红年金保险及其收益对比。通过表7-16就可以发现,目前内地分红年金保险的分红回报率只有2%~3%实现率。而部分香港储蓄分红险如香港保诚"隽升"美元储蓄计划 2020 年总现金价值实现率达到了 108%。[①]

表 7-16　2020 年内地保险公司推出的六款分红年金保险及其收益对比

指标	保险公司					
	平安人寿	太平人寿	华夏人寿	招商仁和	中国人寿	招商信诺
产品名称	财富金销 20	财富智赢	福临门（盛世加强版）	招盈金生	鑫福临门	自在人生
缴费年限	10 万元 * 三年交				3 万元 *10 年	
能从账户中领取的金额年金账户	第 5—9 年：6 万元 / 年	第 5—9 年：6 万元 / 年	第 5—9 年：6 万元 / 年	35 岁：6 万元	第 5—9 年：3 万元 / 年	60 岁后：4.55 万元 / 年（保证领取 20 年）
	第 10 年：3.5 万元	第 10 年：3.3 万元	第 10 年至终身：0.19 万元 / 年	36—59 岁：0.5 万元 / 年	第 10—14 年：0.19 万元 / 年	
	—	—	—	60 岁：30.5 万元	第 15 年：10.7 万元	
	—	—	—	61 岁至终身：0.5 万元 / 年	—	

① 数据来源：香港保险资讯网 . 香港保诚"隽升"美元储蓄计划 2020 年分红实现率达到 108%[EB/OL].(2020-03-06).[2021-08-19].https://www.hkinsu.com/company/prudential/19324.html.

(续表)

指标		保险公司					
		平安人寿	太平人寿	华夏人寿	招商仁和	中国人寿	招商信诺
万能账户	保底利率	1.75%	2.50%	3.00%	3.00%	2.50%	—
	2021年6月利率	5.00%	5.35%	6.00%	5.00%	5.30%	—
回本时间		5年	6年	5年	4年	11年	18年
保证总利益		按保底利率测算					
第10年		1.74%	1.90%	2.65%	2.85%	−0.22%	−7.80%
第30年		1.74%	2.30%	2.92%	3.44%	2.29%	3.23%
第50年		1.74%	2.38%	2.98%	3.32%	2.39%	3.94%(126.3万元)
非保证总利益		按中档利率4.5%测算					
第10年		2.60%	2.50%	3.25%	3.03%	0.39%	—

(续表)

指标	保险公司					
	平安人寿	太平人寿	华夏人寿	招商仁和	中国人寿	招商信诺
第30年	3.97%	3.87%	4.08%	3.84%	3.88%	—
第50年	4.22%	4.13%	4.26%(231.5万元)	4.06%	4.19%	—

资料来源：喂小保互联网零售保险服务平台。

在资产管理与资金运营实力方面，香港保险企业经营经验丰富，管理水平高，需要遵循香港保险业监理处指引十六（GN16）的要求，定期公布分红实现率。在产品设计方面，香港储蓄分红保险产品设计与内地分红年金保险相比更加灵活。目前，许多香港储蓄保险都可以做到在后期更改受益人并根据产品目标群体的不同调整产品条款，如友邦的"简爱·延续3"首创的初生婴儿受益人选项；再如宏利保险的"创富传承"保障计划和"丰誉传承"保障计划可以无限次更改受益人。在资产配置方面，香港保险企业可以参与更多高风险高收益的权益类投资项目，预期收益率更高，且随着时间的推移其后期现金价值将会远远高于内地分红年金保险。在投资成本方面，香港市场经济发达，金融资源与信息聚集效应明显，投资环境较为透明，且税制简单，资金成本低。此外，香港保险企业在保护客户个人隐私信息与个人财产安全方面更有经验，且香港保险属于离岸资产，不纳入征税范围，更适合具有海外资产配置需求的高净值人群进行财富管理与传承规划。

与香港储蓄分红保险相比，内地分红年金保险的回本周期更短，内地分红年金保险最短可以在5年内回本，而香港储蓄分红保险至少需要10年。同时，内地的保险公司投资范围监管更为严格。一方面，这使得内地分红年金保险在固定收益类和现金流资产的配置比例更高，收益更加稳定，更适合有稳定理财需求的客户。根据中国保险资产管理业协会发布的《2018—2019保险资管业调研报告》显示，截至2018年末我国保险资金债券投资占比39%，银行存款占比12.3%，金融产品类资产占比18.5%，股票和公募基金合计占比10.8%，未上市股权投资占比5.7%，境外投资占比4.6%。另一方面，这也是内地保险理财产品同质化严重的原因之一。

综上所述，由于香港与内地的资本市场发展情况不同、监管标准不同、产品形态不同等原因，香港储蓄分红保险在管理经营实力、产品设计、资产配置、资金成本等方面具有优势，而内地类似的理财保险产品在回本周期与稳定收益方面更胜一筹。以友邦"简爱·延续2"保障计划为例，通过对比香港与内地理财类保险基本特点，可以将香港储蓄分红保险对创新发展广州理财类保险产品设计与服务模式改进的启示总结为以下三点。

一是改进优惠方式。香港许多储蓄分红保险都设有保费优惠条款与优惠活动，如友邦"充裕未来·盈尚"系列增设卓越成绩奖，若受保人的学业成绩于保单生效满1年后及于25岁前达到一定条件，此计划将于保单生效期间支付相应奖金金额。广州的寿险公司可以借鉴香港的优惠方式，针对产品特定的目标群体，设置各种奖励金，合理使用优惠赠险条款，避免恶性销售竞争，为客户提供保费优惠。

二是加强保险资金营运能力。目前，广州地区专业保险资产管理人才缺口较大，应当把握粤港澳大湾区的政策优势，积极引入香港地区保险资管机构与专业人才落户，参考香港险企的资金期限匹配策略与管理经验，根据市场结构不断调整人才结构、激励机制和薪酬体系，提高资产利用效率。

三是扩大可选受益人范围。如友邦"简爱·延续3"首创的初生婴儿受益人，客户可以直接设定未出生的婴儿为受益人，为客户提供了更便利直接的选择，扩大了市场上保险受益人可选范围。不仅是寿险公司，广州各类保险公司都可以根据地区财富管理需求，结合产品目标群体设计不同的受益人选项，积极响应中央支持各地发展特色产业的号召，探索保险资金深度参与服务汽车金融、绿色金融、航运金融等领域的新路径，拓宽服务实体企业范围。

（二）易方达跨境理财产品创新

易方达基金管理有限公司成立于2001年，公司总部设在广州，是一家为境内外投资者提供资产管理解决方案的综合型资产管理公司。该公司拥有公募、社保、年金、特定客户资产管理、QDII（合格境内机构投资者）、QFII（合格境外机构投资者）、RQFII（人民币合格境外机构投资者）、基本养老保险基金投资等业务资格，截至2021年6月30日，公司总资产管理规模近2.5万亿元，是国内最大的公募基金管理公司，客户包括个人投资者及社保基金、养老金、大型金融机构、境外央行等各类机构投资者。[1] 公司股权结构均衡稳定，主要股东有广东粤财信托有限公司、广发证券股份有限公司、盈峰控股集团有限公司等。图7-14为2001—2019年易方达资产管理总规模的变化情况。

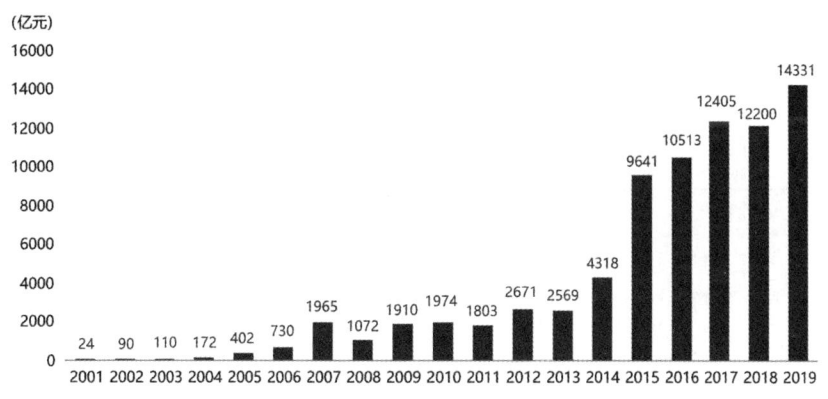

图7-14　2001—2019年易方达资产管理总规模

资料来源：易方达基金官方网站。

---

[1] 易方达基金官网 .http://www.efunds.com.cn/html/menu/4.htm.

1. 案例介绍

2019年6月25日上午，上海证券交易所和日本交易所集团分别举行中日ETF互通开通仪式，4只中日ETF互通产品在上交所成功上市，其中就包括易方达日兴资管日经225交易型开放式证券指数基金。该基金为交易型开放式基金，根据中国证监会许可进行募集，由易方达基金管理有限公司公开募集。募集期间为2019年5月28日至6月5日，基金合同于2019年6月12日正式生效。该基金主要通过投资日兴资管日经225ETF（1330 JP）实现对标的指数的紧密跟踪，业绩比较基准为标的指数收益率，即日经225指数收益率（使用估值汇率折算）。日经225指数是日本各股价指数中历史最悠久且为日本股票市场最有代表性的股价指数，是由东京证券交易所上市的股票中选出225家最具代表性的股票，按价格平均法计算出的股价指数。

根据《易方达日兴资管日经225交易型开放式指数证券投资基金（QDII）2019年年度报告》的数据显示，截至2019年6月18日，该基金共募集金额人民币508411379.00元，其中有效净认购金额为人民币508402500.00元，按6月21日净值计算的资产规模约为5.09亿元。基金基本信息见表7-17。

表7-17　易方达日兴资管日经225ETF（ODII）基本信息

项目	信息
基金名称	易方达日兴资管日经225交易型开放式指数证券投资基金
基金简称	易方达日兴资管日经225ETF（QDII）
基金主代码	513000
交易代码	513000
基金运作方式	交易型开放式
基金合同生效日	2019年6月12日
基金管理人	易方达基金管理有限公司

(续表)

项目	信息
基金托管人	中国工商银行股份有限公司
报告期末基金份额总额	100411379.00
基金合同存续期	不定期
基金份额上市的证券交易所	上海证券交易所
上市日期	2019年6月25日

资料来源：《易方达日兴资管日经 225 交易型开放式指数证券投资基金（QDII）2019 年年度报告》。

易方达日兴资管日经225ETF 作为追踪日经 225 指数的被动式海外指数基金，通过投资日兴资管日经225ETF（1330JP）来实现对基准指数的跟踪，该基金的主要会计数据和财务指标见表 7-18。

表 7-18　易方达日兴资管日经 225ETF（ODII）主要会计数据和财务指标（2020 年 10 月 1 日至 12 月 31 日）

金额单位：元

指标	金额
本期已实现收益	2790840.14
本期利润	10287277.20
加权平均基金份额本期利润	0.1796
期末基金资产净值	66003870.47
期末基金份额净值	1.2838

说明：①基金业绩指标不包括持有人认购或交易基金的各项费用，计入费用后实际收益水平要低于所列数字。②本期已实现收益指基金本期利息收入、投资收益、其他收入（不含公允价值变动收益）扣除相关费用后的余额，本期利润为本期已实现收益加上本期公允价值变动收益。

资料来源：《易方达日兴资管日经 225 交易型开放式指数证券投资基金（QDII）2020 年年度报告》。

2. 案例分析

该基金的投资目标为：紧密跟踪标的指数，力争将日均跟踪偏离度的绝对值控制在0.35%以内,年化跟踪误差控制在3%以内。

回顾2020年四季度,美国大选前的不确定性较强,叠加美国财政救济计划迟迟无法兑现,压制了日经225指数在10月份的表现。拜登在11月赢得2020年美国大选,成为美国第46任总统。美联储维持基准利率及资产购买规模不变,符合市场预期。特朗普在12月签署刺激法案激发了市场的乐观情绪。新冠病毒毒株出现变异,并可能已在美欧等地传播,辉瑞新冠疫苗获得欧盟正式批准。包括日本在内的15个国家正式签署区域全面经济伙伴关系协定(RCEP),新冠疫苗研发的进展也提振了市场对全球经济恢复的预期,带动日经225指数自11月以来走强,创出自1992年以来的新高。作为追踪日经225指数的被动式海外指数基金,日经225ETF基金通过投资日兴资管日经225ETF(1330JP)来实现对基准指数的跟踪,力求基金净值增长率与业绩较基准增长率相当。截至2020年末,日经225ETF的基金份额净值为1.2838元,份额净值增长率为16.03%,同期业绩比较基准收益率为16.18%,年化跟踪误差1.456%,在合同规定的目标控制范围之内。表7-19对比了2019年6月12日至2020年12月31日期间,易方达日兴资管日经225ETF份额累计净值增长率与业绩比较基准收益率的历史走势变化。

表7-19 易方达日兴资管日经225ETF(ODII)份额累计净值增长率与业绩比较基准收益率历史走势对比

阶段	份额净值增长率(A)	份额净值增长率标准差	业绩比较基准收益率(B)	业绩比较基准收益率标准差	A-B
过去三个月	16.03%	0.97%	16.18%	0.97%	-0.15%
过去六个月	18.33%	0.97%	18.32%	0.97%	0.01%
过去一年	14.64%	1.60%	14.47%	1.61%	0.17%
自基金合同生效起至今	28.38%	1.33%	28.38%	1.34%	0.00%

资料来源:《易方达日兴资管日经225交易型开放式指数证券投资基金(QDII)2020年年度报告》。

作为跨境 ETF，易方达日兴资管日经 225ETF 拥有一般 ETF 的优点，同时具备开放式基金的申购和赎回的特性和封闭式基金的交易特性，投资分散程度更高，可以和股票一样随时在二级市场交易，且不用考虑各国之间税费等体制的差异，管理成本和交易成本较低。此外，易方达日兴资管日经 225ETF 为国内公募基金引入了日本市场的投资组合。日本股市发展较为成熟开放，其市场规模客观且估值相对较低，随着经济高速发展和投资理念变化，投资者进行全球化资产配置需求日益强烈，该基金很好地迎合了国内投资者配置海外资产的需求。

需要注意的是，易方达日兴资管日经 225ETF 的预期风险高于混合型基金、债券型基金与货币市场基金。该基金投资于海外市场，其业绩表现与日经 225 指数的表现密切相关，而日本证券市场对证券每日涨跌幅空间相比于国内市场更大。除了需要承担与境内证券投资基金类似的市场波动风险等一般投资风险之外，易方达日兴资管日经 225ETF 还面临汇率风险以及日本等境外市场的风险。由于跨境 ETF 以人民币核算净值，易方达日兴资管日经 225ETF 的汇率波动盈亏会直接体现在基金净值上，如果外币相对于人民币贬值，将对基金收益产生不利影响，而外币对人民币的汇率大幅波动也将加大基金净值波动的幅度。另外，中日 ETF 互通产品的基金份额清算交收流程与普通境内 ETF 存在一定差异，投资者当日申购的基金份额，清算交收完成后方可卖出和赎回。①

3. 经验借鉴

QDII 产品主要可分为证券公司 QDII、保险公司 QDII、信托公司 QDII、商业银行 QDII 及基金公司 QDII。跨境 ETF 作为一种基金公司 QDII 产品，是我国直投其他国家股市、进行全球化资产配置的便捷工具之一。2012 年 7 月 9 日，我国国内首次发行了跨境 ETF 产品，即华夏恒

---

① 新京报.投资指南：中日 ETF 互通来了，与一般 ETF 产品哪不同.[EB/OL].(2019-06-25)[2021-08-19].https://news.sina.com.cn/c/2019-06-25/doc-ihytcitk7644185.shtml.

生 ETF（159920）和易方达恒生中国企业 ETF。截至 2020 年 7 月，在沪深交易所上市的 ETF 数量共有 336 只，总规模超 8000 亿元，其中有 27 只跨境 ETF，管理总规模为 316.7 亿元。[①] 产品跟踪标的也从中国香港市场指数扩展到了中国台湾市场指数、美国市场指数、欧洲市场指数、日本市场指数以及澳洲市场指数等，为投资者提供了便捷的投资境外市场股票的渠道。与传统 QDII 相比，跨境 ETF 实施场内 T+0 交易，增强了流动性及资金运用效率，等候时间更短。表 7-20 为截至 2020 年 7 月我国跨境 ETF 基本信息。

表 7-20　截至 2020 年 7 月我国跨境 ETF 基本信息

序号	基金名称	投资地区	规模（亿元）	基金公司	跟踪指数名称	上市日期
1	易方达恒生 H 股 ETF	香港	92.36	易方达基金	恒生中国企业指数	2010/7/19
2	恒生 ETF	香港	63.93	华夏基金	恒生指数	2012/10/22
3	易方达中证海外中国互联网 50ETF	海外	34.42	易方达基金	中证海外中国互联网 50 指数	2017/1/18
4	博时标普 500ETF	美国	20.56	博时基金	标准普尔 500 指数	2014/1/15
5	华安国际龙头（DAX）ETF	德国	12.56	华安基金	德国 DAX 指数	2014/9/5
6	纳斯达克 100ETF	美国	10.61	国泰基金	纳斯达克 100 指数	2013/5/15
7	华夏沪港通恒生 ETF	香港	10.56	华夏基金	恒生指数	2015/1/26
8	广发纳斯达克 100ETF	美国	5.99	广发基金	纳斯达克 100 指数	2015/7/13
9	平安港股通恒生中国企业 ETF	香港	5.12	平安基金	恒生中国企业指数	2018/10/22

① 数据来源：野村东方国际证券。

(续表)

序号	基金名称	投资地区	规模（亿元）	基金公司	跟踪指数名称	上市日期
10	工银瑞信粤港澳大湾区创新100ETF	香港	4.13	工银瑞信基金	粤港澳大湾区创新100指数	2020/1/17
11	易方达中证香港证券投资主题ETF	香港	3.69	易方达基金	中证香港证券投资主题指数	2020/3/26
12	华安法国CAC40ETF	法国	0	华安基金	巴黎CAC40指数	2020/6/12
13	南方粤港澳大湾区创新100ETF	香港	1.87	南方基金	粤港澳大湾区创新100指数	2020/1/17
14	南方恒生中国企业ETF	香港	1.82	南方基金	恒生中国企业指数	2018/3/15
15	南方恒生ETF	香港	1.8	南方基金	恒生指数	2015/1/26
16	建信中证沪港深粤港澳大湾区发展主题ETF	香港	1.79	建信基金	中证沪港深粤港澳大湾区发展主题指数	2020/4/14
17	华夏粤港澳大湾区创新100ETF	香港	1.47	华夏基金	粤港澳大湾区创新100指数	2020/4/23
18	华夏野村日经225ETF	日本	1.26	华夏基金	东京日经225指数	2019/6/25
19	广发粤港澳大湾区创新100ETF	香港	0.93	广发基金	粤港澳大湾区创新100指数	2020/2/14
20	易方达日新资管日经225ETF	日本	0.84	易方达基金	东京日经225指数	2019/6/25
21	博时恒生沪深港通大湾区综合ETF	香港	0.72	博时基金	恒生沪深港通大湾区综合指数	2020/5/21
22	华安三菱日联日经225ETF	日本	0.61	华安基金	东京日经225指数	2019/6/25
23	南方顶峰TOPIXETF	日本	0.56	南方基金	东证指数	2019/6/25

(续表)

序号	基金名称	投资地区	规模（亿元）	基金公司	跟踪指数名称	上市日期
24	华安 CES 港股通精选 100ETF	香港	0.38	华安基金	中华交易服务港股通精选 100 指数	2018/5/25
25	富国恒生中国企业 ETF	香港	0.29	国富基金	恒生中国企业指数	2019/3/26
26	易方达中证浙江新功能 ETF	海外	0.28	易方达基金	中证浙江新动能指数（CNY）	2020/5/26
27	建信港股通恒生中国企业 ETF	香港	0.06	建信基金	恒生中国企业指数	2019/1/21

资料来源：Wind 数据库、野村东方国际证券。

当前，我国财富管理创新发展正处于由"产品模式"转向"服务模式"的历史机遇期。一方面，随着中国经济的飞速发展，我国高净值人群的财富观念在发生改变，跨境配置资产的需求不断扩大。友邦保险和《福布斯》联合发布的《2015 中国高净值人群寿险市场白皮书》显示，越来越多的高净值人群开始考虑"财富保全"与"财富传承"。在高净值人士的个性化需求中，跨境资产配置需求占比高达 37%，是仅次于家族信托的第二大需求。另一方面，中央金融监管在跨境投资领域出台的一系列新政策法规，极大地拓展了财富管理业务的发展空间，也为境内投资者在全球市场实现资产配置提供了可行的渠道和选择。我国在境外投资业务模式方面做出的创新尝试主要包括 QDII、QDII2、QDIE（合格境内投资企业）和 QDLP（合格境内有限合伙人）。QDII 主要面向商业银行、信托公司、证券公司、基金管理公司、保险机构和全国社保基金等特定机构。由于 QDII 个人投资者只能购买银行和基金等相关理财产品，QDII2 作为升级版，允许个人投资者直接投资海外金融资产。与 QDII 相比，QDIE 提供了更宽泛的投资范围，不仅包括符合条件的非上市外资公司，还包括一级市场、房地产以及其他实物资产。QDLP 则可以投资境外私募基金。表 7-21 为这四种业务模式的比较分析。①

表 7-21　四种业务模式的比较分析

业务类型	QDII	QDII2	QDIE	QDLP
试点区域	—	上海、天津、重庆、武汉、深圳、温州	深圳	上海、青岛、重庆
资格审批	证监会	地方金融办	地方金融办	地方金融办
投资范围	1. 在证监会、银保监会合作监管市场挂牌交易的股票、全球存托凭证和美国存托凭证、房地产信托凭证； 2. 在证监会、银保监会合作监管市场注册的公募基金； 3. 各类债券、回购与逆回购协议、商业票据、大额可转让存单、存款等货币市场工具、结构性投资产品及在中国证监会认可的交易所上市交易的权证、期权、期货等金融衍生产品	1. 境外金融类投资，含股票、债券、基金、保险、外汇及衍生品； 2. 境外实业投资，含绿地投资、并购投资、联合投资等，按相关主管部门的规定进行备案或核准后办理； 3. 境外不动产投资，含购房等，须审核证明材料后办理	1. 境外非上市公司股权、债券、对冲基金； 2. 不动产、实物资产等经联席会议办公室备案通过的其他标的资产	境外证券类资产与房地产领域

资料来源：课题组整理。

① 中同资本. 解析 QDIE、QDLP、QFLP、QFII、QDII 之间的区别.[EB/OL].(2015-12-02)[2021-08-19].https://www.sohu.com/a/45875249_348843.

广州南沙自贸区是建设国家金融改革试点与跨境财富管理平台的重要"试验田"。《粤港澳大湾区发展规划纲要》提出要将广州南沙建设成为粤港澳全面合作示范区，支持南沙与港澳金融机构合作共同发展离岸金融业务，探索建立与粤港澳大湾区发展相适应的账户管理体系，在跨境资金管理、人民币跨境使用、资本项目可兑换等方面先行先试，促进跨境贸易、投融资结算便利化。在这种政策背景下，南沙可以争取推进QDIE、QDLP以及跨境理财通试点建设，并借鉴上海自贸试验区自由贸易账户体系（FTA），把握区位优势与政策优势，积极探索与自贸区发展相适应的账户管理体系。可以打造跨境财富管理试验基地，加强与香港地区现代服务业、绿色金融以及航运金融的合作，在跨境个人财富管理产品交易、企业跨境投融资中介服务以及离岸人民币业务等领域探索独具特色的业务模式，与前海以及横琴自贸区错位发展。

四、广州财富管理服务创新发展的对策及建议

（一）发挥人才要素潜在优势，创新财富管理产品

广州聚集了众多985、211高校以及科研院所，科教资源丰富，具有人才潜在优势。近年来，广东省和广州市还出台了一系列政策来吸引外来人才在广州落户。早在2014年，广州就研究制定了《广州市高层次金融人才支持项目实施办法（试行）》，是国内最早出台的专项支持金融人才的政策之一。2019年底，广州市地方金融监管局所印发的《广州高层次金融人才支持项目实施办法（第二次修订）》重点修订了四类高层次金融人才评分标准，包括金融领军人才、金融高级管理人才、金融高级专业人才和金融柔性引进人才，并将财富管理人才、私人银行人才等合并为财富管理人才。对此，广州可以挖掘本地人才要素的潜在资源，将其切实转化为财富管理创新发展的动力。可以对标国际财富管理发展趋势，

进一步优化财富管理人才划分标准与评选办法，同时建立珠三角地区财富管理人才的有效对接机制，探索设立与珠三角其他地区，尤其是深圳与香港地区对于金融理财师（AFP）、国际金融理财师（CFP）、注册企业理财师（EFP）、私人银行家（CPB）、特许金融分析师（CFA）等各类财富管理人才的互通互联认证制度。

在推动科技成果转化应用的过程中，广州应把握科教资源的区位与政策优势，把科技优势最大限度地转化为财富管理发展优势。对于各大高校与研究院，支持高校建立产学研一体化中心；支持高校与财富管理机构合作联合培养金融高端人才，针对财富管理领域的具体人才需求制定培养方案；鼓励高校学生全过程深度参与财富管理项目，基于项目核心任务培养学生的创新意识与将理论知识转化为解决实际问题的能力，推动人才潜在资源转化为实实在在的财富管理创新成果。

产品同质化严重的背后是财富管理机构目前以产品为中心的业务模式。财富管理机构在进行产品创新时，需要考虑目标群体的年龄阶段、消费特点、投资预期收益需求与风险承受意愿范围等要素，通过银行理财产品、股票、债券、养老保险以及资管计划等方式的综合配置，实现客户财富的全方位管理，而不是单纯地将财富管理视为资产管理，将客户需求简单地理解为财富增值。广州可以在各区设立多个财富管理产品创新试点，支持财富管理机构创新财富管理产品体系，研发跨机构、跨市场乃至跨境的个性化理财产品，以满足居民财富管理差异化需求；允许广州财富管理机构或部门创新资金配置方式，覆盖更多实体经济领域，满足广州先进制造业、航运产业、绿色产业等特色产业的资金需求；在鼓励广州各类财富管理机构横向链条式合作的同时，引导各类金融机构个性化发展，了解国际财富管理的发展趋势和产品功能，避免短期收益率的恶性竞争；引进量化金融与智能投顾服务，探索推出互联网线上产品与线下服务结合的新模式。

（二）引导财富管理机构聚集，完善财富管理生态链

广州是众多银行的区域总部所在地，存贷数量庞大且交易非常频繁。同时，广州拥有全国各大银行的省级分行机构，农村商业银行以及信托公司总部机构。各银行的省级分行均设有私人银行部门，专门为高净值客户群体提供财富管理服务。服务的客户群体主要以广东省的高净值客户为主。对此，广州可以充分利用"千年商都"的营商环境基础与银行业的比较优势，与北京、上海以及等地错位发展财富管理。支持建立广州私人银行财富管理中心，完善私人银行人才教育培训体系；发挥广州的银行经营网点的规模优势，提升广州财富管理业务的总量与质量；鼓励符合条件的银行类财富管理机构在广州设立银行理财子公司，同时吸引国际一流银行类财富管理机构入驻广州，并给予一定的财税政策优惠。

此外，在引进境外优秀财富管理机构的同时，应注意为本土财富管理机构提供足够的发展空间。支持金融控股集团如越秀金融控股集团、粤财投资控股公司等完善财富管理生态链；鼓励本土财富管理机构如广发证券、易方达基金、大业信托等设立境外分支机构和境外业务平台，积极开发跨境产品，努力打造具有全球竞争力的本土财富管理机构；进一步加大力度积极引进和新设保险总部机构，支持各类保险机构在广州设立保险资产管理公司，努力让保险资金投资向广州市场倾斜；构建审计、律师、会计、咨询等财富管理配套服务体系，努力提升财富管理服务综合水平。

（三）紧抓政策红利，探索特色离岸财富管理业务

广州南沙自贸区地处粤港澳大湾区腹地，拥有十分有利的地理位置与对外开放的政策优势，有潜力发展成为辐射华南地区的区域性离岸财富管理中心。广州应抓住粤港澳大湾区的政策机遇，建设南沙财富管理中心，探索以离岸资产管理为特色的财富管理业务。

2020年6月9日，中国人民银行、香港金融管理局、澳门金融管理局决定在粤港澳大湾区开展"跨境理财通"业务试点，将极大地便利粤港澳大湾区居民跨境理财与资金配置，也为广州财富管理创新带来了新的发展空间。对此，广州可以联合港澳两地，进行跨区域跨境金融资源整合，组建服务粤港澳、面向国际的离岸人民币财富管理平台，发挥粤港澳大湾区财富管理业务的规模效应。广州应积极争取"跨境理财通"的试点机会，参与相关制度体系创新与产品设计过程，并将其作为重点恰当地归并入本地财富管理发展方案，据此统筹规划广州市各区的具体发展方案。在合理放宽相关试点业务与创新产品政策限制的同时，也应防范过度创新与高杠杆带来的系统性风险。

此外，广州南沙自贸区应注意与深圳前海自贸区以及珠海横琴自贸区的跨境财富管理差异化发展。广州作为广东省省会，是珠三角地区的区域金融监管中心，可以尝试在南沙自贸区设立粤港澳大湾区财富管理行业监管平台，及时归集大湾区财富管理监管动向与信息，统筹协调各地财富管理进行差异化互补定位，同时对国务院金融稳定发展委员会、中国人民银行、银保监会以及证监会的监管模式起到补充作用。图7-15展示了粤港澳大湾区内南沙、前海、横琴三个自贸区的跨境财富管理发展定位。

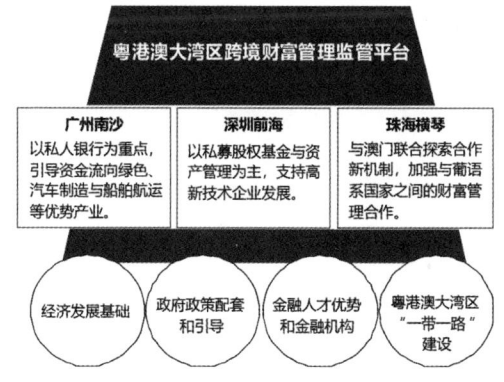

图7-15 粤港澳大湾区内三个自贸区跨境财富管理发展定位

资料来源：课题组绘制。

广州拥有全国各大银行的省级分行机构，各银行的省级分行均设有私人银行部门，专门为高净值客户群体提供财富管理服务。通过建立私人银行财富管理中心，有利于广州发展金融机构总部经济，提升广州财富管理服务的整体水平。广州可以建设辐射华南地区的区域性跨境财富管理中心，在努力争取"跨境理财通"、QDIE、QDLP等各种试点建设的同时，对广州投资者的特点与需求进行深度挖掘，探索以航运产业、绿色产业、先进制造业为基础的离岸财富管理业务。

深圳是中小创新型科技企业的孵化基地，活跃的创投市场吸引了众多私募股权基金机构的聚集，可以建设辐射全国的、以私募股权基金为主的离岸财富管理中心，利用私募股权基金公司的高度聚集以及私募股权投资的高额回报特征，吸引更多的高净值客户将资金汇集于珠三角。

珠海横琴自贸区应与澳门联合探索财富管理人才引进、风险分担机制新模式，或可借鉴南沙、前海与香港的合作模式，充分发挥横琴自贸区和澳门自由关税区的政策优势，加强与葡语系国家之间的财富管理合作，推动葡语国家参与"一带一路"建设，加速人民币国际化进程。

参考文献

福布斯中国.2019中国400富豪榜[EB/OL].www.forbeschina.com/lists/1728,2019-11-07.

福布斯中国,友邦保险.2015中国高净值人群寿险市场白皮书[R].2015-07-16.

关于加快建设广州区域金融中心的实施意见[J].广州政报,2011(13):49-64.

广州市人民政府关于印发广州市国民经济和社会发展第十三个五年规划纲要(2016—2020年)的通知[J].广州市人民政府公报,2016(10):1-128.

广州市人民政府办公厅关于印发广州市金融业发展第十三个五年规划(2016—2020年)的通知[J].广州市人民政府公报,2017(01):1-58.

广州市人民政府关于印发支持广州区域金融中心建设若干规定的通知[J].广州市人民政府公报,2019(06):22-28.

陆磊.中国的区域金融中心模式:市场选择与金融创新——兼论广州—深圳金融中心布局[J].南方金融,2009(06):9-14.

人民银行,银保监会,证监会,外汇局关于金融支持粤港澳大湾区建设的意见[J].中华人民共和国国务院公报,2020(20):73-77.

任新建.上海财富管理中心建设研究[J].新金融,2012(04):25-28.

吴小平.财富管理行业发展现状与趋势[J].山东工商学院学报,2020,34(01):9-20.

香港私人财富管理公会,毕马威中国.2019年香港私人财富管理行业报告[R].2019-10-08.

徐维军,罗莚方,张卫国.珠三角财富管理中心的建设模式探讨[J].武汉大学学报(哲学社会科学版),2016,69(02):79-84.

徐维军,罗莚方,关雪伟.财富管理中心评价指标体系构建——对我国六个主要金融城市的比较与评价[J].管理现代化,2015,35(03):61-63.

印发广州区域金融中心建设规划(2011—2020年)的通知[J].广州政报,2011(13):11-48.

袁义才,李杰.深圳建设财富管理中心策略研究[J].金融管理研究,2016(02):32-45.

中国人民大学财政金融学院,中国人民大学财富管理研究中心.2018年中国财富管理发展指数报告[R].青岛:青岛市政府新闻办,2018.

中国互联网财富管理行业研究报告2019年[C]//.艾瑞咨询系列研究报告（2019年第7期）.上海艾瑞市场咨询有限公司,2019:167-195.

中国银行,深圳大学深圳南特商学院.中银粤港澳大湾区财富指数报告2020年1季度[R].2020-06.

张莹雪.中国主要中心城市总部经济发展研究[D].辽宁大学,2018.

第八章

广州航运金融服务创新

广州是我国南方规模最大、历史最悠久的对外通商口岸，海运兴盛、航运发达的传统使得航海运输在广州发展史上留下了浓墨重彩的一笔。公元3世纪30年代，广州就成为海上丝绸之路的主港，并在唐宋时期成为中国第一大港，是闻名世界的东方港市和千年商都；明清时期是中国唯一的对外贸易大港，是两千多年来世界上唯一长盛不衰的大港；新中国成立以后，依托世界级大港——广州港，广州航运业继续保持蓬勃发展态势。

航运金融因航运业而兴起，作为现代航运服务业的重要组成部分，在航运基础设施建设、船舶制造、航运管理与交易等方面具有不可替代的重要作用，极大地促进了航运中心与金融中心的建设发展。从全球范围来看，航运金融在国际金融市场中不仅具有举足轻重的地位，而且还对国际航运市场乃至全球物流贸易和供应链格局有着重要的影响。在全球经济飞速发展的今天，金融与航运早已形成你中有我、我中有你的紧密相连格局，金融业为航运业的发展和开拓提供了极大的支持，航运市场的发展离不开保险、期货、融资租赁等金融工具。

广州发展航运金融具有重要的战略意义。首先，广州发展航运金融可以促进以广州港为主体的航运船舶业持续发展。就发展规模而言，广州港已经是全球范围内的大港，但与国际先进大港相比，广州港的港口物流效率和航运服务水平仍具有很大的发展空间。当前广州港正处于转型升级的关键时期，要想迈向航运业价值链高端，由国际大港转变为国际强港，就需要大力发展航运金融。其次，广州发展航运金融可以有力地支撑广州建设国际航运中心。建设国际航运中心的一个关键环节就是要构建完善的航运产业集群和现代航运服务体系，从基本的航运软硬件建设到发展价值链高端的现代航运服务业，都离不开航运金融服务的支持。大力发展航运金融，通过完善、便捷的航运金融服务吸引汇集国内外各类高端航运要素，将会极大地促进广州国际航运中心的建设。最后，广州发展航运金融能有力地支撑广州建设区域金融中心。在航运金融建设方面，广州具有较好的航运发展基础和显著的竞争优势，将航运金融作为突破口，在金融服务创新方面不断深耕，将航运金融打造成广州金融业的一张靓丽名片，必将能有力地提升广州区域金融中心的地位。

航运金融在国际金融市场中不仅具有举足轻重的地位，并对国际航运市场乃至全球物流贸易格局有着重要的影响。2020年新冠肺炎疫情全球暴发对国际航运业造成了较大的影响，不可避免地波及了航运金融市场。广州作为世界级城市群粤港澳大湾区的核心城市，正在打造国际航运中心。广州港地处珠江出海口和粤港澳大湾区中心地带，是华南地区最大的综合性主枢纽港和对外开放的国际门户枢纽，也是"一带一路"建设和粤港澳大湾区战略的交汇点，若能充分利用后疫情时代航运市场格局的变动期，抓住"双循环"新发展格局的机遇，贯彻新发展理念，发挥港口全球物流链、供应链重要节点作用，持续推动提升口岸营商环境，畅通国内国际双循环功能，将会推动航运金融业的新发展。

本章行文结构安排如下：第一节介绍航运金融政策背景、广州航运金融发展现状以及广州航运金融的发展优势和存在的问题；第二节是实证分析章节，通过实证数据探究广州航运业与金融业之间的联动发展关系，并与国内其他三个港口城市作对比分析；第三节介绍广州航运金融创新案例，精选了两个典型案例进行探讨分析；第四节对加快发展广州航运金融给出了对策与建议。

一、广州航运金融发展现状

（一）航运金融政策背景

产业的发展壮大，离不开党和国家的各项政策支持，在加速建设粤港澳大湾区的战略背景下，陆续出炉的纲领性文件和指导性政策文件为各项产业的有序差异化发展提供了指导依据。梳理涉及粤港澳大湾区航运产业特别是与广州航运相关的国家级和省级政策文件，主要包括以下政策支持：

建设粤港澳大湾区的纲领性文件《粤港澳大湾区发展规划纲要》明确指出："增强广州、深圳国际航运综合服务功能，进一步提升港口、航道等基础设施服务能力，与香港形成优势互补、互惠共赢的港口、航运、物流和配套服务体系，增强港口群整体国际竞争力。""以航运物流、旅游服务、文化创意、人力资源服务、会议展览及其他专业服务等为重点，构建错位发展、优势互补、协作配套的现代服务业体系。""建设国际高端航运服务中心，发展航运金融等现代航运服务业"。

此外，《粤港澳大湾区发展规划纲要》给予广州南沙粤港澳全面合作示范区的定位中，着重强调了要"加快建设大湾区国际航运、金融和科技创新功能的承载区，成为高水平对外开放门户"，金融方面强调要"打造金融服务重要平台，强化金融服务实体经济的本源，着力发展航运金融、科技金融、飞机船舶租赁等特色金融。支持与港澳金融机构合作，按规定共同发展离岸金融业务，探索建设国际航运保险等创新型保险要素交易平台"。

《广东省推进粤港澳大湾区建设三年行动计划（2018—2020年）》中要求广州加快建设世界级港口群。"增强广州、深圳国际航运综合服务功能，进一步提升港口、航道等基础设施服务能力。推进广州南沙港铁路等疏港铁路改造建设，加快西江干线、北江干线至珠江口高等级航运主通道建设。"

《中共广东省委全面深化改革委员会关于印发广州市推动"四个出新出彩"行动方案的通知》也指出:"广州要建设现代服务业强市,要与深圳共同打造国际多式联运中心、全球供应链管理中心、国际物流航运中心。广州南沙要充分发挥国家级新区和自贸试验区优势,创建粤港澳大湾区营商环境试验区,建设成为大湾区国际航运、金融和科技创新功能承载区,打造粤港澳全面合作示范区"。航运方面,指出"支持广深两地深化港口基础设施建设合资合作,争取国际航运保险增值税免税政策落地,加快建设世界级港口群"。航运金融方面,要"研究开展国际航运保险等创新型保险要素交易。推动实现南沙与香港快速联检,争取将南沙港作为实施启运港退税政策的离境港,争取在南沙实施国际航运保险免征增值税政策"。

《交通运输部关于推进海事服务粤港澳大湾区发展的意见》指出"支持广州南沙发展航运金融、船舶租赁等特色金融,探索建立国际航运保险等创新型保险要素交易平台"。《交通运输部办公厅 广东省人民政府办公厅广西壮族自治区人民政府办公厅 贵州省人民政府办公厅 云南省人民政府办公厅关于珠江水运助力粤港澳大湾区建设的实施意见》指出:"进一步提升航运交易服务能力,支持广州航运交易所服务功能完善。推动粤港澳在航运支付结算、融资、租赁、保险、法律服务等方面实现服务规则对接,提升粤港澳大湾区港口航运服务国际化水平"。

上述涉及航运产业的政策,从全局角度为整个粤港澳大湾区航运事业发展指引了方向,广州作为千年商都和传统航运强市也在以上政策中被多次提及,特别是围绕"将广州建设成为国际航运中心"这一目标,各项政策和规划都在有序推进,金融作为支撑实体经济运转的重要"引擎"之一,与航运密切相关的航运金融也正迎来更大的发展空间。

（二）广州航运金融发展概述

广州发展航运金融具有得天独厚的地理环境优势以及良好的发展基础。广州港作为我国最重要的沿海和内河交通运输枢纽之一，2020年累计完成货物吞吐量6.36亿吨，排名全球第四，其中内贸4.9亿吨，排名全国第一；完成港口吞吐量2350.5万标准集装箱，排名全球第五，其中内贸1145万标准集装箱，排名全国第一。广州拥有航运能力建设水平达世界级的世界第五大港区——南沙港区，落地了国内首个线上航运保险平台——广州南沙航运保险要素交易平台，据新华·波罗的海国际航运中心发展指数显示，广州国际航运中心建设排名由最初的全球第25位跃升至2021年的第13位，正在加速从货运型航运中心向服务型航运中心转型升级。

广州航运金融业发展稳中有进。依托广州港的优势，广东自贸区挂牌后，广州南沙作为海上丝绸之路的重要节点，不断发展船舶交易、船舶融资租赁、航运产业基金等航运金融业务。广州航运交易所已开展人民币交易资金代购代付及结算业务，首创国内航运交易外汇结汇结算等业务。据广州市港务局披露数据显示，仅2021年1—2月，广州船舶交易总数达到149艘，同比上涨106.94%，交易金额为5.09亿元。截至2021年7月中旬，船舶交易业务累计成交2776艘，交易金额129.66亿元。广州航运交易所船舶交易平台已成为华南地区规模最大、服务功能最完善的船舶交易服务平台。2018年还新设立了福州、深圳船舶交易服务网点，网点数量达到17个，服务范围进一步延伸。此外，还成立了广东自贸区首家航运产业基金——南沙航运产业基金，首期规模20亿元，总规模达50亿元。[①]

航运相关指数体系建设卓有成效。截至2020年，由广州航运交易所

---

① 广州市南沙区推动私募基金蓬勃发展加快打造面向国际的风险投资集聚区[EB/OL].(2020-07-27)[2021-07-15].http://www.gz.gov.cn/ysgz/xwdt/ysdt/content/post_6472894.html.

主持编制的珠江航运运价指数共发布综合运价指数 265 期，指数周评论 265 期，收集运价数据 81420 条，产生数据成果 17490 条。① 拥有指数报价会员 32 家，运价会员体系已初步建立，船舶交易价格指数共发布珠江二手船舶交易价格指数 31 期，为船舶公司、贸易企业、货主、经纪人等相关企业和人士了解二手船舶交易市场动态提供重要参考。

在承接"一带一路"建设和加速建设粤港澳大湾区的战略背景下，广州发展航运金融大有可为，相信在合理的产业规划引导和恰当的金融政策支持下，广州航运金融业必将迎来更广阔的发展前景。

（三）广州航运金融发展的优势

广州发展航运金融具有非常鲜明的优势，主要集中体现在以下几方面：

第一，航运基础设施配套建设需求强劲，为航运金融发展提供良好的生长土壤。以重点建设项目为驱动的广州港正不断强化门户枢纽功能。2021 年 6 月，广州港迎来四大重点工程节点，包括广州南沙国际物流中心北区仓库开仓试投产、粤港澳大湾区首个全自动化码头南沙四期工程多系统联合联调成功暨 1 号海轮泊位交工验收、近洋码头工程实现滚装船"安吉 26"轮成功靠泊、新沙二期工程实现粮食散货船"中粮东南"轮成功首靠。竣工试投产的四大港口重点工程将会使广州港粮食、集装箱、商品车、综合仓储物流枢纽能力迎来质的飞跃，在畅通国内国际双循环、保障区域产业链供应链平稳运行中发挥积极作用。广州航运基础设施建设的强大需求为航运金融提供了极佳的发展环境，融资、担保等基础资金需求，撮合交易、租赁等金融供应链服务，资产证券化等金融工具的应用都与蓬勃发展的航运基础设施建设息息相关。

第二，航运商贸往来需求逐年增长，为航运金融发展提供内生动力。

---

① 2020 年珠江航运运价指数会员培训顺利举行 [EB/OL].(2020-12-29)[2021-07-15]. http://www.gz.gov.cn/xw/zwlb/bmdt/sgwj/content/mpost_7007252.html.

世界前21位的集装箱班轮公司均在广州港开展业务，马士基航运、中国远洋海运、新加坡港务集团等国内外知名航运企业均参与广州港集装箱码头业务的投资和经营。在新冠肺炎疫情期间，广州航运交易平台通过"平台线上交易＋视频交接交割"的非接触性船舶交易模式，吸引了中国香港、新加坡、希腊等地区的船东、金融租赁公司、国际船舶经纪公司积极参与。截至2021年6月，广州航运交易平台境外船舶交易总额已经突破8.32亿人民币，成为我国最大的境外船舶交易平台。在新冠肺炎疫情蔓延全球的形势下，港口在全球经济中的关键作用和对全球物流系统的重要节点作用更加突显。2021年以来，广州港新开通了14条外贸航线，截至2021年7月，广州港已开辟集装箱班轮航线179条，其中外贸航线134条，南沙港区已开辟160条班轮航线，成为联通非洲、地中海和亚洲地区的重要枢纽港。蒸蒸日上的航运商贸往来，为包括航运商贸资金结算、航运信托、航运保险等在内的航运金融服务提供着源源不断的内生发展动力。

第三，转型升级中的广州现代航运服务业蓬勃发展，为航运金融发展提供源源不断的养分。近年来，广州建设国际航运中心卓有成效，广州现代航运服务业也正在加快与航运业转型发展相适应。由广州航运交易有限公司搭建的航运供应链管理服务平台囊括了网链综合运输服务、航运电子商务、航运大数据分析等现代航运服务，致力于建成航运业与金融业之间有效沟通的信息桥梁；广州在航运法律服务方面也在持续深耕，拥有广东敬海律师事务所、锦天城律师事务所等多所专业提供海商海事法律咨询的机构；航运政策研究方面，由广州市港务局直属的广州国际航运研究中心（广州市港务局港航发展研究中心）专门从事国际港口和航运研究和咨询，为相关政府部门、国内外企业和航运机构提供决策咨询和信息服务，此外广州在持证船员劳务派遣、船员培训、海事信息服务、换证信息服务等现代航运服务业方面发展都比较快。现代航运服务业蓬勃发展，能不断提升航运业的附加值，集聚高端航运要素，促进航运业迈向价值链高端，进而推动航运金融服务不断发展，加上航运金融本就是现代航运服务业的重要组成部分，金融服务的转型升级反过来又促进着现代航运业加速发展，由此形成了一个现代航运服务业和航运金融业的良性正反馈闭环。

第四，政府部门和有关机构高度重视发展航运金融，为航运金融发展提供有利的政策支持。广州市委、市政府高度关心支持包括航运金融在内的广州航运业发展，专门成立了建设广州国际航运中心领导小组，2018年5月11日，广州市人民政府印发《建设广州国际航运中心三年行动计划（2018—2020年）》，该文件明确提出要依托粤港澳大湾区建设，打造粤港澳大湾区国际航运金融综合服务体系，拓展FOB（离岸价）市场，逐步完善结算、金融、保险等配套服务。借力自由贸易港建设，开展国际航运结算、支付、融资等业务。包括航运融资租赁、航运供应链、航运保险等在内的多个细分领域均有涉及。2020年举行的国务院常务会议决定，从2020年10月1日至2023年底，对在南沙自贸区开展国际航运保险业务给予一定税收优惠，减少企业资金占压成本。

此外，广州市港务局作为广州航运业的直接监管服务部门采取有力措施，全面推进航运事业发展，在航运金融方面，出台多项举措积极营造良好的金融发展环境。广州港务局提出以离岸人民币业务和人民币结算为突破口，积极培育航运产权、船舶、设备、航运电商的资金支付与结算。通过简化行政审批、提升服务质量促进广州航运业逐步规范船舶交易流程，提升代办网点服务水平以及拓展船舶评估、竞拍等功能，实现船舶交易信息透明公开。

对标新加坡等世界先进港口，建设广州国际航运中心领导小组研究制定并组织实施《广州市关于提升粤港澳大湾区建设背景下增强广州港国际航运综合服务功能的工作方案》《关于建设世界一流港口的实施意见》等系列政策文件。2020年已编制完成了《加快广州国际航运物流发展实施方案（2020—2025）》，并正在开展《广州港口与航运"十四五"发展规划》《南沙港口和航运物流"十四五"规划》《广州国际航运枢纽发展战略》等编制工作,已形成初步成果。①

第五,广州交通大学获批组建,为航运金融发展培养更具竞争力的人才队伍。2019年1月,广州交通大学的筹建工作得到广州市政府的正式批复,选址定在广州市黄埔区,在现广州航海学院校址上加以扩建,并于2020年开始招生。广州交通大学的成立将有力地促进广州整合交通类高等教育资源,集聚高端航运教育资源,全面升级现代航运服务业教育体系。建成后的广州交通大学将引进先进办学理念和优质教学资源,接轨国际人才培养规格和要求,为广州航运金融业持续输送高水平专业技术人才,缓解广州航运金融业常年缺乏对口专业人才的困境。

(四)广州航运金融发展存在的问题

尽管广州航运业发展已经取得了不少发展成就,但和国际先进大港相比,广州航运业还有较长的路要走,聚焦到航运金融方面,广州发展航运金融存在的较为突出的问题主要集中体现在以下三个方面:

1. 广州航运人才严重缺乏

《2020年新华·波罗的海国际航运中心发展指数报告》显示,航运服务和综合环境等软实力不足是广州航运发展面临的最大瓶颈。广州提升建设国际航运中心软实力的最大问题是严重缺乏各类航运人才,而并不是政策、资金短缺等问题。根据业内专家预测,广州每年至少需要1000名航运工程技术类专业人才;按照伦敦和纽约的金融行业从业人员比例11.5%计算,广州在航运金融方面的人才需求总量约为90万人。然而,广州乃至全国的航运教育资源却十分紧缺,开设航运金融专业的高等院校更是少之又少。我国大部分航运人才来自包括大连海事大学、集

---

① 广州市港务局.广州港务局2020年工作总结和下一步工作计划[EB/OL].(2021-02-23)[2021-07-15].http://gwj.gz.gov.cn/gkmlpt/content/7/7104/post_7104448.html#14976.

美大学、上海海事大学、山东交通学院、广州航海学院等在内的10余所本科航运院校和若干面向航海人才培养的培训机构，其中广州航海学院是我国华南地区唯一一所独立建制的海事本科院校。随着"21世纪海上丝绸之路"建设的不断推进，我国航运专业人才，特别是航运金融相关人才的需求量迎来了井喷式的增长。与此形成鲜明对照的是院校培养与现实需求的严重脱节，国内大部分相关院校机构的培养模式还是停留在注重课本理论知识学习、强调应试技巧考取从业资格证书的阶段，无法给予学生全方位的技能提升训练并形成航运专业素养。与此相比，世界上其他各个主要航运中心都拥有发达完备的航运服务教育体系，由此形成的各类航运研究机构、教育培养协作体系、航运特色人才联盟共同体也都为航运人才培育提供了良好的从业环境，因此可以满足航运业发展所涉及的各部门和各层次人才的需求。

2. 广州航运融资模式无法适应新时代需求

发展海运航运前期投入资金巨大，收回成本周期也相对较长，因此其融资模式一直是航运发展的关键因素之一。实际上国外不少发达国家均施行特殊优惠的海运航运融资政策，以此来降低船舶融资成本，更好地促进本国航运业发展。公开资料显示，美国实行造船差额补贴、资本储备基金和资本建设基金、政府融资担保等政策。德国建立了著名的KG（Kommandit gesellschaft）船舶融资制度，有效地分摊了船舶制造中存在的巨大风险并促进船舶制造业不断发展壮大。日本建立了船舶公团、船舶融资利息补贴政策，以此培育船舶制造业不断成长。韩国设立SIC船舶融资政策，该政策旨在鼓励船东在国内造船，振兴航运业和造船业。在这种模式下，SIC基金设立在韩国本土，并在韩国证券交易所上市募集资金，此外SIC基金还会从银行处贷款获得资金，然后在海外税务较少的国家设立特定目的公司（SPC），由特定目的公司（SPC）购买船舶租赁给承租人，以此降低融资成本并分摊风险。新加坡实行海事金融优惠计划（MFI），其主要优惠政策内容包括：船艇租赁公司、船务基金或船务信托在十年优惠期内买下的船只所赚取的租赁收入，只要符合条件，将永久豁免缴税，直至相关船只被售出为止。负责管理船务基金或公司的投资管理人，所获得的管理相关收入，只要符合条件即可享有10%的优惠税率，为期十年。而在我国，当下航运融资主要依靠股东出资、上市融资和银行贷款这三种途径。

当然，国内也有若干城市探索过成立船舶制造基金、航运发展基金等来鼓励航运业发展，例如成立于2016年的广州南沙航运产业投资基金管理有限公司主营业务便包括受托管理股权投资基金、股权投资、股权投资管理、企业自有资金投资、投资管理服务、资产管理等业务，目前主要服务于南沙航运基础设施建设项目、南沙港集疏运体系建设项目、龙穴岛航运功能区建设项目、南沙临港先进制造业项目、现代航运物流项目、航运服务项目、航运金融保险项目、航运总部经济项目和"一带一路"建设项目等9个方向，但受限于金融监管和风险控制等因素的影响，其优惠力度和政策支持幅度与发达国家相比还有较大差距。与此同时，我国发展海运航运的公共基础设施资金来源不足，援引自交通运输部水运科学研究院副院长贾大山的谈话，当前发展海运航运的公共基础设施资金的中央资金来源包括国家预算内资金、港口建设费等，但其中地方资金部分来源不明确且不稳定。由于没有具体实施细则和相关规定，各个地方政府缺乏相应的资金来源，对应由政府投资的公共基础设施，资金往往难以到位。由此也导致了我国航运业长期陷入"高价造船""境外融资""境外造船"的行业乱象。

3. 广州航运金融业整体发展较为薄弱

广州的航运金融、航运融资租赁、航运保险、航运经纪、航运法律服务等现代航运服务仍处于起步阶段，不具备较强的国际竞争力。尽管在建设粤港澳大湾区和推进"一带一路"建设的加持下，广州航运金融业近些年来取得了不少成绩，但距离打造粤港澳大湾区国际航运金融综合服务体系还有较大差距，广州在航运金融专业化的道路上仍然任重道远。例如，目前广州还没有航运专业银行，金融配套领域的航运金融租赁公司、融资租赁公司、航运保险公司等专业性机构仍然缺乏，这客观上导致了广州航运业和金融业联系不够紧密的发展格局。广州航运金融市场也不够活跃，航运保险交易、船舶融资租赁资产（产权）交易、航运运价指数衍生品开发等还较为滞后。航运上下游供应链方面，也没有形成一站式的金融服务支撑体系，依然沿用传统的供应链模式来运作航运相关业务。此外，由于外汇管制因素，目前广州也没有形成离岸航运金融服务平台，相关业务被中国香港、新加坡等其他国际航运中心垄断。

二、航运业与金融业联动发展实证及对比研究

本节将从实证的角度分析广州、上海、深圳和天津四座我国沿海典型的航运城市的航运业与金融业之间的关系，通过探究航运业与金融业相关指标的数据规律和统计指标，探究航运业与金融业联动发展的状况，并将广州的实证结果与其他三座城市的实证结果作进一步的对比分析。实证检验主要内容包括数据收集、数据相关性检验、数据平稳性检验、协整关系研究和格兰杰因果关系检验。

（一）数据准备与相关性分析

1. 数据收集

查阅文献资料和可获取数据现状并经过综合考量后，选用港口吞吐量来衡量航运业的发展趋势，选用中外资金融机构本外币贷款年末余额来衡量金融业的发展指标。港口吞吐量指标能直观地反映一个地区航运业的发展规模和总体状况，因此用来衡量航运业整体的发展趋势是较为恰当的。选用中外资金融机构本外币贷款年末余额来衡量地区金融业的

发展指标，一方面是因为各类统计数据中暂时没有发现专门衡量航运金融相关的统计指标，另一方面是因为中外资金融机构本外币贷款年末余额指标本身能较好地反映地区金融业年度运行状况，另外注意到由于航运业融资租赁等方面资金的需求巨大，中外资金融机构本外币贷款年末余额指标可以间接地反映出地区各类金融机构的放贷扩张热度，这与当地航运业的发展也具有一定的联系。

由于我们想要探究的航运业与金融业的因果关系实际上是基于港口吞吐量和中外资金融机构本外币贷款年末余额这两个指标与 GDP 可能存在强相关关系，因此我们还需要收集 GDP 数据。经过数据收集和整理，四座城市的数据表如表 8-1 至表 8-4 所示。

表 8-1　广州相关指标数据详表

年份	港口吞吐量（万标准集装箱）	中外资金融机构本外币贷款年末余额（亿元）	地区生产总值（亿元）
2019	2323.62	47103.21	23628.60
2018	2192.21	40749.32	21002.44
2017	2037.20	34137.05	19871.67
2016	1885.77	29669.82	18559.73
2015	1762.49	27296.16	17347.37
2014	1662.62	24231.71	16135.95
2013	1550.45	22016.18	15050.40
2012	1474.36	19936.52	13194.69
2011	1442.11	17732.88	12199.69
2010	1270.26	16284.31	10640.67
2009	1131.38	13851.83	9146.94
2008	1172.45	11079.55	8366.02
2007	999.02	9661.38	7202.95
2006	725.38	8668.58	6124.20
2005	515.49	7622.00	5187.85

(续表)

年份	港口吞吐量 （万标准集装箱）	中外资金融机构本外币贷款 年末余额（亿元）	地区生产总值 （亿元）
2004	381.52	7203.70	4477.35
2003	335.07	6742.81	3780.45
2002	217.00	5747.78	3224.33
2001	174.00	4336.50	2857.92
2000	143.00	3878.00	2505.58
1999	117.70	3435.71	2149.25
1998	84.10	2502.12	1900.41
1997	68.70	1949.23	1682.87
1996	55.80	1693.74	1470.66
1995	43.60	1166.89	1260.31
1994	31.07	873.28	985.31
1993	27.15	835.60	744.35

资料来源：广州市统计局网站。

说明：1993年以前年份未披露广州港口吞吐量—年度标准集装箱数据，暂未列入数据表中。根据第四次全国经济普查结果，对2008—2018年度地区生产总值数据进行了修订。

广州近二三十年来的发展成绩有目共睹，三项指标均处于整体高速增长阶段。从具体年份数据来看，2019年数据与1993年数据相比：港口吞吐量翻了85.5倍，中外资金融机构本外币贷款年末余额翻了56.3倍，GDP翻了31.7倍，虽然整体发展速度近年来逐渐放缓，但增长体量依然巨大，仍有较大的发展潜力。

表8-2 上海相关指标数据详表

年份	港口吞吐量 （万标准集装箱）	中外资金融机构本外币贷款 年末余额（亿元）	地区生产总值 （亿元）
2019	4330.3	79843.01	38155.32
2018	4201.0	73272.35	36011.82
2017	4023.3	67182.01	32925.01

（续表）

年份	港口吞吐量 （万标准集装箱）	中外资金融机构本外币贷款 年末余额（亿元）	地区生产总值 （亿元）
2016	3713.3	59982.25	29887.02
2015	3653.7	53387.21	26887.02
2014	3528.5	47915.81	25269.75
2013	3361.7	44357.88	23204.12
2012	3252.9	40982.48	21305.59
2011	3173.9	37196.79	20009.68
2010	2906.9	34154.17	17915.41
2009	2500.2	29684.1	15742.44
2008	2800.6	24166.12	14536.90
2007	2615.2	21709.95	12878.68
2006	2171.9	18603.92	10598.86
2005	1808.4	16798.12	9197.13
2004	1455.4	14972.01	8101.55
2003	1128.25	13168.05	6804.04
2002	861.2	10550.94	5795.02
2001	634.0	8543.02	5257.66
2000	561.2	7254.26	4812.15

资料来源：上海市统计局。

说明：上海统计年鉴中并未收录2000年以前的中外资金融机构本外币存贷款年末余额指标，故2000年以前数据暂未统计在数据表中。

根据第四次经济普查结果，对上海市地区生产总值历史数据进行了修订。

上海作为我国的经济、金融、贸易和航运中心，在世界金融、商贸及交通领域都具有重要地位。上海港是目前世界规模最大的集装箱港口，2019年，上海港完成港口吞吐量4330.3万标准集装箱，连续十年保持全球第一。金融发达、海运强盛的上海毫无疑问在航运业和金融业领域都是我国实力最强的城市，因此，以航运业与金融业联动发展的视角，将上海作为标杆城市进行实证对比分析，能更好地分析广州存在的问题，对广州发展航运金融提出更切实可行的发展建议。

表 8-3 深圳相关指标数据详表

年份	港口吞吐量（万标准集装箱）	中外资金融机构本外币贷款年末余额（亿元）	地区生产总值（亿元）
2019	2576	59461.39	26927.09
2018	2574	52539.79	25266.08
2017	2521	46329.33	23280.27
2016	2398	40526.9	20685.74
2015	2420	32449.04	18436.84
2014	2404	28114.22	16795.35
2013	2328	24680.07	15234.24
2012	2294	21808.34	13496.27
2011	2257	19244.68	11922.81
2010	2251	16808.12	10069.06
2009	1825	14783.39	8514.47
2008	2142	11234.05	7941.43
2007	2110	10121.37	6925.23
2006	1847	8353.82	5920.661
2005	1620	7596.75	5035.77
2004	1366	6571.56	4350.293
2003	1065	5411.96	3640.14
2002	762	4308.43	3017.24
2001	508	3543.11	2522.95
2000	400	2955.37	2219.20
1999	299	2621.85	1824.69
1998	195	2483.84	1544.95
1997	115	2275.51	1302.30
1996	59	1861.97	1050.51
1995	28	1501.84	842.79
1994	18	1244.87	634.67
1993	13	820.13	453.15
1992	11	643.24	317.32

(续表)

年份	港口吞吐量（万标准集装箱）	中外资金融机构本外币贷款年末余额（亿元）	地区生产总值（亿元）
1991	5	491.44	236.66
1990	2	373.98	171.67

说明：因深圳统计年鉴中并未收录1990年以前的中外资金融机构本外币存贷款年末余额指标，故1990年以前数据暂未统计在数据表中。《深圳统计年鉴2020》根据研发支出纳入GDP核算及全国第三次农业普查结果，对1995—2016年地区生产总值进行了修订。

资料来源：深圳市统计局。

深圳是我国的计划单列市、经济特区及国家综合配套改革试验区、中国特色社会主义先行示范区、全国经济中心城市。深圳航运业较为发达，2019年深圳港口吞吐量2576.91万标准集装箱，排名全球第四。深圳拥有8个港区，157个码头泊位，76个万吨级以上泊位，211条国际航线。深圳同时也是我国两大金融中心之一，深圳证券交易所即坐落于此。招商银行、招商证券、中信证券、平安保险、南方基金等大型金融企业的总部均设于深圳。广州与深圳本就地缘相近、人缘相亲，同为粤港澳大湾区中重要的支柱港口城市，将深圳作为对比城市分析，也能更好地发掘广州市发展航运金融存在的问题，找准定位，促进广州不断完善航运业与金融业之间的连接。

表8-4 天津相关指标数据详表

年份	港口吞吐量（万标准集装箱）	中外资金融机构本外币贷款年末余额（亿元）	地区生产总值（亿元）
2019	1730	36141.27	14104.28
2018	1601	34084.90	18809.64
2017	1507	31602.54	18549.19
2016	1452	28754.04	17837.89
2015	1411	25994.68	16794.67
2014	1406	23223.42	15964.54
2013	1301	20857.80	14659.85

(续表)

年份	港口吞吐量 （万标准集装箱）	中外资金融机构本外币贷款年末余额（亿元）	地区生产总值（亿元）
2012	1230	18396.81	13087.17
2011	1159	15924.71	11461.70
2010	1008	13774.11	9343.77
2009	870	11152.19	7618.20
2008	850	7689.12	6805.54
2007	710	6543.83	5317.96
2006	595	5415.72	4518.94
2005	480	4722.38	3947.94
2004	382	4146.49	3141.35
2003	302	3791.22	2578.03
2002	241	2868.93	2150.76

资料来源：天津市统计局。

说明：因天津统计年鉴中并未收录2002年以前的中外资金融机构本外币存贷款年末余额指标，故2001年以前数据暂未统计在数据表中。

天津是我国的直辖市、国家中心城市和北方最大的沿海开放城市。天津航运条件优越，北方良港天津港是环渤海中与华北、西北等内陆地区距离最短的港口，是首都北京的海上门户，也是亚欧大陆桥最短的东端起点，2019年天津港港口吞吐量达1730万标准集装箱，是我国北方港口吞吐量第二大港。天津金融业也非常发达，作为天津市的"招牌"名片，天津的融资租赁一直保持全国领先，业务量总额占全国近三分之一，是全世界第二大飞机租赁聚集地。作为我国北方的代表性港口城市，将天津作为对比城市进行分析，能更好地了解广州在国内的发展水平，给出更具针对性的航运金融发展对策建议。

2. 相关性检验

如上文所述，我们首先需要探究港口吞吐量和中外资金融机构本外币贷款年末余额这两个指标与GDP的相关关系。本节选用Pearson相关性检验对数据相关性进行检验，在统计学中，Pearson相关系数用于度量两个变量之间的相关程度（线性相关），其数值介于 –1 到 1 之间，1 代表绝对正相关，–1 代表绝对负相关，在自然科学领域中，该系数广泛用于度量两个变量之间的线性相关程度，其计算公式如下所示：

$$r = \frac{\sum_{i=1}^{n}(X_i-\overline{X})(Y_i-\overline{Y})}{\sqrt{\sum_{i=1}^{n}(X_i-\overline{X})^2}\sqrt{\sum_{i=1}^{n}(Y_i-\overline{Y})^2}} \qquad (8.1)$$

经过计算，得到三大指标之间的相关关系系数情况如表 8-5 至表 8-8 所示。

表 8-5　广州港口吞吐量与地区生产总值相关关系表

	港口吞吐量（万标准集装箱）	中外资金融机构本外币存贷款年末余额（亿元）	地区生产总值（亿元）
港口吞吐量（万标准集装箱）	1.000	0.960	0.988
中外资金融机构本外币存贷款年末余额（亿元）	0.960	1.000	0.986
地区生产总值（亿元）	0.988	0.986	1.000

表 8-6　上海港口吞吐量与地区生产总值相关关系表

	港口吞吐量（万标准集装箱）	中外资金融机构本外币存贷款年末余额（亿元）	地区生产总值（亿元）
港口吞吐量（万标准集装箱）	1.000	0.934	0.952
中外资金融机构本外币存贷款年末余额（亿元）	0.934	1.000	0.998
地区生产总值（亿元）	0.952	0.998	1.000

表 8-7　深圳港口吞吐量与地区生产总值相关关系表

	港口吞吐量 （万标准集装箱）	中外资金融机构本外币 存贷款年末余额（亿元）	地区生产总值 （亿元）
港口吞吐量 （万标准集装箱）	1.000	0.807	0.872
中外资金融机构本外币存 贷款年末余额（亿元）	0.807	1.000	0.989
地区生产总值（亿元）	0.872	0.989	1.000

表 8-8　天津港口吞吐量与地区生产总值相关关系表

	港口吞吐量 （万标准集装箱）	中外资金融机构本外币 存贷款年末余额（亿元）	地区生产总值 （亿元）
港口吞吐量 （万标准集装箱）	1.000	0.962	0.959
中外资金融机构本外币存 贷款年末余额（亿元）	0.962	1.000	0.947
地区生产总值（亿元）	0.959	0.947	1.000

相关性检验结果显示，广州、上海、深圳和天津四座城市内部的三个变量两两之间的相关程度均比较高，有较强的相关关系，因此均可以进行后续的港口吞吐量和中外资金融机构本外币贷款年末余额的因果关系探究。

（二）航运业与金融业协整关系研究

1. 数据平稳性检验

由于港口吞吐量和中外资金融机构本外币贷款年末余额这两个指标之间存在着计量单位和数量级上的差异，不能直接进行对比分析，因此我们将两项指标分别取对数，以此来消除这种差异。取对数后港口吞吐量指标用 lnSB 来表示，中外资金融机构本外币贷款年末余额用 lnFI 来表示。

根据计量经济学的相关研究，只有平稳的时间序列，才能进行计量分析，否则会出现伪回归现象。因此我们首先要对数据的平稳性进行检验。对于时间序列数据而言，平稳性检验分为强平稳性和弱平稳性。强平稳的要求较为苛刻，它要求两组数据之间的任何统计性质都不会随着时间而改变，一般在实际中难以检验，基本没有什么应用场景。弱平稳性则应用比较广泛，它有三个要求：一是对于任意时期的时间序列 X_t，有 $E(X_t)=\mu$，其序列均值为常数；二是对于任意时期的时间序列 X_t，其方差都是存在的；三是对于任意时期的时间序列 X_t、任意的整数 h、任意的阶数 l，都有 $\gamma_l(X_t)=\gamma_l(X_{t+h})$，即当指定了两个时间点之间的距离后 h，两组数据的 l 阶自协方差不会随着时间波动，仅仅与阶数有关。

常用的弱平稳性检验方法有：DF 检验、ADF 检验和 PP 检验等。本研究中，我们运用 ADF 单位根检验方法来检验指标数据的平稳性。

ADF 检验在回归方程右边加入了因变量 X_t 的滞后差分项来控制高阶序列相关。核心思想是判断数据序列是否存在单位根，如果数据序列平稳，就不存在单位根；否则，就会存在单位根。

$$\Delta X_t = \sigma X_{t-1} + \sum_{i=1}^{m} \beta_i \Delta X_{t-i} + \in_t \qquad t=1,2,...T \qquad (8.2)$$

$$\Delta X_t = \alpha + \sigma X_{t-1} + \sum_{i=1}^{m} \beta_i \Delta X_{t-i} + \in_t \qquad t=1,2,...T \qquad (8.3)$$

$$\Delta X_t = \alpha + \beta t + \sigma X_{t-1} + \sum_{i=1}^{m} \beta_i \Delta X_{t-i} + \in_t \qquad t=1,2,...T \qquad (8.4)$$

零假设 H0：σ=0，原序列存在单位根，为非平稳序列；
备择假设 H1：σ<0，原序列不存在单位根，为平稳序列。
对方程使用最小二乘回归，可以得到估计量 $\hat{\sigma}$ 及相应的 t 统计量。

如果原始数据不平稳，那么就对其一阶差分进行单位根检验，如果仍然不平稳则继续进行二阶差分单位根检验，以此类推，直至得到平稳序列。本节实证研究使用 Eviews 软件来进行 ADF 单位根检验，采用 AIC 准则自动确定最优的滞后阶数。

对港口吞吐量指标进行单位根检验，结果如表 8-9 至表 8-12 所示。

表 8-9　广州港口吞吐量 lnSB-GZ ADF 单位根检验结果表

差分次数	使用的滞后阶数	ADF 值	P 值	5% 临界值	1% 临界值	结论
0	0	0.265	0.997	−3.595	−4.357	不平稳
1	0	−4.567	0.007	−3.603	−4.374	平稳
2	0	−7.414	0.000	−3.612	−4.394	平稳

由检验结果可以看到，经过一阶差分后，广州港口吞吐量指标 lnSB-GZ 的 P 值为 0.007<0.05，且 ADF 值小于 5% 临界值，因此，可以认为 dlnSB-GZ 为平稳序列。

表 8-10　上海港口吞吐量 lnSB-SH ADF 单位根检验结果表

差分次数	使用的滞后阶数	ADF 值	P 值	5% 临界值	1% 临界值	结论
0	0	−1.749	0.688	−3.674	−4.533	不平稳
1	0	−3.564	0.062	−3.691	−4.572	不平稳
2	1	−4.788	0.008	−3.733	−4.667	平稳

由检验结果可以看到，经过二阶差分后，上海港口吞吐量指标 lnSB-

SH 的 P 值为 0.008<0.05，且 ADF 值小于 5% 临界值，因此，可以认为 $d^2 lnSB-SH$ 为平稳序列。

表 8-11　深圳港口吞吐量 lnSB-SZ ADF 单位根检验结果表

差分次数	使用的滞后阶数	ADF 值	P 值	5% 临界值	1% 临界值	结论
0	0	−2.197	0.474	−3.574	−4.310	不平稳
1	0	−3.872	0.027	−3.581	−4.324	平稳
2	1	−5.687	0.001	−3.595	−4.356	平稳

由检验结果可以看到，经过一阶差分后，深圳港口吞吐量指标 lnSB-SZ 的 P 值为 0.027<0.05，且 ADF 值小于 5% 临界值，因此，可以认为 dlnSB-SZ 为平稳序列。

表 8-12　天津港口吞吐量 lnSB-TJ ADF 单位根检验结果表

差分次数	使用的滞后阶数	ADF 值	P 值	5% 临界值	1% 临界值	结论
0	0	−2.328	0.399	−3.710	−4.616	不平稳
1	6	1.648	1.000	−4.008	−5.295	不平稳
2	1	−4.633	0.013	−3.791	−4.800	平稳

由检验结果可以看到，经过二阶差分后，天津港口吞吐量指标 lnSB-TJ 的 P 值为 0.013<0.05，且 ADF 值小于 5% 临界值，因此，可以认为 $d^2 lnSB-TJ$ 为平稳序列。

同样的，对中外资金融机构本外币贷款年末余额指标进行单位根检验，结果如表 8-13 至表 8-16 所示。

表 8-13　广州中外资金融机构本外币贷款年末余额 lnFI-GZ ADF 单位根检验结果表

差分次数	使用的滞后阶数	ADF 值	P 值	5% 临界值	1% 临界值	结论
0	9	−4.328	0.017	−3.710	−4.616	平稳
1	5	−1.438	0.817	−3.658	−4.498	不平稳
2	10	−3.328	0.102	−3.791	−4.800	不平稳

由检验结果可以看到，广州中外资金融机构本外币贷款年末余额 lnFI-GZ 原始数据 P 值 0.017<0.05，且 ADF 值小于 5% 临界值，因此，可以认为 lnFI-GZ 是平稳序列。

表 8-14　上海中外资金融机构本外币贷款年末余额 lnFI-SH ADF 单位根检验结果表

差分次数	使用的滞后阶数	ADF 值	P 值	5% 临界值	1% 临界值	结论
0	6	−2.709	0.249	−3.829	−4.886	不平稳
1	4	−4.162	0.028	−3.791	−4.800	平稳
2	5	−5.782	0.004	−3.875	−4.992	平稳

由检验结果可以看到，上海中外资金融机构本外币贷款年末余额 lnFI-SH 经过一阶差分后，P 值 0.028<0.05，且 ADF 值小于 5% 临界值，因此，可以认为 dlnFI-SH 是平稳序列，同样的，二阶差分后的 d^2lnFI-SH 也是平稳序列。

表 8-15 深圳中外资金融机构本外币贷款年末余额 lnFI-SZ ADF 单位根检验结果表

差分次数	使用的滞后阶数	ADF 值	P 值	5% 临界值	1% 临界值	结论
0	0	−3.241	0.097	−3.574	−4.310	不平稳
1	11	−3.326	0.096	−3.710	−4.616	不平稳
2	0	−8.635	0.000	−3.588	−4.339	平稳

由检验结果可以看到，深圳中外资金融机构本外币贷款年末余额 lnFI-SZ 经过二阶差分后，P 值 0.000<0.05，且 ADF 值小于 5% 临界值，因此，可以认为深圳 d^2lnFI-SZ 是平稳序列。

表 8-16 天津中外资金融机构本外币贷款年末余额 lnFI-TJ ADF 单位根检验结果表

差分次数	使用的滞后阶数	ADF 值	P 值	5% 临界值	1% 临界值	结论
0	6	−2.988	0.178	−3.933	−5.125	不平稳
1	6	−8.153	0.001	−4.008	−5.295	平稳
2	0	−5.988	0.001	−3.760	−4.728	平稳

由检验结果可以看到，天津中外资金融机构本外币贷款年末余额的一阶差分变量 dlnFI-TJ 和二阶差分变量 d^2lnFI-TJ 均是平稳序列。

2. 协整关系检验

协整关系检验是用来分析变量之间是否存在长期均衡关系的检验方法，在协整分析两个变量的过程中，如果自变量和因变量是协整的，我们就可以确信这两个变量不会产生伪回归结果，且这两个变量之间存在长期稳定的关系。本节采用 EG 协整检验法来对四座城市的航运业与金融业之间的协整关系进行检验。

EG 协整检验法的核心原理是，如果自变量和因变量存在协整关系，即两者可以表示为稳定的线性关系，其中因变量不能被自变量所解释的部分便构成了一个残差序列，此时这个残差序列应该是平稳的。因此使用 EG 协整检验法的核心思想就是检验变量回归方程的残差序列是否平稳。具体做法是使用上文中使用到的 ADF 检验法来检验残差序列是否平稳，如果残差序列是平稳的，则我们认为回归方程中的变量之间存在协整关系，否则不存在协整关系。

（1）广州航运业与金融业协整关系检验

协整的要求或前提是同阶单整，从上文中，我们可以看到 dlnSB-GZ 和 lnFI-GZ 为平稳序列，为了满足同阶单整要求，应该使用 dlnSB-GZ 和 dlnFI-GZ 变量进行拟合回归，但是 dlnFI-GZ 的 ADF 检验结果显示 P 值为 0.817>0.05，且 ADF 值为 -1.438>-3.658（5% 临界值），因此 dlnSB-GZ 为非平稳序列，所以 dlnSB-GZ 和 dlnFI-GZ 变量之间无法进行 EG 协整检验，也即广州航运业与金融业之间不存在长期稳定的均衡关系。

（2）上海航运业与金融业协整关系检验

上文中上海的平稳序列分别是 d^2lnSB-SH 和 dlnFI-SH，为了满足协整检验同阶单整的要求，我们对 dlnFI-SH 再做一次差分，得到 d^2ln-FI-SH，从表 8-14 中可以看到，d^2lnFI-SH 也是平稳序列，因此，可以使用 EG 协整检验法进行检验。

按照 EG 协整检验法的步骤，我们首先对 d^2lnSB-SH 和 d^2lnFI-SH 进行回归，得到回归方程：d^2lnSB-SH = -0.0071-0.4652*d^2lnFI-SH，接下来对回归方程的残差序列进行 ADF 检验，检验结果如表 8-17 所示。

表 8-17　上海经济发展指标协整检验结果

残差 ADF 检验					结论
使用的滞后阶数	ADF 值	P 值	5% 临界值	1% 临界值	
1	−5.143	0.001	−3.066	−3.920	平稳

可以看到，回归方程的残差序列通过了 ADF 检验，为平稳序列，这说明上海的航运业和金融业指标之间存在协整关系，可以认为上海金融业和航运业之间存在长期稳定的关系。

（3）深圳航运业与金融业协整关系检验

从表 8-11 和表 8-15 中，我们可以看到 dlnSB-SZ 和 d^2lnFI-SZ 为平稳序列，为了满足同阶单整要求，应该使用 d^2lnSB-SZ 和 d^2lnFI-SZ 变量进行 EG 协整关系检验。

按照 EG 协整检验法的步骤，我们首先对 d^2lnSB-SZ 和 d^2lnFI-SZ 进行回归，得到回归方程：d^2lnSB-SZ = −0.0339−0.2225*d^2lnFI-SZ，接下来对回归方程的残差序列进行 ADF 检验，检验结果如表 8-18 所示。

表 8-18　深圳经济发展指标协整检验结果

残差 ADF 检验					结论
使用的滞后阶数	ADF 值	P 值	5% 临界值	1% 临界值	
0	−5.798	0.000	−2.976	−3.700	平稳

可以看到，回归方程的残差序列通过了 ADF 检验，为平稳序列，这说明深圳的航运业和金融业指标之间存在协整关系，可以认为深圳金融业和航运业之间存在长期稳定的关系。

（4）天津航运业与金融业协整关系检验

由表 8-12 和表 8-16 中可以看到，天津两行业的平稳序列分别是 d^2lnSB-TJ 和 dlnFI-TJ、d^2lnFI-TJ，为了满足协整检验同阶单整的要求，

我们使用 $d^2\ln SB\text{-}TJ$ 和 $d^2\ln FI\text{-}TJ$ 变量来进行 EG 协整关系检验。

按照 EG 协整检验法的步骤，我们首先对 $d^2\ln SB\text{-}TJ$ 和 $d^2\ln FI\text{-}TJ$ 进行回归，得到回归方程：$d^2\ln SB\text{-}TJ = -0.0165 - 0.5298*d^2\ln FI\text{-}TJ$，接下来对回归方程的残差序列进行 ADF 检验，检验结果如表 8-19 所示。

表 8-19　天津经济发展指标协整检验结果

残差 ADF 检验					结论
使用的滞后阶数	ADF 值	P 值	5% 临界值	1% 临界值	
0	-5.429	0.000	-1.966	-2.728	平稳

可以看到，回归方程的残差序列通过了 ADF 检验，为平稳序列，这说明天津的航运业和金融业指标之间存在协整关系，可以认为天津金融业和航运业之间存在长期稳定的关系。

（三）航运业与金融业格兰杰因果关系检验

为了进一步探究航运业与金融业之间是否存在因果关系，在经济学意义上确定一个变量的变化是否是另一个变量变化的原因，我们需要对相关变量进行格兰杰因果关系检验。格兰杰因果关系检验最早是由美国经济学家格兰杰（Clive W.J.Granger）于 1969 年提出，他给格兰杰因果关系的定义为"依赖于使用过去某些时点上所有信息的最佳最小二乘预测的方差"，该方法从统计角度确定了变量之间的因果关系，在经济学上确定一个变量的变化是否是另一个变量变化的原因。其总体思路为：

如果 x_t 和 y_t 为稳定的时间序列变量，则有

$$x_t = c_1 + \alpha_1 x_{t-1} + \alpha_2 x_{t-2} + \cdots + \alpha_p x_{t-p} + \beta_1 y_{t-1} + \beta_2 y_{t-2} + \cdots + \beta_p y_{t-p} + u_t \tag{8.5}$$

使用最小二乘法来估计上式的残差平方和 RSS1，将此结果与 x_t 的单

元自回归残差平方和 RSS0 相比较。

若 F1= $\frac{\frac{RSS0-RSS1}{p}}{\frac{RSS1}{T-2p-1}}$ > F(p, T-2p-1) 的临界值，则我们得到 y 能格兰杰引起 x，反之，则拒绝该假设。

格兰杰因果关系检验中的滞后时间长度使用赤池信息准则（AIC）和斯瓦茨准则（SC）来确定，其计算公式为：

$$AIC = \log\left[\frac{\sum_{t=1}^{T}\hat{\mu}_t^2}{T}\right] + \frac{2k}{T} \quad (8.6)$$

$$SC = \log\left[\frac{\sum_{t=1}^{T}\hat{\mu}_t^2}{T}\right] + \frac{k\log T}{T} \quad (8.7)$$

其中 $\hat{\mu}$ 是残值。两式右侧第一项随着 k 的增加而减小，第二项随着 k 的增加而增加。所以随着 k 的变化，AIC 和 SC 会有极小存在。故我们可以通过连续增加 k 的值，直到 AIC 与 SC 取得极小值，从而确定最优的 k。

（1）广州航运业与金融业格兰杰因果关系检验

因为格兰杰因果关系检验需要平稳序列，所以我们选用 dlnSB-GZ 和 lnFI-GZ 来进行格兰杰因果关系探究，检验结果如表 8-20 所示。

表 8-20　广州航运业与金融业格兰杰因果关系检验结果表

滞后期	原假设	F 检验 -P 值	结论
1	lnFI-GZ 不是 dlnSB-GZ 的格兰杰原因	0.0061	拒绝
1	dlnSB-GZ 不是 lnFI-GZ 的格兰杰原因	0.1463	接受
2	lnFI-GZ 不是 dlnSB-GZ 的格兰杰原因	0.1880	接受
2	dlnSB-GZ 不是 lnFI-GZ 的格兰杰原因	0.1302	接受
3	lnFI-GZ 不是 dlnSB-GZ 的格兰杰原因	0.0389	拒绝
3	dlnSB-GZ 不是 lnFI-GZ 的格兰杰原因	0.1968	接受

以上大多数结果均显示接受原假设，因此，没有足够的证据说明广州金融业和航运业之间存在明显的格兰杰因果关系。

（2）上海航运业与金融业格兰杰因果关系检验

类似的，我们选用 $d^2 lnSB-SH$ 和 $d^2 lnFI-SH$ 来进行格兰杰因果关系探究，检验结果如表 8-21 所示。

表 8-21　上海航运业与金融业格兰杰因果关系检验结果表

滞后期	原假设	F 检验 -P 值	结论
1	$d^2 lnFI-SH$ 不是 $d^2 lnSB-SH$ 的格兰杰原因	0.0403	拒绝
1	$d^2 lnSB-SH$ 不是 $d^2 lnFI-SH$ 的格兰杰原因	0.3673	接受
2	$d^2 lnFI-SH$ 不是 $d^2 lnSB-SH$ 的格兰杰原因	0.2712	接受
2	$d^2 lnSB-SH$ 不是 $d^2 lnFI-SH$ 的格兰杰原因	0.2673	接受
3	$d^2 lnFI-SH$ 不是 $d^2 lnSB-SH$ 的格兰杰原因	0.3985	拒绝
3	$d^2 lnSB-SH$ 不是 $d^2 lnFI-SH$ 的格兰杰原因	0.0150	接受

从检验结果中可以看到，以上大多数的结果均显示接受原假设，因此，没有足够的证据说明上海金融业和航运业之间存在明显的格兰杰因果关系。故我们可以认为在统计学意义上，没有足够的证据说明上海金融业与航运业之间存在因果关系。

（3）深圳航运业与金融业格兰杰因果关系检验

深圳航运业与金融业方面，我们选用 $d^2 lnSB-SZ$ 和 $d^2 lnFI-SZ$ 来进行格兰杰因果关系探究，检验结果如表 8-22 所示。

表 8-22　深圳航运业与金融业格兰杰因果关系检验结果表

滞后期	原假设	F 检验 -P 值	结论
1	$d^2 lnFI-SZ$ 不是 $d^2 lnSB-SZ$ 的格兰杰原因	0.4094	接受
1	$d^2 lnSB-SZ$ 不是 $d^2 lnFI-SZ$ 的格兰杰原因	0.0263	拒绝

(续表)

滞后期	原假设	F 检验 –P 值	结论
2	d^2lnFI-SZ 不是 d^2lnSB-SZ 的格兰杰原因	0.5115	接受
2	d^2lnSB-SZ 不是 d^2lnFI-SZ 的格兰杰原因	0.1091	接受
3	d^2lnFI-SZ 不是 d^2lnSB-SZ 的格兰杰原因	0.3570	接受
3	d^2lnSB-SZ 不是 d^2lnFI-SZ 的格兰杰原因	0.8174	接受

从检验结果中可以看到，以上大部分结果均显示接受原假设，因此，没有足够的证据说明深圳金融业和航运业之间存在明显的格兰杰因果关系。故我们可以认为在统计学意义上，没有足够的证据说明深圳金融业与航运业之间存在因果关系。

（4）天津航运业与金融业格兰杰因果关系检验

天津航运业与金融业方面，我们选用 d^2lnSB-TJ 和 d^2lnFI-TJ 来进行格兰杰因果关系探究，检验结果如表 8-23 所示。

表 8-23　天津航运业与金融业格兰杰因果关系检验结果表

滞后期	原假设	F 检验 –P 值	结论
1	d^2lnFI-TJ 不是 d^2lnSB-TJ 的格兰杰原因	0.4927	接受
1	d^2lnSB-TJ 不是 d^2lnFI-TJ 的格兰杰原因	0.9881	接受
2	d^2lnFI-TJ 不是 d^2lnSB-TJ 的格兰杰原因	0.6186	接受
2	d^2lnSB-TJ 不是 d^2lnFI-TJ 的格兰杰原因	0.9482	接受
3	d^2lnFI-TJ 不是 d^2lnSB-TJ 的格兰杰原因	0.8546	接受
3	d^2lnSB-TJ 不是 d^2lnFI-TJ 的格兰杰原因	0.9458	接受

从检验结果中可以看到，以上所有结果均显示接受原假设，因此，没有足够的证据说明天津金融业和航运业之间存在明显的格兰杰因果关系。故我们可以认为在统计学意义上，没有足够的证据说明天津金融业与航运业之间存在因果关系。

（四）广州与其他国内沿海港口城市对比分析

从实证结果中可以看到，除广州之外其他三座城市的航运业和金融业之间存在长期稳定的关系。上海作为国内航运业和金融业的双龙头城市，的确展现出强劲的实力，无论是从指标的绝对总量来看，还是从航运业与金融业之间的良性联动发展关系上，都比广州领先不少。天津航运业和金融业的体量比广州要小，但发展势头比较迅猛，发展潜力较大，特别是天津的融资租赁一直保持全国领先的地位，这为天津金融业与航运业之间形成良性联动发展孕育了土壤。深圳的航运业综合实力虽然目前不如广州，仍具有较大发展空间，但金融业实现了高质量发展，在航运业与金融业联动发展方面做得比较好。

实证结果显示，广州航运业和金融业之间不存在长期稳定的关系，尽管广州航运业和金融业发展体量都非常巨大，但是相较来看，航运业和金融业之间的联动发展还有较大的提升空间，广州应在加强单产业建设的前提下，着重打破航运业与金融业之间存在的壁垒，加快在航运业中应用各类金融工具，探索航运金融创新产品，促进金融与航运业实现深度融合。

格兰杰因果关系检验结果显示，四座城市的航运业与金融业之间都不存在统计学意义上的格兰杰因果关系，因此在经济学意义上，暂时无法确认一个变量的变化是否是另一个变量变化的原因，当然这也和选用的指标有一定的关系，由于本研究选用的指标比较单一且航运业、金融业发展指标不易刻画，可能会导致指标变量无法反映真实的行业状况，从而导致检验结果失真，关于航运业与金融业之间的内在关系还需要做进一步探究，下一步可以尝试使用其他指标对航运业和金融业进行刻画，并围绕协整关系开展更多研究。

三、广州航运金融创新案例

（一）粤港澳大湾区航运保险要素交易平台创新案例

1. 案例介绍

粤港澳大湾区航运保险要素交易平台于2019年10月18日正式上线，该平台由广州南沙经济技术开发区金融工作局主办，上海保险交易所股份有限公司、广州航运交易有限公司协办，具体而言，是由上海保险交易所和广州航运交易所以国际航运枢纽广州南沙为载体，联合人保财险广分、平安财险广分、太平洋财险广分等共同搭建的。该平台的正式上线有力地促进了南沙航运保险业的快速发展，带动了航运保险机构、航运人才、资金、信息等要素资源的快速集聚。2020年4月29日，该平台作为唯一案例入选了广东自贸试验区五周年制度创新最佳案例之金融开放创新最佳案例。[①]

聚焦到平台本身来看，目前航运保险要素交易平台已上线一个产品：沿海内河船舶保险（CBA），承保公司为中国人民财产保险股份有限公司广东省分公司，保险标的为中华人民共和国境内合法登记注册从事沿海、内河航行的船舶，包括船体、机器、设备、仪器和索具。

整个在线保险交易流程简明清晰，进入投保界面后首先需要进行保费计算，保费计算界面分为三大模块：保费计算、主险和附加险。其中保费计算模块中，用户需要输入船名、船舶类型、建造年份、总吨位、船舶价值、起保日期和终保日期等保单基本信息。主险模块中主要提供险别名称——即沿海内河船舶一切险责任保险、保险金额和免赔情况说明及附属条款信息。附加险模块则提供附加的险别种类和保险金额等信息，

[①] 广东省自贸办. 案例一：航运保险要素交易平台 [EB/OL].(2020-04-29)[2021-07-15]. http://ftz.gd.gov.cn/ztlm227/zjalzt/jrkfcxzjal/content/post_2985733.html#zhuyao.

主要包括五个类别：螺旋桨、舵、锚、锚链及子船单独损失保险，附加1/4碰撞、触碰责任保险，附加船东对船员责任保险，附加触碰桥梁及附属设施、水产养殖及设备、捕捞设施、水下设施责任保险和附加第三者人身伤亡责任保险（港澳航线）。

客户根据自己的实际需要，填写信息后即可通过点击保费计算按钮获取对应的保费金额，平台会进行保费试算黑名单校验，通过平台校验后的用户可以进一步填写投保人个人信息、船舶资质信息等其他详细信息来完成网上在线投保和在线支付等操作。整个投保流程如图8-1所示。

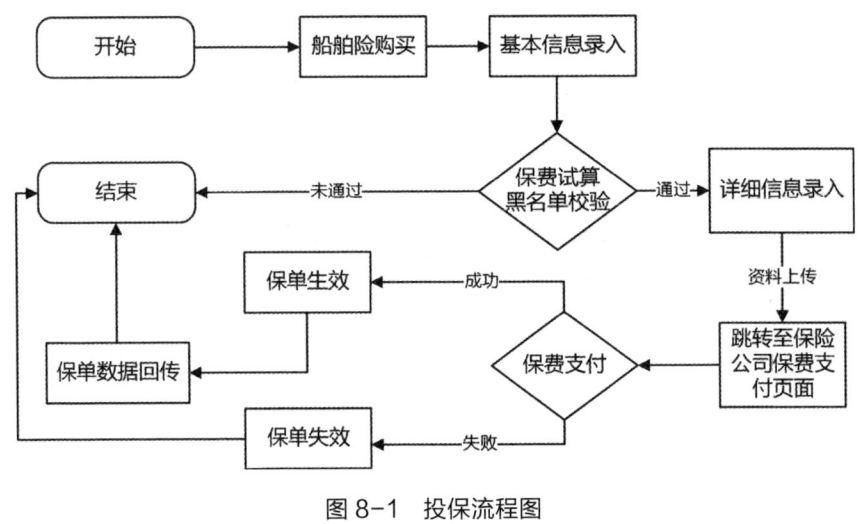

图8-1 投保流程图

据平台建设相关方上海保险交易所官网消息显示[①]，总体来看，该平台具有三大特色：

第一，聚焦内河船舶，精准定位交易产品。针对珠三角地区船舶数量多、吨位小、走港澳航线较频繁的特点，产品设计将船舶吨位控制在5000吨以内，并增加第三者人身伤亡责任（港澳专线）附加条款，以求

---

① 上海保交所. 航运保险要素交易平台正式上线服务粤港澳大湾区国际金融枢纽建设[EB/OL].(2019-10-18)[2021-07-15].https://www.shie.com.cn/art/2019/10/18/art_19_979.html.

最大程度地满足当地船东的实际投保需求；同时，对船舶的种类、建造年份等进行标准化分类，建立报价模型，推动自动核保在船舶险中的运用，有效提高保险公司核保效率。

第二，实现线上出单，创新交易方式。搭建线上航运保险交易平台，推动航运投保线上化、无纸化发展。投保人足不出户即可在线上完成投保信息的录入、保费的支付及电子保单的确认等，有效提高投保效率。

第三，整合数据资源，破解行业顽疾。该平台引入航运交易所、海事局等数据资源，并通过数据非标转标、数据脱敏、设定船舶评分机制、评定船舶风险等级等方式，进一步帮助保险公司完善风险管理，缓解航运业长期存在的信息不对称难题，进一步改善营商环境，服务行业良性发展。

平台建设总体目标是建成资源整合平台、社会服务平台、跨界创新平台，通过整合保险行业内部资源，融合海事局、港务局、海事法院局、航运交易所等各类政府机构的数据，连接航运保险企业及各类其他机构；通过创新型搭建线上航运保险交易平台，简化投保人投保流程，提高保险人承保效率，推动航运保险线上化、无纸化发展，同时促进船舶管理与船舶保险的进一步融合，加强联合管理，促进船舶管理水平不断提高；通过实现保险企业、海事局、港务局、航运交易所的跨界融合，实现在海事管理领域、保险领域的突破和创新。

2.案例分析

粤港澳大湾区航运保险要素交易平台的建设，实际上是在加速建设粤港澳大湾区的背景下兴起的。回顾粤港澳大湾区的发展，毫无疑问，粤港澳大湾区已经成为当今全球最具经济活力的区域之一，拥有包括世界级的港口群、机场群在内的完备基础设施，高新技术、金融、先进制造等产业体系日臻完善。南沙作为《粤港澳大湾区发展规划纲要》中规划的粤港澳大湾区重大合作平台，近些年来在国际航运、贸易、金融和科技服务创新等方面发展进步飞速，为进一步打造高水平对外开放门户枢纽，建设国际航运枢纽和金融业对外开放试验示范窗口打下了坚实的基础。据公开资料整理，创新金融方面，广州南沙自贸区挂牌成立以来，南沙已集聚金融、类金融机构超过6400家。大湾区国际商业银行、创新型期货交易所、国际金融论坛永久会址、国际风险投资中心等重大平台正加快建设。南沙已成立了50亿元的航运产业基金，并成为粤港澳大湾区内最大的飞机船舶租赁集聚区。此外，《粤港澳大湾区发展规划纲要》明确提出"着力发展航运金融、飞机船舶租赁等特色金融，探索建设国际航运保险等创新型保险要素交易平台"。这也为南沙发展航运金融提供了政策性指导依据，如今的南沙正在形成较为完善的国际贸易、航运交易、航运金融、海事服务体系，航运保险要素交易平台在南沙将大有可为。

从案例中我们可以看到，该平台作为独立的第三方进行运营，整合了包括监管、买方、卖方在内的多方主体，线上投保交易的方式使得航运保险交易的效率得以大幅提升，而且由于监管接口的安全验证和各种安全验证措施，使得平台在安全性方面也具有可靠的保障。该平台的推出，提升了航运保险的普及率，为广州航运金融发展作出了积极的贡献。

粤港澳大湾区航运保险要素交易平台的成功上线营运，为航运保险的数字化转型发展起到了引领作用，引入数字化技术和互联网思维后，既可以提升航运保险交易效率，又能顺应未来发展趋势，探索航运保险的外延式创新发展之路。事实上，从技术应用来看，数字化转型早已在保险行业流行多年，核心数据库和定价风控模型也正是保险公司的核心资产之一，当下新技术也正层出不穷，保险系统的数字化也正在由B/S架构向"模块化、智能化、云服务"转变，模块化技术可以大大降低保险产品开发的周期，智能化技术可以应用于智能语音、智能客服和智能推进等系统中，极大地降低保险公司的人力成本，云服务技术则让保险公司能提供更安全可靠稳定的服务，还可以降低服务器等硬件维护成本。但是，比较意外的是保险行业中的数字化转型在航运保险领域似乎推进得比较慢。这可能是因为航运保险市场规模偏小，数字化转型的成本可能比较高，保险公司没有动力去推进相关工作，此外航运保险领域中大量缺乏"航运＋保险＋互联网"的复合型人才也是其中一个很重要的原因。

技术瓶颈实现突破再加上互联网金融的结合，促成了粤港澳大湾区航运保险要素交易平台的诞生，作为联系航运保险价值链各方主体的高效工具，平台在撮合保险交易、金融服务创新方面等方面发挥着重要的作用，这便是平台的核心竞争力所在。

3. 案例启示

与珠三角地区外贸、航运、港口等航运产业快速发展的态势相比，航运保险业发展相对较为落后，无法满足快速增长的航运保险需求，甚至尚未完全发挥为航运业承保的功能。而在政策的引导下，特别是随着"一带一路"和粤港澳大湾区建设的深入推进，我国对外开放格局进一步扩大，这一短板无疑会更加突出。而传统的航运保险存在着效率较低、专业化程度不高、风险管控不严格等诸多问题，由此导致了航运保险业结构性供需不平衡的发展现状。粤港澳大湾区航运保险要素交易平台的建立正是为了打破这种旧有的格局，建立安全可靠的平台来高效地促成保险交易，围绕保险要素这一主题核心，挖掘保险全生命周期的服务潜力，为促进广州乃至珠三角地区的航运保险发展作出了积极的贡献。

粤港澳大湾区航运保险要素交易平台的成功运营，给广州航运金融发展提供了良好的借鉴经验和发展路径选择，广州市有关部门应沿着平台的正确发展路径不断探索新方法和新思路。

第一，平台上线营运时间不长，还需要继续发展完善，要坚定不移地继续支持平台做大做强。平台在完善客户管理、保单登记、报案理赔、报表统计等管理统计功能方面还有提升空间；有关部门要积极推动平台不断拓展服务内容，实现跨行业大数据的深度融合；要以平台建设为契机，推动研发大湾区创新型航运保险服务，打造具有粤港澳大湾区特色的航运保险市场。

第二，以平台建设为纽带，推动航运监管部门转型升级。平台集成了监管数据接口，从而使得平台服务过程中产生金融风险的可能性大大降低，这是平台核心亮点之一。在此基础上，广州市航运有关监管部门应继续改革监管服务思路，与广州金融监管部门一道探索平台监管服务的新思路和新办法，融通监管部门数据信息并构建综合风控模型，从而实现全天候异常风险监测。同时监管部门自身应积极转变服务意识，让数据多跑路，让监管有温情，使航运金融创新的"土壤"更肥沃，全面支撑广州航运金融发展壮大。

第三，借鉴平台创新发展思路，探索构建更完备的航运"互联网+航运+金融"一体化平台。平台的核心业务是航运保险，其成功经验完全可以扩展至其他金融衍生产品中。在满足监管要求，做好风险管控的情况下，完全可以将其他金融衍生产品扩展应用于航运领域中，而且集成后的平台能更好地打通信息数据流，形成风险可控、数据融通的一站式航运金融服务平台。

（二）广州"互联网+金融"航运运输交易平台创新案例

1. 案例介绍

由广州航运交易有限公司开发运营的"互联网+金融"航运运输交易平台于2017年12月20日上线，该平台的主要特色是将大数据和互联网引入到传统航运运输交易中，创新航运电商金融服务手段，让互联网和金融科技助力航运运输交易发展，为参与方提供高效可信赖的优质服务。平台旨在构建广州乃至华南航运业最具影响力的第三方交易平台，着重以船舶、货物、运价、人才、大宗商品、结算支付、资讯服务等为切入点，为航运交易相关产业提供服务，为打造航运业的"广州价格"打下坚实基础。平台致力于打破航运业与金融业之间的信息孤岛现状，通过平台标准化建设，整合银行、保险公司、保理公司等其他金融机构的服务，将互联网金融服务无缝嵌入到航运业的运输交易中，平台还与监管部门打通数据，从而形成物流、资金流、信息流的风险控制闭环，既能有效提升航运交易效率，又能实现风险控制，在解决传统航运业面临的诸多痛点方面贡献了智慧和力量。随着平台建设的日益完善，不断发展的"互联网＋金融"航运运输交易平台将为航运供给侧结构性改革深入推进提供支持，推动航运业新旧动能转换，实现航运业的跨越式发展，为航运经济增长培育新动能。目前"互联网＋金融"航运运输交易平台已在 2018 年推出珠江驳运交易板块，展望远期，物流、金融和保险等配套服务也正在逐步延伸至国际航线，为客户提供更全面完善的服务。

聚焦到平台来看，目前"互联网＋金融"航运运输交易平台可为客户提供包括在线询价、在线选舱订舱、在线金融支付、物流状态追踪、供应链融资等在内的运输交易服务，此外平台还推出了航运白条、运费保理等创新航运金融产品，具体来看，平台服务主要包括以下四块：

第一，运输交易服务。平台通过标准化合同、标准化报价系统为托运人提供订舱订箱服务，主要包括内贸海运、外贸海运、驳船运输三大块业务。平台上会清晰简明地展示船公司、起运港—目的港、20GP 规格标准集装箱容量、40HQ 规格标准集装箱容量、价格适用期、供应商和航程时间等关键信息，用户可以通过下拉筛选列表，快速定位到符合自己需求的海运运输服务，在平台注册核验身份并登录后，便可轻松点击下单按钮预定服务。相关的客服咨询、船舱联系沟通也能在页面中快速获取，用户有疑问时可快速进行服务沟通。

第二，支付结算服务。平台搭建了第三方资金结算平台，提供安全便捷的线上支付结算服务，为客户高效周转资金提供了便利。支付平台方面，用户登录注册后首先需要激活支付账户，邮箱和手机号双验证尽最大可能保障用户的账户安全，顺利登录后用户便可开通平台支付钱包，填写企业信息（包括社会信用代码、营业执照、法人信息、联系方式等）后，便可等待系统审批结果，审核通过后用户即可添加绑定银行卡来实现与平台支付钱包的资金往来交互，包括充值、提现等日常操作都十分便捷，平台还提供了对账服务、收银台服务，在保障用户资金财产安全的前提下，为用户使用平台进行金融交易提供最大程度的便利。

第三，航运金融服务。航运金融服务模块主要包括集贸易融资、保理融资及信用担保于一体的综合性金融服务，例如国际海运费结汇方面，平台建立"一池一库"，支持网上银行海运费支付，实现五个流程无纸化，支持网上银行B2B支付，实现国际运费外币一站式购汇，换汇，结汇出境支付，为客户提供海运费线上结汇服务。其他投融资、信用担保等服务嵌入到具体的服务标的流程中，为用户提供深度整合的一站式金融服务，助力用户更好地创造财富、凝聚价值。

第四，物流跟踪服务。平台在交易下单后，能提供便捷的物流跟踪服务，包括托运货物交接、装舱、运输、交付等物流环节，可实现网上跟踪实时查询，为客户提供优质高效的物流服务体验。

2. 案例分析

互联网和信息技术是实现航运业发展的重要推动力之一，将互联网技术应用于航运运输交易方面，无疑是一大创新，航运运输营运风险较大，需求资金较多，而金融工具是集聚资金，分担风险的一大利器，这两者之间依靠互联网和信息通信技术实现有机结合，破解了传统航运运输中存在的收费庞杂、流程复杂、不确定性多、缺乏选择主动权等问题，为航运运输交易创造了更多的可能性。

事实上，航运业和互联网的结合也有其必然性。一方面，全球经济增速逐渐放缓，贸易保护主义也有抬头的趋势，全球海运量增幅下滑，航运业遭遇了较大的困难，市场逐渐呈现出供大于求的态势，在这样的情况下，升级转型成为航运企业的必然选择，降低运输和沟通成本，减少交易环节，确保交易公平公正成为航运运输从业者们比较迫切的需求；另一方面，随着"一带一路"和粤港澳大湾区建设的深入推进，跨境航运运输服务也呈现出不断增长的发展趋势，这也加大了航运业对规范交易平台的需求，"互联网＋金融"航运运输交易平台的诞生正是顺应了这样的发展趋势和需求。

回顾平台近几年的发展，围绕着航运运输交易这一核心主题，各项功能不断完善，各类金融服务不断推陈出新，通过"互联网＋航运"改变传统航运运输模式，有效解决了航运运输各环节中存在的问题，促进航运业转型升级，有力地推动了珠江三角洲地区航运运输交易的发展。

解析平台的核心竞争力，可以看到，从买卖双方的交易需求出发，平台利用互联网工具对航运运输交易流程进行了一次深刻的变革。这不仅仅是将交易地点迁移至互联网，更是对航运运输交易方式进行了一次整体重塑，我们可以将该平台视作航运运输业的"电商平台"：传统的运输交易方式被互联网下的高效撮合交易所取代，缩短了从订舱到运输的货运代理层级，从而为交易主体提供更具竞争力的服务。与此同时，信息技术的应用使得买卖双方对各类资讯的获取更加便捷。线上技术是为了提升效率，起到锦上添花的作用，线下执行才是基础，也是核心所在。充分运用移动互联网、大数据管理和物联网技术可以有效调动物流资源，确保货物运输的安全性与准时性。而由交易需求所衍生出的金融支付工具、金融服务创新产品等也正在蓬勃发展。通过互联网技术构建的平台将资金流、信息流和物流紧密地结合在一起，平台成为一个强有力的中心节点，紧密地连接着航运运输的各方参与主体，使航运运输交易流程得以重塑。

3. 案例启示

航运领域作为重资产的传统行业，与互联网金融这一新兴朝阳产业的奇妙碰撞产生了"互联网+金融"航运运输交易平台，这是互联网和金融紧密结合后在航运领域中结出的又一颗硕果。"他山之石，可以攻玉"，学习平台的运营实践经验，能为广州发展航运金融提供宝贵的指导思路，让广州航运金融沿着正确的道路不断发展壮大。

第一，依托运输交易平台，普及航运互联网，构建共生共赢的航运互联网生态新格局。从长远来看，航运互联网生态的构建是一个价值沉淀的过程，需要船公司、货代、航运互联网平台等多方的共同努力，并依托政府和行业共同搭建的载体，才能真正建立起共生共赢的航运互联网生态新格局。在现阶段，航运业的互联网化程度还不够高，政府部门应有意识地加强对航运产业的引导，提升航运业的互联网普及程度，培育航运互联网生态格局，后期在5G技术、云计算和大数据的加持下，互联一体的航运物联网格局必将充满无限发展空间。

第二，研究航运金融支持政策，鼓励平台加强对金融支付工具和金融衍生品的研究探索。金融集聚资金分散风险的特性，在平台的运输贸易服务等重资产交易方面有较好的延展空间。一方面要鼓励平台发挥互联网金融的优势，加强整合，让交易参与方更便捷地使用各类金融服务，另一方面政府监管部门要与平台一道加强对全流程运输链的研究，促进平台开发航运特色衍生金融产品，在贸易融资、保理融资及信用担保等核心金融业务方面，给予平台适当的政策优惠，鼓励平台创新，吸引更多参与方使用航运金融服务。

第三，政府监管部门应自我革新加快转型，主动适应航运金融发展趋势。互联网、云计算、区块链等新技术的发展和应用，已经在逐渐改变航运金融的发展业态，"互联网+金融"航运运输交易平台就是其中的一个典型代表，作为监管部门，应当主动适应发展趋势，加强对新技术的跟踪研究，不断调整监管和服务的方式方法。在引导行业不断拥抱新技术和新理念的同时，也应当做好风险警示和规范监管工作，为航运金融提供良好的发展空间。

四、加快发展广州航运金融的对策与建议

从第二节实证研究中可以看出广州发展航运业和金融业与上海还存在较大的差距，航运业与金融业之间的联动发展关系不如上海和天津紧密，广州应进一步增强航运业和金融业之间的连接，促进航运金融实现良性发展。当然发展航运金融是一个系统性工程，涉及的不仅仅是如何探索航运金融创新，更涉及航运金融供应链的方方面面，加快发展航运金融，广州应着重做好以下几点工作。

（一）建立航运金融人才培养和人才引进机制

吸引航运人才应坚持广纳英才和自主培养相结合的方针。要制定有关政策方针，从国际航运中心如伦敦、纽约、中国香港和新加坡等地吸引航运专项人才来广州发展。在制定政策方针的时候，要充分考虑到实际从业情况，制定更合理的引进政策，在安居落户、税收减免等方面给予适当的优惠政策，真正做到既要把人引进来，更要将人留得住，打造"宜居宜业宜游"的人才招纳品牌，营造吸引高级航运金融相关人才的良好环境，引进一批有国际航运中心工作经验，能够从事航运金融管理、营销和运营的高级专门人才，以此提升广州整体航运金融业的从业人员素质，建设广州航运人才高地。

与此同时，要加大对本土人才的培养力度，特别是应在高校航运金融人才培养、学科建设等方面加大投入，在相关高校增设航运金融专业，借鉴国际先进经验，完善航运金融人才培养体系和航运金融人才职业能力认证服务体系，推进航运金融人才培养基地建设，大力发展航运金融职业培训，同时广州应加大对新式综合海事大学——广州交通大学的支持力度，充分发挥学校的专业特色和学科优势，抢抓机遇，与时俱进，科学发展，在新的办学起点上，以更大的投入来培育航运金融学科，革新航运金融人才教育培养体系，培养适应未来发展的本土航运人才。

具体而言，一是可以考虑由经过国外培训的航运金融专业人才参与教学培训，尽快培养出一大批既懂金融又懂航运的复合型人才，改善航运金融专业人才匮乏的现状。二是可以依托广州航运发展优势，全面施行产学研一体化培养方案和全周期教育培养体系，相比于传统单一的授课培养方案，产学研一体化培养方案和全周期教育培养体系更强调课程与实践的紧密结合，不仅要提供前沿的课程、完备的实习基地和先进的科研场所，还要组织人才培训并开展咨询，以科研促学科发展，学科孕育人才，人才推动行业与科研事业进步为核心培养理念，形成闭环式多渠道多层次的培养体系。三是可以参照国外经验，搭建广州的航运金融人才交流平台。以特色航海学校等教育培训机构为纽带，充分利用校友资源和企业力量，逐步构建具有广州特色的完备的人才交流平台，以此促进行业不断深化交流，推动广州航运金融人才培养事业不断发展进步。

（二）加快推进航运金融与航运产业的深度融合

回顾世界级航运中心的发展历程，可以看到当今航运金融的基本运行机制日臻完善，已形成以金融机构为主体，多种信用形式相互配合，政府监管部门参与管理调节的航运金融运行机制。航运金融中心保障航运中心的发展壮大，航运中心的发展壮大巩固航运金融中心的地位，形成了你中有我，我中有你的共生共赢发展格局。

广州要想加快航运金融的发展步伐，应以点带面地不断促进现代航运服务业蓬勃发展，并在此过程中，注重运用金融工具和手段，培育航运金融与航运产业深度融合的格局。如重点发展邮轮产业，加快引进国内外知名邮轮公司落户广州，特别是在粤港澳大湾区协同发展的背景下，开辟若干精品粤港澳大湾区旅游邮轮航线，既可以培育邮轮航旅产业，扩展金融支付工具、金融投融贷产品的应用场景，又可以起到宣传推介粤港澳大湾区的作用。创新平台建设方面，要以第三节创新案例中介绍到的"互联网＋金融"航运运输交易平台等为依托，不断完善船舶交易市场及信息平台，做大船舶交易市场份额，以第三节创新案例中介绍到的粤港澳大湾区航运保险要素交易平台等为依托，创新发展航运金融与保险服务，为航运交易提供便捷高效的投融资与保险服务。

在培育航运金融产业方面，可以遵循内外并举的发展引导思路，对内鼓励金融机构创新航运金融服务。大力拓展船舶融资租赁、船舶抵押贷款、船舶出口信贷、船舶抵押贷款信托等融资服务，特别是要形成与金融机构、大型货主企业的互动机制，引导银行等金融机构投资船舶，发展船舶融资租赁业务。同时积极争取中央和各级部委的政策支持，建立并壮大港口产业发展基金和船舶产业基金，通过政策措施引导民间以及社会资本进入航运业；运用政策性担保机制和创新发债方式缓解中小航运服务企业融资难问题。对国内从事船舶租赁、航运贷款、航运保险等航运金融业务的金融机构给予一定的财税优惠政策，对与航运金融相关配套的中介服务机构也应该给予一定的政策扶持，例如船舶造价评估、海事登记、海事法律等领域的相关机构。对外要在管控系统性金融风险的前提下，积极创造条件吸引外资航运金融机构入驻广州开展业务，带来国际先进的航运金融发展经验，倒逼国内有关金融机构升级转型，形成有序、良性的竞争格局，加速培育航运金融产业发展。

（三）提升监管部门数字金融治理水平

2019年党的十九届四中全会审议通过《中共中央关于坚持和完善中国特色社会主义制度、推进国家治理体系和治理能力现代化若干重大问题的决定》提出，要"健全具有高度适应性、竞争力、普惠性的现代金融体系"。现代金融体系中，增强金融业的治理能力，特别是提升数字金融治理水平是非常重要的一环。具体到航运金融领域，在鼓励航运金融不断创新，支撑航运经济又快又好发展的同时，应该充分认识到新技术带来的机遇和风险是并存的，随着技术创新和航运金融不断结合，数字金融蓬勃发展的当下，潜在的风险隐患也正在逐渐增多，由此带来的新风险对我国数字金融的治理能力和治理水平提出了更高的要求。习近平总书记在2019年出席G20大阪峰会的数字经济特别会议上强调,"数字经济发展日新月异,深刻重塑世界经济和人类社会面貌;我们要共同完善数据治理规则"。习近平总书记的这一重要论述,为数字金融的风险治理指明了方向,我们应当通过完善规则和制度机制来防范化解可能存在的金融风险。在航运金融领域中,监管部门应主动提升数字金融治理水平,积极顺应航运金融发展新趋势。

针对可能存在的数据安全风险,监管部门一方面要加快对大数据、云计算等技术的研究,及时掌握可能存在的数据安全问题,另一方面要通过行政法规和积极宣传等手段约束航运金融有关公司在数据采集、存储、调用等过程中的规范性,尽最大可能保障数据的安全可靠性。

针对可能存在的技术风险,监管部门首先要认识到新技术代表的是先进生产力,不能因为存在部分风险便盲目采取一刀切的政策,阻碍了航运金融业的发展步伐。其次,根据数字金融的特点,监管部门以及航运业之间要加强合作共同应对挑战,可以通过建立技术安全联盟等方式开展定期交流合作,增强技术风险抵御能力。

针对数据保护不健全的现状,监管部门应尽快出台行政法规,完善对数据的保护。行政法规的推行既要对数字金融的风险进行规制,还要为数字金融创新留有足够的空间,特别是针对航运金融目前数字化率还不够高的现状,监管部门应在详细调研之后充分考虑行业发展实际状况来制定有关行政法规细则。数字金融创新的主要作用之一在于降低交易成本,数字金融时代,信息技术的应用降低了信息的获取成本,减少了交易双方交易的时间和精力消耗,从而降低了交易双方的交易成本。因此,针对这一特点,有关行政法规也应该着重于加强信息披露和信息获取机制的建设。

参考文献

陈强. 高级计量经济学及 Stata 应用（第二版）[M]. 北京：高等教育出版社, 2014.

冯凯. 天津航运业与金融业协同发展分析 [D]. 天津商业大学, 2015.

广州市地方金融监督管理局. 广州金融白皮书 2020[EB/OL]. (2020-07-16)[2021-07-15]. http://jrjgj.gz.gov.cn/zwgk/xxgk/gzjrbps/content/post_2790846.html.

广州市人民政府. 广州市人民政府关于印发建设广州国际航运中心三年行动计划（2018—2020年）的通知 [EB/OL]. (2018-05-11)[2021-07-15]. http://www.gz.gov.cn/zwgk/fggw/szfwj/content/post_4757547.html.

南方网. 广东省委深改委印发广州市推动"四个出新出彩"行动方案 [EB/OL]. (2019-10-28)[2021-07-15]. http://news.southcn.com/gd/content/2019-10/28/content_189336261.htm.

粤港澳大湾区门户网. 广东省推进粤港澳大湾区建设三年行动计划（2018—2020 年）[EB/OL]. (2019-07-05)[2021-07-15]. http://www.cnbayarea.org.cn/homepage/news/content/post_170138.html.

杨大刚. "一带一路" 国家战略下航运金融人才培养思考 [J]. 上海金融, 2015(06):109-110.

中华人民共和国中央人民政府. 中共中央 国务院印发《粤港澳大湾区发展规划纲要》[EB/OL]. (2019-02-18)[2021-07-15]. http://www.gov.cn/zhengce/2019-02/18/content_5366593.htm#allContent.

第九章

广州开放银行服务创新

开放银行作为金融科技发展当中重要且不可或缺的一环，近年来引起国内外广大学者的关注。银行可通过开放API接口（Application Programming Interface，应用程序编程接口）或根据场景需求提供SDK（Software Development Kit，软件开发包），为企业提供数据服务，从而联合企业共同创新新型金融产品和服务，使金融产品和服务应用到各个具体的场景中。开放银行有效提高了银行产品和服务的开发质量和开发效率，促进银行的发展和改革创新，同时也能满足消费者的个性化需要，使金融更好地服务个人和实体经济。

近年来，国家政策高度聚焦金融科技的建设和发展。广州开放银行的建设离不开金融科技的支持，也需要政策的支撑。当前政府部门已出台相关政策文件对开放银行建立形成有力支撑。2018年5月，银保监会发布《银行业金融机构数据治理指引》，旨在引导银行业金融机构加强数据治理，提高数据质量。同年10月，秉持着将广州建设成为我国重要的金融科技强市的目标，广州市金融工作局印发《广州市关于促进金融科技创新发展的实施意见》，其中第五条重点明确支持银行业金融机构应用金融科技，并进一步鼓励银行业等金融机构推广金融科技技术应用。2019年，中国人民银行《金融科技（Fin Tech）发展规划（2019—2021年）》中提到可"借助API和SDK

等手段深化跨界合作，在依法合规前提下将金融业务整合解构和模块封装，支持合作方在不同应用场景中自行组合与应用，借助各行业优质渠道资源打造新型商业范式"来促进开放银行生态建设。

2019年，政府部门还发布《粤港澳大湾区发展规划纲要》（简称《规划纲要》）、《广东省推进粤港澳大湾区建设三年行动计划（2018—2020年）》（简称《三年行动计划（2018—2020年）》）、《中共广东省委全面深化改革委员会关于印发广州市推动"四个出新出彩"行动方案的通知》（简称《四个出新出彩》）等政策文件，助力维护网络信息安全和数据隐私与安全，为开放银行的发展提供良好的网络环境和数据开放基础。网络信息安全方面，《规划纲要》强调加强通信网络、重要信息系统和数据资源保护，增强信息基础设施可靠性，提高信息安全保障水平；《三年行动计划（2018—2020年）》提出建立健全网络与信息安全信息通报预警机制。数据隐私与安全方面，《规划纲要》提出推进新型智慧城市试点示范和珠三角国家大数据综合试验区建设，加强粤港澳智慧城市合作，探索建立统一标准，开放数据端口，建设互通的公共应用平台；《四个出新出彩》则明确表示规划建设南沙粤港深度合作园，探索建设国际数据安全流动试验区。

2020年2月13日，中国人民银行发布《商业银行应用程序接口安全管理规范》，对商业银行应用程序接口的安全设计、部署、管理、集成、运行等过程提出安全技术与安全管理要求，同时也为开放银行数字化转型提供标准和参考。

为了给金融科技发展提供实际的资金支持，政府提供了多方面的申报补贴。例如，广东省科学技术厅发布《2020—2021年度粤港澳科技合作专题（粤澳科技创新联合资助项目与港澳科技成果来粤转化项目）申报指南》，广州市科学技术局发布《2020年广州市科技与金融结合计划科技金融补贴专题申报指南（征求意见稿）》。基于国家及广东省对金融科技的重视与相应的政策规划，本章节对开放银行这一新型商业模式展开详细阐述，并对开放银行在广州落实的必要性和可行性进行探讨。

一、广州开放银行的必要性和可行性分析

（一）开放银行产生的背景及其定义

开放银行的开端一般被认为是2004年国际在线支付服务商PayPal推出PayPal API。2013年，欧盟提出《支付服务指令2》（PSD2，Payment Service Directive 2），其目标是推进欧盟支付市场一体化、标准化，进一步提高欧盟的支付效率，推动支付领域的创新，提高支付方式的透明度，协调定价并削减支付部门的成本，并提高支付安全性。该指令于2015年通过，并于2018年全面实施。英国及各欧盟国家积极调整银行战略，适应PSD2规则，逐步开放银行数据。2015年8月，英国成立了开放银行工作组OBWG（The Open Banking Working Group）推动开放银行建设进程。2016年3月，OBWG正式提出开放银行的三大标准（数据标准、API标准和安全标准）以及一个治理模式（维系开放银行标准有效运行的基石），指引如何创造、共享和使用开放银行数据。开放银行发展之初并没有一个全面清晰的发展路径，其最初的目标在于提升银行服务效率，打破银行间数据流通壁垒，同时促进传统银行之间的竞争，激发银行活力。

2010年，英国竞争和市场委员会（CMA）发布报告正式提出"开放银行"（Open banking）这一概念，目的是通过标准的数据开放和借助科技的力量，促使传统大型商业银行充分竞争，促进小银行发展。而按照英国开放银行的实施机构（OBIE）的定义，开放银行是一种通过高效、安全的信息共享，从而方便新、老公司提供超快捷支付方法和创新银行产品的方式。Chen与Gavious（2016）认为开放银行是一种金融服务平台，而Mensi等（2017）将开放银行定义为一种开放化商业模式。国内学者对开放银行的理解也角度各异。马超（2019）认为开放银行具有三个主要特征：一是无处不在的银行，因为开放的API是时刻待机状态，随用随取；二是可编程式的银行，因为银行提供可编程式服务，供场景的设

计方灵活调用；三是服务理念全面升级的银行，因为传统银行利用金融科技的手段为产品和服务赋能。而董希淼（2019）总结了开放银行的三项特征：以开放 API 等为技术，以数据共享为本质，以平台合作为模式。

虽然现阶段国内外尚未对"开放银行"做出统一定义，但是通过对国内外的学者观点的整理可以总结出开放银行的共性特点。第一，开放银行借助金融科技，建立开放 API 接口或者根据场景需求提供 SDK。第二，开放银行是一种"互联网 +"商业模式，即银行不再是局限于物理意义上的银行，而是提供全方位金融服务的代称。第三，开放银行构造了一个全新的金融生态圈，传统商业银行通过数据开放，与商业生态系统中的合作伙伴深度合作，创新金融产品和金融服务，为客户提供多元化场景的金融服务。第四，开放银行是银行共享数据的一种新方式，加强了大数据在金融中的应用，提高数据的再生价值，进而提高业务的效率。如图 9-1 所示，开放银行提供 API 接口或 SDK 给企业，企业利用银行提供的数据，结合大数据、人工智能、云计算、区块链等金融科技技术，构造一个全新的金融生态圈，为客户提供多元化场景的金融产品与服务。开放银行模式的推广及深入也意味着商业银行 4.0 时代的到来。

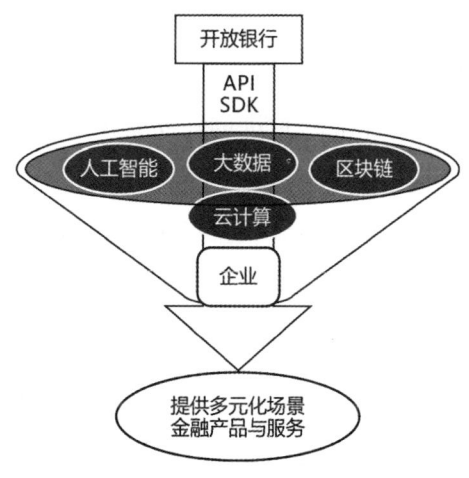

图 9-1 开放银行定义

资料来源：课题组绘制。

（二）必要性分析

1. 开放银行对广州发展金融科技的战略意义

根据 2021 年英国智库 Z/Yen 集团与中国（深圳）综合开发研究院发布的第 29 期全球金融中心指数（GFCI 29），广州金融科技发展指数位列全球第 11 位，排名有所下降（GFCI 28 排名第 8 位）。虽然广州具备良好的金融科技基础，但目前广州市内仍缺乏金融科技龙头企业，也难以形成高新技术产业规模效应以带动广州金融科技突破瓶颈期。张留禄（2017）认为金融科技发展具有多维的影响，不仅深刻地影响和优化金融生态环境，也能促进金融风险管理和金融监管的发展。大力发展金融科技，引领金融创新，有利于进一步促进产业升级转型，服务实体经济。

从商业银行角度，随着推进开放银行建设、数字化转型的过程不断深入，银行面临的技术要求将不断提高，潜在风险也变得更难预估。这要求银行必须持续加大金融科技投入，提升数字化建设及风控能力，增强金融科技活力。从第三方企业角度，开放银行通过对外开放 API 的形式，激发金融科技企业和科技公司以数据作为基础的金融创新，从而深化大数据、人工智能、云计算、区块链等前沿科技技术在金融领域中的应用。"无界性"的开放银行还将吸引全国乃至全球的科创企业来穗进行创新交流与合作，促进创新要素集聚，并带动广州金融科技的繁荣。

开放银行借助科技力量，推动金融产品和服务的多样化，提高融资和金融产品服务的效率，为客户提供更多个性化的服务，从而更有效率地服务实体经济。因此，加快开放银行落地实施，有利于提升广州的创新发展能力，对广州金融科技发展极具战略意义。

2. 开放银行对建设普惠金融的意义

"普惠金融"这一概念于 2005 年在联合国首次被提出，其目标是让包括低收入、贫困人口等在内的所有群体都可享受到合理和便捷的金融产品和服务，让金融惠及全民。作为政府重点工作，近年来普惠金融在广东省内也得到广泛实施和推广。

普惠金融具有三个评价维度：金融服务可获得性、金融服务使用度和金融服务质量（详见第四章），开放银行可作用于以上三个维度助力数字化普惠金融建设。一是金融服务可获得性。开放银行借助金融科技的力量，可打破银行的空间界限，无需在偏远地区建立银行营业厅，该地区的群众即可享受到与城市一样的金融产品和服务。同时，人们获取银行服务不受时间限制，可以在一天24小时内随时获取，因此开放银行从空间和时间双维度上扩展了金融服务的可获得性。二是金融服务使用度。开放银行开放的接口，可以应用在多个金融场景中。在办理存贷款业务时，帮助银行了解企业的真实财务状况，突破信息不对称，从而提供更多更优质的存贷款服务，更好地服务以三农和小微企业为代表的弱势群体；而在证券和保险市场，开放银行也可以通过大数据分析，拓宽金融服务的广度和深度。三是金融服务质量。有了开放银行所构建的金融生态圈，各银行和企业将紧密合作，结合各自的优势，为金融服务质量的提升助力。

从另一个角度看，开放银行的内嵌技术能进一步降低金融产品和服务的操作成本，降低企业融资成本，有助于把服务的范围延伸至长尾客户。开放银行借助开放API接口，将金融服务嵌入到衣、食、住、行等生活场景中，一键式跨平台操作使用户获取金融信息、产品和服务的操作更简单，缩短了业务办理时间，给消费者带来实际的便利。同时，在银行和企业的创新合作下，金融产品的使用场景更加丰富，细分的产品和服务更具针对性和个性化，有效满足各层次群众的不同需求，使金融融入人们生活的方方面面，提高生活的质量，最终促进经济的高质量、可持续发展。

3. 开放银行对鼓励创新的意义

构建开放银行是提升粤港澳大湾区创新发展能力的有力举措。一方面，开放银行的建立会促进业务创新。开放银行通过打造银行内部的创新产品和服务，将传统的封闭业务转化为场景服务，使得经营模式开放性得以提高，进而提升银行的获客能力。反过来，需求的增加又能进一步刺激金融产品和服务的创新。开放银行的建立与金融产品和服务的创新相互促进，形成良性循环。另一方面，开放银行的建立会促进金融流程创新。开放平台与互联网企业的深度合作，数据和信息在企业间的开放共享，能有效缩短金融交易流程之间的通信时间，甚至简化金融流程，减少流程之间交接的摩擦，在提升金融服务的效率也能带给客户流畅的体验。像水龙头的水一样，只要需要，打开水龙头即可获得清澈的水。这样的金融流程创新，不仅能提高银行产品知名度，也能提高银行的社会声誉，给银行带来业务的增长，促进实体经济的进一步发展。

开放银行帮助传统银行打破物理局限，通过开放 API 接口，结合数据共享、算法、交易、流程和其他业务功能，将促进业务和金融流程创新以及二者的进一步融合发展，打造出银行金融科技与实体经济的全新应用场景。同时，银行打造开放性的市场服务平台，推进融合创新，鼓励个人或机构通过该平台提供的数据开发相关应用，将核心系统商业化，这对鼓励创新的意义重大。

（三）可行性分析

1. 法律层面对网络信息安全和数据隐私与安全提供保障

银行的数据相较于其他行业而言更加敏感，因此在隐私保护方面有着更严格的要求。开放银行将促使银行和其他企业之间的合作加强，开放银行的深入发展必然带来数据泄露、网络安全、合作方欺诈等数据隐私与网络安全方面的风险，而广州地区的法律体系及相关政策支持能为开放银行提供一定的保障。

法律法规方面，国内已出台《中华人民共和国个人信息保护法》《信息安全技术个人信息安全规范》《中华人民共和国数据安全管理办法》《信息安全技术　大数据服务安全能力要求》《中华人民共和国网络安全法》《互联网信息服务管理办法》《电信和互联网用户个人信息保护规定》等多部法律文件，其中涉及大量关于隐私和互联网网络安全问题的解决方案。在广州市，《广州市公共信用信息管理规定》《关于电子数据存储和使用的若干规定》从网络信息安全方面有效保障数据调用、储存、管理的合规性。

政策规划方面，《规划纲要》中明确提升网络安全保障水平，并加强通信网络、重要信息系统和数据资源保护，增强信息基础设施可靠性，提高信息安全保障水平，并积极推动先进技术在香港、澳门、广州、深圳等城市使用，促进保密通信技术在政府部门、金融机构等应用，并建立健全网络与信息安全信息通报预警机制，加强实时监测、通报预警、应急处置工作，构建网络安全综合防御体系。同时，推进新型智慧城市试点示范和珠三角国家大数据综合试验区建设，加强粤港澳智慧城市合作，探索建立统一标准，开放数据端口，建设互通的公共应用平台。《三年行动计划（2018—2020年）》表示将建立健全网络与信息安全信息通报预警机制。《四个出新出彩》中明确表示规划建设南沙粤港深度合作园，探索建设国际数据安全流动试验区。

2. 良好的营商环境、政府效率和完善的法律程序保障

据2020年数据显示，广州GDP总量高达25019.11亿元，位列全国四强。广州经济发展水平高、经济开发程度深、经济活力强，在我国经济体制改革发展中具有重要的战略地位。广州取得如此高质量的发展，离不开广州良好的营商环境，二者互为促进，能为开放银行的建立提供良好的发展环境。

根据 2020 年中国经济传媒协会联合万博新经济研究院等四机构在线发布的《后疫情时代中国城市营商环境指数评价报告》，广州的营商环境指数位居全国第四，仅位于上海、北京和深圳之后。细分指标中，广州创新环境排名全国第三，政务服务环境和执法服务环境均位居全国第四，就学便利度、就医便利度、空气质量、文化氛围等生活环境均位列全国前五。可见，广州具备产业雄厚基础、文化教育发达、配套设施完善、创新创业活跃等环境优势，能有效催化开放银行的创新发展。

2018 年 10 月，习近平总书记在视察广东期间点明了广州营商环境在经济发展中的重要性，并要求广州在"现代化国际化营商环境上出新出彩"。对此，近年来广州高度重视并深入实施市内营商环境改革优化。2020 年 1 月，广州制定并出台了《广州市对标国际先进水平全面优化营商环境的若干措施》，标志着广州营商环境改革迈进 3.0 时代。一方面，该措施聚焦企业全生命周期深化改革，建设活力迸发的创新创业创造环境，这为开放银行产品服务的创新、运营、迭代营造良好的市场氛围。另一方面，该措施对标国际先进营商规则，注重衔接粤港澳规则，探索打造营商环境国际交流促进中心，为开放银行的合规、合意、合势经营和国际化接轨提供便利。

3. 发达的数据共享能力为开放银行提供发展动力

开放银行的核心是数据共享，开放银行的基础在于数据质量，开放银行的生命在于数据共享。开放银行的最主要的特征在于银行之间通过开放 API 接口共享数据，而广州发达的数据共享能力是开放银行发展的关键动力之一。数据的流动性和共享度越高，越有利于开放银行之间的数据共享。

从政府层面看，广州政府出台相关的政策引导和支持大数据应用于地方治理，运用大数据技术，营造良好的治理环境，创新治理模式，有效提升地方治理的效果与效益。截至 2021 年 7 月，广州市政府数据统一开放平台已开放数据量 1.42 亿条，涉及 62 个部门、1497 个数据集。广州将在此基础上继续大力推动数据共享，建立政府数据资源向社会开放常态机制。政策方面，2017 年出台的《广州市人民政府办公厅关于促进大数据发展的实施意见》表示，到 2020 年，培育 10 家主营业务收入过 20 亿元大数据相关龙头企业、30 家主营业务收入过亿元大数据相关骨干企业、10 个大数据产业园区（小镇）、10 个大数据创新创业孵化平台，积极培育和引进大数据高端人才。《四个出新出彩》提出支持创建粤港澳大湾区大数据技术国家工程实验室，推进大数据中心（IDC）项目建设，并探索建立粤港澳三地数据流动融合机制。此外，《规划纲要》亦明确推进粤港澳大湾区大数据中心和国际化创新平台建设。同时发挥龙头企业带动作用，积极发展数字经济和共享经济，促进经济转型升级和社会发展。粤港澳大湾区大数据中心的建立和数字经济的发展，将深化广州数据共享和开放。

从市场角度看，据广州市工业和信息化局发布的 2020 年大数据入库企业名单，广州拥有 121 家网络大数据公司，其主营业务为大数据分析或大数据资源服务。同时，广州市内还汇集如网易、微信、唯品会等大型互联网企业，这些企业在数据分析和场景应用方面通常具备较强的能力，能与开放银行设计场景式产品和服务建立深度合作，协同开放银行的发展和产品服务的落地。

大数据产业体系的建立和完善有赖于政府与市场的双重驱动。推动广州的数据共享开放，充分挖掘数据价值，使开放银行设计的产品和服务将更加精准合理。借助大数据技术，降低银行间乃至不同行业间的数据割裂程度，协调配合推广开放银行产品和服务的规划，解决金融产品和服务推广中的不平衡、不充分问题，将有利于开放银行发展水平进一步提升。

二、开放银行国际经验借鉴

(一) 各国开放银行发展概况

1. 开放银行发展模式

从驱动因素看,不同国家和地区的开放银行主要归为"监管强制""政府引导"和"市场驱动"三种发展模式(如图9-2所示)。在"监管强制"模式下,监管部门通过颁布相关法律与监管条例,并出台数据开放标准,督促银行尤其是大型银行开放数据,进而带动中小银行等金融机构及第三方服务机构的创新发展。在"政府引导"模式下,政府对数据开放的强制性明显降低,但也会颁布技术框架和指导手册等文件作为开放标准的参考,通过营造良好的开放环境激发金融创新活力。最后,在"市场驱动"模式下,政府部门仅出台少数鼓励性政策作为指引,具体商业模式和盈利模式依赖于银行等主体的自主探索,因此开放银行的业务形态更加自由化、多元化。中国内地对开放银行的探索实践正是属于该模式。

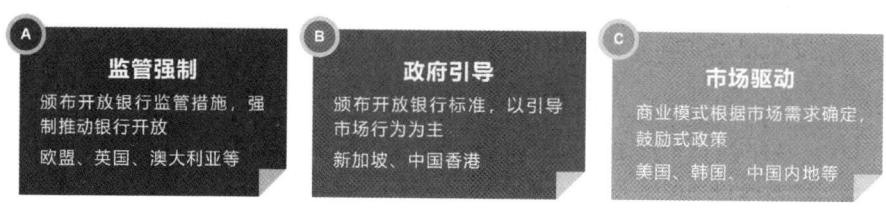

图 9-2 开放银行发展模式

资料来源:课题组绘制。

2. 各国开放银行推进情况

2004年,美国在线支付服务商 Paypal 率先在其平台推出 Paypal API,用户可通过调用该 API 实现佣金、返利、一般性支出等批量付款操作。尽管该服务是开创性的,但直到 2010 年英国市场竞争委员会(CMA)

提出开放银行概念后，开放银行这一理念才逐渐受到重视，并在近十年中逐渐成为银行业发展的新趋势。目前全球已有超30个国家和地区正在积极探索这一新型商业模式，其所覆盖产品已占据收入池的90%左右。

图9-3 全球开放银行主要发展历程

资料来源：课题组根据波士顿咨询公司、平安银行发布的《中国开放银行白皮书2021》及其他公开资料整理绘制。

（1）英国——开放先行者

英国是开放银行实践的全球性领导者，其通过概念提出、研究机构设立、标准框架制定等方式，为开放银行实践创造良好的监管环境。面对僵化、保守的银行体系，CMA于2010年率先提出开放银行理念，意图打破大行垄断局面，活络市场竞争，促进金融服务创新。基于CMA对英国银行的市场调查，英国开放数据研究所和监管政策咨询机构Fingleton Associates于2014年发布《数据分享和银行的开放数据报告》，并表示建立API标准与开放数据对用户、银行与第三方机构均有利。2015年9月，英国政府专门成立开放银行工作组（OBWG）对开放银行的标准展开研究。OBWG 于 2016 年 3 月发布《开放银行标准框架》（The Open Banking Standard），在数据、API 技术、安全三个方面制定了详细的标准及实施计划，并建立相应的治理模式，用以维系开放银行标准的有效运行。

2016 年 8 月，英国前九家大银行（CMA9）应 CMA 要求联合成立开放银行实施组织（OBIE），同时被要求于 2018 年 1 月起允许第三方机构在用户许可的情况下获取银行数据。截至 2019 年第二季度，除 CMA9 外，还有 10 多家银行自愿加入开放行列，以及 85 家第三方服务商和 52 家账户提供者加入开放银行计划。在 API 响应表现上，根据英国 Open Banking 官网数据显示，2021 年 5 月平均 API 响应时间已缩短至 500 毫秒，响应成功次数达 8.34 亿次，响应成功率达 99.05%。

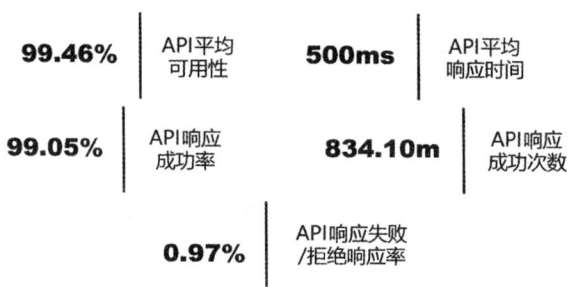

图 9-4　2021 年 5 月英国开放银行 API 响应表现

资料来源：英国 Open Banking 官网 https://www.openbanking.org.uk/api-performance/.

（2）欧盟——引领全球开放趋势

2015 年 11 月，欧盟从支付着手，在原有 PSD 基础上修订并发布新支付服务指令（PSD2），要求欧洲银行自 2018 年 1 月 13 日起必须把支付服务和相关客户数据开放给第三方服务商。该法案重塑了欧洲支付生态框架体系，首次纳入了支付发起服务商和账户信息服务商两类新兴第三方支付服务提供商（TPP）。PSD2 旨在以 API 为技术手段连接所有欧洲银行及第三方企业，使各主体融入统一的支付生态网络中。同时，该法案通过制定支付账户开放规则、强制实施用户认证体系加强数据保护，改善消费者体验。PSD2 是欧盟国家开放银行的立法基础，也引领了全球开放银行监管趋势。

2016 年 4 月，欧盟进一步推出《通用数据保护条例》（GDPR）。在 GDPR 下，用户拥有对个人数据的更多控制权（Data Right），并可自行选择最合意的金融服务。而数据使用方则被施加更严格的规定，GDPR 的约束主体范围扩大至任何在欧盟设立机构或向欧盟境内提供产品和服务的企业，惩罚力度也较之前更大。

（3）新加坡——政府引导开放

新加坡政府采取鼓励性引导政策推动开放银行的建设与发展，在监管方面未设立任何强制性法规或条例。2016 年，新加坡金融管理局（MAS）联合新加坡银行公会（ABS）颁布《API 指导手册》（Finance as a Service: API Playbook），专门成立了包含六大类金融数据的 API 注册中心，引导银行自主开放 API，鼓励中小银行金融服务创新。得益于政府政策指导，新加坡形成良好的开放生态环境。至 2018 年底，MAS 共计开放了 42 支 API 以供查询金融业公开信息，并引导国内银行开放了 313 支 API。

2019 年以来，新加坡紧跟数字化潮流，持续加大数字银行申请和审批放开力度，积极推进虚拟银行落地，到 2019 年底 MAS 共计收到 21 份申请。2020 年 12 月 4 日，MAS 宣布向 4 家申请企业颁发数字银行牌照，其中包括 2 个数字全银行牌照（DFB）和 2 个数字批发银行牌照（DWB）。[①] 申请成功者预计在 2022 年初开始运营。2020 年 12 月，新加坡政府亦推

---

① 获得 DFB 的企业：由 Grab Holding Inc. 和新加坡电信 (Singapore Telecommunications Ltd.) 组成的财团；由 SEA 有限公司全资拥有的实体。获得 DWB 的企业：由绿地金融、联易融和北京协力创成股权投资基金组成的财团；由蚂蚁集团全资拥有的实体。

出公共数字基础设施"新加坡财务数据交换平台"（SGFinDex）。在该平台上，用户可通过电子政府密码（SingPass）集中查询并获取花旗银行、星展银行等七家银行和三家政府机构的个人财务信息和数据，未来也有望获取股票、债券、保单等投资工具的相关汇总信息。

（4）中国香港——开放框架先行

香港地区的开放银行建设深受英国开放经验的影响，以全局框架先行。2018年7月，香港金融管理局（HKMA）发布《香港银行业开放API框架》（Open API Framework for the Hong Kong Banking Sector），明确了香港银行业开放API"四步走"路线图，分阶段落实各项开放API的功能（如表9-1）。与英国不同的是，该框架并不强制银行开放API，银行可在符合要求的情况下根据自身情况对实施标准以及相应的实施计划进行自主把控。

表9-1　香港银行业开放API的实施阶段

阶段	开放API功能	例子	推出时间
一	查阅银行产品和服务资料	存款利率、信用卡优惠、收费等公开资讯	2019年1月底前
二	接受银行产品申请	申请信用卡、贷款产品等	2019年10月底前
三	读取或更改账户咨询	账户结余、信用卡结欠、账户交易记录	在2020年内公布一套技术标准，其后制定具体的实施时间表
四	进行交易	付款及转账	

资料来源：香港金融管理局官网。

2019年1月14日，香港首个开放API交易平台——JETCO APIX正式投入运作。该平台由香港银联通宝有限公司打造，集合了业内13家银行，提供约270个API，逾120家第三方服务供应商登记使用该平台的沙盒服务。此外，香港银行业正筹备一项金融基建新设施"商业数据通"，旨在突破传统"一对一"模式，实现多方数据安全有效共享。在2021年6月"金融科技2025"战略发布会上HKMA表示，"商业数据通"目前已完成概念验证与技术可行性分析，正着手制定运行规则，有望于年底推出相关试点项目。

（5）美国——创新带动发展

美国的开放银行发展由客户需求驱动，金融科技公司从银行账户层和场景生态层的联系中探索并挖掘出新的商机。得益于美国成熟的金融体系和开放包容的金融环境，尽管缺乏政府与监管层的指引，银行、金融科技公司等参与主体仍迸发出创造性、多样化的开放创新成果。例如，花旗银行、富国银行和Capital One等金融机构均创建了开发者平台和多类型的API接口，Yodlee、Intuit等科技公司为企业间数据整合流通和第三方公司金融创新提供高效支持，形成富有生机的开放银行生态圈。

为顺应开放银行发展趋势，美国消费者金融保护局（CFPB）在广泛征求社会意见的基础上，于2017年10月推出《经消费者授权的金融数据共享和整合原则》，发布了9条金融数据共享的指导意见，以保护消费者的数据管控权，实现消费者授权下的金融数据共享。但就目前为止，美国仍以自发开放共享数据为主，API标准仍未统一。

（6）韩国——官方搭建统一平台

在经历三年多的试点、筹备、试运行阶段，韩国金融委员会（FSC）与韩国金融电信与清算所（以下简称"韩国清算所"）于2019年12月18日宣布正式启动韩国开放银行系统。

韩国开放银行由韩国清算所统一运营和管理，金融科技公司和银行等信息使用机构只需与韩国清算所签订协议即可获得数据调用权限。在开放系统中，信息使用机构向信息提供机构发出信息查询或转账等业务的邀请，信息提供机构再将处理结果反馈给使用方，从而实现用户在一家银行APP中管理多家银行账户的便捷操作。目前韩国开放银行系统提供查询和转账两种服务,其中以后主要提供的是余额查询和转账服务,约占84.5%;而金融科技公司则主要提供便捷支付和汇款服务,其中以转出业务为主,约占82.5%。

据韩国清算所统计数据显示,截至2021年5月,已有超过70%的韩国经济活动人口使用开放银行服务,用户总数达8024万人、账户数达1.47亿个。[①] 参与主体除了银行、金融科技公司外,还包括相互金融机构[②]、证券公司、储蓄银行、信用卡公司等。

(7)中国内地——银行自主推动

在中国内地,受移动支付和互联网平台冲击,传统银行数字转型迫在眉睫。因此国内开放银行虽然起步相对较晚,但也迅速为银行所接受,一些领先银行纷纷试水开放银行模式。从传统商业银行、直销银行到新兴互联网银行,各银行均陆续布局开放银行计划并予以践行。2013年,中国银行率先推出中银开放平台,但彼时对此平台的市场关注度并不高。随后几年陆续有银行推出开放类产品,多以SDK为载体嵌入场景。2018年,中国迎来"开放元年",各银行推出开放银行服务的速度明显加快,其中以国有制和股份制银行为主。2018年7月,浦发银行推出API Bank无界开放银行,推进"一流数字生态银行"建设。2020年9月,浦发银行基于对开放银行的探索进一步发布《开放银行2.0——全景银行蓝皮书》,致力于打造面向"全用户"、贯穿"全时域"、提供"全服务"、实现"全智联"的全景银行。工商银行、建设银行紧随其后推出开放平台,招商银行也先后迭代上线招商银行APP7.0和掌上生活APP7.0,全面转为APP经营。截至2020年末,两个APP的累计注册用户数达2.55亿户,累计月活跃客户(MAU)达1.07亿户。据不完全统计,国内已有

---

① 韩国金融电信与清算所官网:https://openapi.kftc.or.kr/openapi/openbanking/balanceInquiry。

② 通过农业协同组合中央会(简称农协)、水产业协同组合中央会(简称水协)、畜产业协同组合中央会(简称畜协)等组合,以限定方式提供存贷款业务的机构。

超过 50 家银行上线或正在建设开放银行业务，开放银行已成为不少银行的战略选择。

2013年 中国银行
2013年，中银开放平台上线；至2019年已开放1600多个API接口，涉及跨国金融、代收代付、移动支付，以及地图读物、网点查询、汇率牌价等服务。

2016年 微众银行
推出金融SDK，可在银行APP内体验；提出"3O"体系：开放平台（Open Platform）、开放创新（Open Innovation）和开放协作（Open Collaboration）。

2017年 上海华瑞银行
推出综合金融服务SDK产品"极限"，包括支付、电子钱包、电子卡包、极度贷、场景贷、企业经营贷六大类SDK产品。

2017年 南京银行
推出"鑫云+"互联网金融平台，主要集中在互联网支付、消费信贷、云计算等领域。

2018年 浦发银行
推出API Bank（无界银行）；共开放750多支API接口，包括账户管理、贷款融资、支付结算、投资理财等九大类业务。2020年9月进一步发布《开放银行2.0——全景银行蓝皮书》。

2018年 工商银行
启动智慧银行ECOS建设工程；API开放平台投入运营，包括账户结算、资金结算、员工薪资、商户收单、网络融资、投资理财、跨境财资、商户运营和安全认证九大类服务API。

2018年 建设银行
推出开放银行管理平台；涉及账户管理、支付结算、信用卡、投资理财、贷款服务生活服务、直销银行、"建行惠懂你"8大类产品。

2018年 招商银行
迭代发布招商银行APP7.0、掌上生活APP7.0，招商银行APP为用户提供账户管理、支付结算、投资理财等金融服务；掌上生活APP聚焦于消费金融场景，如饭票、影票、生活缴费等生活场景。

2018年 兴业银行
推出兴业数金开放平台，全场景支付系统、电商交易系统、聚合缴费系统三大系统及信贷、财务报表等多重功能。

2018年 众邦银行
推出众邦银行开放平台，服务范围覆盖供应链金融、投资、融资、钱包支付、公共服务等总计180多个接口。

2018年 百信银行
发布智融Inside系统作为统一开放入口；已开放600多个API接口，输出信贷、理财、银行账户、智能风控等能力。

2018年 富民银行
搭建互联网开放平台并推广至多家金融机构、技术服务商、SAAS平台型企业和平台企业，已接入超100个商户，提供金融服务能力数超130个。

2018年 新网银行
开放超300个API接口，涵盖购车、教育、交通出行、电商购物、创新创业、生产经营等服务领域。

2019年 民生银行
依托直销银行打造开放银行，构建"云+开放平台+链接器"的综合金融服务平台，打造"BBC开放式金融云""开放银行""ISV开发者生态""产融结合方案库"等众多服务和商业模式。

2019年 光大银行
2015年，推出光大直销银行，将银行的产品、服务直接以API、SDK等技术方式输出给第三方合作公司；
2019年，进一步将"直销银行"升级为"开放银行"，对外提供API接口超过400个。

2020年 农业银行
2020年1月上线开放银行平台，开放了用户认证、账户服务、支付结算、信用卡、理财融资、信息服务六大类产品接口。

图 9-5 中国商业银行开放实践

资料来源：课题组绘制。

我国开放银行发展主要由商业银行自主推动，在监管上采取包容创新的态度，故在发展形式上呈现"百花齐放"之势。而随着进程推进，开放银行建设日益受到相关监督部门的重视。2018年5月，银保监会发布《银行业金融机构数据治理指引》，引导银行业金融机构加强数据治理，提高数据质量。2019年9月，中国人民银行发布《金融科技（FinTech）发展规划（2019—2021年）》，首次提到可"借助API和SDK等手段深化跨界合作，在依法合规前提下将金融业务整合解构和模块封装，支持合作方在不同应用场景中自行组合与应用，借助各行业优质渠道资源打造新型商业范式"来促进开放银行生态建设。2020年2月13日，中国人民银行发布《商业银行应用程序接口安全管理规范》，该规范对商业银行应用程序接口的安全设计、部署、管理、集成、运行等过程提出安全技术与安全管理要求，同时也为开放银行数字化转型提供标准和参考。

（二）全球开放银行生态

1. 开放银行生态结构

"场景在前、金融在后"是开放银行商业模式的主要特征。开放银行以开放平台作为桥梁，实现后端银行机构与前端商业生态的双向链接（如图9-6所示）。在开放银行模式下，商业银行退居后端，借助自有平台或第三方平台向商业合作伙伴开放用户数据及底层金融服务，通过前端企业对产品和场景的创新实现获客导流，拓宽盈利渠道。对于前端的科技公司和平台企业，它们可利用银行的数据资源及能力，挖掘客户诉求，驱动金融服务创新，为客户提供契合其需求的金融产品和服务，实现金融服务体验价值最大化。

第九章 广州开放银行服务创新 | 511

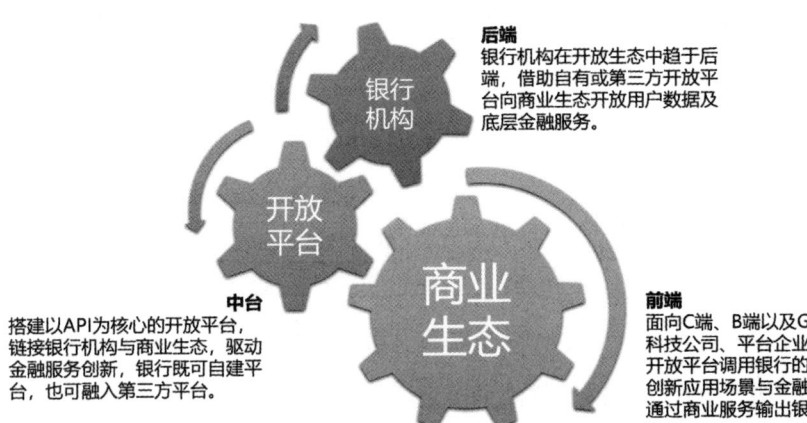

图 9-6 开放银行生态结构图

资料来源：课题组绘制。

商业银行是开放战略的主要施行者和主力输出方。据 2019 年中国互联网金融协会对国内 51 家银行的调研数据，65% 的商业银行已建立开放银行平台或与合作伙伴开展深入合作。目前，我国践行开放银行实践的先行者主要分为三类：一是以工商银行、浦发银行为代表的传统商业银行；二是以百信银行、民生银行为代表的直销银行；三是以微众银行、网商银行为代表的互联网银行。布局开放银行已成为各类型商业银行提升金融服务效率、拓展应用场景、实现数字化转型的明显趋势。

开放平台是开放银行的载体以及银行和商业生态之间的"连接器"，搭建以 API 技术为核心的开放平台是实现开放的基础。纵观国内外，大型银行多以自建开放银行平台的形式拥抱开放。西班牙对外银行（BBVA）是全球第一家以商业化模式实现开放 API 运作的银行，其于 2016 年宣布上线开放 API 平台，并于 2017 年 5 月正式投入西班牙市场使用。该平台目前在西班牙、美国和墨西哥三地共计发布了用户销项数据、账户数据、银行卡交易数据、支付、贷款、实时通知等 11 大类 API。在亚洲，基于数字化转型的目标，新加坡星展银行在 2017 年推出了当时全球范围内最大的银行 API 开发平台——DBS developers，服务覆盖新加坡和香港两地，目前平台已上架资金转账、奖励、实时支付等超过 350 个 API，并与 AIG、Chubb、MSIG 等 90 多个合作伙伴建立合作关系。

对于无自建开放平台能力的银行，借助大型银行或第三方企业构建的开放银行平台是其融入开放生态的不二之选。开放银行的发展催生了众多承担 API 技术开发、数据流通管理职能的第三方平台开发商。其中，国外以英国的 TrueLayer 公司和美国的 Yodlee 公司最具代表性。TrueLayer 公司构建了开放数据和支付支持两个 API 平台，主要为金融科技公司、零售商等相关合作企业提供银行应用程序接口访问服务。截至 2019 年末，TrueLayer 已与 Monzo、Starling Bank、Zopa 等多家金融科技公司建立合作关系，负责英国约 65% 的开放式银行业务。Yodlee 公司也致力于锻造银行与第三方公司之间的桥梁，借助开放平台从银行处获取客户数据，再将这些数据以 API 接口的方式提供给第三方公司，为第三方公司、开发者提供数据聚合、账户验证、资金流动等金融服务，以向客户提供无缝衔接式的金融服务体验。Yodlee 公司自成立以来已积累了 1.6 万多个全球客户金融资料来源，成为极具竞争力的数据整合商，其庞大的数据资源也为其后期搭建第三方开放银行平台奠定了坚实的基础。在国内，琥珀纷钛、金融壹账通等科技公司同样以技术输出方式融入开放生态。其中，琥珀纷钛是一家定位为开放银行数字科技平台的创新金融科技公司。该公司基于人工智能技术和区块链技术搭建 BaaS（Banking-as-a-Service）平台，目前已推出了易账通、易享通、易信通等适用于薪酬支付、存管支付分账、消费信贷等不同场景的产品。自成立以来，琥珀纷钛已与十多家银行达成合作，拥有数十家场景平台客户。

前端的商业生态中涵盖金融科技公司、电商平台、行业服务平台、供应链核心企业、第三方开发者乃至个人创业者等众多参与主体。通过开放 API 调用底层银行的数据资源和服务组件，生态层企业从不同领域创新、丰富和完善开放银行应用场景，为用户提供无缝衔接的金融产品和服务，同时也为传统银行与提供技术支持的金融科技企业开拓新的营收途径。国外的数字银行 Moven、财务管理平台 Yolt、第三方支付机构 PayPal、电商平台 Amazon 等，国内的淘宝、京东等消费平台以及蚂蚁金服、人人贷等金融平台，它们在不同领域上发挥差异化优势，创新金融服务，与商业银行和其他生态参与者展开深入合作，形成良好的开放银行数据共享生态。

此外，开放生态中还存在大量为数据库搭建、安全保障、支付支持等底层业务服务的科技公司，如国外的 Apigee、ForgeRock、Fiserv，国内的同盾科技、徙木金融、排列科技等。这些公司通过金融云、大数据、智能营销、智能风控、智能投顾、生物识别等技术，为开放银行的稳健、安全运营提供技术支撑，间接赋能开放银行。

2. 商业银行开放实现模式

开放银行生态体系中，商业银行是最核心的参与主体。不同银行的自身基础条件、资产规模、技术实力、人才储备，以及风险承受能力等有所差异，故其在选择开放银行构建方式或实现路径上也存在差别。通过对国内外开放银行实践情况的整理，目前商业银行构建开放银行模式主要有五种：自建、投资、孵化、合作和联盟。五种方式各有特点，适用情况也有所不同，银行往往从中选取一种或多种方式布局开放银行。

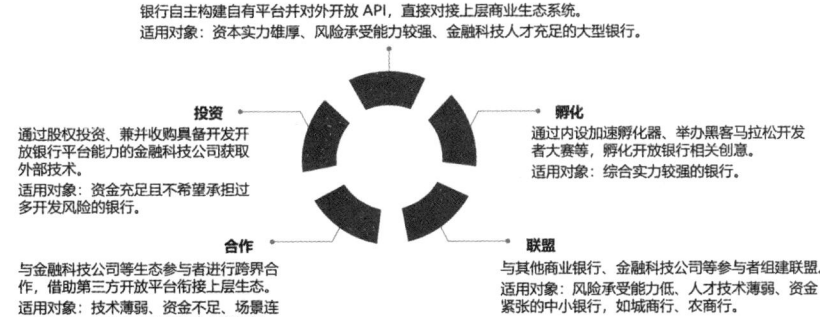

图 9-7　商业银行布局开放银行战略的主要实现路径

资料来源：课题组绘制。

（1）自建

开放银行平台的构建是开放银行实践的关键环节，一些资金雄厚的大型商业银行通常设立研发部门和实验室进行内部创新，构建自有平台并对外开放 API，直接对接上层商业生态系统。有合作意向的外部开发者则可在平台上按需申请、测试 API 相关产品。例如西班牙对外银行（BBVA）对西班牙客户开放的 API Market（API 开放市场），花旗银行推出的 API Developer Hub（API 开发者中心），除此以外国际范围内还有 Barclays、Capital One、HSBC 等银行也采用自建这一模式。国内一些大中型银行，如中国银行、工商银行、招商银行等，主要通过成立金融科技子公司（如表 9-2 所示），自主构建 API 平台推进开放银行业务。

表 9-2　国内银行系金融科技子公司汇总

银行	金融科技子公司
兴业银行	兴业数字金融股份有限公司
平安银行	上海壹账通金融科技有限公司
招商银行	招银云创信息技术有限公司
光大银行	光大科技有限公司
中国建设银行	建信金融科技有限公司
民生银行	民生科技有限银行
华夏银行	龙盈智达科技有限公司
北京银行	北银金融科技有限公司
中国工商银行	工银科技有限公司
中国银行	中银金融科技有限公司

资料来源：课题组整理。

自建 API 平台的优点首先在于银行可针对自身经营特点进行平台研

发，获得独特的竞争优势；其次是安全性高，银行专注于风险控制能力的提升和数字服务的打造，更好地保障产品服务与业务场景的融合。但同时自建方式也存在缺点：自建 API 平台工程浩大，投入成本高，实现周期长，面临风险更大，在构建过程中技术创新也容易受限于商业银行固有经营理念和模式。因此，自建模式更适用于资本实力雄厚、风险承受能力较强、金融科技人才充足的大型银行。

（2）投资

除自建 API 平台外，银行还可通过投资、兼并或收购与自身业务相匹配、且具备开发开放银行平台能力的金融科技公司获取外部技术，以外部嵌入的途径快速建设开放银行。同样以 BBVA 为例，BBVA 自 2012 年起已通过风险投资部门投资于互联网银行、数据分析、设计、支付等多个领域的初创企业。在转型战略明确后，BBVA 重点投资于包括英国移动端银行 Atom 在内的多家支付机构和移动银行，通过一系列针对金融科技公司的投资并购进一步丰富上层商业生态，夯实下层金融组件。

近年来，成立风险投资基金，战略性投资并购金融科技公司的方式，越来越被认为是实现体外数字拓展战略的有效途径。投资模式能够突破内部研发固有局限性，整合内外部的创新资源，加快开放银行实践的推进。但在这种模式下，银行往往需要承担更高的投资风险，以及面临更高的投后管理要求。对于期望快速打开市场，资金实力较强，但不希望承担过多开发风险的银行而言，该模式是一个较优的选择。

（3）孵化

创新孵化同样是汲取外部智力资源的重要途径。银行可通过内设加速孵化器、举办黑客马拉松开发者大赛等，孵化开放银行相关创意，吸引优秀人力资源，完善自身开放银行平台的构建。以 BBVA 为例，除投资并购金融科技公司外，BBVA 也通过内部孵化的形式获取创新想法和吸引人才，BBVA 在 2017 年 5 月发布的 API 开放市场即是孵化项目的研发成果。同时，BBVA成立创新中心，举办开放式人才创业大赛Open Talent，在全球范围内寻找数字银行领域的优秀创业者，吸引开放式人才及团队参与开放式API的建设。国内，金融壹账通于2019年5月与香港数码港、平安云加速器达成深度合作，通过Gamma O开放平台对接国内外企业，尤其是粤港澳大湾区的金融机构客户，全方位孵化优秀金融科技企业和开发者。

创新孵化能有效激发企业的潜在创新力，既能激发企业内部创新积极性，又能吸引优秀的外部开发者，营造良好的创新环境，为开放银行的构建夯实人才根基。但这一模式的潜在缺陷在于孵化成果的不可控性，银行对项目的影响力甚微，因此该模式更适用于综合实力较强的商业银行。

（4）合作

技术相对薄弱、资金相对不足、场景连接能力较弱、风险容忍度低的中小型银行虽然不具备自建API平台的能力，但可与金融科技公司等开放银行生态参与者进行跨界合作，借助第三方开放平台衔接上层生态，在资源限制条件下实现开放式、数字化的初步战略路径。这一商业需求催生了包括Yodlee、Solaries Bank在内的以开发第三方开放平台、间接为金融行业赋能为目标的金融科技公司。在国内，金融壹账通推出的Gamma O开放平台也致力于为中小银行提供开放服务平台与一站式解决方案，解决中小银行技术薄弱、人才匮乏、资金不足等痛点问题。

合作模式的优点在于银行能打破自身条件的限制，迅速借助金融科技公司的创新技术提高本银行的服务水平。而不足之处在于商业银行可能会丢失构建自有开放生态圈的自主权。

实际上，近年来与金融科技公司开展合作并不仅仅在中小型银行内盛行，大型银行更是紧抓一切开放机会，与金融科技公司强强联合，完善自有平台建设。例如国内工农中建四大行在2017年就与四大互联网巨头（百度、阿里巴巴、腾讯、京东）在不同层面达成合作。因此，中小型银行若想打破金融业的"马太效应",在开放变革潮流中取得一席之地,更要积极组织部署、落实和推动开放战略。

(5) 联盟

除与金融科技公司达成合作外,中小型银行还可与其他商业银行、金融科技公司等参与者组建联盟,联盟成员之间可进行数据交换、科技交流、客户共同维护等深度合作。在国内,紫金山·鑫合金融家俱乐部是"报团取暖"的典型范例。南京银行联合广大中小银行,于2013年牵头成立了紫金山·鑫合金融家俱乐部,实现信息共享和技术合作,目前成员行包括以城商行和农商行为主的148家成员单位,覆盖全国所有省、自治区、直辖市。2017年,南京银行与阿里云、蚂蚁金服合作建设的"鑫云+"互联网金融开放平台,开创了"1+2+3N"的互联网合作新模式,通过连接各中小银行和行业平台,为中小银行、中小企业赋能。"鑫云+"上推出的联合贷款合作通过整合各家银行能力,积极拓展线上客户和服务,满足日益扩大的线上消费金融需求。

联盟模式可以通过共享资金、技术、人才等达到降低投入成本的作用,同时向联盟成员尤其是不具备自建能力的中小银行、城商行等金融同业进行技术输出和能力输出,打造互利共赢的中小银行合作生态。该模式对风险承受能力低、人才技术薄弱、资金紧张的中小银行,特别是城商行、农商行尤为适用。

从BBVA、中国工商银行等传统大型银行的开放银行实践可以发现,它们通常采用"自建+投资+孵化"内外部双向驱动的方式,从内部强化底层API技术的同时,兼顾外部引入,与优秀企业、开发者联合创新金融产品服务。对于中小型银行,如前文提到的南京银行,则一般采用合作或联盟的模式,借助中间层的媒介力量,通过第三方开放平台衔接上层商业生态。商业银行应综合考虑自身规模条件、风险控制能力等因素,选择适合自身的发展途径。

（三）广州建设开放银行面临的挑战

综合国内外开放银行发展经验看，尽管国外在监管层面领先一步，但在具体实践进度上，国内外的差异不大。国外银行受监管要求，以开放数据、输出数据为主；而国内银行受市场需求驱动，以产品、服务和功能开放为主，通过小程序、APP或通过API接口连接第三方平台将金融产品和服务嵌入合作伙伴的各种场景当中，以拓展自有场景，实现引流获客。

聚焦广州，从目前情况看，广州开放银行发展还处于萌芽阶段。一方面，一些商业银行正积极探索、布局开放模式，与科技企业等合作伙伴搭建开放平台，开展服务创新活动。以广州银行为例，该银行紧跟银行数字化转型发展趋势，于2019年与神舟信息先后在分布式应用平台、互联网金融平台和互联网开放平台三大平台上达成合作，助力广州银行接入各类特色场景，搭建互联网开放金融生态圈。另一方面，广州现阶段推进开放银行业务模式尚需解决一些问题。

1. 开放理念共识不足，数据开放程度有限

在数据共享、开放上，广州目前还处于起步阶段，各界开放数据理念并未形成广泛共识。数据一直被认为政府或商业机构的自有资产、内部机密，尽管近几年来这一观念逐渐有所转变，但在具体实践上仍有"放不开"之感。即使银行有意愿放开，外部金融科技企业的挤压也极大程度影响了银行的开放步伐，像日常支付等高频业务仍然被第三方支付机构占据。银行如何拓宽高频应用场景，或挖掘低频场景向高频场景转化，既是开放银行建设的难点，也是重点。从实践情况看，广州商业银行开放案例十分有限，核心数据开放程度较低，具体实践成效有待检验，总体上还存在较大的发展空间。客户的账户信息是场景平台为其提供更个性化、更丰富的金融服务的重要依据，因此，对账户数据进行更深层次的开放，进一步挖掘开放API的商业价值，既能提升金融服务能力和效

率，也更有利于激励金融创新。

2.商业运营模式仍在探索，盈利模式不清

目前，开放银行服务形式以拓展既有业务和场景为主，商业运营模式仍处于探索阶段，未形成一个系统化的行业标准和一个轮廓清晰且符合行业共识的商业盈利模式。凯捷管理顾问公司（Capgemini）与欧洲金融管理协会（EFMA）曾在其发布的《2017年全球零售银行报告》中列举了几种可行的开放银行API盈利模式，包括交易费用、收益共享、许可费用、API调用费用、数据费用、支持费用六类。进一步调研结果显示，银行更偏好于与合作伙伴共享收益的方式，而金融科技公司则更偏好于收取交易费用，也即在交易中抽取提成。此外，现阶段提供的API类型大部分属于私有API或半开放API，其服务对象主要局限在内部用户或合作企业中，还未真正做到面向广大消费者、为用户提供无缝衔接的金融服务这一目标。

3.信息安全问题严峻，数据治理尚需健全

新型商业模式必然带来新的风险挑战。开放银行作为科技金融的创新性尝试，涉及主体众多，技术应用更加复杂，因此在技术衔接、数据共享上面临着诸如第三方欺诈、数字入侵、网络安全等新型风险敞口。在数据共享范围扩大、管理链条延长、信息泄露风险加深的情形下，加强银行风险防控能力建设显得尤为重要。同时，开放银行模式面临更严格的数据安全保障要求，健全数据传输过程中的授权、确权机制是避免数据篡改和冒用、跨行业纠纷等问题的必要环节。广州大数据基建较发达，数据处理方面相较于其他地区具备一定优势，但数据开放边界尚未明晰，数据共享与治理机制尚未形成。因此，广州有待出台与开放银行相关的地方性法规条例及相关监管指导意见，对市场各主体及其行为加以规范和约束，从而促进数据有效安全流通。

广州在营商环境、制度体系、金融基础、大数据基建等方面具有卓越

的区位优势，这些优势为广州开放银行构建提供强大的经济基础和有力的技术支撑。开放银行现已发展为国际浪潮，全球开放银行生态体系已初具规模，广州应认识到开放银行建设在金融产业发展的重要地位，借鉴国内外开放银行实践经验，积极践行数字化开放转型战略。

三、国内开放银行创新案例

（一）深圳微众银行开放银行"3O"战略

1. 案例介绍

微众银行是由腾讯等知名企业发起设立的国内首家民营银行，其于2014年12月获得由深圳银监局颁发的金融许可证。微众银行具备互联网科技基因，自成立之初就以践行普惠金融为目标，服务长尾客群。基于腾讯的技术及数据能力，微众银行在建设开放银行体系方面具有天然的优势。秉持着"开放银行"理念，2019年微众银行正式对外提出开放银行"3O"战略，即开放平台（Open Platform）、开放创新（Open Innovation）及开放协作（Open Collaboration）。

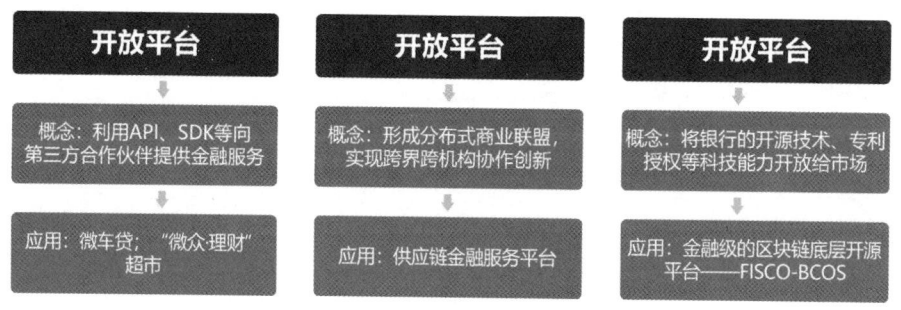

图9-8 微众银行开放银行"3O"战略

资料来源：课题组绘制。

"开放平台"即利用API、SDK等接口类型向第三方合作伙伴输出金融服务，支持银行业务场景化及金融创新。一方面，银行可借助第三方合作伙伴的渠道和平台，将金融服务搭建在各种应用场景中，实现拓展及优化银行业务。另一方面，第三方合作伙伴将银行提供的服务嵌入与金融相关的流程中，从而提升服务能力和增强服务黏性。

目前微众银行在开放平台上的实践已取得不少成果，如基于二手车买卖交易的微车贷产品，微众银行与中国二手车商优信合作，通过 API 方式将贷款、支付等银行服务嵌入到二手车的交易流程中，从而提升客户体验。此外，微众银行在多家合作银行 APP 上上线"微众·理财"超市，合作银行客户能够便捷地享受微众银行提供的理财产品与服务。

"开放创新"即将银行拥有的开源技术、专利授权等科技能力开放给市场，助力合作伙伴创新。对于许多企业，技术创新成为提升企业核心竞争力的重要途径，但一项技术的落地和成熟，仅靠一家企业难以完成，而开放创新为此提供了新渠道。开放创新聚焦于创建技术社区，银行作为开放者，为社区参与者提供技术资源和能力，从而加快技术创新步伐，同时银行也获得来自社区参与者的知识分享。

2016 年，微众银行与国内众多金融科技前沿机构合作，成立了聚焦于区块链在金融方面应用的金融区块链合作联盟（简称"金链盟"），并与金链盟的开源工作组成员共同研发了金融级的区块链底层开源平台——FISCO-BCOS。目前开源平台在机构间对账平台、网贷机构良性退出投票平台、版权存证平台、证书电子化、仲裁链等多领域上实现商业级应用。

"开放协作"即形成分布式商业联盟，鼓励分布式商业生态，实现跨界跨机构协作创新。银行具有的金融级风险控制能力、专业化服务能力、高质量的金融资源数据、良好的商业信誉与品牌等优势，使得银行与金融同业或其他行业开展合作都会产生巨大价值。开放协作即提倡商业模式从过去的集中式商业模式向"多方参与、共享资源、模式透明"的分布式商业模式转变。

2016 年，微众银行基于 FISCO-BCOS 区块链技术开发了供应链金融服务平台。该平台以核心企业为中心，以实际贸易背景为基础，为核心企业上下游提供融资渠道，解决了因多层级信用穿透难、下游融资风险高、融资方式不够灵活等导致的中小微企业融资难的问题。通过该平台，银行、核心企业与供应商等供应链参与方进行有机连接，形成供应链生态圈。对核心企业来说，可通过平台为其应付账款或应收账款注入流动性，减少财务费用；对供应商来说，银行通过平台可为其提供灵活的融资金融服务，加快现金回流速度；对银行来说，平台对核心企业和各级供应商的信息流、物流、商流、资金流进行整合，银行结合线上验证和线下尽调能够降低业务风险，同时能有效利用核心企业闲置的授信额度，并联合核心企业对供应链上下游企业进行营销，提高银行盈利能力。

2. 案例分析

开放银行是实现普惠金融的重要途径之一。传统银行业以高净值客户为主要服务对象，发展至今，银行向高净值客户提供的金融服务趋近饱和、金融产品同质化程度较高，银行核心竞争力逐渐减弱。长久以来，由于长尾用户对银行的单客贡献率相对较低、交易金额较小，银行往往忽视长尾市场的价值。在此背景下，银行开始将目标用户延伸到长尾人群，发挥长尾效应，发展普惠金融。作为银行业改革创新的产物，微众银行规划的业务发展方向是向小微企业和大众消费者提供创新金融服务和产品，在普惠金融方面做出了积极的探索，而开放银行是其中之一。

开放银行的发展离不开技术支撑。作为科技银行，微众银行实施"ABCD"金融科技战略，分别是人工智能（AI）、区块链（Blockchain）、云计算（Cloud Computing）、大数据（Big Data），通过金融科技赋能孕育创新产品与服务。此外，微众银行2019年年报数据显示，全行科技人员占比近六成，研发费用占营业收入比重近10%，2019年公开的发明专利申请量632件，居全球银行业前列，凸显出微众银行雄厚的科技实力。目前微众银行在高效快速的产品投放能力、支持高并发交易量及低运维成本等开放银行能力上已取得显著成果（见图9-9）。

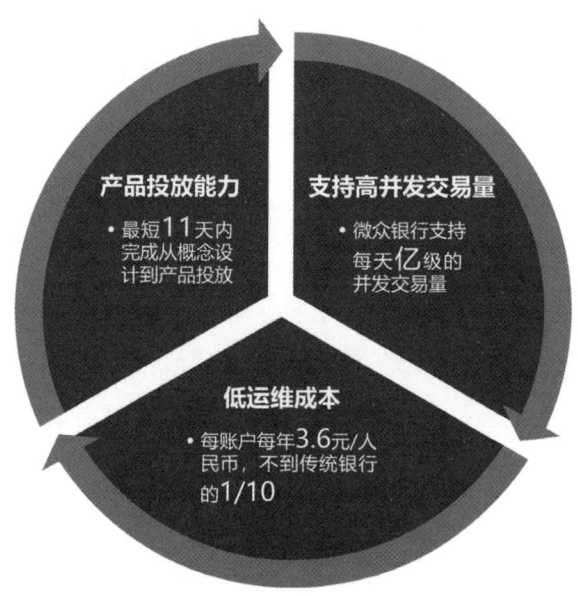

图9-9 微众银行三大开放银行能力

资料来源：课题组绘制。

微众银行凭借雄厚的科技实力和开源开放的理念，探索出从集中式商业模式向分布式商业模式转变的发展道路，并逐步总结出未来银行业的开放发展战略，即"3O"战略。以下是该战略的创新亮点。

第一，"3O"战略提倡商业银行的经营模式从过去以产品为中心转向以客户为中心。具体而言，通过开放API、SDK接口方式将金融服务嵌入到客户的衣食住行等生活场景中，实现场景创新从客户实际金融服务需求出发，增加与客户在生活中的触点，在达到银行获客和引流目标的同时提升客户体验。

第二，"3O"战略提倡开源技术的开放。商业银行基于自身强大的科技实力，将科技能力以开源技术和开源软件等的方式开放给市场，比如积极参与开源技术社区建设，将开源技术开放给社区参与者，同时获取社区参与者的知识贡献，实现互利共赢，加快技术创新与应用创新步伐。

第三,"3O"战略提倡"多方参与、共享资源、模式透明"的分布式商业模式。从资源集中垄断向开放合作的商业模式转变,而银行在其中扮演开源技术和平台提供者的角色,实现银行从以产品为导向的封闭生态向开放生态转变。

3. 经验借鉴

目前广州开放银行发展还处于萌芽阶段,但广州具备法律保障、良好营商环境及发达数据共享等特点,未来开放银行生态体系的构建存在更多可能性,微众银行"3O"战略为广州开放银行的发展实践提供了一些思路。

第一,中小型银行打造开放银行应加强外部合作。中小型银行因具有风险承受能力弱、数据孤岛化、技术和人才相对缺乏等特点,在开展开放银行模式时面临着诸多挑战。因此,对于大多数中小型银行而言,加强外部合作是非常重要的发展方向。在发展路径上,中小型银行可与技术实力强劲、资金充足、风险承受能力高的科技企业建立长期的商业合作关系,实现银行与科技企业的优势互补。此外,中小型银行之间可组成金融科技联盟抱团发展,通过集中科技资源,加快开放银行产品的研发创新。

第二,中小型银行应积极主动面对开放银行浪潮,在模式选择和产品开发上加快步伐。在开放银行模式上,对于技术实力相对薄弱的中小型银行,可最先采取第三方平台接入模式,即通过SDK、API接口将金融服务嵌入到第三方APP的应用场景中,等待技术掌握,开放银行业务娴熟后,中小型银行可进一步考虑构建开放API平台。在开放银行产品上,中小型银行应当充分利用人工智能、区块链、云计算、大数据等技术手段,为银行客户构建画像,并提供精准化、个性化的金融服务和产品,在开放银行这一新型商业模式下抢占先机,提升核心竞争力。

第三，技术基础设施健全的银行应树立开放开源理念，全面开展开放银行业务。对于技术实力雄厚的商业银行，应顺应科技和开放银行发展的潮流，树立开放开源的理念，通过积极参与开源技术社区建设等方式，将自身强大的科技能力输出到其他企业，逐步建立起"银行提供开源平台，企业进行应用创新"的分布式合作模式，加速开放银行建设的步伐。

（二）百信银行"智融 inside 系统"

1. 案例介绍

成立于 2017 年 11 月的百信银行是国内首家由互联网企业（百度）和传统银行（中信银行）联合发起设立的直销银行，是一家融合互联网和金融双重基因的新型银行。自成立之初，百信银行就积极探索开放银行实践之路，并确立了"O+O（线上+线下）、B+B（商业+银行）"的发展模式，体现了"场景在前，金融在后"的开放银行特质。

百信银行的开放生态由金融机构、科技企业、场景创新方、场景应用方及终端用户等几个部分组成。金融机构包括百信银行与其他金融同业，作为开放生态的金融服务提供方，对外提供账户、支付、转账、理财、存款、贷款等多种金融类 API，同时为合作伙伴提供金融场景综合解决方案，实现引流和获客的目标。科技企业包括数据提供方、科技提供方和开源组织等，基于自身的科技实力优势辅助金融场景创新，提供风控类、KYC 类等 API 接口。场景创新方是金融与场景的连接方，是金融场景的创新者，作为金融能力的代理商向场景应用方提供标准、统一的接口。场景应用方是金融场景的使用方，其通过金融机构与科技企业提供的金融科技能力和场景创新方的金融场景设计，实现更大的企业价值和提升企业的客户服务能力。终端用户是指金融场景的终端触点，也是开放银行业务的最终服务对象。

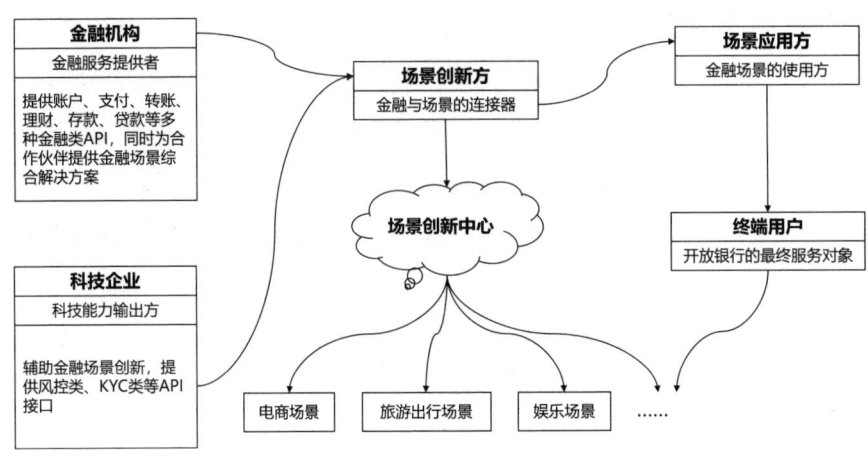

图 9-10　百信银行开放生态图

资料来源：课题组绘制。

2018 年，百信银行推出开放银行平台——智融 inside 系统。作为百信银行金融开放的统一入口，智融 inside 系统建立了开发者中心和技术开放商城，将多种银行能力输出，并嵌入到系统接入者的业务流程或平台中，实现金融业务场景化。

在底层技术方面，智融 inside 具有以下五大技术特点：一是分布式系统架构，保证业务系统出现故障时提供强大的容错能力。二是一站式极速接入，智融 inside 具备快捷健全的线上自助接入体系，同时提供轻量级 SDK，供合作方快速接入。三是高可控金融服务，保障业务系统平稳运行，具有安全性及可验证性。四是乐高式服务编排，赋予业务系统产品创新能力。五是全视角智能监控，对系统运行情况、业务进展情况进行全方位监控。

在平台接入方面，目前智融 inside 系统已提供了 600 多个 API 接口及多种金融场景解决方案，场景创新方和场景应用方可根据业务需求订阅 API 或解决方案，在审核通过后进行接入环境测试与业务测试，测试完毕后即可上线投产。据统计，智融 inside 系统平均 6 天就能实现从订阅到投产的全流程，保证场景创新的快速落地。

在场景应用方面，智融 inside 系统的金融开放场景涉及账户、支付、信贷、供应链金融、收单、行业存管、存款理财 7 个大类 20 多个场景。目前系统已接入百度、爱奇艺、小米等近 100 家场景合作平台以及国安社区、中信书店等线下场景，服务用户已经超过 1000 万人，实现了金融服务与场景的融合共生。

2019 年底，百信银行正式发布开放银行生态加速器暨 UP 加速器，其定位为百信开放生态与中小型科创企业的连接器，落户于粤港澳大湾区。UP 加速器是国内首个开放银行生态加速器，将为新金融、新技术、新消费、新基建等领域的科创企业提供全方位的综合服务，并联合国内多个知名投资机构，计划三年内为至少 100 家科创型中小微企业实现成长进阶，共建智能金融新生态。

2. 案例分析

作为监管创新的试点，百信银行在制度创新、模式创新、科技创新方面做了很多的探索。

制度创新上，百信银行是全球首家"主流互联网企业＋主流商业银行"深度融合创新的成功典范。中信银行与百度分别持股 70% 和 30%，形成银行设立银行、国有企业控股、民营企业深度合作的局面，既满足金融审慎经营的需要，又兼顾市场和人才活力。

模式创新上，百信银行创新性地提出"O+O、B+B"的模式，连接线上与线下场景，银行与商业生态共生，搭建开放的智能金融生态圈，为客户提供无处不在的银行服务，助力金融服务供给普惠化。截至 2019 年末，百信银行的信贷服务实现 100% 线上完成，三线及以下城市的客户占比为 50% 左右，体现出典型的普惠特征。

科技创新上，百信银行的英文名为"aiBank"，代表了其在"金融+AI"领域上的愿景，百度 ABC 技术 [分别是人工智能（AI）、大数据（Big-Data）、云（Cloud）]、百信银行和百度公司联合打造的"零度实验室"

都是百信银行在"金融+AI"的尝试和探索。百信银行开业一年即获得2018年度国家高新技术企业认定，显示了百信银行在科技创新方面的突出成绩，截至2019年末，全行科技类人员占比超过60%。

得益于中信银行的金融基因和百度的科技实力，百信银行经过几年的发展实践，主要金融能力均实现了对外输出。开放业务占全行业务的70%以上，各类业务日均交易量达180多万次，验证了百信模式的前瞻性与可行性。

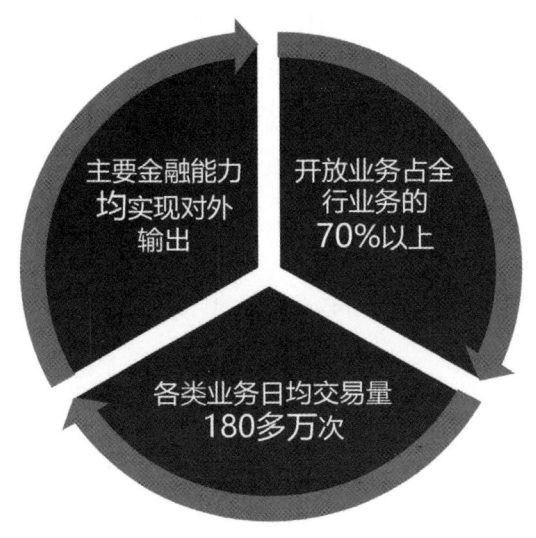

图9-11 百信银行的开放业务成就

资料来源：课题组绘制。

百信银行独一无二的设立背景，为其开创开放银行"百信模式"奠定了基础，以下是百信银行在开放银行生态建设方面的一些创新亮点。

第一，构建较为完善的开放生态圈。金融企业、科技企业、场景创新方、场景使用方和终端用户都是开放生态圈的一环，参与者共享自身专业能力，实现企业价值和用户价值最大化，同时促使金融场景创新实现从终端用户或场景使用方的服务需求出发，利用金融企业和科技企业提供的金融服务和底层技术，最终通过场景创新方进行场景落地的全流程。

第二，在开放模式的选择上，采用金融业务服务平台化模式。该模式基于 API 等技术重构内部系统架构，打造数据与金融服务开放的平台，实现人工智能和数据分析等能力通过开放平台快速向金融同业及互联网合作企业进行输出。此外，开放平台实现一站式全线上自助接入，为合作伙伴提供了便捷的渠道和操作，加快产品迭代和场景创新的速度。

第三，设立开放银行生态加速器。一是将生态价值输出到科创企业。据了解，百信银行将提供 100 亿元普惠信贷额度及 100 亿元企业理财额度服务于科创企业，并将这些企业纳入百信银行的业务生态协同中。二是助力科创企业成长。百信银行借助在开放银行实践过程中的经验与成果，根据科创企业自身的经营特性提供针对性的开放银行综合解决方案，助力粤港澳大湾区开放银行生态建设。

3. 经验借鉴

背靠主流互联网企业和主流金融企业，百信银行在开放银行建设道路上的实践和探索，对于广州一些技术资源丰富、资金充足、场景连接能力强的大型银行更具参考借鉴意义。

第一，认识到顶层设计的决定性作用。大型银行顶层设计对开放银行未来发展方向起着关键决定性作用，银行既要考虑其与金融同业、互联网科技企业和终端用户等之间的关联性，也要考虑到开放银行的技术开发者、场景合作商或平台接入者、业务审批者之间的关联性，对银行内部和外部的开放生态结构有明确清晰的设计，以保障后续开放银行模式的搭建和运营顺利完成。

第二，大型银行在开放银行模式选择上可考虑自建 API 平台。对技术实力雄厚的大型银行而言，在开放模式上可考虑采取自建 API 开放平台的模式，该模式直接对接上层商业生态系统，灵活度更高，可针对企业自身的业务特点进行平台设计，同时保证业务的安全性与可拓展性，一旦开放平台建成能给银行带来独特强大的竞争优势，但由于开放平台建设项目具有投入高、周期长、回收慢、技术和操作风险大等特点，采取该模式需要考虑银行的资本实力与风险承受能力。

第三，加强场景连接，打造差异化场景。银行应积极主动寻找场景端的连接机会，延伸场景触点，增强线上线下各类场景的互联互通，为更多的客户提供一站式银行产品和服务，实现场景的广泛覆盖。同时，银行应根据自身定位或业务特点，提供差异化的特色场景，进而提升银行的核心竞争力。

第四，大型银行在开放银行业务逐步成熟后，可设立开放银行加速器。在开放银行模式上取得成果和经验的银行，可将开放银行加速器纳入开放生态体系中，将"开放共享"的理念传递给其他优质企业，并根据企业自身的技术、资金、组织架构等情况提供综合性解决方案，赋能企业实现快速发展，赋予开放生态更多的可能性，以点带面助力广州地区构建较为完善的开放银行生态体系。

四、广州开放银行发展对策及建议

（一）转变服务思维，提升用户体验

2020年新冠肺炎疫情发生以来，个人与企业的消费交易模式线上化、数字化、智能化趋势愈发明显，"无接触经济"这一新型业态成为经济增长的新活力。在这一期间，"无接触金融"也得到加速发展，随着用户对无接触式服务的接受度的逐步提高，开放银行迎来新一轮发展契机。顺应数字化转型趋势，加快落实开放银行战略布局，既是时代要求，也是发展之策。

在数字化转型潮流下，银行首先应转变其服务思维和经营理念。开放银行模式意味着银行不再局限于其物理意义，而是拓展为非具象金融服务的代称。因此，银行应突破传统的网点思维，把优化用户旅程、提

升用户体验作为银行提供专业化服务的首要立足点和根本目标。

在业务方面，银行应进一步简化业务操作流程，扩充产品输出种类，提高服务输出效率；不断探索开放银行在政务场景、生产场景、生活场景等领域的应用模式和融合方式，根据不同场景及不同金融消费者的需求特点创新金融产品，提供一系列标准化、场景化、开放化的金融服务；深耕全渠道、全触点营销，扩大金融服务覆盖面，无限延伸金融服务边界，使服务触达长尾，打通金融服务实体经济"最后一公里"。在能力方面，银行应加快IT系统的前瞻性布局，优化传统业务体系，创新金融科技业务模式，强化金融服务的有效性和便利性，与场景平台相互融合、相互渗透，实现开放银行转型；对广州在营商环境、大数据基建等方面的优势加以充分利用，提升场景建设质量及运营能力，依托金融云、大数据、智能投顾等技术提供"千人千面"的个性化、智能化服务；同时注重资源整合与能力输出，提升服务的响应速度和质量，形成覆盖线上线下、全场景、全方位的金融服务格局。

（二）加强合作共享，构建开放生态

开放银行的建设和发展离不开多方企业机构的合作，在多方协作、互相赋能的基础上，开放、共享、包容的开放银行生态圈得以形成。广州营商环境优越，产业基础雄厚，配套设施齐全，创新氛围浓烈，具备构建优质开放银行生态圈的基础条件。

在生态圈打造过程中，大型银行往往是主导者。因此，大型银行应发挥其核心竞争力，充分调动支付服务提供商、场景平台企业等各参与主体的积极性，聚合多方优势资源，形成一个富有生命力的创新体系，有效发挥与其他机构在产品和服务创新的协同和联动效应，共建产品开放、渠道共享和优势互补的开放生态体系。相较而言，中小银行在构建开放银行时会遇到更大阻力，因此更需要加强外部合作以弥补自身技术能力的不足。积极拓展与同业银行、开放API聚合商、科技公司、生态企业的合作是中小银行紧跟开放潮流、保持行业竞争力的必要举措。此外，开放生态圈内涉及多主体、多链条、多环节，因此在积极构建生态圈的同时，还要注重合规风险体系的建设，强化对第三方合作伙伴的身份认证，实行实时风险监控和安全管理，保障开放银行稳健运营。

2020年9月，由浦发银行牵头，联合中国太保、国泰君安、江苏银行等12家长三角区域金融机构成立了"开放金融联盟"。该联盟旨在聚合银证保三个业态，探索各方在业务共享、科技赋能、生态共建的合作新模式，通过开放金融为长三角地区高质量发展赋能。这种成立区域性联盟的形式对广州具有一定的可鉴之处。在整合多方业务生态的过程中，各成员既可赋能给合作伙伴，又能提升同业合作价值，实现进一步的价值共创。

（三）优化顶层设计，完善风控体系

开放银行现已发展为国际浪潮，国外对其相关理念、运作模式、行业标准、技术规范等方面均先行一步，广州若想紧跟开放银行数字化变革发展步伐，仅依靠市场、参与主体自主探索是难以实现的，还须借助外部力量对主体行为加以引导及规范。

政府部门应以优化顶层设计为首要抓手，加快制定开放银行在广州金融业发展战略中的路线规划，出台相关指导意见。借鉴国际开放经验，在国内已有规范的基础上进一步细化、完善和统一技术标准、安全标准、流程标准，引导银行分阶段、分等级、分对象开放数据，减少开放银行参与者的参与成本，促进参与者之间的高效合作，引导市场规范发展。

开放银行模式下，金融活动即时性提高、交互性增强，伴随而来的金融风险复杂性也骤增。若要保持开放银行的积极发展态势，还有必要完善相关监管与风控体系。一是数据立法。明确数据共享边界范围，界定数据合规共享的尺度，规范数据安全准确地流通和使用。二是消费者权益。加强消费者教育，保障用户在数据授权过程中的知情权和数据掌

控权。三是第三方机构资质审核。督促金融机构建立开放银行安全防范体系，完善第三方准入机制和接入流程，明确各主体的信息披露义务。四是科技监管。应用以大数据、人工智能、区块链为基础的监管科技，强化风控体系的实时性、精准性和穿透性，既要对数据共享关联方形成强约束力，也要避免监管过严而抑制金融创新。

（四）加强政策支持，引导自主开放

在政策支持方面，加快出台支持开放银行建设与发展的各项政策措施。通过设立政府引导资金、提供税收优惠等形式，提高商业银行尤其是中小银行的自主开放意愿，并吸引更多具备搭建开放银行平台能力的科技企业来穗发展。为金融机构、科技企业、第三方平台提供更多合作机会和交流平台，促进各方多层次、多领域的开放合作，实现优势互补和联合发展。有效发挥广州作为粤港澳大湾区核心城市的作用，整合大湾区金融、科技、人力等资源优势，促进广州与深圳、香港两大金融中心的金融合作、技术交流和开放融合，可推动建立区域性开放联盟，探索合作共赢的开放模式。

在基础设施层面，加大对科技研发的财政支持力度，推进广州在金融云、大数据、云计算、人工智能、5G等前沿技术和金融科技的基础设施建设。培育新型金融科技人才，孵化优秀科创企业及开发者，为开放银行建设注入活力。发展数字经济和数字产业，优化外部开放环境和营商环境，引导开放银行与实体经济深度融合，助力普惠金融。进一步推动政务数据开放，并以此为突破口，促进建立一个对接整合各数据参与主体的金融数据开放平台，以此鼓励和引导银行自主开放。

参考文献

布莱特·金. 银行 4.0[M]. 施轶, 张万伟, 译. 广州: 广东经济出版社, 2018.

李勇, 李达. 开放银行: 服务无界与未来银行[M]. 北京: 中信出版社, 2019.

BCG, 平安银行. 中国开放银行白皮书 2021[R]. 2021.

朗迪. 开放银行业白皮书 2018[R]. 2018.

麦肯锡. 开放银行的全球实践与展望[R]. 2019.

同盾科技金融科技研究院. 开放银行全球创新发展与监管实践研究报告[R]. 2019.

宜信. 开放银行与数字银行研究报告[R]. 2019.

中国互联网金融协会. 2019 开放银行研究报告[R]. 2019.

中国人民大学金融科技研究所. 开放银行全球发展报告[R]. 2020.

蔡文德, 曾晓立. 开放银行国际监管经验借鉴及启示[J]. 金融科技时代, 2019(04):23-27.

陈筱然, 邱峰. 银行业转型新模式: 开放银行运作实践及其推进[J]. 西南金融, 2019(09):48-55.

董希淼. "开放银行"视角下的数字普惠金融——在"2019 品牌杭州·生活品质总点评"之金融科技论坛上的演讲[J]. 杭州(周刊), 2019(Z2):80-81.

季成, 叶军. 开放银行生态圈: 模式、挑战和对策[J]. 新金融, 2019(08):40-44.

马超. 传统银行如何引领开放银行时代潮流[J]. 银行家, 2019(07):44-46.

谭志清. 构建开放银行: 粤港澳大湾区金融创新发展的战略举措[J].

南方金融, 2019(05):73-81.

徐凯, 唐培. 如何应对开放银行发展新趋势与新挑战[J]. 中国银行业, 2019(04):71-73.

张留禄. 金融科技引领金融创新与发展——以广州金融科技中心建设为例[J]. 金融科技时代, 2017(12):12-17.

Chen E, Gavious I. Complementary relationship between female directors and financial literacy in deterring earnings management: The case of high-technology firms[J]. Advances in Accounting, 2016 (35): 114-124.

Mensi W, Tiwari A.K, Yoon S. M. Global Financial Crisis and Weak Form Efficiency of Islamic Sectoral Stock Markets: An MF-DFA Analysis[J]. Physica A: Statistical Mechanics and Its Applications, 2017 (01): 471.